Dritthaftung für Kunstexpertisen und Aufnahmebestätigungen in den Catalogue raisonné

Veröffentlichungen des Instituts
für deutsches und europäisches Wirtschafts-,
Wettbewerbs- und
Regulierungsrecht der
Freien Universität Berlin

Herausgegeben von Franz Jürgen Säcker

Band 45

PL ACADEMIC RESEARCH

Jan Patrick Ehinger

Dritthaftung für Kunstexpertisen und Aufnahmebestätigungen in den Catalogue raisonné

Ein Beitrag zur Expertenhaftung

PL ACADEMIC RESEARCH

Bibliografische Information der Deutschen Nationalbibliothek
Die Deutsche Nationalbibliothek verzeichnet diese Publikation in der Deutschen Nationalbibliografie; detaillierte bibliografische Daten sind im Internet über http://dnb.d-nb.de abrufbar.

Zugl.: Berlin, Freie Univ., Diss., 2014

D 188
ISSN 1863-494X
ISBN 978-3-631-65422-4 (Print)
E-ISBN 978-3-653-04539-0 (E-Book)
DOI 10.3726/ 978-3-653-04539-0

PL Academic Research ist ein Imprint der Peter Lang GmbH.

Peter Lang – Frankfurt am Main · Bern · Bruxelles · New York · Oxford · Warszawa · Wien

Diese Publikation wurde begutachtet.

www.peterlang.com

Vorwort

Die vorliegende Arbeit wurde bei der Rechtswissenschaftlichen Fakultät der Freien Universität Berlin als Dissertation eingereicht. Die mündliche Prüfung fand am 16. Januar 2014 statt.

Mein herzlicher Dank gilt zuvorderst meinen Eltern für ihren bedingungslosen Rückhalt und ihre Förderung.

Ebenso schulde ich Herrn *Prof. Dr. Dr. Dr. h.c. Franz Jürgen Säcker* besonderen Dank für seine fachliche Betreuung, die schnelle Erstellung seines Gutachtens und die Aufnahme in diese Schriftenreihe.

Sehr herzlich bedanken möchte ich mich insbesondere auch bei *Prof. Dr. Peter Raue* für die Anregung des Themas, seine engagierte Förderung der Arbeit, die schnelle Anfertigung des Zweitgutachtens und die wertvollen gemeinsamen Diskussionen.

Berlin, Juli 2014 Jan Patrick Ehinger

Inhaltsverzeichnis

Kapitel 1. Einleitung und Vorgehensweise

§ 1. Einleitung

Ist der vermutete Künstler auch tatsächlich Schöpfer des verkauften Werkes? Stammt das Werk wirklich von Rembrandt oder Ernst Ludwig Kirchner? Die Frage nach der Echtheit eines Werks ist für den Kunstmarkt von zentraler Bedeutung und seit jeher mit erheblichen finanziellen Risiken verbunden. Dass Kunstwerke gefälscht werden, dürfte so alt sein wie die Geschichte der Kunst selbst. Dennoch haben gerade die starken Preisaufschwünge seit Mitte der 80er Jahre des 20. Jahrhunderts entscheidend dazu beigetragen, dass der Markt seither geradezu überschwemmt wurde mit Fälschungen.[1] Da zugleich nur die wenigsten Käufer und Verkäufer in der Lage sind, über die Echtheit des Werkes ein fundiertes Urteil abzugeben, hängt die Einstufung eines Werks oftmals entscheidend davon ab, ob es von einem Kunstexperten für echt befunden wurde.

Zu Problemen führt dieses arbeitsteilige System immer dann, wenn der Kunstexperte zu einem Fehlurteil gelangt ist und der Käufer deshalb eine Fälschung erworben hat. Die Wertverluste und damit auch finanziellen Auswirkungen sind in solchen Fällen meist erheblich. Beispielhaft sei hier auf den sicherlich spektakulärsten Kunstfälschungsskandal in jüngster Zeit, den Fall Wolfgang Beltracchi, Bezug genommen. In diesem Zusammenhang hatten teils hochspezialisierte Kunstexperten zahlreiche mittlerweile identifizierte Fälschungen für echte Werke z.B. von Max Pechstein, Heinrich Campendonk und Max Ernst erklärt, die dann zu entsprechend hohen Preisen veräußert worden waren.[2]

Schützt eine echtheitsbestätigende Expertise damit nicht per se vor Schäden, stellt sich für den Erwerber eines gefälschten Bildes deshalb die Frage, bei

---

1 Vgl. dazu *Herchenröder*, Die neuen Kunstmärkte, S. 9, 41 ff., 287 ff. Die Preissteigerungen sind u.a. auf die verstärkte Präsenz von institutionellen Anlegern, Großsammlern und Investoren auf dem Kunstmarkt zurückzuführen, vgl. dazu S. 31 ff.

2 Zum Fall Wolfgang Beltracchi ausführlich *Koldehoff/Timm*, Falsche Bilder/Echtes Geld. Vgl. zudem die Beispiele bei *Herchenröder*, Die neuen Kunstmärkte S. 287 ff., betreffend die Fälle um den Kunsthändler Fernand Legros sowie den Utrillo-Händler Paul Pétridès. Auch hier lagen den Fälschungen oftmals echtheitsbestätigende Expertisen bei. Gleiches gilt z.B. für die Falsifikate des bekannten Kunstfälschers Edgar Mrugalla.

welchem der Beteiligten er den entstandenen Schaden liquidieren kann. Vordringlich kommt dabei zunächst der Verkäufer des Bildes in Betracht. Voraussetzungen und Umfang der Schadenshaftung sind in diesem Verhältnis durch die Bestimmungen des Kaufrechts im Rahmen der §§ 437 ff. BGB klar geregelt. Als problematischer erweist sich hingegen die Frage, ob sich der Käufer haftungsrechtlich auch an den Kunstexperten halten und von diesem seinen Schaden ersetzt verlangen kann. Dies ist insbesondere in Fällen relevant, in denen die Ansprüche gegen den Verkäufer entweder wegen eines Haftungsausschlusses entfallen oder wegen des Ablaufs der Verjährungsfristen oder mangels Liquidität des Verkäufers nicht durchsetzbar sind. Der Interessenkonflikt bei dieser Konstellation ist offenkundig: Da die Expertise meist durch den Verkäufer in Auftrag gegeben wird, gibt es zwischen Käufer und Gutachter in der Regel keinen unmittelbaren rechtsgeschäftlichen Kontakt, so dass zugunsten des Käufers keine direkten Ansprüche aus Werkvertragsrecht in Betracht kommen. Eine Haftung nach Deliktsrecht entfällt zudem meist in Ermangelung eines dort gesetzlich geregelten Vermögensschutzes oder wegen Fehlens einer sittenwidrigen Schädigung. Zugleich erscheint eine Haftung des Experten – dessen fehlerhaftes Gutachten immerhin für den Kaufentschluss ausschlaggebend war – bei Abwägung der hier aufeinandertreffenden Interessen jedoch regelmäßig geboten, soweit er vorwerfbar zu dem falschen Gutachtenergebnis gekommen ist und er mit einer Weitergabe seines Gutachtens an Dritte rechnen konnte.

In Rechtsprechung und Schrifttum wird daher kontrovers diskutiert, mittels welcher rechtlichen Grundlage dieser Interessenkonflikt zu lösen ist. Während der BGH in gefestigter Rechtsprechung die Fälle der Sachverständigendritthaftung zumeist über den Vertrag mit Schutzwirkung für Dritte löst,[3] mehren sich in der Literatur die Stimmen, die eine Lösung in dem seit 1. Januar 2002 geltenden § 311 Abs. 3 BGB sehen.[4] Nach § 311 Abs. 3 S. 2 BGB kann ein gesetzliches Schuldverhältnis mit den Verhaltenspflichten nach § 241 Abs. 2 BGB auch zu Personen entstehen, die nicht selbst Vertragspartei geworden sind, die aber in besonderem Maße Vertrauen für sich in Anspruch nehmen und dadurch die Vertragsverhandlungen oder den Vertragsschluss erheblich beeinflussen.

---

3 So zuletzt BGH NJW 04, 3035.

4 So u.*a. Eichler*, Vertragliche Dritthaftung (2007); *Gellmann*, Die Haftung von Experten gegenüber Geschäftspartnern ihres Auftraggebers für die fehlerhafte Erstellung von Gutachten (2006); *Kersting*, Die Dritthaftung für Informationen im BGB (2007); *Koch*, AcP 204, S. 59 ff. A.A. u. a. *Grüneberg*, in: Palandt, § 311 Rn. 60; *Sprenger*, S. 33 und 45 f.; *Brors*, ZGS 2005, 142, 147 ff.; *Sutschet*, in: FS Ehmann, 2005, S. 95, 110, 116. Vgl. Kapitel 3 § 2 und § 5 für weitere Nachweise.

Ob ein Anspruch nach § 280 Abs. 1 i.V.m. §§ 311 Abs. 3 S. 2, 241 Abs. 2 BGB nunmehr die dogmatisch einschlägige Lösung für die Gutachterhaftung und speziell für die Fälle fehlerhafter Kunstexpertisen bildet und wenn ja, wie dessen Tatbestandsmerkmale im Einzelnen auszulegen sind, soll daher mit der vorliegenden Arbeit untersucht werden. Dabei sind insbesondere auch die branchenüblichen Besonderheiten des Kunstmarktes in interessengerechter Weise zu berücksichtigen.[5]

Für das Kunstexpertenwesen ist dabei kennzeichnend, dass sich der Markt bei Echtheitsbeurteilungen oftmals auf das Urteil einzelner, hoch spezialisierter Experten verlässt, bei denen es sich im Regelfall um Privatgutachter handelt, die nicht gemäß den Sachverständigenordnungen der Länder staatlich vereidigt oder bestellt sind. Diesen Spezialisten kommt hinsichtlich der Echtheitsbeurteilung eine Art Meinungsmonopol zu.[6] Die Besonderheit ist dabei, dass andere Gutachten über das Werk neben diesen Expertisen kaum Beachtung finden und vom Markt weitestgehend ignoriert werden. Dieses Phänomen, das insbesondere bei bekannten und hoch taxierten Künstlern auftritt, wird von *Friederike Gräfin von Brühl* treffend als „Zuschreibungsautorität" bezeichnet.[7] Die Folge ist, dass derart wichtige Expertisen in der Praxis nicht allein dem Kaufvertragspartner des unmittelbaren Auftraggebers des Gutachtens vorgelegt werden, sondern u.U. auch einer Vielzahl von späteren Käufern. Das Echtheitsurteil eines führenden Experten hängt dem Werk nach dessen Untersuchung in der Regel über Jahre hinweg an und wird oft Grundlage von weiteren Kaufentscheidungen.[8] Während dieser Zeit kann sich allerdings der Wert des Werkes stark erhöhen, so dass neben dem Problem der personellen Reichweite der Haftung bei mangelndem

---

5 Vgl. dazu *Raue*, in: FS Säcker, S. 1106 ff., der die spezielle Problematik des Meinungsmonopols von Kunstexperten und ihre eingeschränkte rechtliche Verantwortung gegenüber geschädigten Käufern bei fehlerhaften Expertisen nach geltender Rechtslage kritisch darstellt und die Frage aufwirft, inwieweit § 311 Abs. 3 S. 2 BGB hier Abhilfe schaffen könnte. Vgl. zudem die Bearbeitungen zum alten Recht von: *Goepfert*, Haftungsprobleme im Kunst- und Auktionshandel, Berlin 1991; *Gerlach*, Die Haftung für fehlerhafte Kunstexpertisen, Baden-Baden 1998; *Wolf*, Die Expertise – Inhalt, Form und Rechtswirkungen, Bonn 2001; *Simons*, Fachliche Autorität im Kunsthandel und ihre haftungsrechtliche Bedeutung, Konstanz 1999; *Nißl*, Die Haftung des Experten für Vermögensschäden Dritter bedingt durch unrichtige Gutachten – im deutschen, englischen und amerikanischen Recht, München 1971; *Siehr*, in: FS-Hanisch S. 247–255.

6 *Raue*, in: FS Säcker S. 1107 f.; *von Brühl* S. 47 ff.

7 *Von Brühl*, S. 47 ff.

8 So bereits für Expertisen nicht-zuschreibungsautoritärer Gutachter konstatiert von *Wolf* S. 11; sowie *Katz* S. 24.

persönlichem Kontakt zudem fraglich ist, welche Person in einem denkbaren Haftungsfalle dieses Wertsteigerungsrisiko zu tragen hat.

Neben fehlerhaften Kunstexpertisen befasst sich die Arbeit weiterhin mit der Dritthaftung für falsche Echtheitsbeurteilungen im Zusammenhang mit dem kunstmarktspezifischen Phänomen des Werkverzeichnisses. Werkverzeichnisse – auch Catalogues raisonnés genannt – sind wissenschaftliche Verzeichnisse, deren Zielsetzung es ist, das Werk eines Künstlers oder bestimmte Teilaspekte, umfassend und vollständig zu dokumentieren.[9] Sie werden in der Regel von einem Experten oder der Institution geführt, denen die Zuschreibungsautorität über die Echtheit eines Bildes von der Fachöffentlichkeit zuerkannt wird. Aufgrund der implizierten Aussage über die Echtheit wird die Aufnahmebestätigung von Sammlern und Händlern daher als eine Art Expertise des Werkverzeichners angesehen. Im Gegenzug geht der Handel bei einer Nichtaufnahme zumeist davon aus, dass der Werkverzeichner von der Echtheit des Werkes nicht überzeugt ist, so dass der Eigentümer in der Regel nicht in der Lage ist, das Werk auf dem Kunstmarkt als Original zu veräußern.

Schließlich ist im Rahmen der haftungsbegründenden Tatbestandsmerkmale von Interesse, welcher Sorgfaltsmaßstab für die Echtheitsbeurteilung von Kunstwerken gilt. Dabei stellt sich die bisher im Detail nicht erschöpfend diskutierte Frage, inwieweit die Kunstexperten und Verzeichner hinsichtlich der Provenienzangaben, Einbeziehungspflichten, Prüfungs- oder Recherchepflichten treffen und welche Konsequenzen die entsprechend gewonnenen Erkenntnisse wiederum auf den Sorgfaltspflichtsmaßstab bei der Echtheitsbegutachtung insgesamt haben. Dies gilt insbesondere vor dem Hintergrund, dass es ein typisches Charakteristikum beider Zuschreibungsformen ist, dass die Experten ihr Ergebnis nicht oder nur sehr kurz begründen, wodurch sich Probleme hinsichtlich der Transparenz und Nachvollziehbarkeit ergeben.[10] Insoweit sollen entsprechende Anforderungen an die Expertisen und die Aufnahmeentscheidungen in Werkverzeichnisse entwickelt werden.

---

9 *Von Brühl* S. 23, m.w.N. Zur Erstellung eines Werkverzeichnisses vgl. *Endicott Barnett* S. 45 f. sowie *Wiederkehr Sladeczeck* S. 17 ff.

10 Vgl. *Raue*, in: FS Säcker S. 1108; *Huttenlauch*, in: KUR 2004, 120; *von Brühl* S. 20 m.w.N.

§ 2. Vorgehensweise

Zur Beantwortung der aufgeworfenen Rechtsfragen wird in Kapitel 2 zunächst auf die Besonderheiten des kunstmarktbezogenen „Expertisenwesens" eingegangen. Da praxistaugliche Antworten zur Lösung rechtlicher Probleme die Kenntnis der Rechtstatsachen voraussetzen, werden hier die begutachtungsrelevanten Begriffe und die zur Prüfung der Echtheit verwendeten Untersuchungsmethoden dargestellt.

In Kapitel 3 werden sodann die in der Literatur diskutierten und von der Rechtsprechung praktizierten rechtlichen Lösungsmodelle für die allgemeine Dritthaftung von Gutachtern in einer Übersicht näher erläutert. Dies erscheint geboten, da der Kodifizierung des hier untersuchten und seit 1. Januar 2002 gesetzlich geregelten Schadensersatzanspruchs ein langer Meinungsbildungsprozess in Literatur und Rechtsprechung mit entsprechend vielfältigen Lösungsvarianten und Begriffsbildungen voranging, die heute noch in der aktuellen Diskussion eine wesentliche Rolle spielen, zumal die Rechtsprechung weiterhin eine Lösung über den Vertrag mit Schutzwirkung zugunsten Dritter favorisiert.

Im Anschluss wird in Kapitel 4 der Schadensersatzanspruch gemäß § 280 Abs. 1 BGB i.V.m. §§ 311 Abs. 3 S. 2, 241 Abs. 2 BGB in seinem Aufbau erläutert und durch Auslegung konkretisiert, in welchem Rahmen Gutachter nach Sinn und Zweck der Normen für fehlerhafte Gutachten gegenüber Dritten haften. Dabei steht vor allem § 311 Abs. 3 S. 2 BGB im Mittelpunkt des Interesses, für den der Anwendungsspielraum unter besonderer Berücksichtigung der Begrenzung des Haftungsrisikos für die Gutachterhaftung im Allgemeinen herausgearbeitet werden soll.

Zuletzt werden in Kapitel 5 die erarbeiteten Ergebnisse und einzelnen Tatbestandsvoraussetzungen auf die konkreten Fallkonstellationen der Haftung für fehlerhafte Echtheitsbegutachtungen, einschließlich der Aufnahmeentscheidungen in Werkverzeichnisse, angewendet. Ein besonderer Fokus ist zudem auf die Bestimmung der Sorgfaltspflichten des Kunstexperten gerichtet.

Kapitel 2. Begriffe, Methoden und tatsächliche Grundlagen der Begutachtung von Kunstwerken

§ 1. Definitionen und begriffliche Abgrenzungen

Auf dem Kunstmarkt hat sich im Laufe der Zeit eine Vielzahl von Begriffen etabliert, die im Rahmen der Veräußerung und der Begutachtung von Kunstwerken Verwendung finden und auch im Rahmen dieser Arbeit immer wieder herangezogen werden. Teilweise kommt diesen Begriffen eine andere Bedeutung zu als im allgemeinen Sprachgebrauch, teilweise ist ihre genaue Bedeutung aber auch umstritten.

A. Die Echtheit

Aufgrund der substanziellen Auswirkungen auf das Marktpreispotenzial ist es sowohl für den Auftraggeber einer Kunstexpertise als auch für dessen Vertragspartner zunächst von zentralem Interesse zu wissen, ob das Bild „echt“ ist, ob es also auch wirklich von dem Künstler stammt, den sie als Urheber vermuten.

Für den Echtheitsbegriff ist stets charakteristisch, dass er eine Relation bezeichnet und daher eine Bezugstatsache braucht: Die tatsächliche Urheberschaft oder Herkunft wird ins Verhältnis zu einer vermeintlichen gesetzt.[11] Daraus folgt, dass die Klärung der Echtheitsfrage nur im Verhältnis zu der angenommenen Urheberschaft Gültigkeit beanspruchen kann. Vermutet der Auftraggeber des Gutachtens also, dass es sich bei dem Bild um ein Werk Dalís handelt, ist dieses aber tatsächlich von einem Unbekannten geschaffen worden, dann ist das Bild kein echter Dalí, aber das echte Werk eines Unbekannten.[12] Ohne die These zur vermeintlichen Urheberschaft kann demnach keine Echtheitsaussage im Positiven wie auch Negativen getroffen werden. Der Kunstgutachter hat zu dieser Relation in der Expertise Stellung zu nehmen. In der Regel wird der Experte auf einen bestimmten Künstler spezialisiert sein und der Auftraggeber bereits mit der Frage nach der konkreten Urheberschaft eben dieses Künstlers an den Experten herantreten. Genauso sind aber auch Konstellationen denkbar, in denen

11 In diesem Sinne auch *Simons* S. 31; *von Brühl* S. 7; *dies.*, in: FS Siehr. S. 304.

12 *Schack*, in: Kunst und Recht Rn. 39.

ein fachlich breit aufgestellter Experte eine eigene These zur vermeintlichen Urheberschaft zu entwickeln hat, wie z.B. bei sehr alten, unsignierten Werken aus Dachbodenfunden oder Erbschaften, in denen das Werk keinen konkreten Urheber bezeichnet oder nahelegt. Bei der Bestimmung und Erarbeitung der Bezugstatsache hat der Experte genauso sorgfältig und gewissenhaft vorzugehen, wie bei der Frage, ob die vermeintliche Urheberschaft mit der tatsächlichen übereinstimmt.

Eine stimmige Definition für die Echtheit eines Werkes entwickelte *von Brühl*: „Echt ist ein Kunstwerk demzufolge nur insoweit als es aktuell – unter Beibehaltung seines ursprünglichen Zustandes – mit den objektiven Zuordnungskategorien übereinstimmt, die es entweder aus sich selbst heraus vorweist, oder auf die das äußere Umfeld, der Kontext und insbesondere der wissenschaftliche Konsens hinweisen, in dem das Werk präsentiert wird."[13] Mit dieser Definition wird es zur Maßgabe, dass alle äußeren Faktoren der Präsentation, die bisherige wissenschaftliche Einordnung des Werkes, die Provenienz, kurz, alle potenziell aussagekräftigen Umstände miteinbezogen werden und als Maßstab für die Bildung der Bezugstatsache dienen können. Insbesondere werden damit nicht nur dem Werk immanente Eigenheiten, sondern auch externe Aspekte bei Beurteilung berücksichtigt, die der jeweils begutachtenden Person zugänglich sind.[14]

Da die Echtheitsfrage regelmäßig zu einer Stellungnahme über eine Relation zwingt – in Fällen einer Werkbegutachtung zumeist das Verhältnis zwischen vermeintlicher und tatsächlicher Urheberschaft – kann sich die Bezugstatsache einer Kunstexpertise aber auch auf andere Umstände als die individuelle Urheberschaft eines bestimmten Künstlers beziehen. Denkbar ist u.a. die Zugehörigkeit

---

13 *Von Brühl* S. 10; *dies.*, in: FS Siehr S. 307. Dagegen vertritt *Goepfert* S. 27, einen eher subjektiven Ansatzpunkt: „Ein Kunstwerk ist unecht, wenn es von einem anderen Urheber oder aus einer anderen Stilepoche stammt als von der jeweils das Kunstwerk begutachtenden Person angenommen wird."

14 Vgl. ebenso *Würtenberger,* Der Kampf gegen das Kunstfälschertum S. 8 f. Hier soll sich die Echtheit danach richten, ob das innere Wesen des Werkes mit dem übereinstimmt, was es durch die Art seiner äußeren Gestaltung zu sein vorgibt. Ähnlich *Gerlach* S. 17, nach dem ein Werk dann unecht sein soll, wenn es von einem anderen Urheber oder aus einer anderen Stilepoche stammt, als die Art seiner äußeren Gestaltung vorgibt. Zu Recht wird gegenüber diesem Ansatz eingewandt, dass er wegen seiner Beschränkung auf das äußere Erscheinungsbild des Werkes, nicht alle denkbaren und erheblichen Sachverhalte abzudecken vermag. Vgl. dazu *Goepfert* S. 27 und *von Brühl* S. 9; *dies.*, in: FS Siehr S. 306 f. Letztere mit mehreren Sachverhalten, die von der Definition Würtenbergers nicht erfasst sind, insbesondere das Beispiel „Appropriation Art".

zu einer Schaffenszeit, einem Schaffensort oder einer bestimmten Stilepoche. So kann sich die Stellungnahme zur Echtheit z.B. darauf beziehen, dass es sich bei dem Gemälde um einen „echten Niederländer des 17. Jahrhunderts" handelt. Dies kann insbesondere geboten sein, wenn ein individueller Urheber aufgrund der Umstände des Einzelfalls nicht bestimmbar ist.

B. Originalität und Original

Nahe bei dem Begriff der Echtheit liegt der der Originalität. Der Begriff der Originalität steht im geisteswissenschaftlichen Sprachgebrauch allgemein für die schöpferische Individualität und Eigenständigkeit eines Werkes und wird meist zur Beschreibung des Einfallsreichtums, der Schöpferkraft oder Kreativität des Künstlers verwendet. Ihm kommt im Urheberrecht eine zentrale Rolle zu, denn es ist die Originalität, also die im Werk konkretisierte eigenständige, individuelle schöpferische Leistung, die den Schutz durch das Urheberrecht legitimiert.[15]

Im Rahmen der Begutachtung von Kunstwerken erfährt der Begriff hingegen teilweise eine anderweitige Bedeutung. Hier wird er herangezogen, wenn es gilt, sich über die Urheberschaft eines Bildes zu äußern, an dem mehrere Personen mitgewirkt haben können, und der Anteil oder Einfluss des infrage stehenden Künstlers zu bestimmen ist, also dessen „Nähe" zum Kunstwerk.[16] Insoweit wird diskutiert, ob bei dieser Fallgestaltung nicht der Begriff der Originalität an die Stelle der Echtheit treten und dieser als Beschaffenheitsmaßstab für die Nähe des Werkes zum Künstler und seiner Schöpfungssphäre verwendet werden sollte.[17] Hintergrund ist, dass die Echtheitsaussage zumeist hinsichtlich der Nähe des Werkes zum Künstler indifferent bleibt, was besonders am Beispiel der sog. *Werkstattbilder* deutlich wird.[18]

In der Vergangenheit war es durchaus üblich, dass berühmte Maler einer eigenen Werkstatt vorstanden, in der Gesellen und Lehrlinge nach ihren Weisungen und unter ihrer Aufsicht arbeiteten und lernten. Dabei kam es sowohl vor, dass der Meister nur das Konzept eines Werkes festlegte und dann seinen Lehrlingen oder Gesellen die Ausarbeitung überließ, als auch, dass diese ihre eigenen Werke

---

15 Vgl. *Rehbinder*, Urheberrecht, 13. Aufl., Rn. 117.

16 *Gerlach* S. 18 f.; *Glaus* KUR 2004, 112, 114. Vgl. auch den Originalitätsbegriff von *Würtenberger*, Der Kampf gegen das Kunstfälschertum S. 9 ff.

17 Vgl. dazu *Gerlach* S. 17 ff.; *Glaus*, KUR 2004, 112, 114.

18 Vgl. *Gerlach* S. 17 ff.

im Stil des Meisters anfertigten oder Kopien seiner Werke erstellten.[19] Bekannte Beispiele sind die Werkstätten von Lucas Cranach dem Älteren, Sandro Botticelli, Jan van Eyck oder auch Peter Paul Rubens.

Für die Verwendung des Begriffs der Originalität spricht zwar, dass mit ihm speziell arbeitsteilige Schöpfungsprozesse differenzierter beschrieben werden können. Gleichwohl ist der Begriff der Echtheit für den Markt nicht verzichtbar, denn insoweit besteht ein entscheidendes Interesse daran, über eine klare und ohne Umschweife kommunizierbare Werkzuordnung zu verfügen, das heißt genau zu wissen, ob die Nähe zum Künstler derart hoch ist, dass das Werk als Original des entsprechenden Künstlers gilt, mithin „echt" ist. Bestehen insoweit Unsicherheiten – und dies betrifft bevorzugt eben jene Werkstattbilder, an denen nicht nur der Künstler selbst, sondern auch oder ausschließlich seine Schüler ausführend mitgewirkt haben – dann können diese vom Gutachter jeweils auch durch die bereits erwähnte „Verwässerung" der Bezugstatsache benannt werden. Insoweit ist es in der Praxis üblich, bei Zweifeln an der Eigenhändigkeit des Werkes z.B. anzugeben: „Lucas Cranach der Ältere (und Werkstatt)" oder „Werkstatt Lucas Cranach der Ältere" oder „Anonymer Meister der Werkstatt von Lucas Cranach dem Älteren".[20] Diese Formulierungen implizieren keine Echtheitsbestätigung für den anfänglichen Bezugsurheber Lucas Cranach, wohl aber für den Zeitraum seines Schaffens. Die mangelnde Werknähe des Künstlers oder auch Originalität ist daher Grund für die ausbleibende ausschließliche Echtheitsbestätigung für den individuellen Künstler, nicht aber primärer Aussagegegenstand der Expertise. Dieser besteht nunmehr in der Echtheitsaussage im Hinblick auf das Umfeld Lucas Cranachs, worauf sich der Markt dann, z.B. durch Absenkung des Preises, einzustellen vermag.

Im Ergebnis ist daher im Rahmen der jeweiligen Einzelfallentscheidung darauf abzustellen, wie stark sich die individuelle Künstlerpersönlichkeit im Werk manifestiert und ob dies für eine Zuschreibung im Hinblick auf den individuellen Künstler genügt. Dabei kommt insbesondere der Werkkonzeption besondere Bedeutung zu. Zugleich bemisst sich die Wertigkeit der Ausführungshandlungen danach, wie frei sie gestaltet werden durften und welche Wirkung die konkreten Teile im Verhältnis zum Rest des Werkes haben. Insofern wird auch das Maß der

---

19 Eine weitere Fallgruppe besteht aus Konstellationen, in denen Werke restauriert oder finalisiert werden und damit zu einem Teil oder sogar überwiegend aus der Hand eines Dritten stammen. Vgl. die differenzierte Darstellung der einzelnen Erscheinungsformen unterschiedlicher Originalität bei *Gerlach* S. 21 f.

20 Für weitere Beispiele vgl. den Artikel in der Zeitung „Die Welt" vom 06.08.2011 „Die geheime Sprache des Kunsthandels".

Verantwortung des Künstlers bei der Werkentstehung herangezogen.[21] Eine umfängliche Eigenhändigkeit der Werksschaffung ist dabei nicht per se erforderlich.[22]

Der Kunstexperte hat sich also in der Sache stets mit der Werknähe des vermeintlichen Urhebers bzw. mit der Originalität des Werkes auseinanderzusetzen und im Anschluss eine Bezugstatsache zu formulieren, die dieser Wertung gerecht wird.

Nicht identisch und streng zu trennen sind derweil die Begriffe Originalität und Original: Ein Original ist stets die vom Urheber eigenhändig geschaffene Verkörperung eines Werks[23] und Ausdruck der Individualität und Persönlichkeit des Schaffenden.[24] Daher kann eine Nachahmung im Gegensatz zu einer bloßen Kopie ein Original des Fälschers sein, obwohl beide unechte Werke des fälschlicher- weise angegebenen Künstlers sind. Originale sind auch serielle Werke (Auflagenwerke),[25] deren Urform vom Urheber erstellt wurde. Hingegen sind mittels einer gefälschten Vorlage angefertigte Drucke bei seriellen Werken keine Originale.

C. Zuschreibung, Abschreibung und Authentifizierung

Der Begriff der Zuschreibung steht für das Ergebnis einer Echtheitsüberprüfung und wird als Synonym für die Echtheitsbewertung eines Werkes verwendet. Die Zuschreibung gibt Auskunft darüber, von welchem Künstler das Werk stammen soll. Dies kann auch die Zuordnung zu der Werkstatt eines Künstlers sein oder aber zu einer bestimmten Stilepoche oder Künstlergruppe. Eine falsche Zuschreibung kann die Urheberrechte des tatsächlichen Schöpfers des Werkes bis zu 70 Jahre p.m.a. verletzen und Schutzrechte nach den §§ 1, 3 UrhG i.V.m. §§ 12, 823, 1004 BGB auslösen.[26]

---

21 *Würtenberger*, Der Kampf gegen das Kunstfälschertum S. 11. *Von Brühl*, in: FS Siehr S. 304.

22 *Von Brühl* S. 11; *Jayme*, in: Original und Fälschung S. 32 m.w.N. Ebenso *Gerlach* S. 17 f.; *Glaus* KUR 2004, 112, 114 m.w.N.

23 *Bullinger*, in: Wandtke/Bullinger, § 26, Rn. 7; *Friedländer*, Echt und Unecht, S. 47 ff.

24 *Goepfert*, S. 44.

25 *Bullinger*, in: Wandtke/Bullinger, § 26 Rn. 7.

26 So hat der BGH im Grundsatz bejaht, dass ein Anspruch des betroffenen Künstlers (oder naher Angehöriger) auf Entfernung einer gefälschten Signatur gegen den Besitzer des gefälschten Bildes besteht, wenn greifbare Anhaltspunkte dafür vorliegen, dass dieser die Bilder als Originalwerke des Künstlers (hier des Künstlers Emil Nolde) auf den Markt bringen könnte, NJW 1990, 1986, 1988. Kritisch zu dem eingeschränkten Schutz durch die BGH-Rechtsprechung: *Nordemann*, in: GRUR 1996,

Von einer Abschreibung spricht man, wenn die Fragestellung vom Gutachter negativ beantwortet wird, das Bild also nicht von dem vermuteten Künstler stammt.[27] Allerdings wird der Experte mit der Ausstellung einer negativen Bescheinigung tendenziell zurückhaltend sein. Eher wird er dazu neigen, lediglich die echtheitsbestätigende Expertise zu versagen.

Der Begriff der Authentifizierung bezieht sich auf den Untersuchungsprozess selbst und bezeichnet die Echtheitsprüfung eines Werkes mit einer bestimmten Zielrichtung, nämlich, ob einem konkret vermuteten Künstler das Werk letztlich zugeschrieben werden soll oder nicht.[28] Er wird mit dem Begriff der Echtheitsüberprüfung oftmals synonym verwendet.

D. Kopie, Nachahmung und Fälschung

Eine Kopie bezeichnet das genaue Abbild eines konkret bestehenden Werkes mittels der jeweils verwendeten Maltechnik durch fremde Hand.[29] Kopien durch den Künstler selbst werden indes als Repliken oder auch Reprisen bezeichnet.[30]

In Abgrenzung dazu wird bei der Nachahmung oder auch Imitation nicht ein konkretes Werk kopiert, sondern unter Imitation und Nachahmung von Stil und Duktus eines Künstlers ein eigenes Werk geschaffen.[31] Dies ist auch zulässig, soweit sie nicht mit einer Signatur des nachgeahmten Künstlers versehen werden, da ein Stil nicht monopolisiert werden kann.[32] Kopien und Nachahmungen werden – falls sie nicht mit Täuschungsabsicht geschaffen werden – meist von Künstlern zu Studienzwecken oder zur Übung angefertigt und sind im Rahmen von § 53 UrhG zulässig.[33] Eine weitere Form des unechten Werkes ist die Reproduktion. Diese bezeichnet die genaue Abbildung eines bestehenden Werkes

737. Allgemein zum Schutz vor Fälschungen: *Bullinger,* in: Wandtke/Bullinger, § 13, Rn. 16 m.w.N.

27 Ausführlich dazu *von Brühl,* S. 18 f.

28 Anders *von Brühl* S. 17, die auf das Endergebnis, also die positive Echtheitsbestätigung abstellt.

29 *Olbrich,* Lexikon der Kunst, S. 7, Stichwort: Kopie; *Harenberg,* Kulturführer Malerei, S. 776; *Würtenberger,* Das Kunstfälschertum S. 36.

30 *Olbrich,* Lexikon der Kunst, Stichwort: Replik; *Gerlach* S. 21.

31 Zur Nachahmung vgl. ebenfalls *von Brühl* S. 12; *Wolf* S. 68 f.; *Gerlach* S. 22.

32 *Schack*; in: Kunst und Recht Rn. 43; *Picker,* in: Fälscher, Diebe, Betrüger S. 41; *Bullinger,* in: *Wandtke/Bullinger,* § 13, Rn. 16.

33 *Schack,* in: Kunst und Recht Rn. 43; *Picker,* in: Fälscher, Diebe, Betrüger S. 41.

mit anderen technischen Mitteln, als sie der Künstler verwendet hat.[34] Beispiele hierfür sind Kunstdrucke von Werken bekannter Maler.[35] Serielle Werke, wie Holzschnitte, Lithografien oder Radierungen, sind nur dann echt, wenn sie unter Verwendung der vom Künstler geschaffenen Vorlage und unter dessen Aufsicht hergestellt werden.[36]

Jedes dieser o.g. unechten Werke gilt als Fälschung, wenn es von dem Hersteller zur Täuschung im Rechtsverkehr geschaffen wurde[37] oder wenn es zur Täuschung in den Rechtsverkehr verbracht wird.[38] Es kommt also entscheidend auf die subjektive Täuschungsabsicht, d.h. auf die Motivation des Herstellers an.[39] Die Kopie wird deshalb erst dann zur Fälschung, wenn sie als Original ausgegeben oder bewusst mit einer falschen Signatur versehen wird. Kunstfälschungen sind damit auch Neuschöpfungen im Stil eines bestimmten Künstlers, die mit dessen Signatur versehen werden.[40] Gleiches gilt für Werke, die im Stil einer bestimmten Epoche geschaffen und sodann als Originale dieser Epoche auf den Markt gebracht werden.[41]

Eine Variante der Fälschung ist die Verfälschung. Sie bezeichnet die Manipulation an einem bereits bestehenden Kunstwerk durch einen Dritten in Täuschungsabsicht.[42] In der Literatur, die in der Sache der Ansicht von *Würtenberger* folgt, wird dabei nach dem Manipulationsziel differenziert, so dass noch zwischen der subjektiven und objektiven Verfälschung unterschieden werden kann.[43] Man spricht von einer objektiven Verfälschung, wenn durch einen Dritten zum Zwecke der Täuschung des Rechtsverkehrs in die bestehende

---

34 *Picker*, in: Fälscher, Diebe, Betrüger S. 35; *Olbrich*, Lexikon der Kunst, S. 122, Stichwort: Reproduktion; *von Brühl* S. 13 m.w.N.

35 Vgl. *Olbrich*, Lexikon der Kunst, S. 122, Stichwort: Reproduktion, mit weiteren Beispielen.

36 *Schack*, in: Kunst und Recht Rn. 40; *Mosimann*, in: Kunst & Recht S. 13 m.w.N.

37 Vgl. zu dem Begriff: *Goepfert* S. 26 m.w.N.; *Gerlach* S. 22; *Bloch*, Fälschung und Forschung S. 7; *Bullinger*, in: Wandtke/Bullinger, § 13, Rn. 14; *von Brühl* S. 13 ff. m.w.N.

38 *Würtenberger*, Das Kunstfälschertum, S. 35; *Löffler*, in: NJW 1993, 1421 ff.; *Gerlach* S. 22; *Schack*, in: Kunst und Recht Rn. 43.

39 *Gerlach* S. 22.

40 *Friedländer* beschreibt es als ein beliebtes Verfahren der Fälscher, aus mehreren Vorbildern Teile zu kopieren und diese zu einem scheinbar originalen Gebilde zusammenzusetzen; vgl. *Friedländer*, Echt und Unecht, S. 26 f.

41 *Olbrich*, Lexikon der Kunst, Stichwort: Kunstfälschung.

42 *Bloch* S. 8; *Würtenberger*, Das Kunstfälschertum, S. 36 f.; *ders*, in: Der Kampf gegen das Kunstfälschertum S. 3; Gerlach S. 22 f.

43 *Gerlach* S. 22; *von Brühl* S. 15. Weitere Beispiele bei *Löffler*, in: NJW 1993, 1422.

Werksubstanz eingegriffen wird, etwa durch künstliche Alterung, Restaurierung oder nachträgliche Signatur.[44] Subjektive Verfälschungen erfolgen ohne einen solchen Eingriff, allein durch Einflussnahme auf die äußere Werksphäre, etwa durch falsche Provenienzangaben oder eine falsche Expertise.[45]

§ 2. Erkenntnisquellen für die Beurteilung von Kunstwerken

Wenn ein Kunstsachverständiger die Echtheit eines Werkes prüft, kann er dazu auf unterschiedliche Erkenntnisquellen zurückgreifen, die sich hinsichtlich ihres jeweiligen Aussagegehaltes und ihrer Eignung zur Echtheitsverifikation unterscheiden. Neben der im Zentrum des Interesses stehenden stilkritischen Analyse des Werkes sind dies vor allem naturwissenschaftlich-technische Untersuchungen sowie die Provenienzangaben und deren Recherche. Im Rahmen dieser Erkenntnisquellen stehen dem Kunstexperten zudem verschiedene Untersuchungsmethoden zur Verfügung, die ihm Aufschluss über die mögliche Urheberschaft geben können.

Im Folgenden werden die für die Zuschreibung wesentlichen Erkenntnisquellen, die dazugehörigen Untersuchungsmethoden, deren Besonderheiten im Hinblick auf ihre Aussagequalität und -reichweite sowie die Eigenheiten ihrer formellen Darstellungspraxis näher skizziert.

A. Kunsthistorische Stilanalyse des Werkes

Zentrale und wichtigste Erkenntnisquelle für jede Expertise ist zunächst die kunsthistorische Stilanalyse des infrage stehenden Werkes.[46] Sie ist auf die Zuordnung des Werkes zu einem Künstler, einer Werkstatt, einer Stilrichtung oder einer Epoche gerichtet und kann bis auf sehr wenige Ausnahmefälle auch nicht durch Ergebnisse anderer Erkenntnisquellen ersetzt werden. Der Grund ist, dass nur mit Hilfe der Stilanalyse eine differenzierte positive Zuschreibungsaussage zu treffen ist.

---

44 *Würtenberger*, Der Kampf gegen das Kunstfälschertum, S. 3 f.; *Gerlach*, S. 22 f.; *von Brühl*, S. 15.

45 *Würtenberger* bezeichnet diese Form der Verfälschung als Kunstbetrug; vgl. *Würtenberger*, Der Kampf gegen das Kunstfälschertum, S. 4 f.; *Gerlach* S. 23 und *von Brühl* S. 15 sprechen insoweit von subjektiven Verfälschungen.

46 Zur Entwicklung der Stilkritik, die erst seit der 2. Hälfte des 19. Jahrhunderts systematisch betrieben wird: *Olbrich*, Lexikon der Kunst, Stichwort: Stilkritik. Vgl. zur historischen Entwicklung auch *Wolf* S. 76 und *Gerlach* S. 35 m.w.N. Siehe ebenfalls *von Brühl* S. 34, die die ikonografische und die stilkritische Analyse unter dem Oberbegriff der „subjektiven Zuschreibungsmethoden“ zusammenfasst.

Methodisch erfolgt die Zuschreibung eines Kunstwerks aufgrund eines Vergleichs von Eigenschaften der äußeren Beschaffenheit (Stilmittel) sowie des Inhalts des Werkes (Ikonografie) mit den jeweils zu bestimmenden Referenzwerken.[47] Dies geschieht meist im Anschluss und dann auf der Grundlage einer genauen Erstbetrachtung des Werkes, bei welcher der begutachtende Experte eine eingehende Untersuchung der äußeren Beschaffenheit des Werkes vornimmt, also beispielsweise des Werkträgers, Farbauftrags, der Maltechnik oder einer vorhandenen Signatur.[48] In Rahmen der stilkritischen Analyse kommen oftmals auch technische Hilfsmittel wie das Stereomikroskop und die naturwissenschaftlich-technische Streiflichtuntersuchung zum Einsatz, mit denen die Oberflächenstruktur auf Auffälligkeiten oder Anomalien untersucht werden kann.[49] Beide Methoden sind zwar genau genommen den naturwissenschaftlich-technischen Untersuchungsverfahren[50] zuzuordnen, da sie jedoch vergleichsweise unkompliziert und ohne Verwendung hochspezialisierter Labortechnik durchgeführt werden können und die Stilkritik fundieren – beziehungsweise unter Umständen selbst einer stilkritischen Interpretation bedürfen – werden sie dieser oftmals vorgeschaltet.[51]

Im Rahmen der eigentlichen stilkritischen Analyse stellt der begutachtende Experte auf der Grundlage der konkreten Werkbeschaffenheit dann regelmäßig einen Vergleich zu anderen Werken an, die sich durch gleiche oder ähnliche Merkmale auszeichnen.[52] Dies können – je nach Zuschreibungsziel – klassische Themen der Darstellung sein,[53] wie historische Ereignisse und Stillleben, aber auch andere figurative oder abstrakte Elemente, die von einer bestimmten Kennzeichnungskraft sind. In der Summe wird demnach ein kritischer Vergleich angestellt mit den Details, Eigenheiten und Charakteristika von Werken, die entweder dem persönlichen Duktus eines Künstlers, einer Stilepoche oder einer

47 Vgl. *von Brühl* S. 34.

48 Vgl. *Friedländer*, Von Kunst und Kennerschaft, S. 122 ff.; *Wolf* S. 76 ff.; *Härth* S. 153 f. Vgl. ebenso Althöfer S. 162 ff.

49 *Wolf* S. 78.

50 S. dazu die nachfolgenden Erläuterungen unter Kapitel 2 § 2 B. II.

51 *Wolf* S. 78.

52 *Von Brühl* S. 36; *Wolf* 87 f.; *Härth* S. 155.

53 Die ikonografische Analyse ist Teil der stilkritischen Untersuchung. Sie ist auf die Entschlüsselung der Bildthematik, des Darstellungsgegenstandes, aber auch der Attribute, Allegorien, Symbole gerichtet. Vgl. dazu *Olbrich*, Lexikon der Kunst, Stichwort: Ikonografie. Zur Symbolkraft von Form, Farbe, Ton, Licht und Gold, vgl. *Friedländer*, Von Kunst und Kennerschaft, S. 28 ff.

einen bestimmten Stil pflegenden Malergruppe stilistisch sicher zugeschrieben werden können.[54] Anhand dieses Vergleichs bildet sich der Gutachter dann ein Urteil darüber, ob das Bild aus der Hand des vermuteten Künstlers stammt oder in einem bestimmten Zeitraum oder einer Region geschaffen worden sein kann.[55] Je nachdem, ob ein bestimmter Künstler als Urheber vermutet wird, unterscheiden sich dabei die Anforderungen an den jeweiligen Gutachter und die heranzuziehenden Vergleichswerke.

I. Die Authentifizierung

Besteht, wie in den meisten Fällen, eine konkrete Vermutung des Auftraggebers, von welchem Künstler das Werk stammt – soll das Werk also im Hinblick auf diesen Zielkünstler authentifiziert werden – wird vorzugsweise ein auf diesen Künstler spezialisierter Experte konsultiert. Vergleichsmaßstab für das fragliche Werk ist dann primär der persönliche Stil des Künstlers, der sich etwa durch spezifische Formgebungen typischer wiederkehrender ikonografischer Details, die Linienführung, eine spezielle Oberflächenstruktur, Komposition, Chromatik oder Motivvariationen auszeichnen kann.[56] Als Vergleichsobjekte dienen Werke mit gesicherter Zuschreibung zum Oeuvre des vermuteten Künstlers. Um sich ein fachkundiges Urteil bilden zu können, benötigt der Gutachter daher ein breites Wissen über das Gesamtwerk des jeweiligen Künstlers. Dazu gehören Kenntnisse über stilistische Eigenheiten, zum Beispiel zu welchem Zeitpunkt charakteristische Werke geschaffen wurden und wie sich bestimmte Darstellungsweisen mit der Zeit geändert haben. Insbesondere bei Künstlern, die ein großes Oeuvre mit einer ausgeprägten Variationsbreite hinsichtlich Farbauftrag, verwendeter Materialien sowie Bildgestaltung und Thematik geschaffen haben, kommt es auf genaue Kenntnisse und weitreichendes Wissen an, um fundierte Analysen betreiben zu können. In der Regel stehen dabei vornehmlich die Verfasser des jeweiligen Werkverzeichnisses in dem Ruf, über das tiefste Fachwissen im Hinblick auf einen bestimmten Künstler zu verfügen.[57]

Gleichwohl spielt in die beschriebene Analyse des Bildes immer auch ein intuitives subjektives Urteil mit hinein, wenn der Experte durch seine langjährige

54 *Von Brühl* S. 36.

55 Zum methodischen Vorgehen bei der Stilkritik vgl. *Wolf* S. 86 ff.; ebenso *Härth* S. 154 ff.

56 Vgl. *Friedländer*, Von Kunst und Kennerschaft S. 122 ff., insb. S. 130; *von Brühl* S. 37; *Wolf* S. 86 ff. Vgl. ebenso *Henze*, Das Ernst Ludwig Kirchner Archiv, S. 42 f.

57 *Von Brühl* S. 47 ff.

Beschäftigung mit dem Gesamtwerk eines Künstlers ein spezielles Stilgefühl im Sinne eines „Blickes“ oder „Auges“ für die Manier, die Eigenheiten oder auch „die Hand“ des Künstlers, entwickelt hat, das auf einer „unbewussten Anwendung der Stilkritik“[58] gründet. Diese Verfahrensweise der intuitiven Gesamtbetrachtung – beziehungsweise der Anwendung des kennerschaftlichen Blickes, die je nach Praxis des jeweiligen Experten in ihrer Relevanz variiert – ist zugleich auch Grund für die größtenteils vorherrschende Praxis der Nichtbegründung einer Zuschreibung aus stilkritischen Erwägungen, da Erwägungen und Blick nicht immer verbalisiert werden können.[59] Daher wird das Ergebnis der stilkritischen Analyse auch als Akt wertender Erkenntnis eingeordnet.[60] Dieser Ansatz hat insoweit seine Berechtigung, als dass Gegenstand der Beurteilung auch die bildhafte Manifestation von Emotionalität und Sensibilität einer menschlichen Persönlichkeit ist und eben nicht nur mechanische Techniken. In der künstlerischen Realität ist deshalb nicht jedes Detail folgerichtig, sondern vielleicht im nächsten Bild bewusst oder instinktiv anders gehalten, z.B. als Antithese oder Variation zum bisherigen Werk. Diesen Einzelfallumständen der künstlerischen Emotionalität gilt es, durch das Zugeständnis eben eines kennerschaftlichen Blickes bzw. Qualifikation der Letzterwägung im Rahmen der „Entweder-oder-Entscheidung“ als Akt wertender Erkenntnis gerecht zu werden.[61]

---

58 *Wolf* S. 76. Vgl. auch *Friedländer*, Von Kunst und Kennerschaft, S. 113 ff., der sich mit der Wechselwirkung aus Intuition und Wissenschaft beschäftigt. So schreibt er auf S. 114: „Man soll sich den Mut zum subjektiven Urteil bewahren, ihn stählen, aber auch dieses Urteil misstrauisch und kühlen Blutes prüfen, die Naivität als Freundin in Ehren halten, sich aber nicht von ihr beherrschen lassen. (...) Mir wird ein Bild gezeigt. Ich werfe einen Blick darauf und erkläre es für ein Werk Memlings, ohne eine Prüfung des Formenbestandes vorgenommen zu haben. Diese innere Sicherheit ist nur dem Gesamteindruck abzugewinnen, niemals einer Analyse der sichtbaren Formen.“ Und auf S. 115: „Das intuitive Urteil mag als ein notwendiges Übel betrachtet werden. Ihm ist zu trauen und zu mißtrauen. Jeder, auch ein vager Einfall kann als Grundstein für eine fruchtbare Hypothese dienen, nur muss man bereit sein, sie fallenzulassen, sobald sie sich nicht als tatkräftig erwiesen hat.“

59 *Huttenlauch, in:* KUR 2004, 123; ebenso *von Brühl* S. 139.

60 *Raue*, in: FS Säcker S. 1112.

61 Dazu *Friedländer*, in: Von Kunst und Kennerschaft S. 116: „Etwas vermessen wage ich den Satz: Wie lernen, wie Memling zu malen, das heißt, dieselben Visionen wie er zu bilden. Diese imaginäre Schülerschaft (...) verschafft uns die innere Sicherheit, mit der wir entscheiden: dies muß von Memling herrühren, oder jenes kann nicht sein Werk sein.“ Vgl. auch *Huttenlauch*, in: KUR 204, 123, die darauf hinweist, dass sich der „kennerschaftiche Blick“ eben gerade dadurch auszeichnet, „dass er sich nicht bis ins Detail begründen und nachvollziehen lässt“.

In der Praxis hat vor allem diese Form der Authentifizierung durch hoch spezialisierte Experten, zusammen mit der konsensual akzeptierten Prävalenz des kennerschaftlichen „Blickes“ oder „Auges“, zum Phänomen der „Zuschreibungsautorität“[62] einzelner Experten geführt. Wie bereits angerissen, bezeichnet Zuschreibungsautorität die Erscheinung, dass der Meinung eines Experten, oder einer Expertengruppe, vom Markt eine „singuläre Relevanz“[63] im Hinblick auf die Echtheitsfrage zugesprochen wird.[64] Das bedeutet, der Markt bewertet nur das Urteil eines Experten oder einer kleinen Expertengruppe als erheblich, wenn es um die Echtheitsbeurteilung geht. Was andere Gutachter sagen, ist meist nicht von Interesse. In der Folge ist das Werk als Original ohne die entsprechende positive Expertise praktisch nicht veräußerbar.[65] Auch die großen Auktionshäuser nehmen es unter diesen Voraussetzungen in aller Regel nicht zum Verkauf an.[66]

II. Urheberbestimmung bei Werken unbekannter Herkunft

Neben dem Fall, dass ein bestimmter Künstler als Urheber vermutet wird, besteht auch die Möglichkeit, dass ohne eine entsprechende Vermutung an den Gutachter herangetreten wird und der Eigentümer von dem Experten folglich den Urheber bestimmt und genannt bekommen möchte. Untersucht der Kunstexperte ein Werk ohne Urheberangabe oder konkrete Vermutung, wird er gedanklich die stilistische Beschaffenheit des Werkes mit den jeweils typischen Charakteristika des in Betracht kommenden Zeit-, Lokal- und Personalstils vergleichen und auf diese Weise den möglichen Urheberkreis stetig eingrenzen, bis er entweder zu einer Zuschreibung zu einem Künstler, der Werkstatt eines Künstlers oder einer speziellen Epoche kommt oder eine nähere Bestimmung nicht möglich ist.[67]

Der Sachverständige analysiert also hier die stilistische Beschaffenheit des Werkes in Relation zu Werken mit gesicherter Herkunft, die ähnliche oder vergleichbare Merkmale aufweisen. So nähert er sich schrittweise einer These der möglichen Urheberschaft an, soweit er diese nicht intuitiv bestimmt und dann

---

62 *Von Brühl* S. 47 ff. Vgl. dazu auch Raue, in: FS Säcker S. 1107 f.; ebenso *Wolf* S. 71 f., der von einer monopolartigen Stellung spricht sowie von der marktbeherrschenden Stellung von Werkverzeichnissen.

63 Formulierung von *von Brühl* S. 47.

64 Ebenda. Vgl. dazu ebenfalls *Raue*, in: FS Säcker S. 1107 f.

65 Vgl. *Raue*, in: FS Säcker S. 1107; *Simons* S. 15; *von Brühl* S.47 m.w.N.

66 Zum Phänomen der Zuschreibungsautorität s. die Ausführungen unter Kapitel 2 § 3 A. III.

67 Vgl. *von Brühl* S. 36 f; *Wolf* S. 88.

verifiziert.[68] Dabei leuchtet es ein, dass in offensichtlichen Fällen, in denen markante Eigenarten offen zutage treten, Prüfungsschritte weggelassen oder übersprungen werden können, so dass es immer eine Frage des Einzelfalls bleibt, welche Erwägungen konkret einschlägig sind.

B. Naturwissenschaftlich-technische Untersuchungsmethoden

Neben der stilkritischen Analyse existieren zahlreiche naturwissenschaftliche Analyseverfahren, die wesentliche Erkenntnisse zur Klärung des Alters und insbesondere zur Echtheitsprüfung eines Bildes beitragen können. Untersuchungsgegenstand der naturwissenschaftlichen Analysen ist die materielle Beschaffenheit des Werkes. Die Verfahren greifen dabei auf objektive Erkenntnisquellen zurück, so dass die Ergebnisse nicht allein vom kunsthistorischen Wissen und Urteil eines einzelnen Experten abhängen. Anders als bei der Stilkritik stehen daher nicht primär Eindruck und Feinheiten des künstlerischen Duktus im Mittelpunkt, sondern die objektive Beschaffenheit des Werkes und des verwendeten Materials.

Trotzdem müssen die Ergebnisse naturwissenschaftlicher Untersuchungen teilweise auch stilkritisch analysiert werden, um Aussagekraft zu entfalten. Dies gilt besonders für die Erkenntnisse über die Oberflächenstruktur.[69] Daneben bedürfen Erkenntnisse über die Tiefenstruktur ebenso der Interpretation und des Vergleichs mit der Arbeitsweise des betreffenden Künstlers bei anderen Werken.

I. Die Materialuntersuchung

Mithilfe der Materialuntersuchung können primär Erkenntnisse hinsichtlich des möglichen Entstehungsdatums des Werkes erlangt werden. Methodentechnisch handelt es sich bei der Materialuntersuchung – letztlich genauso wie auch bei der stilkritischen Analyse – um ein Vergleichsverfahren. Dabei werden von dem untersuchten Werk oder Werkträger zunächst einige sehr kleine Materialproben abgetrennt und auf ihre chemische Zusammensetzung hin analysiert. Dafür stehen vielfältige wissenschaftliche Verfahren zur Verfügung. Mit der Analyse können u.a. die verwendeten Farbpigmente, Bindemittel und Grundierungen sowie

68 Vgl. *Friedländer*, Von Kunst und Kennerschaft, S. 114.

69 Insbesondere die bereits erwähnte Streiflichtuntersuchung erfüllt diese Funktion. Zum Verfahren vgl. *Mairinger*, Strahlenuntersuchung an Kunstwerken, S. 34 ff. Zur Bedeutung der Streiflichtuntersuchung für die Stilkritik vgl. *von Brühl* S. 37 und S. 39, sowie *Wolf* S. 78.

die Zusammensetzungen der Patina bestimmt und identifiziert werden.[70] Die erlangten Erkenntnisse werden sodann mit dem bestehenden Wissen über die Verwendung der Materialien in der historischen Entwicklung der Malerei abgeglichen, um herauszufinden, ob eine Verwendung in dem vermeintlichen Entstehungsjahr oder der Region durch den Künstler möglich oder wahrscheinlich ist. Insoweit ist ein profundes Fachwissen über erstmalige und übliche Verwendungen der einzelnen Chemikalien nötig, um entsprechende Rückschlüsse auf die zeitliche Entstehung oder die Echtheit des Werkes ziehen zu können.

Neben den Farben, der Grundierung und den Lösungsmitteln werden dabei insbesondere die Materialeigenschaften des Bildträgers analysiert, also des Holzes im Rahmen, der Leinwand oder des Papiers.[71] Dabei unterscheiden sich die typischerweise verwendeten Materialien je nach Land, Region und Zeit. Ebenso kann durch wissenschaftliche Verfahren das Alter der verwendeten Materialien auch direkt bestimmt werden.[72] So wurde z.B. unter anderem mithilfe der Materialuntersuchung in dem viel diskutierten Fälscherskandal Beltracchi das ursprünglich Heinrich Campendonk zugeschriebene Werk „Rotes Bild mit Pferden“ als Fälschung entlarvt. Die vorgenommene chemische Untersuchung einzelner Materialteile ergab, dass in dem Bild das Farbpigment Titanweiß verwendet wurde, das zum Zeitpunkt der vermeintlichen Herstellung des Werkes noch nicht im Handel verfügbar war.[73]

Materialuntersuchungen werden aufgrund der anspruchsvollen technischen Indikationen vorwiegend in darauf spezialisierten Labors vorgenommen, da die Kunstexperten in der Regel nicht über die erforderlichen Apparaturen verfügen. Daher wird der Kunstexperte die materialtechnischen Punktuntersuchungen

---

70 Beispiele für solche Verfahren sind u.a. die Hochdruckflüssigkeitschromatographie, die Gaschromatographie, die Emissionsspektralanalyse, die Massenspektrometrie, die Röntgenfeinstrukturanalyse und die Röntgenfluoreszensanalyse. Nähere Darstellung der einzelnen Materialuntersuchungsverfahren bei *Almeroth* S. 217 ff.; *Picker*, Kunstrecht S. 143 ff.; *Wolf* S. 83 ff.; *Riederer*, in: Echt und Falsch S. 147 ff.; *ders.*, in: Fälschung und Forschung, S. 187 ff. Zur Untersuchung der einzelnen Werkstoffe siehe zudem *Riederer*, in: Fälschung und Forschung S. 192 ff.

71 Beispielsweise kann die Holzart mittels Durchlichtmikroskopie bestimmt werden. Zur Altersbestimmung des Holzes kann die Dendrochronologie dienen oder auch die Radiokarbonmethode. Vgl. *Riederer*, in: Echt und falsch S. 162, sowie S. 238; *ders.*, in: Fälschung und Forschung S. 188 f. Andere organische Materialien werden mittels der Chromatographie bestimmt, vgl. *Wolf* S. 83.

72 Beispielsweise durch die Radiokarbon- oder auch C-14 Methode; ebenso durch die Blei-210-Methode. So *Wolf* S. 82 f.; *Riederer*, in: Fälschung und Forschung S. 188.

73 Vgl. zu dem Gesamtvorgang *Koldehoff/Timm* S. 21 ff.

meist – wenn der Gutachtenauftrag diese wissenschaftliche Untersuchungen vorsieht – bei entsprechenden externen Dienstleistern in Auftrag geben und die Ergebnisse in seine Expertise einarbeiten.[74]

II. Die Flächenuntersuchungen

Im Gegensatz zu Materialuntersuchungen betrachten Flächenuntersuchungen nicht die chemische Zusammensetzung einzelner, dem Werk entnommener Stoffproben, sondern die Struktur des Bildes an sich. Gegenstand kann dabei sowohl die Untersuchung der Oberflächenstruktur als auch der Innenstruktur des Werkes sein.

Während eine genaue Untersuchung der Oberflächenstruktur mit einer Vergrößerungshilfe, wie etwa dem Stereomikroskop, der bereits erwähnten Streiflichtuntersuchung oder einer UV-Licht Bestrahlung,[75] aufgrund des geringen Aufwandes und nur weniger benötigter Geräte meist durch den Experten selbst erfolgen kann, können die aufwendigeren Untersuchungen der Tiefenstruktur meist nur mit speziellen Gerätschaften durchgeführt werden. Die Tiefenstruktur des Bildes kann beispielsweise mittels Bestrahlung durch Infrarotlicht, Röntgen- oder Gammastrahlen genauer analysiert werden.[76] Dabei können Details einer Vielzahl von individuellen Merkmalen sichtbar gemacht werden, wie zum Beispiel Einzelheiten der Pinselführung, Kompositionsänderungen, Unterzeichnungen, Raster, Fluchtpunkte oder Übermalungen, die Aufschlüsse über den konkreten Schaffensprozess und damit zur Beantwortung der vom Gutachter zu klärenden Echtheitsfrage beitragen können.[77] Nach ihrer Sichtung können die erlangten Erkenntnisse mit den Arbeits- oder Schaffenstechniken des Künstlers in seinen anderen Werken verglichen werden und somit weitere wichtige Hinweise für die Zuschreibung liefern.[78]

---

74 Konkrete Anlaufstellen für materialtechnische Gutachten sind z.B. das Doerner-Institut, das Rathgen-Forschungslabor, das Naturwissenschaftliche Labor des Bundesdenkmalamtes und das Schweizerische Institut für Kunstwissenschaft.

75 Ausführlich zu den Oberflächenuntersuchungen: *Mairinger*, Strahlenuntersuchungen an Kunstwerken, S. 33 ff.

76 Konkrete Verfahren sind u.a. die Infrarotreflektographie, die Neutronenautoradiographie, die Elektronenautoradiographie oder die Röntgendurchleuchtung in verschiedenen Varianten. Vgl. dazu ausführlich *Mairinger*, Strahlenuntersuchungen an Kunstwerken. S. 89 ff., 156 ff.; *Riederer*, in: Echt und falsch S. 153 ff.; *Picker*, in: Praxis des Kunstrechts S. 143 ff. Vgl. ebenso *Althöfer*, S. 164 f.

77 *Picker*, in: Praxis des Kunstrechts S. 143 ff.; *Riederer*, in: Echt und Falsch S. 153 ff.; *Gerlach* S. 39 sowie *von Brühl* S. 39 f.; *Wolf* S. 83 ff.

78 Vgl. dazu das Fallbeispiel bei *Beltinger/Fischer* S. 12 ff. zu Ferdinand Hodler.

Ein wichtiges Beispiel sind Vorzeichnungen des Künstlers. Meist enthält eine Fälschung keine oder zumindest keine von der sonstigen Gewohnheit des Künstlers wesensverschiedene Vorzeichnungen oder Konzeptionsänderungen.[79] Auch hier gibt es also typische Stile und „Handschriften" der Künstler, von denen der Fälscher meist keine oder nur eingeschränkte Kenntnis hat.

Neben den genannten Untersuchungen ist es weiterhin möglich, mittels der Daktyloskopie, das Werk auf die Existenz von Fingerabdrücken hin zu untersuchen, soweit anhand von Werken mit gesicherter Originalität ergiebige Erkenntnisse über Vergleichsabdrücke des Künstlers gesammelt werden konnten.[80]

III. Fazit zur Aussagekraft der naturwissenschaftlichen Untersuchungsmethoden

Trotz ihres objektiven Aussagegehaltes werden naturwissenschaftliche Untersuchungen bei der Erstellung von Kunstexpertisen weit weniger häufig herangezogen, als man erwarten dürfte. Tatsächlich bilden sie eher die Ausnahme und haben in der Praxis vielmehr die Funktion, gewonnene Ergebnisse der stilkritischen Analyse entweder zu widerlegen, Zweifel auszuräumen oder Verdachtsmomente zu bestätigen.[81] Neben dem Kostenfaktor liegt dies hauptsächlich an der zumeist beschränkten Aussagekraft eines solchen naturwissenschaftlichen Gutachtens im Verhältnis zur Stilanalyse, wobei abermals zwischen Materialuntersuchungen und den Flächenuntersuchungen zu unterscheiden ist:

Materialuntersuchungen können in der Regel nur eine Fälschung enttarnen, nicht aber im positiven Sinne Grundlage einer Zuschreibung sein.[82] Sie können also bei der Echtheitsprüfung die stilkritische Analyse nicht ersetzen, sondern nur unterstützend oder absichernd wirken. Ambitionierte Fälscher werden zudem darauf achten, ausschließlich die Materialien zu verwenden, die dem Künstler in seiner Schaffenszeit zur Verfügung standen. Die materialtechnischen Verfahren und ihre Erkenntnisse sind zudem in der Öffentlichkeit bekannt, so dass sich Fälscher das notwendige Wissen aneignen können, um die Fälschung gerade mit den Materialien zu erstellen, die auch der Künstler verwendet hätte. Im besten Falle gelangt die Materialuntersuchung also zu der Erkenntnis, dass keine Stoffe verwendet wurden, die gegen eine Erstellung des Werks zu dem

---

79 *Picker*, in: Praxis des Kunstrechts S. 143.

80 Vgl. *Riederer*, in: Echt und Falsch S. 282; *von Brühl* S. 43 m.w.N.

81 Vgl. *Gerlach* S. 47; *von Brühl* S. 45; *Huttenlauch*, in: KUR 04, 120; *Härth* S. 157.

82 So u.a. *von Brühl* S. 45; *Huttenlauch*, in: KUR 04, 120; *Härth* S. 156 f., 167; *Elmenhorst/Decker*, in: GRUR-RR 2012, 417, 419.

angeblichen Datum sprechen, mithin keine Anzeichen für eine Fälschung vorliegen. Keine Aussage kann die Materialuntersuchung zumeist darüber treffen, ob das Werk tatsächlich echt ist, also auch von dem vermuteten Künstler stammt. Eine positive Zuschreibung kann daher auf dieser Grundlage regelmäßig nicht erfolgen.[83] Dass die stilkritische Analyse dabei nicht durch die Materialuntersuchungen ersetzt und auf ihrer alleinigen Grundlage eine positive Zuschreibung nicht begründet werden kann, lässt sich konkret anhand des Beispiels der Werkstattbilder verdeutlichen. Bei diesen kann mit der Materialuntersuchung zwar geklärt werden, dass die verwendeten Substanzen aus der entsprechenden Zeit und Region stammen, nicht hingegen die Frage, wer das Bild geschaffen hat.[84]

Demgegenüber können die Flächenuntersuchungen sehr wohl in einigen Fällen auch eine positive Zuschreibung begründen oder zumindest die Grundlage für eine fundiertere und tiefer reichende Stilanalyse bilden. So kann das Verfahren der Daktyloskopie, mit dem Fingerabdrücke auf dem Werk identifiziert werden können, eine genaue Zuschreibung ermöglichen, wenn sich diese als Fingerabdrücke des Künstlers identifizieren lassen.[85] Ebenso können als Ergebnisse der wissenschaftlichen Tiefenanalyse die für den Maler typischen Unterzeichnungen oder typische Farbaufträge hervortreten, die dann interpretiert und in die Analyse miteinbezogen werden können.[86] Spiegelbildlich können aber auch Unterzeichnungen fehlen, obwohl – wegen der Praxis des Malers bei den ihm bisher sicher zugeschriebenen Werken – welche erwartet werden dürften.

Ein weiterer Grund, warum umfassende naturwissenschaftliche Analysen in der Regel nicht zum festen Bestandteil der Begutachtung gehören, ist, dass der Experte diese meist nicht selbst durchführen kann und die Werke extra in ein Labor transportiert werden müssen. Hinzu kommen die bereits erwähnten Kosten. Ausschlaggebend ist zudem, dass es dem Markt in der Regel bereits genügt, wenn eine Echtheitsbestätigung auf der Grundlage der Stilkritik von einem als Zuschreibungsautorität anerkannten Experten vorliegt. Für die Einholung eines zusätzlichen naturwissenschaftlichen Gutachtens besteht daher oft nur wenig Anreiz, weshalb dies in der Regel nur bei Werken geschieht, bei denen aus unterschiedlichen Gründen offenkundige Zweifel hinsichtlich ihrer Echtheit bestehen.

---

83 *Huttenlauch*, in: KUR 04, 120.

84 Vgl. dazu das Beispiel von *Huttenlauch*, in: KUR 2004, 120, in dem es um die Zuschreibung der „Landschaft zu Auvers" zum Werk von Charles-Francois Daubigny geht. Zum Begriff der Originalität s. Kapitel 2 § 1 B.

85 *Von Brühl* S. 45, Fn. 183.

86 Vgl. das Fallbeispiel bei *Beltinger/Fischer* S. 12 ff. zum Werk von Ferdinand Hodler.

C. Die Provenienz

Eine letztlich äußerst relevante, gleichwohl aber ambivalent zu bewertende Erkenntnisquelle für die Echtheit eines Werkes stellt die Provenienz des Werkes dar. Unter Provenienz ist die Eigentümer- bzw. Besitzerhistorie des Werkes zu verstehen. Sie gibt Auskunft und stellt Informationen darüber bereit, wann und an wen das Werk in der Vergangenheit veräußert wurde, bzw. in wessen Besitz es sich befand. Dies können sowohl Privatpersonen als auch juristische Personen des öffentlichen und privaten Rechts sein wie Museen, Stiftungen oder wissenschaftliche Institute.

Begrifflich ist dabei zu unterscheiden zwischen bloßen Angaben zur Provenienz, die auch mündlich erfolgen können und denen tendenziell wenig Aussagekraft zugesprochen werden darf, sowie Provenienzbelegen, die die entsprechenden Angaben stützen und letztlich nachweisen sollen. Solche Provenienzbelege können beispielsweise alte Kaufverträge, Schenkungsurkunden, Lieferscheine, Transport- oder Versicherungsbelege von Auktionshäusern, Galerien oder Sammlern sein. Ebenso geeignet sind schriftliche Mitteilungen oder Notizen, die dem Werk beiliegen, Ausstellungsnachweise, historische Etiketten und Aufkleber sowie Schilder auf der Rückseite des Bildes, die die Zugehörigkeit zu einer Sammlung dokumentieren. Weiterhin ist denkbar, dass sich im Nachlass des Künstlers selbst Belege über Reproduktionserlaubnisse oder oder sogar Veräußerungen finden. So hielt beispielsweise Franz Marc teilweise Preise und Käufer seiner Gemälde in einem „Merkbuch" fest.[87] Ein weiteres Beispiel ist das von Alexej von Jawlenskys Sekretärin Lisa Kümmel erstellte Verkaufsbuch, in dem sie Veräußerungen und Schenkungen im Zeitraum von 1928–1940 dokumentierte, jeweils mit Datum, Titel des Werkes und Namen des neuen Eigentümers.[88]

Der Grund für das Belegerfordernis ist, dass die Angaben zur Provenienz in der Regel allein vom Auftraggeber des Gutachters gemacht werden. Dieser hat allerdings meist ein eigenes wirtschaftliches Interesse an einer positiven Echtheitswertung. Zudem treten Fälscher ebenfalls als Auftraggeber der Gutachter auf.[89] Können von Seiten des Eigentümers also nur mündliche Angaben gemacht und keinerlei Dokumente vorgelegt werden, so darf der Gutachter aufgrund der

---

87 Vgl. *Hoberg/Jansen*, Franz Marc Werkverzeichnis, S. 13 f.

88 *Jawlensky Bianconi* S. 69.

89 So auch im Skandal um die Fälscherbande Beltracchi, wo die zwei Komplizen von Wolfgang Beltracchi, nämlich Otto Schulte-Kellinghaus und Helene Beltracchi, gegenüber den Experten als Auftraggeber in Erscheinung traten; vgl. dazu *Koldehoff/Timm* S. 136 ff., 146 ff.

ungesicherten Tatsachengrundlage nicht bereits anhand dieser Angaben von einer gesicherten Provenienz ausgehen.

Doch selbst bei Vorliegen von Provenienzbelegen ist zunächst Grund zur Skepsis geboten. Denn damit ihnen eine Aussagekraft zugesprochen werden kann, müssen die Belege – genauso wie das Werk – ihrerseits authentisch sein. Authentizität bedeutet, dass die Provenienzbelege auch tatsächlich von der angegebenen bzw. ausstellenden Person stammen. Der Grund für das Authentizitätserfordernis liegt auf der Hand. In der Vergangenheit – wie in dem bereits zitierten Fall des Kunstfälschers Beltracchi – wurden von den Fälschern insbesondere auch die Provenienzangaben gefälscht, darunter Herkunftsbestätigungen, Eigentumsnachweise, Etiketten oder Rechnungen.[90] Dabei wurde bei der Belegfälschung, wie auch bei der Werkfälschung selbst, zumeist äußert sorgsam und fachmännisch vorgegangen.

Zur Prüfung der Authentizität von Provenienzbelegen können technische Verfahren herangezogen werden. Möglich ist außerdem die Verifizierung der Angaben mit der Recherche in einschlägigen Archiven. Ein Beispiel für eine öffentlich zugängliche Datenbank ist der „Getty Provenance Index" des Getty Research Institute, ein Verzeichnis, in dem in der Vergangenheit getätigte Kunstverkäufe erfasst sind.[91] Daneben verfügen auch die großen Auktionshäuser über eigene Abteilungen für Provenienzrecherchen. Eine weitere privatwirtschaftlich geführte Datenbank ist das „Art Loss Register", das Daten für gestohlene und verloren gegangene Kulturgüter dokumentiert. Einen kräftigen Anschub hat die Provenienzforschung durch die Washingtoner Erklärung zur Rückführung der NS-Raubkunst von 1998[92] erhalten und in Deutschland zur Errichtung spezieller Institute für Provenienzrecherche und -forschung geführt.[93]

Neben der Nutzung von Datenbanken kann der Gutachter ebenso über andere Wissenschaftler, die sich mit den entsprechenden Sammlungen befassen, an Informationen gelangen. So wandte sich die Werkverzeichnisautorin Andrea

90 Vgl. dazu *Picker*, in: Fälscher, Diebe Betrüger S. 13.

91 www.getty.edu.

92 Mit der Unterzeichnung der Washingtoner Erklärung haben sich 44 Staaten verpflichtet, Kunstwerke, die während des Nationalsozialismus den rechtmäßigen Eigentümern entzogen wurden, aufzufinden und zu identifizieren. Ziel ist es, sie an die rechtmäßigen Eigentümer zurückzuführen, bzw. eine faire Ausgleichslösung zu finden.

93 Arbeitsstelle für Provenienzrecherche/-forschung am Institut für Museumsforschung der Staatlichen Museen zu Berlin – Stiftung Preußischer Kulturbesitz: http://www.arbeitsstelle-provenienzforschung.de/index.php.

Firmenich zur Authentifizierung von Provenienzbelegen im Zusammenhang mit dem Campendonk zugeschriebenen Bild „Rotes Bild mit Pferden" wegen des Aufklebers auf der Rückseite, der auf die Sammlung Flechtheim verwies, erfolgreich an den Flechtheim Experten Ralph Jentsch, um den Aufkleber verifizieren zu lassen.[94] Weitere Möglichkeiten sind Recherchen in Museen, in Bibliotheken oder im Nachlass des jeweiligen Künstlers.[95]

Entscheidend im Hinblick auf die Provenienzangaben ist jedoch Folgendes: Selbst wenn die Provenienzangaben den genannten Anforderungen entsprechen, kann aus einer nachgewiesenen und authentischen Provenienz noch keine definitive Aussage über die Echtheit des Werkes abgeleitet werden. Denn selbst wenn die vorgelegten Dokumente ein bestimmtes Inverkehrbringen durch den Künstler an einen Vorbesitzer oder eine andere Veräußerung belegen, kann die Provenienz keine Auskunft darüber geben, ob es sich bei dem vorliegenden Bild auch tatsächlich um das Original handelt. Es besteht stets die Möglichkeit, dass das Original ausgetauscht wurde und eine Kopie mit einer echten Provenienz versehen wurde.

Aus diesem Grund muss regelmäßig eine weitere Voraussetzung für eine positive Berücksichtigung der Provenienz erfüllt sein, nämlich die sichere Feststellung, dass es sich bei dem Werk, für das die Provenienzangaben vorliegen, tatsächlich auch um das Werk handelt, welches authentifiziert werden soll. Zwischen dem Werk und der Provenienz muss mithin Konnexität bestehen. Hintergrund dieses Erfordernisses ist, dass u.U. echte Provenienzangaben zu einem falschen Bild verwendet werden können, wie z.B. echte Verkaufsbelege, bei denen aber eine Kopie anstelle des bezeichneten Werkes vorgelegt wird. Diese Verbindung von Provenienznachweis und Werk kann dabei durch eine stilkritische Analyse hergestellt werden, weshalb in diesen Fällen aufgrund der Art der Verbindung von subjektiver Konnexität gesprochen werden soll. Die andere Möglichkeit ist, dass zwischen Provenienznachweis und dem Werk aus objektiven Gründen die oben bezeichnete Konnexität besteht. Denkbar wäre zum Beispiel, dass mittels des Verfahrens der Daktyloskopie die Echtheit des Werkes aufgrund der Existenz von Fingerabdrücken auf dem Werk nachzuweisen ist und so auch die Konnexität von Provenienz und Werk mithilfe eines objektiven Nachweises hergestellt werden kann.

---

94 Dieser äußerte Zweifel an der Echtheit des Aufklebers und trug durch seine anschließenden Recherchen maßgeblich dazu bei, dass die zahlreichen Fälschungen Beltracchis aufgedeckt werden konnten. Zu den Einzelheiten s. *Koldehoff/Timm* S. 32 ff.

95 Inwieweit eine Pflicht zur Recherche und Nachforschung besteht, ist Inhalt von Kapitel 5 § 1 C. III. 3.

Mithin liegt die Besonderheit der Provenienz darin, dass sie nur selten tatsächlich eine wirklich eigenständige und selbsttragende Aussage über die Echtheit des Werkes zu tätigen und die stilkritische Analyse oder ein naturwissenschaftliches Gutachten zu ersetzen vermag. Nur wenn die Provenienz eine direkte, belegte und authentische Verbindung zum Künstler selbst herstellt und daneben eine selbsttragende, also originär-objektive Konnexität zum Werk aufweist, kann allein mittels der Provenienz auf die Echtheit des Werkes geschlossen werden. Die Gründe sind folgende: Liegt kein Beleg darüber vor, dass der Künstler oder dessen Galerist selbst das Werk in den Rechtsverkehr gebracht hat, so kann nicht ausgeschlossen werden, dass einer der in der Provenienz angegebenen Voreigentümer eine Fälschung erworben hat. Liegt des Weiteren keine selbsttragende, originär-objektive Konnexität vor, so kann die Provenienz nicht unabhängig von der stilkritischen oder naturwissenschaftlichen Analyse alleinige Grundlage einer Echtheitsaussage sein. Dies ist wohl der Regelfall, denn selbst wenn der Titel auf dem Provenienznachweis mit dem des Werkes übereinstimmt und das Werk bisher nirgendwo dokumentiert worden ist, so ist die Wahrscheinlichkeit, eine Kopie vor sich zu haben zwar sehr niedrig, kann aber nicht sicher ausgeschlossen werden. Auch ein originaler Aufkleber oder ein originaler Beschriftungszug auf der Rückseite des Werkes kann stets erst nachträglich auf eine Kopie des Originalwerkes angebracht worden sein.

Trotz dieses eingeschränkten Aussagegehaltes bewertet der Kunstmarkt die Provenienzangaben anders, als der Wissenschaftler dies bei der Echtheitsprüfung tun muss. Hier wird der Provenienz eine zentrale Rolle zugesprochen, insbesondere wenn dem Vorbesitzer eine gewisse Prominenz zukommt.[96] So kann eine solche „prominente Provenienz" – also die vormalige Zugehörigkeit zu einer berühmten Sammlung oder eines Museumsbestandes – in den Augen des Marktes durchaus eine Begutachtung durch einen Spezialisten überflüssig machen.[97] Als Beispiel sei nochmals der Verkauf des gefälschten Campendonk „Rotes Bild mit Pferden" genannt. Das Bild wurde ohne stilkritische Expertise eines externen Gutachters vom Auktionshaus als echt verkauft unter Bezugnahme auf die erfundene Provenienz, die den bekannten Sammler Alfred Flechtheim als Vorbesitzer angab.[98]

Der Grund für dieses Marktverhalten ist unter anderem, dass die Provenienz – unabhängig von einer eigenständigen positiven Zuschreibungsaussage – stets eine

96 *Katz* S. 21 m.w.N.

97 *Katz,* ebenda.

98 Zu den Einzelheiten siehe *Koldehoff/Timm* S. 13 ff., 18.

Auswirkung auf die Wahrscheinlichkeit der Echtheit hat. So kann sie substanzielle Zweifel an der Echtheit begründen oder bereits durch die Stilkritik entstandene Zweifel vertiefen, wenn sich Aussagen des Einlieferers über die Provenienz oder Nachweise als gefälscht oder unzutreffend herausstellen. Ein Bild ohne oder mit nur lückenhafter Provenienz wird Anlass zu besonderer Sorgfalt und unter Umständen für die Einholung eines naturwissenschaftlichen Gutachtens bieten, insbesondere wenn es sich um ein seltenes oder wertvolles Bild handelt.[99] Können die Provenienzbelege sogar als Fälschung enttarnt werden, besteht überdies die große Wahrscheinlichkeit, dass es sich bei dem Werk nicht um ein Original handelt, wenngleich die Unechtheit dadurch noch nicht notwendigerweise belegt ist. Umgekehrt erhöht eine bekannte oder zutreffende Provenienz die Wahrscheinlichkeit, dass es sich um ein echtes Werk des jeweiligen Künstlers handelt, insbesondere bei alten Werken. Dies findet seinen Grund darin, dass, falls die Provenienzangaben zutreffen und man von einer Konnexität ausgehen sollte, der Fälscher das Werk bereits vor dem in der Provenienz dokumentierten Ereignis gefälscht haben müsste, was insbesondere bei alten Werken mit einer weit in die Vergangenheit zurückreichenden Provenienz eher unwahrscheinlich, wenngleich auch nicht unmöglich, ist.

Da sich der Kunstexperte an Tatsachen und nicht an Wahrscheinlichkeiten zu halten hat, bleibt daher festzuhalten, dass die Provenienz eine wichtige Erkenntnisquelle für die Zuschreibung darstellt, sie die stilkritische Analyse aufgrund der hohen Anforderungen, die an die eigenständige Aussagekraft einer Provenienz zu stellen sind, jedoch nur in Ausnahmefällen ersetzen kann.

Ähnlich wie die naturwissenschaftlich-technischen Untersuchungsmethoden ist die Provenienz für Kunstexperten mithin vorrangig eine komplementäre Erkenntnisquelle, die in ihrem Zusammenspiel mit den anderen Erkenntnismöglichkeiten die stilkritische Analyse ergänzt. Zudem ist sie in der Lage, Zweifel an der Echtheit des untersuchten Werkes zu begründen und kann mithin Auswirkungen auf den Sorgfaltspflichtsmaßstab des Kunstexperten bei der Begutachtung haben.[100]

D. Weitere Erkenntnisquellen für die Echtheitsprüfung

Zusätzlich zu den beschriebenen Erkenntnisquellen kann der Experte Echtheits- oder Fälschungsindizien auch aus weiteren Erkenntnisquellen erlangen: So kann das Werk beispielsweise in Notizen, Briefen oder Tagebüchern des Künstlers

99 Vgl. dazu ausführlich Kapitel 5 § 1 C. III. 3. b.

100 Dazu ausführlich Kapitel 5 § 1 C. III. 3. b.

oder der Fachliteratur erwähnt oder abgebildet worden sein. Ebenso können Zeichnungen oder Studien zum Werk existieren oder das Werk bereits von einem Gutachter authentifiziert und mit einer Expertise versehen worden sein.

Ein konkretes Beispiel ist der Nachlassstempel, mit dem alle Werke Ernst Ludwig Kirchners versehen sind, die nicht zu seinen Lebzeiten oder durch Erne Kirchner bis 1946 veräußert wurden.[101] Ebenso wurden alle Papierarbeiten Kirchners, die 1954 mit dem Nachlass an Roman Norbert übergeben wurden, mit zwei weiteren Inventarnummern versehen.[102]

Ohne dass – wie bei der Provenienz – der Besitz oder das Eigentum am Werk primärer Bezugspunkt sein muss, können daher Indizien aus all diesen Quellen zunächst gegen oder für einen Fälschungsverdacht sprechen. Dennoch müssen die Hinweise ebenso wie die Provenienzangaben kritisch betrachtet und ihrerseits auf ihre Echtheit untersucht werden. Die Erfahrung zeigt nämlich, dass Fälscher auch hier einhaken, um den jeweiligen Gutachter zu einem unrichtigen Urteil zu veranlassen.

Genauso wie die Provenienzangaben müssen daher die entsprechenden Hinweise, Belege und Quellen neben ihrer Authentizität demnach unbedingt eine Verbindung, also eine Konnexität, mit dem Werk aufweisen. Für die hier genannten Erkenntnisquellen gilt in der Regel das für die Provenienzangaben Ausgeführte, so dass der Kunstexperte analog zu den dort dargelegten Prüfungspflichten vorzugehen hat.

Wichtig ist zudem, dass die erlangten Erkenntnisse ebenfalls Auswirkungen auf den anzulegenden Sorgfaltspflichtsmaßstab des Kunstexperten im Hinblick auf die Nutzung und Erschließung der anderen Erkenntnisquellen haben können.[103]

§ 3. Die formellen Rahmen der Zuschreibung

Die Zuschreibung eines Werkes als Ergebnis der Begutachtung durch den Experten erfolgt in der Praxis häufig in Form der schriftlichen Expertise durch einen Kunstexperten. Schuldrechtliche Grundlage für die Leistung des Gutachters ist dabei ein Werkvertrag, der den Experten zur Erstellung der Expertise und den Auftraggeber zur Zahlung der entsprechenden Vergütung verpflichtet, §§ 631 ff. BGB.[104]

---

101 *Henze*, Das Ernst Ludwig Kirchner Archiv, S. 42.

102 *Henze*, ebenda.

103 Dazu ausführlich Kapitel 5 § 1 C. III. 4.

104 So die Einordnung des Gutachtenvertrages durch die Rechtsprechung. Vgl. dazu BGH NJW 2004, 3035; 1995, 392; 1976, 1502. Ebenso *Wolf*, S. 119 f.; *Gerlach* S. 49,

Daneben kann die Zuschreibung zu einem bestimmten Künstler aber auch in oder im Zusammenhang mit einem Werkverzeichnis erfolgen. Ein Werkverzeichnis bezeichnet die systematische Darstellung des gesamten Werkes eines einzelnen Künstlers oder bestimmter Teilaspekte des Werks.[105] Wird ein Werkverzeichnisersteller (im Folgenden auch kurz: Verzeichner) um eine Expertise gebeten, formuliert dieser, in der Regel nur auf einem Blatt Papier oder auf der Rückseite einer Fotografie des zu begutachtenden Werkes, dass das Bild von einem bestimmten Künstler stammt, beziehungsweise – soweit es noch nicht im Werkverzeichnis erfasst ist – dass beabsichtigt sei, das Werk in den Catalogue raisonné aufzunehmen. Eine solche Absichtserklärung kommt in ihrer Marktwirkung einer eigenständigen Expertise gleich, denn sie impliziert eine Echtheitswertung.[106]

Ebenso ist es Usus, dass sich Kaufinteressenten durch Lesen des veröffentlichten Werkverzeichnisses selbst Kenntnis von der Aufnahme des Werks in das Verzeichnis und damit vermeintliche Gewissheit über dessen Echtheit verschaffen, denn in dem Fall hat sich die Echtheitswertung bereits in der Aufnahme manifestiert und wird über diese kommuniziert. Dabei kann die Aufnahme auch auf Initiative des Verzeichners im Rahmen seiner wissenschaftlichen Arbeit erfolgen, also ohne Auftrag des Eigentümers.

Im Folgenden sollen die oben kurz dargestellten Varianten der Zuschreibung im Einzelnen näher erläutert werden.

A. Die Expertise

I. Definition und äußere Gestaltung

Die Expertise wird im allgemeinen Sprachgebrauch meist mit dem Begriff des Gutachtens gleichgesetzt. Sie spielt für den Kunstmarkt eine zentrale Rolle als wertbildender Faktor eines Bildes und kommt deshalb zur Klärung der Echtheit am häufigsten vor. Im Kunsthandel wird die Expertise verstanden als Auskunft einer kundigen Person über bestimmte, im Einzelfall als wesentlich erachtete Eigenschaften eines Kunstobjektes, insbesondere und zuvorderst dessen Echtheit.[107] Ist ein Gutachten hingegen ausschließlich auf die Ermittlung des

---

50; *Huttenlauch*, in: KUR 2004, 118, 120 f.; *Berger*, in: Erman, Bd. 1, § 675 Rn. 148; *Heermann,* in: MünchKomm, Bd. 4, 6. Aufl. 2012, § 675, Rn. 116.

105 Vgl. *von Brühl* S. 23 m.w.N.

106 In diesem Sinne: *Raue*, in: FS Säcker S. 1107 f. Vgl. ebenso *Koldehoff/Timm* S. 37, die konstatieren, dass die Bestätigungen bares Geld wert seien.

107 In diesem Sinne *Katz*, S. 24. Ebenso *Wolf* S. 19, der zu Recht darauf hinweist, dass sich Schlussfolgerungen der Stilkritik und solche aus der materiellen Befundsicherung

Wertes eines Werkes gerichtet, so handelt es sich um ein sog. Wertgutachten.[108] Die Echtheit ist dabei lediglich entscheidungsrelevante Vorfrage der Preisbestimmung.[109] Ob das Gutachten eine Wertbestimmung enthalten soll, ist derweil von der jeweiligen vertraglichen Abrede abhängig.

Die schriftliche Expertise zur Echtheit eines Gemäldes ist in aller Regel kurz gehalten und zur Sicherung gegen Fälschungen häufig auch handschriftlich verfasst.[110] Neben Namen und Titel des Experten enthält sie meist eine kurze Beschreibung des Werkes sowie dessen Titel, unter Umständen auch Angaben zum Bildträger, Abmessungen und zum Erhaltungszustand, ebenso die Feststellung zur Urheberschaft des Werkes.[111] Träger der Expertise ist entweder ein Blatt Papier oder – was ebenfalls vorkommt – die Rückseite einer Fotografie.[112] Eine Bekanntgabe erfolgt meist nur gegenüber dem Auftraggeber in Form der Expertisenübergabe.

Inhaltlich beurteilt der Gutachter, anhand der zur Verfügung stehenden Quellen, die Echtheit des Kunstwerkes. Das Ergebnis der Begutachtung beurteilt der BGH als Werturteil, das durchaus einer Überprüfung auf Mängel zugänglich ist:

> *„Meint er (der Sachverständige, Einfügung durch Verf.), aufgrund seiner Untersuchungen und Überlegungen Gewißheit über die erfragte Tatsache erlangt zu haben, so wird er deren Existenz im Ergebnis uneingeschränkt behaupten. Eine solche Behauptung kann im Einzelfall auch auf ihren Wahrheitsgehalt überprüft werden, nämlich durch Verwendung besserer wissenschaftlicher Erkenntnismittel oder Aufdeckung von Irrtümern bei der dem Ergebnis vorangehenden Untersuchungen. Gleichwohl ist rechtlich in der Regel der Schluß, den der Sachverständige aus seinem Gutachten zieht, ein Werturteil und nicht Behauptung einer Tatsache. Es liegt im Wesen des Gutachtens, daß es auf der Grundlage bestimmter Verfahrensweisen zu einem Urteil kommen will, das, selbst wenn es äußerlich als Tatsachenbehauptung formuliert worden ist, auf Wertungen beruht.“*[113]

---

ergänzen und eine Einschränkung des Expertisenbegriffes im Rahmen der Definition daher eher hinderlich sei.

108 Vgl. zu dieser Differenzierung auch *Huttenlauch*, in: KUR 2004, 119 f., die den Begriff der Expertise exklusiv für Gutachten über die Echtheit benutzt und den Begriff Gutachten für Wertermittlungen, ggfs. mit Echtheitsprüfung.

109 *Von Brühl* S. 22.

110 *Wolf* S. 94 ff., mit detaillierter Beschreibung der von ihm untersuchten Expertisen, von denen eine Auswahl im Anhang seines Werks zur Information beigefügt ist.

111 *Wolf* S. 97 f. Vgl. zu den Mindestangaben eines Kunstsachverständigengutachtens auch *Härth* S. 150.

112 *Wolf* S. 94.

113 BGH NJW 1978, 751. Vgl. dazu ebenfalls LG Berlin NJOZ 2007, 2066.

II. Person des Experten

Der Beruf des Kunstexperten unterliegt keiner formellen Reglementierung oder Zugangsbeschränkung, auch ist die Berufsbezeichnung nicht geschützt, so dass sich praktisch jeder als Kunstexperte bezeichnen und eine Expertise erstellen kann.[114] Tatsächlich werden jedoch im Kunstbereich in der Regel nur Personen mit einem besonderen Sachverstand als Gutachter tätig, die eine gewisse Reputation auf dem Kunstmarkt genießen und deren Expertisen gerade aus diesem Grund nachgefragt sind.[115]

Von Brühl charakterisiert den Experten wie folgt: „Unter einem Experten ist eine fachkundige Person oder Institution zu verstehen, die sich durch einen besonderen Sachverstand im Hinblick auf das Werk eines bestimmten Künstlers, einer bestimmten Epoche, eines bestimmten Künstlerkreises oder einer bestimmten Kunstlandschaft auszeichnet, sei es aufgrund wissenschaftlicher Forschungsleistungen oder langjähriger praktischer Erfahrung, etwa durch kuratorische Betreuung, Nachlassverwaltung, familiäre Nähe oder Händlertätigkeit."[116]

In der Praxis sind die meisten Experten Kunstwissenschaftler oder Kunsthistoriker, Galeristen, Restauratoren, Händler, ehemalige Mitarbeiter bei Auktionshäusern, genauso aber auch wissenschaftliche Mitarbeiter in Museen oder ehemalige Kuratoren.[117] Daneben kann auch die familiäre Zugehörigkeit oder Bindung durch das lange Zusammenleben einer Person mit dem verstorbenen Künstler diese für den Kunstmarkt als Experten qualifizieren.[118]

Oftmals sind die Experten auf einzelne Künstler oder bestimmte Epochen spezialisiert. Der Grad und die Art ihrer Spezialisierung stehen dabei meist in Abhängigkeit von dem Marktpreispotenzial der Werke, auf die die Expertise abzielt.[119] Grundsätzlich kann festgestellt werden, dass im Bereich der hochpreisigen Kunst vornehmlich auf bestimmte Künstler spezialisierte Experten mit der Expertise beauftragt werden und mit abnehmender Bedeutung des Künstlers,

---

114 *Gerlach* S. 33; *von Brühl* S. 26. Abweichendes gilt allerdings für den „öffentlich bestellten und vereidigten Sachverständigen".

115 In diesem Sinne auch *Raue*, in: FS Säcker S. 1107 f.

116 *Von Brühl* S. 24. Vgl dazu auch *Glaus*, in: KUR 2004, 113; *Simons* S. 3; *Wolf* S. 34. Teilweise wird noch weiter differenziert zwischen Experten und Kunstsachverständigen, wobei Letzterer über ein breiter angelegtes Wissen verfügen soll und eher zu Rate gezogen wird, wenn eine Urheberbestimmung anstatt einer Authentifizierung verlangt wird. Vgl. dazu *Huttenlauch*, KUR 2004, 119.

117 Vgl. *Simons* S. 8 ff. sowie 16 ff.; ebenso *Wolf* S. 34 ff.

118 *Huttenlauch*, in: KUR 2004, 119; ebenso *Glaus*, in: KUR 2004, 113.

119 Vgl. *von Brühl* S. 95 f.

und damit auch geringerem Marktpreispotenzial, die Bereitschaft steigt, auf Experten mit breiter angelegten Fachkenntnissen zurückzugreifen.[120] Während im Hochpreissegment für die Auswahl des Experten also primär dessen Spezialisierungsgrad und Reputation ausschlaggebend sind, spielt die Qualifikation als staatlich geprüfter und vereidigter Sachverständiger dagegen kaum eine Rolle.[121] Generell lässt sich sagen, dass die staatlich geprüften und vereidigten Sachverständigen zwar auch mit der Erstellung privater Kunstgutachten beauftragt werden, sie jedoch tendenziell eher als Sachverständige in Rechtsstreitigkeiten tätig werden.[122]

III. Das Phänomen des Experten als Zuschreibungsautorität

Als spezifische Eigenart des Kunstmarktes stellt sich die besondere Erscheinung der „Zuschreibungsautorität"[123] dar. Infolge der besonderen Bedeutung der stilkritischen Analyse bei der Zuschreibung sowie der vom Markt geforderten, hohen Spezialisierung der Experten, billigen die Fachöffentlichkeit und der Kunstmarkt, ausgehend von dem Konsens, dass die Expertise eines spezialisierten Experten gegenüber der eines Generalisten verlässlicher sei,[124] den Ansichten einiger Experten eine „singuläre Relevanz"[125] zu. Faktisch bedeutet dies, dass für die Echtheitsbeurteilung nur ihr Urteil vom Markt als erheblich bewertet wird mit der Folge, dass das Werk ohne die entsprechende positive Expertise nicht als Original veräußerbar ist.[126] Was andere Gutachter sagen, ist vor dem Hintergrund dieser Spezialexpertise meist nicht von Interesse. Auch die großen Auktionshäuser nehmen Arbeiten, die nicht von den Zuschreibungsautoritäten

---

120 So *von Brühl* S. 96; vgl. zudem S. 95 ff. zu den einzelnen Arten von Expertisenmärkten und der Ausweichbereitschaft auf weiträumig spezialisierte Experten in Abhängigkeit vom Preispotenzial der Werke. Vgl. ebenso die Beispiele für Spezialisierungen der öffentlich bestellten Sachverständigen bei *Wolf* S. 62, der mit Verweis auf die IHK Köln und die Anzeige eines Kunstsachverständigen als Sachgebiete „Alte Maler der europäischen Malerei von 1550 bis 1800" sowie „nachantike europäische Skulpturen und Gemälde" anführt. Vgl. ebenso *Simons* S. 12 f., 15.

121 Vgl. *Simons* S. 15.

122 *Raue*, in: FS Säcker S. 1107 f.; *von Brühl* S. 26; *Gerlach* S. 32; *Simons* S. 15; *Wolf* S. 34.

123 Begriff von *von Brühl* S. 47 ff. Vgl. ebenso *Wolf* S. 71 f.; *Simons* S. 15 sowie *Raue*, in: FS Säcker S. 1107.

124 *Von Brühl* S. 90; *Raue*, in: FS Säcker S. 1107.

125 Formulierung von *von Brühl* S. 47. Hinsichtlich der Zuschreibungsautoritäten spricht man auch von den „Päpsten" unter den Kunstexperten; vgl. dazu *Simons* S. 15; *von Brühl* S. 47 m.w.N.

126 Vgl. *Raue*, in: FS Säcker S. 1107; *Simons* S. 15; *von Brühl* S.47 m.w.N.

begutachtet wurden, oft nicht zum Verkauf an. Diese Abhängigkeitsverhältnisse haben bereits zahlreiche Rechtsstreitigkeiten wegen Verweigerung einer Expertisenerteilung nach sich gezogen, mit jeweils wenig Erfolg für die Eigentümer der Werke.[127] Da der Grund für die Entwicklung einer Zuschreibungsautorität vor allem in der besonders starken Spezialisierung einiger Experten liegt, muss es nicht verwundern, dass die Zuschreibungsautorität häufig eben jener Experte ist, der auch das Werkverzeichnis für den jeweiligen Künstler angefertigt hat.[128] Denn als solcher hat er sich Jahre, u.U. jahrzehntelang mit dem Werk des jeweiligen Künstlers beschäftigt und dadurch aus Sicht des Marktes ein überlegenes Fachwissen und einzigartige Sachkunde entwickelt, die ihn in die Lage versetzt, in der stilkritischen Analyse besonders treffsicher zu sein.[129] Oft ist er auch die „treibende Kraft bei der Forschung" über das Werk des jeweiligen Künstlers.[130]

Gleichwohl haben aber nicht nur Wissenschaftler Zuschreibungsautorität. Oftmals kommt auch den Erben oder nahen Angehörigen der Künstler dieser Status zu, insbesondere wenn sie deren Werkverzeichnisse führen.[131] Denn aufgrund ihrer Nähe zu Künstler und Werk wird ihnen ebenfalls ein entsprechendes „Auge" für die Manier des Künstlers zugetraut. Genauso gibt es Institutionen, wissenschaftliche Forschungsinstitute, Stiftungen oder sogenannte „Zuschreibungskomitees",[132] die diese Autorität aufgrund der für sie tätigen Mitarbeiter haben.

So sehr die Zuschreibungsautorität dazu führt, die Haltung des Marktes hinsichtlich der Echtheit des Werkes und damit der Wertbestimmung zu vereinfachen und zu vereinheitlichen, so ungünstig kann sie sich auf die Transparenz der Begutachtung auswirken. Eine durchaus fatale Konsequenz der hohen Spezialisierung von Gutachtern und ihrer Anerkennung als Zuschreibungsautoritäten ist, dass ihre Beurteilungen weniger und weniger angezweifelt werden und damit zugleich der Druck sinkt, das Urteil letztlich auch begründen zu müssen. Der

---

127 OLG Hamm GRUR-RR 2005, 177–188; ebenso OLG Frankfurt GRUR 1991, 601. Siehe auch *von Brühl*, S. 61 ff. m.w.N und 243 f., die zwar eine Pflicht zur Echtheitsuntersuchung aus kartellrechtlichen Gründen bejaht, eine Veröffentlichungspflicht jedoch ebenfalls verneint.

128 Vgl. *Wolf* S. 71; *von Brühl* S. 47 ff.

129 *Raue*, in: FS Säcker S. 1107.

130 *Wolf* S. 87.

131 So auch *Raue*, in: FS Säcker S. 1107; *von Brühl* S. 48.

132 Zuschreibungskomitees sind Zusammenschlüsse von mehreren Einzelexperten, die im Rahmen ihres Spezialgebiets gemeinsam Begutachtungen durchführen, s. dazu *von Brühl* S. 52 mit weiteren Beispielen.

Status dieser Experten wird zudem von der Erforderlichkeit eines hohen Spezialisierungsgrades und der entsprechenden Reputation, die vorwiegend durch Veröffentlichungen erreicht werden muss, weitestgehend vor neuen Marktteilnehmern protegiert.[133] Ob ein Experte im Einzelfall über Zuschreibungsautorität verfügt, lässt sich insbesondere daran erkennen, dass die Teilnehmer des Kunstmarkts überhaupt nur zum Abschluss eines Vertrags bereit sind, wenn sein Gutachten vorliegt und eine Veräußerbarkeit des Werkes ohne die Expertise des in Frage stehenden Experten nicht oder nur erschwert möglich ist.[134]

Das Bestehen von Zuschreibungsautorität ist durch deren Korrelation mit dem Spezialisierungserfordernis insbesondere im Bereich der hochpreisig gehandelten Kunst zu beobachten.[135] Mit abnehmendem Marktpreis, der sich seinerseits kongruent zur Bedeutung des Künstlers bewegt, steigt auf dem Kunstmarkt in Ermangelung entsprechend singulär bzw. künstlerspezifisch spezialisierter Kunstexperten auch die Bereitschaft, sich auf Expertisen von Generalisten oder Experten, die sich auf einzelne Kunstepochen spezialisiert haben, zu verlassen.[136] Tendenziell wird die Aussicht auf einen hohen Erlös für das Werk die Bereitschaft, einen Kunstexperten mit hoher Reputation zu beauftragen, erheblich steigern, während für ein geringeres Erlöspotenzial das Gegenteil gelten dürfte.[137]

IV. Auftraggeber

Die jeweiligen Auftraggeber der Expertise können unterschiedlichste Motive für die Beauftragung haben. Wichtigster Grund ist die Beauftragung durch einen Verkäufer im Vorfeld der Veräußerung des Werkes auf dem Kunstmarkt.[138] Auftraggeber können aber auch Versicherungen sein, die die Höhe einer Police oder eines Schadens bestimmen wollen. Gleiches gilt für Stiftungen, die mit Nachlässen bedacht werden, Testamentsvollstrecker, Gerichte oder die Parteien in Scheidungs- oder Schiedsverfahren.[139] Genauso kann es auch im zivilrechtlichen Streit wegen eines deliktischen Schadens einer Expertise bedürfen, wenn z.B. von

---

133 In diesem Sinne *vom Brühl* S. 94 zu den entsprechenden Marktzugangsbarrieren.

134 Vgl. *von Brühl* S. 115.

135 Vgl. *Simons* S. 15.

136 Vgl. *von Brühl* S. 95 ff., dabei insbesondere die Ausführungen zu den einzelnen Arten von Expertisenmärkten und der Ausweichbereitschaft der Auftraggeber.

137 *Von Brühl* S. 92. Vgl. zudem die ausführliche Darstellung auf S. 89 ff. zu den Auswahlkriterien des Zuschreibungsinteressenten.

138 Vgl. *Wolf* S. 29 ff.

139 Vgl. *Wolf* S. 29 ff.

einer Seite die Echtheit eines beschädigten Werkes bestritten wird. Ebenfalls ist denkbar, dass der Eigentümer das Werk beleihen will und daher zur Vorlage gegenüber dem Darlehensgeber eine Expertise benötigt.

Die Vielzahl der denkbaren Fallkonstellationen verdeutlicht, wie zentral und wirtschaftlich relevant die Bedeutung der Echtheitsbewertung für den Bereich der Kunst ist.

V. Formelle Anforderungen an die Expertise

1. Staatlich vereidigte Gutachter

Staatlich vereidigte Gutachter sind bei ihrer Berufsausübung direkt an die gesetzlichen Verordnungen für Sachverständige gebunden. Nur sie dürfen die geschützte Bezeichnung des „staatlich vereidigten Sachverständigen" führen und ihre Expertisen mit dem Rundstempel versehen.[140] Einschlägige gesetzliche Regelungen für die Arbeit eines Sachverständigen finden sich in der Gewerbeordnung und in den entsprechenden Durchführungsverordnungen auf Landesebene: So sind nach § 36 Abs. 1 GewO auf Antrag Sachverständige auf den Gebieten der Wirtschaft bei entsprechendem Bedarf von den nach Landesrecht zuständigen Stellen öffentlich zu bestellen und darauf zu vereidigen, dass sie ihre Sachverständigenaufgaben unabhängig, weisungsfrei, persönlich, gewissenhaft und unparteiisch erfüllen und dementsprechend ihre Gutachten erstellen.

§ 36 Abs. 3 GewO ermächtigt die Landesregierungen bei Bedarf in Durchführungsvorschriften sowohl die persönlichen und formalen Voraussetzungen für die Bestellung der Sachverständigen als auch die Mindestanforderungen bei der Erstellung von Gutachten zu regeln (§ 36 Abs. 3 Nr. 3 d GewO). Fehlen landesrechtliche Regelungen, können Körperschaften des öffentlichen Rechts entsprechende Vorschriften erlassen (§ 36 Abs. 4 GewO).

Der Deutsche Industrie- und Handelstag hat als Dachorganisation für die Industrie- und Handelskammern in den einzelnen Ländern eine Muster-Sachverständigenordnung erstellt (MSVO/DIHT),[141] die bundeseinheitlich Vorbild für entsprechende Regelungen der zuständigen IHKs in den Ländern ist.[142] Dabei ist den IHKs unbenommen, spezielle Regelungen für besondere Sachgebiete zu treffen und Verfahrensregelungen zu modifizieren.

---

140 *Huttenlauch*, in: KUR 2004, 118.

141 Stand 20. Juni 2012.

142 In Deutschland gibt es nach den Informationen des DIHK (Deutscher Industrie- und Handelskammertag e.V.), dem Dachverband der IHKs, bundesweit 80 IHKs. Siehe http://www.dihk.de/wir-ueber-uns/wer-wir-sind.

Nach der Musterverordnung hat der Sachverständige seine Pflichten gewissenhaft, unabhängig und unparteiisch zu erfüllen (§ 8 MSVO/DIHT). Insbesondere ist es ihm untersagt, Weisungen entgegenzunehmen, ein Vertragsverhältnis einzugehen, das seine wirtschaftliche oder fachliche Unabhängigkeit beeinträchtigen kann oder sich Vorteile versprechen zu lassen.[143] Daneben hat der Sachverständige die Klärung der Aufgabenstellung grundsätzlich in eigener Person zu erbringen, d.h. die wesentlichen Schritte der Tatsachenermittlung und -feststellung, die Orts- und Objektbesichtigung, die Schlussfolgerungen sowie die Beurteilungen und die Bewertungen sind von ihm selbst vorzunehmen (§ 9 MSVO/DIHT). Hilfskräfte darf er nur zur Vorbereitung des Gutachtens einsetzen. Von dem Grundsatz der persönlichen Erbringung der Gutachterleistung darf im Einzelfall nur unter bestimmten Voraussetzungen abgewichen werden.[144] Grundsätzlich darf der Sachverständige seiner Hilfskraft nur solche Aufträge übertragen, die er aufgrund seiner Sachkunde auch selbst hätte erledigen können.[145] Übernimmt er Untersuchungsergebnisse aus anderen Gutachten oder Feststellungen seiner Hilfskräfte, muss er dies kenntlich machen.

In § 11.1 MSVO/DIHT sind weiterhin die zu beachtenden Mindeststandards für den Aufbau und die Ausführung des Gutachtens geregelt. Unter anderem hat der Sachverständige danach seine Leistungen grundsätzlich schriftlich zu erbringen. Soll etwas anderes gelten, muss dies vereinbart werden.[146] Ferner muss das Gutachten systematisch aufgebaut und übersichtlich gegliedert sein, in den Gedankengängen für den Laien nachvollziehbar und für den Fachmann nachprüfbar sein, auf das Wesentliche beschränkt bleiben, unter Berücksichtigung des jeweiligen Adressaten vollständig verständlich formuliert sein und hat unvermeidbare Fachausdrücke nach Möglichkeit zu erläutern (§ 11.6 MSVO/DIHT). Soweit Spezialregelungen für besondere Sachgebiete nach den Vorschriften der Industrie- und Handelskammern in den Ländern gelten, sind diese ebenfalls gemäß § 8.3.8 und § 11.1.5 MSVO/DITH zu beachten.

---

143 § 8.2 und § 8.3 MSVO/DIHT.

144 So bestimmt z.B. § 9.7 der MSVO/DIHK, dass von den in § 9.2 bis 9.6.2 geregelten Vorgaben, die die Beschäftigung von Hilfskräften regelt, abgewichen werden kann, wenn es sich um einen außergerichtlichen Auftrag handelt, der Auftraggeber mit einer abweichenden Handhabung einverstanden ist und Art und Umfang offengelegt werden.

145 § 9 Rn. 91 der Richtlinien zur Anwendung und Auslegung der Sachverständigenordnung der Industrie- und Handelskammer zu Köln.

146 § 11 Nr. 1 MSVO/DIHT.

Die Rahmenanforderungen an eine Kunstexpertise durch einen staatlich vereidigten Sachverständigen sind damit vergleichsweise klar formuliert. Er hat – wie auch die Sachverständigen anderer Tätigkeitsbereiche – die in den Richtlinien und der MSVO geregelten Anforderungen zu beachten. Dies gilt für den Kunstgutachter auch im Hinblick auf die stilkritische Analyse, welche er nach Möglichkeit zu begründen hat. Soweit dies nicht möglich ist, muss er die Erwägungen mindestens nachvollziehbar darstellen und an dem Punkt, an dem es auf ein intuitives Geschmacks- oder Werturteil ankommt,[147] darauf hinweisen.

2. Privatgutachter

Während für die staatlich vereidigten Sachverständigen mit der Mustersachverständigenordnung und den entsprechenden Richtlinien der IHKs vergleichsweise klare Rahmenregelungen bestehen, gelten diese für Privatgutachter, die nicht über den Status als öffentlich vereidigter und bestellter Sachverständiger verfügen, nicht unmittelbar. Einschlägig sind allein zivilrechtliche Normen, nach denen sich das Vertragsverhältnis zwischen dem Auftraggeber des Gutachtens und dem Sachverständigen als Auftragnehmer richtet. Auch eine analoge Anwendung der in § 36 GewO bzw. der MSVO/DIHT geregelten Mindeststandards kommt auf die Tätigkeit von Privatgutachtern nicht in Betracht, da es insoweit an einer Regelungslücke im zivilrechtlichen Vertragsrecht fehlt. Der Gesetzgeber hat bewusst nur die vereidigten Sachverständigen einbezogen und keine allgemeinen Sorgfaltspflichtsanforderungen für Privatgutachter geschaffen.

Grundsätzlich herrscht daher hinsichtlich des Auftragsumfangs und der Ausgestaltung bei Privatgutachten Vertragsautonomie. Damit gilt primär, was die Parteien vertraglich vereinbart haben. Da über die Details des methodischen Vorgehens jedoch nur sehr selten Bestimmungen getroffen werden, stellt sich die Frage, inwieweit durch Auslegung des Vertragszwecks (§§133, 157 BGB), aufgrund der Verkehrssitte sowie des Grundsatzes von Treu und Glauben gewisse Mindestanforderungen an die Expertise und ihre Erstellung durch den Gutachter zu bestimmen sind. Nach Auffassung des BGH kommt es bei der Gutachtenerstellung generell auf die gängige Praxis in den entsprechenden Verkehrskreisen an und darauf, was ein Auftraggeber billiger Weise erwarten darf. Der BGH formuliert insoweit: „Maßstab für die Erstellung eines Sachverständigengutachtens ist grundsätzlich das, was im Verkehr erforderlich ist; der Sachverständige muss

147 Vgl. Kapitel 2 § 2 A. I.

dabei seine Sorgfalt jedenfalls auf die Verkehrskreise ausrichten, in denen er mit einer Verwendung des Gutachtens rechnen muß".[148]

Bei Kunstexpertisen entspricht es der Verkehrssitte, dass der Kunstexperte – genauso wie der staatlich vereidigte Gutachter – seinen Auftrag unabhängig, weisungsfrei, gewissenhaft und unparteiisch erfüllt.[149] Sollte der Auftraggeber eine einzelne Person mit der Echtheitsprüfung beauftragen, so kann er auch davon ausgehen, dass dieser das Gutachten eigenhändig verfasst hat. Erteilt er den Gutachtenauftrag einer Firma oder einem Institut, muss er damit rechnen, dass Beschäftigte des Auftragnehmers die Begutachtung vornehmen, deren Pflichtverletzungen sich der Auftragnehmer gemäß § 278 BGB zurechnen lassen muss.

Weniger eindeutig ist in diesem Zusammenhang die Beantwortung der Frage, ob, und wenn ja in welchem Umfang, den Privatgutachter eine Begründungspflicht für sein Gutachten trifft. Die Frage ist von besonderem Interesse, da Kunstexpertisen in der Praxis oft gar nicht oder nur sehr kurz begründet werden, indem gegenüber dem Auftraggeber allein schriftlich bestätigt wird, dass das Bild echt sei.[150] Dabei leuchtet sofort ein, dass die Nichtbegründungspraxis praktische Auswirkungen auf die Haftungsfrage hat, insbesondere den Nachweis eines möglichen Fahrlässigkeitsvorwurfes, aber auch auf die Nachprüfbarkeit sorgfältigen Handelns im Allgemeinen. Denn bei dürftiger oder fehlender Begründung bleibt unklar, welche Erwägungen zum Endergebnis geführt haben und was alles als entscheidungstragend berücksichtigt wurde, insbesondere, welche Erkenntnisquellen herangezogen wurden. Während sich für die staatlich bestellten Sachverständigen für die Begründungspflicht eine Regel in den Richtlinien zur MSVO des DITH findet,[151] ist diese mangels Regelungslücke weder direkt noch entsprechend auf Privatgutachter anzuwenden.

Ob sich allerdings aus der Vertragsauslegung nach § 157 BGB eine Begründungspflicht ergeben kann, ist zweifelhaft. Insbesondere besteht auf den Kunstmarkt keine dahingehende Praxis, denn die Begründung ist, insbesondere im Bereich der Hochpreiskunst, die Ausnahme und nicht die Regel, weshalb hier nicht von einer entsprechenden Verkehrssitte gesprochen werden kann. Hintergrund ist dabei, dass es dem Auftraggeber in der Regel weniger auf die Nachvollziehbarkeit als auf das Ergebnis ankommt, in dem Wissen, dass es sich

148 BGH NJW 1998, 1059.

149 Vgl. dazu ausführlich Kapitel 4 § 4 B. und C. für Gutachten im Allgemeinen sowie Kapitel 5 § 1 B. und C für Kunstexpertisen.

150 *Huttenlauch*, in: KUR 2004, 120; *Raue*, in: FS Säcker S. 1108; *von Brühl* S. 20 m.w.N.

151 Vgl. Kapitel 2 § 3 A. V. 1.

dabei um die subjektive Wertung eines Kenners, unter Anwendung dessen „kennerschaftlichen Blickes", handelt.[152]

Für die hier behandelte Dritthaftung des Experten ist die Frage nach einer Begründungspflicht indes zu vernachlässigen, da eine solche ohnehin nur gegenüber dem Auftraggeber bestünde, nicht aber gegenüber dem Dritten, der regelmäßig nur die Verletzung der Pflichten nach § 241 Abs. 2 BGB rügen kann, nicht aber vertraglicher Leistungspflichten. Zudem hat sich der Gutachter im Haftungsfall im Rahmen der Frage nach seinem Verschulden zu den Gründen für die stilkritische Analyse zu äußern.[153]

Als letzte formelle Anforderung kann demgegenüber der Auftraggeber der Expertise auch bei einem Privatgutachten regelmäßig die Schriftform erwarten. Der Grund ist abermals die Verkehrssitte, der es in diesem Falle entspricht, dass dem Auftraggeber das Ergebnis zur Nutzung im Rechtsverkehr in schriftlicher Form mitgeteilt wird.

B. Das Werkverzeichnis

Das Werkverzeichnis bezeichnet ein wissenschaftliches Verzeichnis, in dem das Gesamtwerk eines speziellen Künstlers oder einzelne Aspekte seines Werkes erfasst und systematisch dargestellt werden.[154] Dabei gibt es Werkverzeichnisse unterschiedlichen Anspruches sowie unterschiedlicher Qualität. Ebenso bestehen unterschiedliche Entstehungsvoraussetzungen.[155] Ihnen allen ist allerdings die Absicht gemeinsam, eine öffentlich zugängliche Werkübersicht zu schaffen

152 *Huttenlauch*, in: KUR 2004, 123.

153 Eine Begründungspflicht verneint im Ergebnis *Huttenlauch*, in: KUR 2004, 123. *Gerlach* geht indes in seinen Ausführungen auf S. 34 sowie 48 von einer Begründungspflicht aus. Er verlangt umfassende inhaltliche Angaben zum Werk, unter anderem eine sachliche Beschreibung der Darstellung und der Farbgebung sowie einer wissenschaftlich nachprüfbare Einordnung des Werkes in das Oeuvre des Künstlers. *Von Brühl* S. 139 fordert ebenfalls eine schriftliche Begründung, allerdings unter Vorbehalt der Verbalisierbarkeit der jeweiligen Erwägung, eben aufgrund des „intuitiven Charakters des Zuschreibungsprozesses". So könne es dem Experten zugemutet werden, jedenfalls die Zuschreibungsgesichtspunkte, die verbalisierbar sind, explizit zu benennen und dabei auch die intuitiven Aspekte der Zuschreibung weitestmöglich in Worte zu fassen.

154 Vgl. *von Brühl* S. 23 m.w.N.

155 So legte z.B. Paul Klee zu Lebzeiten einen handschriftlichen Oeuvre-Katalog an, der zur Erstellung des Catalogue raisonné beitragen konnte. Vgl. zur konkreten Erstellungstechnik *Wiederkehr Sladeczek*, Der Catalogue raisonné Paul Klee. S. 17 ff.

und eine verlässliche Instanz zur Klärung der Echtheit von Werken zu sein, zum Nutzen der Wissenschaft und für den Kunstmarkt.[156]

Den fachlichen Auffassungen der Werkverzeichnisersteller wird vom Kunstmarkt zumeist eine besonders hohe Signifikanz zugesprochen.[157] In aller Regel ist der Autor des Werkverzeichnisses auch derjenige, der als die führende Zuschreibungsautorität und Experte für den jeweiligen Künstler gilt.[158] Dies gründet entweder in der sehr langen Beschäftigung oder in der starken Nähe des Verzeichners zu dem Oeuvre des Künstlers und des damit assoziierten Kennerschaftsvorsprungs.[159] Meist werden dabei durch den Verzeichner jahrelange Recherchen über den Nachlass des Künstlers sowie bei den unterschiedlichen Galerien und Museen durchgeführt, um möglichst viele relevante Informationen zu sichten und zu verifizieren.[160] Häufig kommt es dabei vor, dass das Werkverzeichnis nicht von einer Einzelperson erstellt wird, sondern von mehreren Autoren. Herausgeber des Werksverzeichnisses sind oft auch nicht die Autoren selbst, sondern Institutionen wie z.B. Stiftungen oder Museen.[161]

Eine Aufnahme erfolgt entweder auf Initiative des Verzeichners, der das Werk sichtet und dann eine Prüfung vorschlägt und durchführt, oder sie wird vom Eigentümer selbst angeregt, der möchte, dass sein Werk durch die Aufnahme vom Verzeichner das Gütesiegel der Echtheit erhält. Im letzten Fall kommt es dabei in der Regel zu folgendem Ablauf: Der Auftraggeber bittet den Verzeichner um eine Aufnahme in das Werkverzeichnis sowie um eine Bestätigung zur Nutzung im Rechtsverkehr. Der Verzeichner prüft das Werk dann auf seine Echtheit.[162] Kann das Werk im Ergebnis als echt qualifiziert werden, bestätigt er die Aufnahmeabsicht schriftlich und händigt dieses Dokument dem Eigentümer aus.[163]

---

156 So konstatiert OLG Frankfurt GRUR 1991, 601 ff. ein Werkverzeichnis erhebe den „Anspruch auf Richtigkeit und Vollständigkeit". Ebenso OLG Hamm BeckRS 2005, 03523.

157 Vgl. *Raue*, in: FS Säcker S. 1107 f.

158 So auch *Raue*, in: FS Säcker S. 1107 und *von Brühl* S. 47.

159 Vgl. *Raue*, ebenda.

160 Vgl. *Endicott Barnett* S. 45 ff.

161 Dies gilt insbesondere für die „alten Meister" sowie prominente Maler der Neuzeit und Moderne. Insoweit sind beispielhaft zu nennen: das Cranach Research Institute, die Franz Marc Stiftung sowie das Ernst Ludwig Kirchner Archiv.

162 Unter Umständen erfolgt dies auch erst nach Unterzeichnung eines Formulars zum Haftungsausschluss.

163 *Wolf* S. 100 ff.; *von Brühl* S. 27. Es kann allerdings auch vorkommen, dass der Werkverzeichner keine Aufnahmebestätigung, sondern eine direkte Echtheitsbestätigung

Hintergrund dieser Bescheinigungspraxis ist, dass der Eigentümer schon vor der tatsächlichen Eintragung oder Aufnahme ein Interesse daran hat, die Echtheit gegenüber anderen Marktteilnehmern zu belegen.[164] Diese Zusage ist für den Eigentümer im Grunde bares Geld wert,[165] denn sie wird vom Markt meist als eine zur Expertise gleichwertige Echtheitsbetätigung beurteilt, so dass er bis zur vollzogenen Veröffentlichung der Aufnahme über das Bild disponieren kann.[166] Inwieweit diese Aufnahmebestätigungen durch zunehmend elektronisch geführte Archive und Werkverzeichnisse ihre Bedeutung verlieren werden, bleibt dabei abzuwarten. Später wird das Werk in der nächsten Auflage dann im Catalogue raisonné aufgeführt. Unter Umständen ist auch eine Aufnahme in einen Online-Katalog möglich, falls ein solcher geführt wird.

Damit gibt es für eine rechtlich erhebliche Erklärung als Ausgangspunkt für die Haftung mithin zwei mögliche Ansatzpunkte: Zum einen die tatsächliche Aufnahme und Veröffentlichung in dem gedruckten oder elektronischen Verzeichnis und zum anderen die schriftliche Bestätigung für den Anfragenden. Welchen Aussagegehalt die jeweilige Form hat und wie beides haftungsrechtlich zu qualifizieren ist, wird in Kapitel 4 sowie Kapitel 5 behandelt. Hier sollen zunächst nur die üblichen Handhabungen der Verzeichner dargestellt werden.

I. Das Zuschreibungsergebnis im Werkverzeichnis

Im Falle einer positiven Aufnahmeentscheidung wird das Werk früher oder später dem Werkverzeichnis hinzugefügt und in der nächsten Auflage aufgeführt. Wird das Werkverzeichnis elektronisch geführt, kann die Publizierung – anders als bei Veröffentlichungen in Buchform – relativ zügig erfolgen.

Das Werkverzeichnis in Buchform enthält in aller Regel ein Abbild des Werkes, seinen Titel sowie Angaben zum Entstehungsjahr, Abmessungen, Maltechnik, aber auch Angaben zur Provenienz und zur Ausstellungshistorie sowie zum derzeitigen Aufenthaltsort. Hierin liegt ein weiterer Unterschied zur Expertise, welche diese Angaben nicht zwingend behandelt.

So enthält das Werkverzeichnis z.B. zu dem Bild „Liegender Hund“ von Franz Marc folgende Angaben:[167]

---

an den Anfragenden herausgibt, vgl. *Jawlensky Bianconi*, S. 69. In diesen Fällen sollte allerdings von einer Expertise gesprochen werden.

164 *Von Brühl* S. 27.

165 So *Koldehoff/Timm* S. 37.

166 Zur Wirkung einer solchen Bescheinigung vgl. *Raue*, in: FS Säcker S. 1108.

167 *Hoberg/Jansen*, Franz Marc Werkverzeichnis, Bd. I S. 104.

83 Liegender Hund (Hundeporträt)

Lying Dog (Portrait of a Dog)

1909

Oil on canvas, 65 X 78.5 cm Signed 1.1.: F. Marc 09' Painted in Sindelsdorf

Related to sketch in pencil in Sketchbook XVII

(1909/10), P. 3; Sketch in black chalk in Sketchbook XVI (1909/10), P. 7 (Cat. raisonne Franz Marc, Vol. III)

Notebook Franz Marc P. 3, no. 16

Location

Private collection

Provenance

Bernhard Koehler, Berlin (acquired 1910)

Bernhard Koehler jnr. Berlin/Gauting

Kunsthandel Franz Resch, Gauting Georg Schäfer, Schweinfurt

Christie's London (1978)

Christse's London (1991)

Christie's London (1993)

Galerie Hans-Joachim Sander, Darmstadt

Galerie Michael, Heidelberg/Rottach-Egern

Acquired 1994

Exhibitions

München 1910, no. 60

München 1911, Marc - Girieud, no. 15

Düsseldorf 1913, Leonhard Tietz, Neue Secession Berlin

München 1916, no. 43

Wiesbaden 1917. no. 13

Berlin 1922 (no cat.)

Berlin 1936, v. d. Heyde, no. 82

Wolfsburg 1952, no. 4

München 1958. Aufbruch zur modernen Kunst, no. 1068

London/Edinburgh 1960, The Blue Rider Group,no. 170

Wien/Linz 1961, Der Blaue Reiter und sein Kreis, no. 14

Winterthur 1961, Der Blaue Reiter und sein Kreis, no. 24

München 1963, no. 55

Literature

Briefe aus dem Feld 1940, ill. facing p. 132

Christie's London, June 1978, no. 5, col. ill. p. 11

Christie's London, December 1991. Impressionist and Modern Paintings and Sculpture, no. 20

Christie's London, May 1993, no. 515, col. ill. p. 216

Schardt 1-1909-9 Lankheit no. 79

Im Werkverzeichnis selbst findet sich grundsätzlich keine Begründung der einzelnen Aufnahmeentscheidungen. Hinweise zur Strukturierung der Dokumentation, auch in Bezug auf die Angaben zu den Werken, zu Ausstellungen, zur Literatur, Provenienz und Arbeitsweise der Verzeichner finden sich meist in der Einleitung des Werkverzeichnisses.

Zunehmend üblich ist auch, dass Werkverzeichnissen eine extra Anlage für strittige oder fragwürdige Werke beigefügt ist, bei denen eine Zuschreibung nicht ohne Weiteres möglich ist, die aber auch nicht sicher abgelehnt werden können.[168]

II. Die schriftliche Aufnahmebestätigung

Die Aufnahmebestätigung enthält in aller Regel die oben genannten Angaben nicht. Oftmals erfolgt die Aufnahmebestätigung ähnlich wie die eigenständige Expertise auf der Rückseite eines Fotos des Werkes. Alternativ auch auf einem separaten Blatt Papier.

Zumeist enthält sie allein die Aussage: „Ich beabsichtige, das Werk in den Catalogue raisonné aufzunehmen."[169] Weitergehende Begründungen entsprechen nicht der Verkehrssitte und können entsprechend den Ausführungen zur eigenständigen Expertise auch nicht im Sinne einer Pflicht erwartet werden.

III. Aufnahmekriterien und unterschiedliche Qualitäten von Werkverzeichnissen in Abhängigkeit vom wissenschaftlichen Anspruch und Prüfungsumfang des Verzeichners

Maßgeblich im Hinblick auf die rechtliche Qualifikation bzw. die Haftung für fehlerhafte Aufnahmeentscheidungen ist neben der Form auch der wissenschaftliche Anspruch und der konkrete Prüfungsumfang des Verzeichners. Ein Werk wird nur dann in das Werkverzeichnis aufgenommen, wenn es von dem Experten für echt befunden wurde, d.h. von dem Künstler geschaffen wurde, für den das Werkverzeichnis angelegt wurde.[170]

Der Verlauf des Aufnahmevorgangs und die Echtheitsüberprüfung sind von der jeweiligen Arbeitsweise des Erstellers abhängig. Obwohl die Echtheitsprüfung durch den Werkverzeichner selbst der Regelfall ist, kann nicht ausgeschlossen werden, dass dieser das Bild aufgrund einer ihm nicht zurechenbaren

---

168 Vgl. *Orchard/Schulz*, Kurt Schwitters, Catalogue raisonné.

169 *Raue*, in: FS Säcker S. 1108.

170 Vgl. dazu OLG Hamm GRUR-RR 2005, 177. Danach ist der Ersteller des Werkverzeichnisses neben der Katalogisierung ebenso der Richtigkeit verpflichtet.

Fremdexpertise aufnimmt. Was die konkrete Bearbeitung des Aufnahmebegehrens betrifft, so sind für die Erstellung des Werkverzeichnisses zwei zentrale Arbeitsvorgänge typisch: zum einen ein „verzeichnender"[171] Vorgang, bei dem die Dokumentation von Informationen anhand einer bestimmten Arbeitsweise erfolgt, und zum anderen die Authentifizierung von Neufunden.[172] Obwohl im Regelfall beides Hand in Hand geht, ist dennoch nicht jeder Werkverzeichner zwangsläufig zugleich auch Echtheitsbegutachter.[173]

Ist der Begutachtende selbst auch der Werkverzeichner, so liegt aufgrund der inneren Verknüpfung von Aufnahmeentscheidung und Expertise eine Eigenprüfung des jeweiligen Verzeichners vor. Das bedeutet, der Herausgeber/Autor beurteilt selbst die infrage kommenden Werke auf ihre Echtheit hin und nimmt sie – je nach Ergebnis – in das Werkverzeichnis auf oder lehnt sie ab. Die Eigenexpertise des Verzeichners kann dabei als typisch gelten. Gleiches gilt für die Prüfung durch eine Institution. Ist die Institution Herausgeber des Werkverzeichnisses und bestätigt sie die Aufnahme nach einer internen Echtheitsprüfung durch ihre Mitarbeiter, so ist die Echtheitsprüfung der Institution zuzurechnen. Eine solche Arbeitsteilung kann dabei zum Beispiel aus Gründen der Praktikabilität erfolgen, wenn das Gesamtwerk oder der Nachlass des Künstlers entsprechend umfangreich ist, so dass eine Person allein zu viel Zeit benötigen würde, um alle Prüfungen selbst vorzunehmen.[174] In diesem Sinne sind auch die weiteren Fälle einzuordnen, in denen eine Aufnahme nach verdeckter oder ausdrücklich bzw. konkludent zu eigen gemachter Fremdexpertise erfolgt.[175]

Alternativ kann das Werkverzeichnis aber auch nur den Charakter einer Art Stoff- oder Informationssammlung haben.[176] Das wäre z.B. der Fall, wenn der Ersteller eines Werkverzeichnisses nicht der führende, stilkritisch bewanderte

171 Wendung von *Glaus*, in: KUR 2004, 113.

172 In diesem Sinne *Glaus*, in: KUR 2004, 113 m.w.N.

173 *Glaus*, in: KUR 2004, 112, 113. Dies gilt trotz der (Selbst-) Verpflichtung des Werkverzeichners zur Richtigkeit seiner Angaben, welche eine Fremdprüfung der Echtheit grundsätzlich nicht zwangsläufig ausschließt.

174 Vgl. dazu *Orchard/Schulz*, Kurt Schwitters, Catalogue raisonné, Vorwort zu Band 1.

175 Zieht der Werkverzeichner einen externen Gutachter hinzu und bestätigt er dennoch selbst die Aufnahme ohne einen entsprechenden Vorbehalt, wird man dem Werkverzeichner das Fremdurteil des externen Gutachters zurechnen müssen. Vgl. dazu auch die Praxis bei der Erstellung des Werkverzeichnisses von Kurt Schwitters, bei der Fremdurteile durch die Verzeichner ausdrücklich nochmals überprüft und sich damit zu eigen gemacht wurden, *Orchard/Schulz*, Kurt Schwitters, Catalogue raisonné, Vorwort zu Band 1.

176 Vgl. dazu die Beispiele bei *Glaus*, in: KUR 2004, 113. Ähnlich: *von Brühl* S. 23.

Experte für den entsprechenden Künstler ist, weil er z.B. als Angehöriger zwar die Nachlassverwaltung und das Führen des Catalogue raisonné übernommen hat, dies jedoch nur im Sinne einer verzeichnenden Funktion verfolgt. Soweit auf diesen Umstand offen hingewiesen wird, stellt die Aufnahme rechtlich keine eigene Echtheitswertung des Werkverzeichners dar, sondern die Leistung besteht in der sammelnden bzw. archivierenden Aufnahme aufgrund von Fremdexpertisen und Provenienzangaben.

Um den Aussagegehalt einer schriftlichen Aufnahmezusage sowie einer Aufnahme an sich haftungsrechtlich richtig zu deuten, kommt es daher entscheidend auf die konkrete Erstellungstechnik des einzelnen Werkverzeichnisses und deren Darstellung im Rechtsverkehr an. Präzise muss danach differenziert werden, ob der Verzeichner das Werk selbst begutachtet hat oder ob dies durch Dritte erfolgte und ob im letzten Fall eine Zurechnung an den Verzeichner erfolgen muss. In der Sache kommt es bei der Haftung des Werkverzeichniserstellers somit in hohem Maße darauf an, welchen Anspruch das Werkverzeichnis für sich selbst in der Öffentlichkeit formuliert und welche Vorgehensweise seiner üblichen Praxis entspricht. In den meisten Fällen informiert der Verzeichner selbst in der Einleitung des Werkverzeichnisses über das von ihm gewählte Überprüfungsverfahren.[177] Stellen die lediglich verzeichnenden Werkverzeichnisse eher die Ausnahme dar, darf erwartet werden, dass der Verzeichner ausdrücklich darauf hinweist, wenn er keine eigenen Aufnahmebestätigungen vornimmt und den Catalogue raisonné in diesem Sinne verfasst hat und weiterführt.

IV. Die Person des Werkverzeichners

Die Ersteller von Werkverzeichnissen haben ebenso wie die einzelnen Experten keinen typischen Ausbildungshintergrund. Zum großen Teil handelt es sich um Kunstwissenschaftler, die sich auf das Oeuvre eines Künstlers spezialisiert haben, andererseits können entsprechende Kenntnisse auch im Selbststudium erworben worden sein oder die Tätigkeit resultiert aus einer familiären Beziehung mit dem Künstler. Ebenso gibt es sehr häufig Werkverzeichnisse, die von Institutionen geführt werden, wie z.B. das Cranach Research Institute, die Franz Marc Stiftung, das Ernst Ludwig Kirchner Archiv oder die Emil Nolde Stiftung.

177 S. dazu die Hinweise von *Wolfgang Henze*, Das Ernst Ludwig Kirchner Archiv S. 35–44. Vgl. ebenso die umfassende Einleitung in *Hoberg/Jansen,* Franz Marc Werkverzeichnis.

§ 4. Fazit zu Kapitel 2

Der Experte kann bei der Echtheitsprüfung eines Werkes auf unterschiedliche Erkenntnisquellen zurückgreifen, die je nach Einzelfall unterschiedliche Aussagequalitäten besitzen. Auch was die Form der Kommunikation des Ergebnisses angeht, gibt es in der Praxis unterschiedliche Varianten.

In welchen der dargestellten Fälle eine Haftung konkret begründet werden kann und welche Pflichten der Experte gegenüber dem Dritten bei der Expertisenerstellung zu beachten hat, sind Gegenstand der Untersuchung in Kapitel 5, in dem die für die Haftung in Kapitel 4 entwickelten Voraussetzungen und Maßgaben zu § 311 Abs. 3 S. 2 BGB speziell auf die hier skizzierten Expertisenformen angewendet werden.

Kapitel 3. Lösungsmodelle der Dritthaftung für fehlerhafte Gutachten in Literatur und Rechtsprechung

Das dogmatische Fundament der Dritthaftung für fehlerhafte Gutachten ist in Rechtsprechung und Literatur heftig umstritten und bereits Gegenstand zahlreicher Beiträge und Abhandlungen gewesen, sowohl vor als auch nach der Schuldrechtsreform.[178] Ursächlich für diese Diskussion ist primär das Fehlen eines ausdrücklich geschlossenen Vertrages sowie oftmals sogar eines direkten Kontaktes zwischen dem Experten und dem Geschädigten, der auf die Richtigkeit des Gutachtens vertraut und auf dieser Grundlage Vermögensdispositionen getroffen hat. Bezogen auf den Kauf eines unechten Kunstobjekts, zieht diese Konstellation folgenden Interessenkonflikt nach sich:

Der Auftraggeber des Gutachters hat zwar gegen den Gutachter im Falle des Verschuldens einen vertraglichen Schadensersatzanspruch wegen der Verletzung vertraglicher Pflichten aus Werkvertrag. Ist der Auftraggeber jedoch der Verkäufer, entsteht der Schaden typischerweise nicht bei ihm, sondern bei dem Käufer des Kunstwerks. Für diesen können zwar deliktische Schadensersatzansprüche nach den §§ 823 Abs. 2, 826 BGB in Betracht kommen, sie gewähren jedoch im Verhältnis zur vertraglichen Schadenshaftung nur einen sehr viel beschränkteren Vermögensschutz, da nicht jede rechtswidrig und schuldhaft verursachte Vermögensschädigung zu einem deliktischen Schadensersatzanspruch führt.

Zur Entschärfung dieses für die Expertenhaftung typischen Interessenkonflikts wurden daher, insbesondere vor der Schuldrechtsreform 2002, zahlreiche Lösungsmodelle in Rechtsprechung und Literatur entwickelt, die sich des

178 So u.a. *Adolff*, Die zivilrechtliche Verantwortlichkeit deutscher Anwälte bei der Abgabe von Third Party Legal Opinions (1996); *Canaris*, ZHR 163 (1999), 206 ff.; *Eichler*, Vertragliche Dritthaftung (2007); *Faust*, AcP 210, 555 ff.; *Gellmann*, Die Haftung von Experten gegenüber Geschäftspartnern ihres Auftraggebers für die fehlerhafte Erstellung von Gutachten (2006); *Kersting*, Die Dritthaftung für Informationen im BGB (2007); *Koch*, AcP 204, S 59 ff.; *Schwab*, JuS 2002, 872 ff. Für Kunstexpertisen im Speziellen: *Wolf*, Die Expertise – Inhalt, Form und Rechtswirkungen von Kunstgutachten (2001); *Gerlach*, Die Haftung für fehlerhafte Kunstexpertisen (1998); *Goepfert*, Haftungsprobleme im Kunst- und Auktionshandel (1991); *Büttner*, Umfang und Grenzen der Dritthaftung von Experten (2006).

Problems annehmen. Im Fokus steht dabei immer das Bemühen, den bezeichneten Interessenkonflikt auszugleichen, indem man dem Geschädigten auch vertragliche oder vertragsähnliche Schadensersatzansprüche zuspricht und ihn nicht allein auf das Deliktsrecht verweist.

Im Folgenden sollen die wesentlichen dogmatischen Lösungsansätze in ihren Grundsätzen dargestellt und auf ihre Eignung und Überzeugungskraft im Hinblick auf die Gutachterhaftung im Allgemeinen untersucht werden. Der Schwerpunkt soll dabei auf dem Vertrag mit Schutzwirkung zugunsten Dritter sowie der Anwendbarkeit des § 311 Abs. 3 S. 2 BGB auf die Expertendritthaftungsfälle liegen.

§ 1. Unmittelbare Vertragshaftung

Die Rechtsprechung und Teile der Literatur begründen die Schadenshaftung des Experten für Fehler in seiner Expertise in bestimmten Fallkonstellationen mittels eines direkten Auskunftsvertrags zwischen Geschädigtem bzw. Auskunftempfänger und Gutachter. Dies ist immer dann unproblematisch, wenn es zu einer mit rechtsgeschäftlichem Bindungswillen ausdrücklich getroffenen Vereinbarung zwischen den Beteiligten gekommen ist. Gerade im Bereich der verkehrsfähigen Gutachten wird ein solcher Kontakt allerdings die Ausnahme sein, da der Auftraggeber des Gutachtens und der geschädigte Käufer meist nicht personenidentisch sind.

Erörterungsbedürftig ist daher, ob auch für denjenigen ein Schadensersatzanspruch aus Auskunftsvertrag bestehen soll, der das Gutachten nicht ausdrücklich in Auftrag gegeben, aber auf der Grundlage dieses fehlerhaften Gutachtens eine Vermögensdisposition getätigt hat.

Neben dem vom BGH favorisierten Auskunftsvertrag[179] wird in der Literatur alternativ die Begründung weiterer Vertragsvarianten infolge eines konkludenten Vertragsschlusses vorgeschlagen, wie beispielsweise die Begründung eines reinen Garantievertrages.[180]

A. Die Haftung aus Auskunftsvertrag nach der Rechtsprechung

Der BGH tendiert dahin, die Fälle, in denen es zwar nicht zu einem ausdrücklich geschlossenen Auskunftsvertrag, jedoch zu einer direkten Kommunikation

179 So bereits das Reichsgericht u.a. in RGZ 162, 128; ebenso der BGH u.a. im NJW 1992, 2080; BGHZ 74, 103 unter Darlegung der einzelnen Kriterien, die im Einzelfall für das Zustandekommen eines Auskunftsvertrages sprechen.

180 Vgl. *Philippsen* S. 131 ff.

oder „unmittelbaren Fühlungnahme" zwischen dem Experten als Auskunftgeber und dem Geschädigten als Auskunftempfänger gekommen ist, über einen stillschweigend abgeschlossenen Auskunftsvertrag zu lösen.[181] Rechtlicher Anknüpfungspunkt ist daher der durch *schlüssiges Handeln* geäußerte Wille des Auskunftgebers, sich rechtsgeschäftlich gegenüber dem Dritten binden zu wollen. Dabei befassen sich die von der Rechtsprechung entschiedenen Fälle vornehmlich mit vorgelegten Auskünften von Bausachverständigen und Architekten bei Kreditvergaben, Kreditauskünften von Banken[182] sowie Auskünften von Rechtsanwälten,[183] Steuerberatern[184] und Wirtschaftsprüfern,[185] also mit Auskünften besonders sachkundiger Experten, bei denen die Weiterverwendung ihrer Expertisen durch den Auftraggeber naheliegt.

Grundvoraussetzung einer konkludent geäußerten Willenserklärung ist nach dem BGH, dass für den Auskunftgebenden objektiv erkennbar sein muss, dass seine Auskunft für den Dritten als möglichen Empfänger von erheblicher Bedeutung ist und zur Grundlage wichtiger Vermögensdispositionen gemacht werden soll.[186] Dies soll insbesondere dann gelten, wenn der Auskunftgebende besonders sachkundig ist oder ein eigenes wirtschaftliches Interesse hat.[187]

Weitere Hinweise auf einen Verpflichtungswillen des Experten können „ein persönliches Engagement in der Form von Zusicherungen nach Art einer Garantieübernahme, das Versprechen eigener Nachprüfung der Angaben des Geschäftspartners des Auskunftempfängers, die Hinzuziehung des Auskunftgebers zu Vertragsverhandlungen auf Verlangen des Auskunftempfängers oder die Einbeziehung in solche Verhandlungen als unabhängige neutrale Person sowie eine

---

181 BGH NJW 1973, 321.

182 BGH WM 1998, 1771.

183 BGH WM 1972, 466.

184 BGH NJW 1986, 180 m.w.N.; BGH NJW 1962, 1500; VersR 1967, 65.

185 BGH NJW 1973, 321; 1953, 60.

186 BGH NJW 1992, 2080; BGH WM 1985, 450; BGH NJW 1986, 180 hinsichtlich falscher Angaben eines Steuerbevollmächtigten für seinen Auftraggeber gegenüber dessen Vertragspartner. OLG Hamm NJW-RR 1987, 209 sowie OLG Köln NJW-RR 1988, 335 jeweils für eine unrichtige Baufortschrittsanzeige. So ähnlich auch BGH NJW- RR 1998, 1343 für die Haftung eines Kreditinstituts für die Vorlage einer Bankbescheinigung. So konstatiert BGH, NJW 1991, 352 bei Bankauskünften sei für die Haftung aus Vertrag erforderlich, „daß die Auskunft für jenen (den Dritten, *Einfügung des Verfassers*) bestimmt und der Auskunftgeber sich bewußt war, daß sie für diesen in der erwähnten Weise bedeutsam und als Grundlage entscheidender Vermögensdispositionen dienen werde."

187 BGH NJW 1986, 180.

bereits anderweitig bestehende Vertragsbeziehung zwischen Auskunftgeber und Auskunftempfänger" sein.[188] Gleichwohl betont jedoch der BGH, dass stets die Gesamtumstände des jeweiligen Einzelfalls entscheidend seien für die Annahme eines Auskunftsvertrages.[189] Die oben genannten Umstände stellen deshalb lediglich Indizien dar.[190]

Ist eine Auslegung in diesem Sinne bei Bestehen eines direkten Kontaktes zwischen Drittem und Experten noch vergleichsweise gut zu begründen, stößt die Haftung aufgrund Auskunftsvertrages an ihre Grenzen, wenn ein solcher Kontakt fehlt, das Gutachten also über eine weitere Person an einen Dritten weitergeben wurde, bei dem dann der Schaden entstanden ist. In diesen Fällen der Drittweitergabe hat die obergerichtliche Rechtsprechung teilweise eine Haftung aufgrund eines konkludenten Vertrages angenommen,[191] indem sie von einem Vertragsangebot des Auskunftgebers „an den, den es angeht" ausging und die konkludente Vertragsannahme durch den Geschädigten darin sah, dass dieser die Auskunft verwendet und zur Grundlage einer Vermögensverfügung gemacht hat.[192] Es wurde also auf das Inverkehrbringen des Gutachtens abgestellt. Auf den Zugang der Annahmeerklärung soll der Auskunftgebende in diesen Fällen gemäß § 151 S. 1 BGB stillschweigend verzichtet haben.[193]

Demgegenüber ist der BGH allerdings sehr zurückhaltend, was die Haftung aufgrund konkludenten Auskunftsvertrages ohne direkten Kontakt angeht.[194] Insbesondere das Konstrukt eines Angebotes „für den, den es angeht" hält er zwar grundsätzlich für denkbar, verneint aber für den Regelfall eine Haftung des Auskunfterteilenden gegenüber beliebigen, noch unbekannten Dritten, da nicht angenommen werden könne, dass sich der Auskunfterteilende einer unbestimmten, unübersehbaren Vielzahl von Personen verpflichten wolle.[195] Indes

---

188 BGH NJW 1986, 180.

189 So BGH in NJW 1986, 180, wo es heißt: „Für den stillschweigenden Abschluß eines Auskunftsvertrages ist entscheidend darauf abzustellen, ob die Gesamtumstände unter Berücksichtigung der Verkehrsauffassung und des Verkehrsbedürfnisses den Rückschluss zulassen, dass beide Teile nach dem objektiven Inhalt ihrer Erklärungen die Auskunft zum Gegenstand vertraglicher Rechte und Pflichten gemacht haben." Ebenso BGH NJW 1989, 1029; 1991, 32; 1992, 2080; BGH NJW-RR 2006, 993.

190 BGH NJW 1992, 2080; 1986, 180.

191 So BGH NJW 1979, 1595.

192 OLG Hamm NJW-RR 1987, 209; OLG Köln NJW-RR 1988, 335.

193 OLG Hamm NJW-RR 1987, 209.

194 BGH NJW 1973, 321.

195 BGH NJW 1970, 1737; BGH WM 64, 1163; NJW 1991, 352; 1979, 1595, 1597; 1973, 321.

hat der BGH keine Bedenken gegen das Zustandekommen eines Auskunftsvertrages, wenn dem Auskunfterteilenden die Verwendung durch eine unbekannte Zahl an Personen zwar bekannt ist, diese jedoch von ihrem Interesse her bestimmbar sind.[196] Danach haftet z.B. eine Bank aus Auskunftsvertrag, wenn sie eine falsche Kreditauskunft für private Anleger eines Hotelbauprojekts erteilt, die ihr zwar im Einzelnen nicht bekannt, aber von ihrem Interesse her bestimmbar sind und einen überschaubaren Personenkreis darstellen. Es handelt sich in einem solchen Fall jedoch nicht um eine „Auskunft an den, den es angeht".[197]

Zusammenfassend setzt die Annahme eines konkludenten Auskunftsvertrages somit nach der Rechtsprechung des BGH in der Regel einen unmittelbaren Kontakt bzw. eine unmittelbare „Fühlungnahme", zwischen Drittem und Experten voraus.[198] Maßgebliches Argument dafür ist, „die Gefahr von unübersehbaren, aus der interessenmäßigen Wertung nicht mehr zu rechtfertigenden Haftungsrisiken" zu bannen.[199] Letztlich kommt es jedoch für die Auslegung des Parteiwillens stets auf die Gesamtumstände des Einzelfalls an: „Für den stillschweigenden Abschluß eines Auskunftsvertrages ist entscheidend darauf abzustellen, ob die Gesamtumstände unter Berücksichtigung der Verkehrsauffassung und des Verkehrsbedürfnisses den Rückschluß zulassen, daß beide Teile nach dem objektiven Inhalt ihrer Erklärungen die Auskunft zum Gegenstand vertraglicher Rechte und Pflichten gemacht haben."[200] Es müssen deshalb stets konkrete Hinweise auf einen Verpflichtungswillen hindeuten.[201]

Aufgrund dieser strengen Anforderungen zieht der BGH in Fällen der Drittweitergabe ohne direkten Auskunftskontakt zwischen Geschädigtem und Gutachter meist eine Haftung über die Grundsätze des Vertrages mit Schutzwirkung zugunsten Dritter vor, bei der ein direkter Kontakt nicht erforderlich ist.

---

196 BGH NJW 1979, 1595.

197 Kritisch dazu *Kersting*, S. 68, Fn. 364.

198 Der BGH hebt dies ausdrücklich hervor. Vgl. dazu BGHZ 127, 378; BGH NJW 1973, 321; 1995, 392; 1989, 1029.

199 BGH NJW 1973, 321.

200 BGH NJW 1986, 181. BGH NJW-RR 1998, 1343 bejaht insoweit einen konkludenten Auskunftsvertrag zwischen Kreditinstitut und einem Dritten wegen der Aushändigung einer wahrheitswidrigen Finanzierungsbestätigung an den Kunden, die unmittelbare darauf abzielte, eine Bürgschaft von dem Dritten zu erhalten.

201 BGH WM 1985, 1531.

B. Vertragshaftungsmodelle in der Literatur

Die Haftung aufgrund konkludent geschlossenen Auskunftsvertrages hat auch in der Literatur Befürworter gefunden, die den Lösungsansatz weiter konkretisiert und konstruktiv variiert haben. Insbesondere wird die Anwendung auf den Gutachter auch dann befürwortet, wenn dieser keinen Kontakt zum Dritten hat.

So vertritt *Altenburger* hinsichtlich des rechtsgeschäftlichen Lösungsansatzes über einen Auskunftsvertrag eine konstruktive Variante: Er interpretiert, je nach einschlägiger Fallkonstruktion, ein Stellvertreterverhältnis zwischen dem Auftraggeber der Expertise und dem Experten mit Wirkung gegenüber dem Dritten oder zwischen dem Auftraggeber und dem Dritten mit Wirkung zwischen Letzterem und Experten.[202]

Philippsen, der ebenfalls eine vertragliche Haftungslösung vertritt, geht dagegen bei verkehrsfähigen Gutachten, die dazu bestimmt sind, in den Rechtsverkehr zu gelangen, von einem Garantievertrag anstelle eines Auskunftsvertrages aus.[203] Die Auffassung beruht auf der ebenfalls von *Müller*[204] und *Hübner*[205] vertretenen Prämisse, dass bei Erstellung eines verkehrsfähigen Gutachtens die Anforderungen an eine Willenserklärung dahin gehend modifiziert werden könnten, dass allein ein zurechenbarer objektiver Erklärungstatbestand erforderlich, hingegen ein Erklärungsbewusstsein entbehrlich sei.[206] Sodann obliege es der Auslegung anhand der Umstände des Einzelfalls, ob eine Willenserklärung zum Abschluss eines Garantievertrages vorliege. Ist diese Auslegung nun positiv ergiebig, sei die Konsequenz die Haftung des Erstellers für die Richtigkeit seines Gutachtens. Der Auskunftsempfänger und eigentliche Auftraggeber fungiere im Hinblick auf den Garantievertrag gegenüber dem Dritten in Ermangelung „jeglicher Gestaltungsbefugnis" als Bote, während auf den Zugang der Annahmeerklärung dabei konkludent verzichtet werden könne.[207]

---

202 *Altenburger* S. 404 ff.

203 *Philippsen* S. 133 f.

204 *Müller*, Auskunftshaftung nach dt. und engl. Recht, 1995, S. 187 f.

205 Ebenso *Hübner*, in: FS Nipperdey, Bd. I S. 373, 400 sowie *Strauch*, JuS 1992, 897.

206 *Philippsen*, S. 102, 152.

207 *Philippsen*, S. 157.

C. Fazit

Die vertragliche Lösung für die Dritthaftung von Gutachtern – insbesondere in den Fällen des mangelnden Auskunftskontaktes bei der Drittweitergabe des Gutachtens – wird im Schrifttum überwiegend kritisch betrachtet.[208] Als Hauptkritikpunkt wird dabei die Fiktionalität des Rechtsbindungswillens angeführt[209] und in diesem Zusammenhang zu Recht die Frage aufgeworfen, inwiefern es überhaupt im Interesse des Gutachters liegen sollte, für die gleiche Leistung, unentgeltlich eine zusätzliche Vertragsgrundlage für einen nicht am Vertrag beteiligten Dritte zu schaffen, die für ihn allein Haftungspflichten, aber keine eigenen Leistungsansprüche begründet.[210] Denn obgleich ein Interesse des Dritten besteht, den Experten auf Schäden an seinem Vermögen in Anspruch zu nehmen, kann dies weiterhin nicht über den Umstand hinwegtragen, dass die Erstellung und Übergabe des Gutachtens zunächst nur die Erfüllung einer Leistungspflicht gegenüber dem Auftraggeber darstellt. Insoweit weist *Canaris* zu Recht darauf hin, dass die Äußerungen des Sachkundigen bei objektiver Interpretation eben nicht den Sinn der Rechtsfolgenbegründung, sondern den der Tatsachenmitteilung hätten, womit lediglich eine Wissens- und keine konstitutive Willenserklärung vorliege.[211] Diese Interessenlage bei der Auslegung zugunsten einer konkludenten Willenserklärung nicht zu berücksichtigen, würde auf eine rein objektive Betrachtung des Willenserklärungstatbestandes hinauslaufen und damit nicht den Regeln der Rechtsgeschäftslehre entsprechen.[212] Faktisch würde bei einer solchen Betrachtung der Schutz der Verkehrsinteressen an die Stelle des rechtlichen Einstandswillens der Parteien treten, welcher vor dem Hintergrund des § 675 Abs. 2 BGB aber für sich allein

208 *Canaris*, Vertrauenshaftung, S. 539; *Köndgen* S. 354 ff.; *Martinek*, in: Staudinger, Neubearbeitung 2006, § 675 Rn. C 27; *Honsell*, in: FS Medicus, S. 211, 223; *Kersting* S. 103. Mit weiteren Nachweisen: *Adolff* S. 91, *Hirte* S. 387, *Eichler* S. 42, *Schwab*, JuS 2002, 872, 876.

209 So u.a. *Canaris*, in: ZHR 1999, 206, 213; *ders.* in: Vertrauenshaftung S. 533, *ders.*, in: FS Schimansky 1999 S. 43; *Lorenz*, in: FS Larenz 1973, S. 618, der von einer „blutleeren Fiktion" spricht; *Lammel*, AcP 179, 337, 341; ebenso *Honsell*, in: FS Medicus 1999, S. 211; *Grunewald*, in: AcP 187, 285, *dies.*, in: ZGR 1999, 583, 586; *Hopt*, AcP 183, 608, 618; *Littbarski*, NJW 1984, 1667.

210 *Lammel*, AcP 179, 337, 343.

211 *Canaris*, ZHR 163, 206, 213.

212 So auch *Eichler*, S. 44 mit Verweis auf *Säcker*, in: MünchKomm, Bd. 1, 6. Aufl. 2012, Einleitung Rn. 155 zur Rechtsgeschäftslehre.

nicht in der Lage ist, eine Haftung zu rechtfertigen.[213] Man wird für den Regelfall nämlich davon auszugehen haben, dass dem Interesse des Dritten an einer Haftungsbegründung das Interesse des Gutachters diametral entgegensteht, nicht gegenüber einer unbestimmten Anzahl von Personen unentgeltlich für die Richtigkeit seiner Expertise einstehen zu müssen.[214]

Eine rechtsgeschäftliche Haftung aufgrund eines konkludenten Vertrages ist daher, in den typischen Fällen der Drittweitergabe von Gutachten im Allgemeinen und Kunstexpertisen im Speziellen, nicht überzeugend. Allenfalls bei direktem und gezieltem Kontakt zwischen Gutachter und Drittem vor Erstellung des Gutachtens oder einer gewollten Adressierung an diesen, könnte ein Rechtsbindungswille des Gutachters auch gegenüber dem Dritten in Betracht kommen. In diese Richtung geht auch die Rechtsprechung des BGH, welche bei der Drittweitergabe von Gutachten daher eher den Vertrag mit Schutzwirkung zugunsten Dritter annimmt als einen direkten Vertrag.

§ 2. Haftung nach den Grundsätzen des Vertrages mit Schutzwirkung zugunsten Dritter

Ungeachtet der Kodifikation des § 311 Abs. 3 BGB im Jahr 2002 löst der BGH die meisten Fälle der Expertenhaftung nach wie vor mit dem Vertrag mit Schutzwirkung zugunsten Dritter (im Folgenden abgekürzt als VSD bezeichnet).[215] Konstruktiv wird dabei ein Dritter, der nicht Vertragspartei des zwischen dem Gutachter und dessen Auftraggeber geschlossenen Vertrages ist, in den Schutzbereich des Vertrages einbezogen, so dass er im Falle einer vom Schuldner zu verantwortenden Pflichtverletzung einen eigenen vertraglichen Schadensersatzanspruch gegen den Schuldner geltend machen kann. Der geschädigte Dritte erhält auf diesem Weg einen Schadensersatzanspruch, der sein Vermögen umfassender schützt, als dies nach Deliktsrecht möglich wäre. Auf welchen dogmatischen Begründungsansatz dabei zurückgegriffen werden soll, ist umstritten und wird von Schrifttum und Rechtsprechung unterschiedlich beurteilt. Der BGH wendet die Rechtsfigur des VSD insbesondere auf die Fälle von fehlerhaften Gutachten an, in denen es nicht zu einem unmittelbaren Kontakt zwischen Dritten und Gutachter und damit – entsprechend seiner Judikatur – nicht zu einem konkludenten Auskunftsvertrag kommen kann. Da der fehlende Kontakt

---

213 *Büttner* S. 6 m.w.N.

214 *Goepfert* S. 83.

215 Der Begriff wurde entwickelt von *Larenz*, NJW 1956, 1193 f. und von der Rechtsprechung übernommen.

zum Dritten in den hier untersuchten Konstellationen den Regelfall repräsentiert, stellt der VSD mithin die nach Maßgabe der Rechtsprechung relevanteste dogmatische Lösungsvariante dar.

A. Die Entwicklung des VSD durch die Rechtsprechung

Der VSD ist gesetzlich nicht ausdrücklich geregelt und als eigene Haftungsgrundlage von der Rechtsprechung in Anlehnung an den in § 328 BGB geregelten Vertrag zugunsten Dritter entwickelt worden. Während nach § 328 BGB bei entsprechender Vereinbarung der Vertragsparteien dritte Personen ausnahmsweise auch einen Anspruch auf die versprochene Hauptvertragsleistung erlangen können, soll der geschädigte Dritte beim VSD nur einen Schadensersatzanspruch wegen Verletzungen von Schutzpflichten haben, nicht hingegen einen Anspruch auf die Hauptleistung.

Anlass für die Entwicklung des VSD boten zunächst die Fälle, in denen Dritte typischerweise mit den Leistungspflichten zweier Vertragsparteien in Berührung kamen und aufgrund der Verletzung von vertraglichen oder vorvertraglichen Sorgfaltspflichten durch den Schuldner einen Schaden erlitten, wie z.B. eine Haushaltshilfe aufgrund der fehlerhaften Reparatur einer Gasleistung,[216] Personal oder Kinder eines Mieters aufgrund des ordnungswidrigen Zustandes einer Mietwohnung.[217] Wegen des unzureichenden Schutzes deliktischer Ersatzansprüche mit dessen Restriktionen bei der Haftung für Gehilfen (§ 831 BGB), dem eingeschränkten Vermögensschutz und der ungünstigeren Beweislastregel gegenüber den insoweit vorteilhafteren vertraglichen Ansprüchen, konstatierte die Rechtsprechung ein Bedürfnis nach einem weiterreichenden Schutz der Betroffenen. Das Reichsgericht löste diese Fälle zunächst noch, indem es den Anspruch betroffener Dritter unmittelbar aus § 328 BGB herleitete. Es legte den zwischen zwei Vertragsparteien geschlossenen Vertrag gemäß §§ 133, 157 BGB ergänzend dahin gehend aus, dass sich der Schuldner bei Vertragsschluss auch gegenüber dem Personal, Hilfskräften oder Familienmitgliedern des Vertragspartners durch einen Vertrag zugunsten Dritter nach § 328 BGB zur Erbringung der ihm obliegenden Sorgfaltspflichten verpflichtet habe und demzufolge Dritten gegenüber wie dem Gläubiger bei Verletzung der Pflicht für Schäden hafte.[218]

---

216 RGZ 127, 218.

217 RGZ 77, 101; 81, 200; 81, 215.

218 Vgl. dazu ebenfalls die Darstellung von *Jagmann*, in: Staudinger, Neubearbeitung 2009, § 328 Rn. 85 m.w.N.

Der BGH hat diesen rechtsgeschäftlichen Begründungsansatz fortgeführt, jedoch die direkte Anwendung von § 328 BGB aufgegeben. Er ist stattdessen vom Zustandekommen eines Vertrags mit Schutzwirkung zugunsten Dritte ausgegangen, wenn eine ergänzende Vertragsauslegung nach §§ 157, 133 BGB ergab, dass „nach seinem Sinn und Zweck und nach Treu und Glauben der Gläubiger den Dritten in die ihm dem Schuldner gegenüber obliegende Schutzpflicht einbeziehen wollte, weil er für dessen „Wohl und Wehe" verantwortlich ist, und wenn dieses Interesse des Gläubigers dem Schuldner erkennbar oder gar bekannt war."[219]

Während damit zunächst die Fälle einer Lösung zugeführt werden sollten, in denen der Schaden wegen einer Sorgfaltspflichtverletzung des Schuldners nicht bei dem Gläubiger, sondern bei einer Person entstanden war, gegenüber welcher der Gläubiger schutz- und fürsorgepflichtig war,[220] erfuhr der Schutzbereich in der Folgezeit eine beträchtliche Ausweitung, die letztlich auch die Lösung der Expertenhaftung über den VSD ermöglichte.[221]

B. Dogmatische Begründung des VSD

Die ganz überwiegende Rechtsprechung und ein Teil des Schrifttums leiten das Bestehen von Schutzpflichten gegenüber Dritten aus dem zwischen den Vertragsparteien geschlossenen Vertrag im Wege ergänzender Vertragsauslegung gemäß §§ 133, 157 BGB her.[222]

---

219 BGH NJW 1959, 1676 (Grundsatzentscheidung für die enge Begrenzung des Schutzbereichs); VersR 1959, 645; BGHZ 56, 269.

220 BGH NJW 1959, 1676; 1964, 33; 1965, 1757; 1965, 1955; 1969, 269. Bestätigung der Wohl-und Wehe-Verantwortlichkeit des Gläubigers für den Dritten: BGH NJW 1977, 2208.

221 S. *Canaris,* in: ZHR 163, 206 ff.; *Gottwald*, in: MünchKomm, Bd. 2, 6. Aufl. 2012, § 328, Rn. 179 ff. *Schinkels*, in: JurisPK, Bd. 2, 6. Aufl. 2012, § 328 Rn. 77 m.w.N.; *Jagmann*, in: Staudinger, Neubearbeitung 2009, § 328 Rn. 88 f.

222 Die Rechtsprechung hat den dogmatischen Streit u.a. in BGH NJW 1976, 712 nicht als entscheidungserheblich angesehen und dahinstehen lassen, in der Folge den Vertrag mit Schutzwirkung für Dritte dann aber fast ausnahmslos mit der ergänzenden Vertragsauslegung begründet. So u.a. in BGH NJW 2004, 3035; 1998, 1948; 1996, 2927; 1995, 51; 1984, 355; NJW-RR 2004, 1464; NJW-RR 2002, 1529. Eine Ausnahme, bei der sich der BGH auf Treu und Glauben berief, stellt BGH VersR 1956, 500 dar. In der Literatur befürworten die „Vertragskonzeption" u.a. *Jagmann*, in: Staudinger, Neubearbeitung 2009, § 328 Rn. 94; *Feldmann/Löwisch*, in: Staudinger, Neubearbeitung 2012, § 311 Rn. 199; *Grüneberg*, in: Palandt, § 328 Rn. 14, 34, jeweils m.w.N. Ebenso *Odersky*, in: NJW 1989, 1; *Zugehör*, in: NJW 2000, 1601; *Dahm*, in: JZ 1992, 1167 ff.

Die dogmatische Begründung des Vertrages mit Schutzwirkung zugunsten Dritter ist allerdings umstritten.[223] Als Alternative zur Vertragskonzeption wird vorgeschlagen, den VSD als Rechtsinstitut richterlicher Rechtsfortbildung zu interpretieren.[224] Was die Grundlage dieser Rechtsfortbildung angeht, gehen die Meinungen innerhalb der Literatur abermals auseinander.[225] So wird der VSD von einigen Autoren als eine auf § 242 BGB und richterlicher Rechtsfortbildung gründende Erweiterung des gesetzlich geregelten vertraglichen Schuldverhältnisses eingeordnet.[226] Dabei erfolgt die Einbeziehung Dritter in die Schutzpflichten nicht aufgrund des subjektiven Willens der Vertragsparteien, sondern Anknüpfungspunkt für die Erweiterung des Schuldverhältnisses soll vielmehr die objektive Interessenlage sein. Hintergrund ist, dass so keine ergänzende Vertragsauslegung notwendig ist und den Parteien im Nachhinein eine fiktive Vertragsvereinbarung unterstellt werden muss. Zudem wird vertreten, dass der VSD mit Inkrafttreten des Schuldrechtsmodernisierungsgesetzes (SMG) in § 311 Abs. 3 S. 1 BGB kodifiziert worden sei.[227]

---

223 Vgl. Darstellung und Diskussion bei *van Eickels* S. 147 ff. sowie *Papadimitropoulos* S. 112 ff.

224 So u.a. *Assmann*, JuS 1986, 885 ff.; *Bayer*, JuS 1996, 473; *Gottwald*, in: MünchKomm, Bd. 2, 6. Aufl. 2012, § 328 Rn. 167, 112; *Gernhuber*, in: FS Nikisch (1958) S. 249 ff.; *ders.*, in: JZ 1962, 553 ff.; *ders.*, in: Das Schuldverhältnis S. 518 ff.; *Westermann*, in Erman, Bd. 1, § 328 Rn. 12; *Plötner*, S. 71 ff.; *Larenz*, Schuldrecht AT, S. 227; *Hirth* S. 107 ff. Zu den Voraussetzungen der Rechtsfortbildung vgl. *Papadimitropoulos* S. 145 ff. Vgl. auch *Zenner*, NJW 09, 1030, der die Rechtsgrundlage je nach Fallgestaltung variiert.

225 Zur Darstellung der einzelnen Begründungsansätze vgl. *Papadimitropoulos* S. 157 ff. mit ebenfalls eigenen Erklärungsansatz sowie *Karampatzos* S. 48 ff. Eine Begründung aufgrund von Gewohnheitsrecht kann für Expertisenhaftung allerdings mangels gefestigter Rechtsprechung nicht überzeugen.

226 So u.a. *Assmann*, JuS 1986, 885 ff.; *Bayer*, JuS 1996, 473; *Gottwald*, in: MünchKomm, Bd. 2, 6. Aufl. 2012, § 328 Rn. 167, 112; *Larenz*, Schuldrecht AT S. 227; *Urban* S. 114; *Zenner*, NJW 09, 1030; *Westermann*, in: Erman, Bd. 1, § 328 Rn. 12; kritisch dazu *Papadimitropoulos* S. 159 ff.

227 So *Canaris*, JZ 2001, 499, 520; *Kersting* S. 322 ff.; *Eckebrecht*, MDR 2002, 425, 427 f.; *Schwab*, JuS 2002, 872, 873; *Kilian*, NZV 2004, 489, 494; *Wertenbruch*, NJW 2004, 197; *Finn*, NJW 2004, 3752; *Kilian*, NZV 2004, 489, 494; *Huber/Faust*, S. 71. Kritisch dagegen u.a. *Jagmann*, in: Staudinger, *Neubearbeitung 2009, § 328* Rn. 92; *Gottwald*, in: MünchKomm, Bd. 2, 6. Aufl. 2012, § 328 Rn. 166; *Sutschet*, in: FS Ehmann S. 95 ff.; *Karampatzos* S. 255; *Rieble* S. 137 ff.

C. Maßgebliche Kriterien des VSD für die Gutachterhaftung

Nach ständiger Rechtsprechung des BGH müssen vier Voraussetzungen erfüllt sein, damit ein Vertrag Schutzwirkung zugunsten eines Dritten entfalten kann:

Zunächst muss der Dritte mit der Hauptleistung bestimmungsgemäß in Berührung kommen und der Gläubiger ein schutzwürdiges Interesse an der Einbeziehung des Dritten haben. Weiterhin muss den Interessen des Schuldners durch Erkennbarkeit und Zumutbarkeit der Haftungserweiterung Rechnung getragen werden und schließlich der Dritte noch schutzbedürftig sein.[228]

Unter Anwendung dieser Kriterien hat der BGH den Anwendungsbereich des VSD im Laufe der Zeit auch auf die Dritthaftung von Gutachtern erstreckt. Während die insoweit gewonnenen Ergebnisse von der Literatur zumeist als überzeugend und interessengerecht beurteilt wurden,[229] stieß die dogmatische Begründung der Anwendbarkeit des VSD auf die Gutachterfälle, also die Auslegung der oben genannten Kriterien, indes auf Kritik.

I. Aufgabe der "Wohl-und Wehe" – Formel – Erkennbarkeit der bestimmungsgemäßen Verwendung des Gutachtens durch Dritte

Im Rahmen des erforderlichen Einbeziehungsinteresses geht der BGH in Fortentwicklung seiner ursprünglichen Rechtsprechung mittlerweile davon aus, dass die Vertragsparteien kraft ihrer Privatautonomie nicht allein nur Schutzbefohlene in den Schutzbereich ihres Vertrages einbeziehen können. Ein Schadensersatzanspruch des Dritten sei immer dann denkbar, wenn sich aus den Umständen des Einzelfalls hinreichende Anhaltspunkte für einen auf Drittschutz gerichteten Parteiwillen ergäben und der Schaden auf dem Gutachten beruhe.[230] Zwar hält der BGH nach wie vor daran fest, dass der Kreis der in den Schutzbereich fallenden Personen nicht uferlos ausgeweitet werden dürfe, nicht mehr erforderlich ist hingegen ein besonderes Nähe- oder Schutzverhältnis zwischen Gläubiger und Dritten, im Sinne der bereits angeführten „Wohl- und Wehe Formel".[231] Somit können die Parteien den Schutzbereich grundsätzlich auf jede

228 BGH NJW 2008, 2245; 1996, 2927; *Gottwald*, in: MünchKomm, Bd. 2, 6. Aufl. 2012, § 328 Rn. 176 ff.; *Grüneberg*, in: *Palandt*, § 328 Rn. 16 ff.; *Janoschek*, in: *Bamberger/Roth*, § 328 Rn. 50 ff.

229 Vgl. u.a. *Kersting* S. 101.

230 BGH NJW 1987, 1758; 1984, 355.

231 BGH NJW 1984, 355 zur Aufgabe der „Wohl- und Wehe Formel". Siehe dazu auch *Canaris,* in: ZHR 163, 206 ff., 208.

Person erstrecken.[232] Ebenso bleibt es ihnen unbenommen, nicht nur *einen* Dritten, sondern auch *mehrere* Personen einzubeziehen.[233]

Mit dieser Ausweitung des Haftungsbereichs ermöglichte die Rechtsprechung die Anwendung der VSD auf die Fälle der Berufshaftung, beispielsweise von Anwälten, Steuerberatern, Wirtschaftsprüfern und eben auch von Gutachtern, sah zugleich aber auch die Notwendigkeit, Grenzen zu bestimmen, um nicht auf diesem Wege das Tor zu öffnen für eine – im gesetzlich geregelten Haftungssystem des BGB nicht vorgesehene – generelle Berufshaftung.

Zur Vermeidung unüberschaubarer Haftungsrisiken stellt die Rechtsprechung deshalb die Anforderung, dass für den mit der Erstellung eines Gutachtens beauftragten, staatlich anerkannten oder auch privaten Sachverständigen[234] erkennbar sein muss, dass das Gutachten auch zum Gebrauch gegenüber Dritten bestimmt ist und nach dem Willen des Auftraggebers mit einer entsprechenden Beweiskraft ausgestattet sein soll.[235] Dabei setzt der BGH für die Annahme eines Einbeziehungsinteresses nicht voraus, dass dem Experten die Zahl oder die Namen der geschützten Person bekannt ist.[236] Es soll genügen, dass dem Gutachter bekannt war, dass sein Gutachten für einen potenziellen Käufer bestimmt war.[237] Ob ein solcher rechtsgeschäftlicher Wille besteht, hat der Tatrichter nach allgemeinen Auslegungsgrundsätzen zu ermitteln.[238] Dies gilt auch für solche Sachverständige, die ohne staatliche Anerkennung gutachterlich tätig werden.[239]

---

232 So stellte der BGH ausdrücklich klar, dass die Entscheidungen zur „Wohl und Wehe Formel" nicht dahin zu verstehen sind, dass er ausschließlich unter diesen Voraussetzungen die rechtliche Zulässigkeit dieses Vertragstyps bejahen wolle. Grund sei die Freiheit der Parteien, jederzeit sowohl Leistungs- als auch Schutzpflichten zugunsten auch solcher dritter Personen vereinbaren und begründen zu können, welche sich nicht in ihrer Fürsorge befinden. Vgl. dazu BGH NJW 1984, 355; 1987, 1758.

233 BGH NJW 1987, 1760; 1995, 392.

234 Nach BGH NJW 2004, 3035; 2001, 514; NJW-RR 2004, 1464 ist nicht erforderlich, dass der Gutachter staatlich geprüft und vereidigt ist. Es genügt, wenn der Vertragswille der Parteien den Schutz Dritter umfasst.

235 BGH NJW 2004, 3035; 2001, 514; 1995, 392; BGH NJW-RR 2004, 1464. Zur Reichweite der Überschuldungsprüfung eines Steuerberaters vgl. BGH NJW 2012, 3165.

236 BGH NJW 1995, 392.

237 So BGH NJW 1995, 392 mit Hinweis auf BGH NJW 1987, 1760.

238 So BGH WM 1987, 257.

239 So bejaht in BGH NJW 2004, 3035 für den Fall, dass der Auftraggeber offensichtlich Leistungen von Dritten mittels des Gutachtens erlangen will, hier bei einem Immobilien-Wertermittlungsgutachten, das der Finanzierung diente.

II. Gegenläufigkeit der Interessen von Auftraggeber des Gutachtens und Dritten

Dem Interesse des Gläubigers an der Einbeziehung des Dritten in den Schutzbereich steht es nach der Rechtsprechung des BGH nicht entgegen, wenn dessen Interessenlage mit der des Gläubigers und Auftraggebers des Gutachtens nicht gleichgerichtet, sondern sogar gegenläufig ist.[240]

Mit der Aufgabe des Kriteriums der „gleich gerichteten Interessen" hat die Rechtsprechung dabei der Praxis Rechnung getragen, dass Gutachten meist vom Verkäufer in Auftrag gegeben werden. Zwar strebt er für sich einen möglichst hohen Verkaufspreis an, während der Käufer an einem möglichst niedrigen Preis interessiert ist, gleichwohl ist die Beauftragung nur eines einzigen Sachverständigen durchaus üblich, solange es sich um einen anerkannten und ausgewiesenen Experten handelt.

III. Abbedingung von § 334 BGB

Sind die Interessen des Auftraggebers und des Dritten gegenläufig und zeigt sich dies in der Art des Auftretens im Rechtsverkehr, stellt sich in der Folge die Frage, wie sich z.B. Täuschungshandlungen des Auftraggebers gegenüber dem Gutachter auswirken, wenn das Gutachten auch aus diesem Grunde fehlerhaft geworden ist und der Gutachter nunmehr von dem Dritten in Regress genommen wird.

Nach der Rechtsprechung des BGH kann sich ein als Experte ausgewiesener Gutachter, in Abweichung vom Grundsatz des § 334 BGB, nach welchem dem Leistungsversprechenden Einwendungen aus dem Vertrag auch gegenüber dem Dritten zustehen, da dem Dritten keine weitergehenden Rechte zustehen als dem unmittelbaren Vertragspartner des Schädigers, nicht auf das Mitverschulden seines Auftraggebers berufen.[241] In dem sog. „Dachbodenfall" hatte der Verkäufer eines Grundstücks, um von dem Dritten als potenziellen Käufer einen besseren Kaufpreis zu erzielen, erhebliche Mängel des Dachspitzbodens gegenüber dem von ihm beauftragten Gutachter verschwiegen, so dass der Gutachter ohne nähere eigene Prüfung des Objekts den Unterhaltungszustand des Hauses als gut und den Wert zu hoch angegeben hatte.[242]

---

240 BGH NJW 1995, 392 ff., sog. "Dachbodenfall"; BGH NJW 1982, 2431, sog. „Konsulfall"; BGH NJW 1984, 355; 1987, 1758; BGH NJW-RR 1989, 696; 1986, 484. Zur Entwicklung der Rechtsprechung des BGH und zur genauen Auswertung der zitierten Fälle vgl. Canaris, ZHR 163, 206 ff., 209.

241 So u.a. BGH NJW 1995, 392; ebenso BGH WM 1998, 440.

242 BGH NJW 1995, 392.

Nach Auffassung des BGH handelt es sich bei der Einwendung des Schuldners aus dem Vertragsverhältnis nach § 334 BGB nämlich nicht um ein feststehendes Prinzip, sondern um einen abdingbaren Grundsatz, weshalb in jedem Einzelfall durch Auslegung des Parteiwillens zu klären ist, ob der Grundsatz des § 334 BGB von den Parteien abbedungen wurde.[243] Da es meist an einem explizit erklärten Willen fehlt, ist bei der Vertragsauslegung auf die „Natur des Vertrages" abzustellen.[244] Maßgeblich ist dann bei dieser Fallkonstellation, „[...] daß angesichts des besonderen Vertrauens, das Kaufinteressenten regelmäßig in die Zuverlässigkeit und Sachkunde eines anerkannten Sachverständigen haben, seinen gutachterlichen Äußerungen möglicherweise ein größeres Gewicht zukommt als den Angaben des Verkäufers selbst und deshalb sein Gutachten dazu geeignet ist, ein etwaiges Mißtrauen dieser Kaufinteressenten gegenüber der Richtigkeit der Angaben des Verkäufers zu zerstreuen. Darin liegt auch der erkennbare, die Verkaufsabsicht fördernde besondere Wert des Gutachtens für den Auftraggeber. Vor allem entspricht es dem offenkundigen Interesse des möglichen Käufers, daß sein Vertrauen auf die Richtigkeit des Gutachtens gerade in den Fällen rechtlich geschützt wird, in denen der Verkäufer die wirkliche Beschaffenheit des Kaufgegenstands in unredlicher Weise zu verschleiern sucht. Ist deshalb ein Gutachtenvertrag dahin auszulegen, daß auch mögliche Käufer in den Schutzbereich des Vertrages fallen, so liegt die Annahme nahe, daß das Vertrauen des Dritten in die Richtigkeit der gutachterlichen Aussagen auch dann geschützt werden soll, wenn die Unrichtigkeit durch den Auftraggeber (mit-)veranlaßt worden ist und zwar unabhängig davon, welche Auswirkungen diese Veranlassung auf die Haftung des Auftragnehmers gegenüber dem Auftraggeber hat."[245]

D. Kritik an der Anwendbarkeit des VSD auf die Expertenhaftung

Nach dem Grundsatz der Vertragsfreiheit, der für das Schuldrecht prägend ist und sich auch in § 328 BGB konkretisiert, muss es für die Vertragsparteien möglich sein zu vereinbaren, dass ein Dritter – anders als in § 328 BGB geregelt – nicht nur den Hauptleistungsanspruch, sondern auch den Anspruch auf Schutz vor ihn beeinträchtigenden Vertragsverletzungen erhält. Dass auf einen solchen Willen im Wege der ergänzenden Vertragsauslegung gemäß §§ 133, 157 BGB geschlossen werden kann, ist im Grundsatz nicht zu beanstanden.

243 BGH NJW 1995, 392; BGH WM 1998, 440.
244 BGH NJW 1995, 392.
245 BGH NJW 1995, 392.

Gleichwohl darf die ergänzende Vertragsauslegung nicht die stets maßgebliche Maxime der Privatautonomie verletzen und – allein weil eine Haftung gewollt ist – Willensfiktionen bemühen, die sich weder aus dem Sinn und Zweck des Vertrages zwischen Gutachter und Auftraggeber herleiten lassen noch nach Treu und Glauben und der Verkehrssitte zur Schließung der Vertragslücke geboten sind.[246] Die Kritik wurde in diesem Sinne schon vor Inkrafttreten der Schuldrechtsreform sehr differenziert und überzeugend formuliert, insbesondere von *Canaris*,[247] ist allerdings ohne Einfluss auf die Rechtsprechung geblieben. Sie bezieht sich in erster Linie auf jene Fälle der Expertenhaftung, in denen die Rechtsprechung den Vertragsparteien, trotz gegenläufiger Interessen, ein Interesse an der Einbeziehung eines Dritten in den Schutzbereich des Vertrags und einen Abbedingungswillen in Bezug auf § 334 BGB im Wege der ergänzenden Vertragsauslegung unterstellt.[248]

Wie zweifelhaft diese Unterstellung ist – die letztlich nichts anderes, als eine Fiktion darstellt[249] – lässt sich dabei plausibel anhand der Kunstexpertenhaftung verdeutlichen, wenn es um den Verkauf eines gefälschten Bildes geht, wie im spektakulären Betrugsfall Wolfgang Beltracchi. Hier gaben die Komplizen des Fälschers die Expertise in Auftrag und machten zugleich falsche Angaben zur Provenienz, um die Wahrscheinlichkeit einer Echtheitsbestätigung zu erhöhen und zudem dem Gemälde einen unverdient hohen Marktpreis zu verschaffen. Der Auftraggeber wollte demnach ein falsches Gutachten ausgestellt bekommen und trug zielgerichtet durch falsche Hinweise zu der fehlerhaften Expertise bei.[250] Einem solchen Auftraggeber, der aufgrund seines Verhaltens selbst schon keinen Schadensersatzanspruch gegen den Gutachter hätte, wird man kaum unterstellen können, dass er einvernehmlich mit dem Gutachter die Einwendungsbeschränkung in § 334 BGB zugunsten des Dritten und zu Lasten des

---

246 Insbesondere wegen dieses Aspektes wird die Anwendbarkeit des VSD auf die Fälle der Expertenhaftung in der Literatur überwiegend kritisch beurteilt. Vgl. u.a. *Canaris*, ZHR 163, 206, 215 f.; *Kersting* S. 101; *Schwab*, JuS 2002, 872, 876; *Faust*, AcP 210, 555, 568 f.; *Plötner* S. 71 ff.; 127; *Honsell*, in: FS Lorenz 483, 500; *Koch*, WM 2005, 1208, 1210; *Ebke*, JZ 1998, 991; *Medicus*, in: FS Schlechtriem 612, 622; *Picker*, in: FS für Medicus, 397, 406.

247 *Canaris*, ZHR 163, 206, 215 ff.

248 Vgl. *Picker*, in: FS Medicus S. 397, 400 ff.

249 So *Canaris*, ZHR 163, 206 ff.; *Honsell*, JZ 1985, 852; *Bayer* S. 192.

250 Für Beltracchi übernahm Schulte-Kellinghaus den Vertrieb der gefälschten Bilder und organisierte die notwendigen Expertisen. Vgl. *Koldehoff/Timm* S. 109 ff. mit weiteren Einzelheiten zum Vorgehen des „Fälscherteams".

Gutachters abbedingen wollte, nur um dem Käufer des Bildes einen Schadensersatzanspruch zu verschaffen. Dem Auftraggeber einen solchen Willen zu unterstellen, hieße ihm einen Altruismus zu Gute zu halten,[251] der in diesem Milieu eher branchenunüblich ist. Gegen die insoweit bereits überspannte ergänzende Vertragsauslegung lässt sich ferner einwenden, dass auch aus Sicht des Gutachters nicht plausibel ist, warum er ein Interesse daran haben sollte, eine Haftung gegenüber Dritten zu übernehmen, wenn er gegenüber dem Auftraggeber seines Gutachtens und Verkäufer des Bildes, wegen dessen arglistigen Verhaltens gar nicht haften würde.[252]

Stellt man bei der dogmatischen Begründung des VSD hingegen nicht auf das Vertragskonzept ab, sondern leitet ihn – wie alternativ vorgeschlagen wird – wegen der oben genannten Begründungsschwächen aus der objektiven Interessenlage ab, so ist eben jene objektive Interessenlage auch primärer Anknüpfungspunkt für die Schutzpflichtbegründung, so dass ein Rückgriff auf die ergänzende Vertragsauslegung nicht mehr notwendig ist.[253]

Allerdings bestehen sowohl hinsichtlich der alternativen dogmatischen Begründungen des VSD als auch an dessen Anwendbarkeit auf die Expertenhaftungsfälle starke Bedenken, Letztere insbesondere vor dem Hintergrund der Schuldrechtsreform und der seither kodifizierten Vertrauenshaftung Dritter in § 311 Abs. 3 S. 2 BGB. Man wird insoweit nämlich fragen müssen, ob die Voraussetzungen für die Anwendung eines Rechtsinstituts, das auf richterlicher Rechtsfortbildung beruht, überhaupt noch gegeben sind.[254] Denn ein das Gesetzessystem ergänzender, auf Rechtsfortbildung beruhender Schadensersatzanspruch wie der VSD, rechtfertigt sich nicht allein aus seiner Anwendung durch die Gerichte selbst, sondern bedarf der fortdauernden Legitimation eines gesetzlichen

---

251 So die pointiert formulierte Kritik von *Canaris*, ZHR 163, 206, 216 an der Begründung des VSD.

252 *Faust*, AcP 210, 568, 569. Vgl. auch *Finn*, NJW 2004, 3752, der sich im Hinblick auf BGH, NJW 2004, 3035, kritisch zum VSD äußert und dabei u.a. die Berücksichtigung von internen Absprachen und Zweckbestimmungen zwischen Auftraggeber und Experten kritisiert, die für Dritte nicht ersichtlich sind.

253 So u.a. *Assmann*, JuS 1986, 885 ff.; *Bayer*, JuS 1996, 473; *Gottwald*, in: MünchKomm, Bd. 2, 6. Aufl. 2012, § 328 Rn. 167, 112; *Larenz*, Schuldrecht AT S. 227; *Urban* S. 114; *Zenner*, NJW 09, 1030; *Westermann*, in: Erman, Bd. 1, § 328 Rn. 12; kritisch dazu *Papadimitropoulos* S. 159 ff.

254 Vgl. dazu *Pinger/Behme*, JuS 2008, 675, 678, nach denen die Legitimation der Anwendung des VSD durch die Schaffung des § 311 Abs. 3 BGB erheblich geschwächt und der Anspruch aus VSD, gegenüber dem auf Grundlage des §§ 280, 241 Abs. 2, 311 Abs. 3 S. 2 BGB, subsidiär ist.

Regelungsdefizits.[255] Deshalb darf vor dem Hintergrund der Schaffung des neuen § 311 Abs. 3 S. 2 BGB bezweifelt werden, ob die Herleitung des Anspruchs auf Grundlage des VSD nach geltendem Recht überhaupt noch geboten ist.

Einen weiteren Kritikpunkt gegen die alternative dogmatische Begründung führt *Karampatzos* an. Eine durch richterliche Rechtsfortbildung geschaffene Regel dürfe ihm zufolge „keinem grundlegenden Prinzip des Haftungssystems des BGB widersprechen, um in rechtsdogmatischer Hinsicht als Produkt richterlicher Rechtsfortbildung zulässig zu sein".[256] In Anbetracht dessen, dass das BGB den Ersatz von Vermögensschäden außerhalb von Verträgen nur in einem sehr engen Bereich des Deliktsrechts und seit der Schuldrechtsreform ergänzend dazu nur im Rahmen des Vertrauensschutzes gewährt, bezweifelt er zu Recht die Zulässigkeit des VSD bei dessen Interpretation als objektiv-rechtlichen Haftungstyp bzw. gesetzlichen Schuldverhältnisses.[257]

§ 3. Haftung nach Deliktsrecht

Neben den vertragsrechtlichen Haftungskonstrukten kommen als Anspruchsgrundlagen für Vermögensschäden auch Normen aus dem Deliktsrecht in Betracht. Allerdings sind die Voraussetzungen der deliktischen Haftung für Vermögensschäden enger gefasst als die vertraglichen. Während sich der Schutzbereich des § 823 Abs. 1 BGB auf die im Tatbestand näher bezeichneten Rechtsgüter und „sonstigen Rechte" erstreckt, sind primäre Vermögensschäden nur nach den §§ 823 Abs. 2 und 826 BGB ersatzfähig. Dabei setzt § 823 Abs. 2 BGB jedoch die schuldhafte Verletzung eines Schutzgesetzes und § 826 BGB die vorsätzlich sittenwidrige Schädigung eines anderen voraus.[258] Motiv des historischen Gesetzgebers für die Strukturierung der deliktischen Haftung war es, die Haftung für reine Vermögensschäden, die nicht Folge einer Rechtsgutsverletzung sind, zu beschränken.[259] Zur Lösung der hier interessierenden Fallkonstellationen kommen als deliktische Anspruchsgrundlagen mithin nur §§ 823 Abs. 2, 826 BGB in Betracht.[260]

---

255 *Papadimitropoulos* S. 146 f.

256 So *Karampatzos* S. 62 m.w.N.

257 So *Karampatzos* S. 62 f.

258 Zur Abgrenzung der Tatbestände s. *Wagner*, in: MünchKomm, Bd. 5, 5. Aufl. 2009, § 823 Rn. 328 ff. m.w.N. sowie § 826 Rn. 4 ff.

259 Zur Gesetzesgeschichte *Wagner*, in: MünchKomm, Bd. 5, 5. Aufl. 2009, § 823 Rn. 8 ff., 13.

260 § 839a BGB wird nicht behandelt, da der Gesetzgeber darin die Haftung für die Gruppe der gerichtlich ernannten Sachverständigen bereits speziell geregelt hat.

A. Die Haftung nach § 823 Abs. 2 BGB

Die Haftung eines Gutachters für den durch sein fehlerhaftes Gutachten entstandenen Vermögensschaden ergibt sich aus § 823 Abs. 2 BGB, wenn er schuldhaft gegen ein den Schutz eines anderen bezweckendes Gesetz verstößt. Nach Art. 2 EGBGB ist ein Gesetz im BGB jede Rechtsnorm. Rechtsnormen sind dabei nicht nur formelle, sondern auch materielle Gesetze, d.h. unter den Begriff fallen auch Rechtsverordnungen, Satzungen und landes- sowie europarechtliche Vorschriften.[261] Eine Rechtsnorm kann dabei als Schutzgesetz i.S.v. § 823 Abs. 2 BGB qualifiziert werden, wenn sie entsprechend der Auslegung des BGH „nach Zweck und Inhalt zumindest auch dazu dienen soll, den Einzelnen oder einzelne Personenkreise gegen die Verletzung eines bestimmten Rechtsgutes zu schützen. (...) Dafür genügt, dass die Norm auch das in Frage stehende Interesse des Einzelnen schützen soll, mag sie auch in erster Linie das Interesse der Allgemeinheit im Auge haben. Andererseits soll der Kreis der Schutzgesetze nicht zu sehr erweitert werden. Es reicht deshalb nicht aus, dass der Individualschutz als Reflex einer Befolgung der Norm objektiv erreicht werden kann; er muss vielmehr im Aufgabenbereich der Norm liegen".[262]

Bei der Prüfung des Schutzgesetzcharakters soll deshalb immer im Rahmen einer umfassenden Würdigung des gesamten Regelungszusammenhangs der Norm geprüft werden, „ob es in der Tendenz des Gesetzgebers liegen konnte, an die Verletzung des geschützten Interesses die Haftung gemäß § 823 Abs. 2 BGB zu knüpfen".[263]

Die Klärung des Schutzgesetzcharakters einer Norm bereitet wegen des weiten Rechtsnormbegriffs in der Praxis die meisten Probleme und beschäftigt die Rechtsprechung immer wieder. Empfohlen wird in der Literatur u.a. ein dreistufiges Prüfungsschema,[264] nach dem die generelle Schutztauglichkeit einer Norm, ihre Anwendbarkeit auf den Geschädigten (Vorliegen des persönlichen Schutzbereichs) und die Vereinbarkeit des individuellen Schutzes mit

---

261 Statt vieler *Wagner*, in: MünchKomm, Bd. 5, 5. Aufl. 2009, § 823 Rn. 332 m.w.N. Zur ausführlichen Darstellungen der Kasuistik zum Schutzgesetzcharakter mit jew. Rechtsprechungsnachweisen vgl. *Spindler*, in: Bamberger/Roth, § 823 Rn. 147 ff.; *Hager*, in: Staudinger, Neubearbeitung 2009, § 823 Rn. G 9–15.

262 BGH GRUR 2011, 444.

263 So die ständige Rechtsprechung des BGH in GRUR 2011, 444, Rn. 18; NJW 2004, 1949; 2006, 2110, jeweils. m.w.N.

264 *Teichmann*, in: Jauernig, BGB, 14. Aufl. 2011, § 823 Rn. 45; *Lange/Schmidbauer*, in JurisPK-BGB, Bd. 2, 6. Aufl. 2012, § 823 Rn. 167 m.w.N.; *Canaris*, in: FS Larenz S. 27–110.

dem sachlichen Schutzbereich des Gesetzes (sachlicher Schutzbereich) geprüft werden.

Steht der Schutzcharakter der Norm, die immer ein Gebot oder Verbot enthalten muss,[265] fest, müssen sämtliche objektiven und subjektiven Tatbestandsmerkmale der Norm durch den Schädiger erfüllt werden. Subjektiv ist immer ein schuldhaftes Verhalten des Schädigers erforderlich. Dabei gilt für das Verschulden der in der Schutznorm vorgegebene Maßstab.[266]

Kann der Tatbestand hingegen ohne Verschulden erfüllt werden, setzt eine Haftung nach § 823 Abs. 2 BGB gleichwohl ein schuldhaftes, d.h. vorsätzliches oder fahrlässiges Verhalten voraus. Von Bedeutung sind für § 823 Abs. 2 BGB vor allem die Normen, die keine eigene Schadensersatzfolge regeln.[267]

I. Strafgesetze als Schutznormen

Als Schutzgesetz aus dem Bereich des Strafrechtes kommt für die hier untersuchten Fallkonstellationen vor allem § 263 StGB in Betracht, der vorrangig das Individualvermögen in seiner Gesamtheit schützt.[268] Eine Haftung für fehlerhafte Kunstexpertisen greift immer dann, wenn der Gutachter sich oder einem Dritten mithilfe einer falschen Expertise rechtswidrig einen Vermögensvorteil verschafft und damit das Vermögen eines anderen beschädigt (§ 263 Abs. 1 StGB). Dabei muss der Täter einen Vermögensvorteil unmittelbar aus dem Vermögen des Geschädigten anstreben und dieser Vorteil die Kehrseite des Schadens sein.[269] Liegt zudem ein vorsätzliches Handeln im Sinne dieses Straftatbestandes vor, so kann die Haftung des Experten meist ohne größere Folgeprobleme auf der Grundlage von § 823 Abs. 2 BGB bejaht werden. Das ist insbesondere bei nachweisbarem kollusiven Zusammenwirken zwischen Experten und Auftraggeber der Fall.

---

265 BGH NJW 1977, 1147 zur Schutzgesetzqualität von § 317 StGB.

266 BGH NJW 1962, 910 zu § 240 StGB; BGH NJW 1966, 2014 zum Verschuldensmaßstab von Polizeiverfügungen nach dem WHG; BGH NJW 1982, 1037 zu schuldhaften Verstößen gegen das BauforderungssicherungsG; *Spindler*, in: Bamberger/Roth, § 823 Rn. 163; *Hager*, in: Staudinger, Neubearbeitung 2009, § 823 Rn. G 37.

267 *Schiemann*, in: Erman, Bd. 2, § 823 Rn. 154.

268 BGH, NJW-RR 2005, 751; BGHZ 57, 137; 160, 134; *Fischer*, StGB, § 263 Rn. 3.

269 BGHSt 6, 115, 116.

II. Sachverständigenordnungen der Industrie-und Handelskammern als Schutznormen

Praxisrelevanter für die Expertenhaftung, die in aller Regel auf einem Vorwurf der einfachen Fahrlässigkeit beruht, ist indes die Frage, ob berufsrechtliche Vorschriften oder von der Rechtsprechung entwickelte Verhaltensregeln für Gutachter als Schutzgesetze i.S.v. § 823 Abs. 2 BGB zu verstehen sind und bei schuldhaftem Verstoß auf diesem Wege eine Haftung begründet wird.[270]

Dafür kommen zunächst die kodifizierten Verordnungen über die Sachverständigentätigkeit infrage, erlassen in der Regel von den Industrie- und Handelskammern der einzelnen Bundesländer und in ihrer Reichweite beschränkt auf die vereidigten und staatlich bestellten Sachverständigen.[271] Allerdings hat der BGH der Sachverständigenordnung der Industrie-und Handelskammer bereits 1966 – trotz Bejahung ihres Charakters als Rechtsnorm – die Schutzgesetzqualität wegen fehlender Zweckbestimmung zum Schutz des Einzelnen abgesprochen und damit eine deliktsrechtliche Haftung nach § 823 Abs. 2 BGB für Verstöße gegen die Sachverständigenordnung abgelehnt. Dazu führte er aus: „Die Sachverständigenordnung setzt die Sorgfaltspflicht des Sachverständigen voraus, begründet sie aber nicht selbstständig. Zudem ist Sinn ihrer Vorschriften nicht, einem Dritten, demgegenüber dem Sachverständigen mangels rechtlicher Sonderverbindung keine besonderen Pflichten obliegen, einen zusätzlichen Rechtsschutz zu gewähren."[272] In gleicher Weise hat der BGH zu einer für Fachärzte verfassten Berufsordnung entschieden.[273]

Der Rechtsprechung des BGH ist zuzustimmen, denn es kann nicht unterstellt werden, dass berufsständische Organisationen oder die Industrie-und Handelskammern als Repräsentanten einer breiten gewerblichen Unternehmerschaft bei der Schaffung von Sachverständigensatzungen auch jeweils beabsichtigen, den Rechtsschutz Einzelner als Auftraggeber von Sachverständigen zu ergänzen. Die Festlegung von Verhaltensstandards und eines formalisierten Bestellungsverfahrens dient dazu, im Interesse der Allgemeinheit sowie des Berufsstandes selbst, das Berufsbild des vereidigten Sachverständigen mit seinen Kompetenzen und Pflichten für die Öffentlichkeit klar zu bestimmen. Nach § 2 der von dem DIHK empfohlenen Mustersatzung hat die öffentliche Bestellung von Sachverständigen

---

270 So u.a. *von Bar*, RabelsZ 1980, S. 475, *ders.*, in: Verkehrspflichten S. 157; *Huber*, in: FS v. Caemmerer S. 359, 379; *Mertens*, AcP 178, 227 ff.

271 Zu Einzelheiten s. Kapitel 2 § 3 A. V.

272 BGH WM 1966, 1148.

273 BGH NJW, 1965, 2007.

ausschließlich den Zweck, „Gerichten, Behörden und privaten Auftraggebern Sachverständige zur Verfügung zu stellen, die persönlich integer sind und eine fachlich richtige sowie unparteiische und glaubhafte Sachverständigenleistung zu gewährleisten.“ (§ 2.1.1). Und unter § 2.1.2 heißt es weiter: „Die öffentliche Bestellung ist darüber hinaus ein Hilfsmittel bei der Suche nach Sachverständigen, die durch eine öffentlich-rechtliche Einrichtung, wie die IHK, persönlich und fachlich überprüft worden sind und aufsichtsrechtlich überwacht werden. Die von öffentlich bestellten Sachverständigen erbrachten Leistungen genießen aus diesem Grund besonderes Vertrauen.“

III. Verkehrspflichten als Schutznormen i.S.v. § 823 Abs. 2 BGB

Im Rahmen von § 823 Abs. 2 BGB wird in der Literatur unter dem Stichwort „Berufshaftung“ kontrovers diskutiert, ob sich nicht bei einer leichtfertigen und die notwendige Sorgfalt außer Acht lassenden Begutachtung eine Haftung unter dem Gesichtspunkt der Verletzung von Verkehrspflichten ergeben könnte.

Dabei stellt sich die Frage, ob Verkehrspflichten, die von der Rechtsprechung zum Schutz der in § 823 Abs. 1 BGB genannten Rechtsgüter entwickelt wurden, auch auf den Schutz von Vermögen angewendet werden können und eine Verletzung dieser Pflichten zu einer Haftung über § 823 Abs. 2 BGB führen sollte. Solche Verkehrspflichten sind beispielsweise typische Sorgfaltspflichten, deren Einhaltung vor allem von spezialisierten Berufsgruppen erwartet wird, denen fremde Vermögensinteressen anvertraut sind, wie z.B. Wirtschaftsprüfer, Anlageberater oder Banken.

Insofern wird von einem Teil des Schrifttums vertreten, dass auch die nicht kodifizierten, allein durch die Rechtsprechung entwickelten Verhaltensregeln für Gutachter unter den Schutzgesetzbegriff des § 823 Abs. 2 BGB fallen.[274] So plädiert *von Bar* dafür – als Schlussfolgerung einer rechtsvergleichenden Untersuchung – Richterrecht als Gesetz im Sinne des § 823 Abs. 2 BGB zu behandeln, da Verkehrspflichten den Schutzgesetzen funktional völlig gleich stünden, auch weil diese größtenteils nur festgeschriebene Verhaltensregeln enthielten.[275] Dem stünde Art. 2 EGBGB nicht entgegen, nach dem Gesetze im Sinne

274 *Von Bar*, RabelsZ 1980 S. 475, *ders.*, in: Verkehrspflichten 157 ff.; *Mertens*, in: MünchKomm, 2. Aufl. 1986, § 823 Rn. 152; 3. Aufl. 1997, § 823 Rn. 466, 472 ff.; *Oechsler*, in: Staudinger, Neubearbeitung 2009, § 826 Rn. 36 m.w.N.; ebenso *Spindler*, in: Bamberger/Roth, § 823 Rn. 156. Ablehnend u.a. *Wagner*, in: MünchKomm, Bd. 5, 5. Aufl. 2009, § 823 Rn. 56 ff. (59).

275 *VonBar*, RabelsZ 1980 S. 475.

des BGB Rechtsnormen seien. Denn es sei anerkannt, „dass Verwaltungsakte ebenso Schutzgesetze im Sinne des § 823 Abs. 2 BGB sein können, und dass Gewohnheitsrecht, zu welchem die Verkehrspflichtigkeit erstarkt ist, wie Gesetzesrecht zu behandeln ist."[276] Auch *Mertens* fordert, aus den gleichen Wertungsgesichtspunkten wie *von Bar*,[277] u.a. der Benachteiligung von Berufsträgern, die typischerweise mit absoluten Rechten in Kontakt träten und bei schuldhafter Verletzung haften, gegenüber solchen, deren Handeln sich dagegen typischerweise auf das Vermögen auswirkt, entgegenzuwirken durch eine „Re-Integration sonderprivatrechtlicher Haftungen in das Deliktsrecht".[278] Dabei schlägt *Mertens* die Haftungserweiterung z.B. für die Ausübenden von Berufen vor, denen eine öffentliche Verantwortung für fremdes Vermögen zufällt, wie Sachverständige, Wirtschaftsprüfer, Anlageberater etc.[279]

Gegen die o.g. Lösung sprechen allerdings erhebliche dogmatische und auch rechtsstaatliche Bedenken. So sieht das Deliktsrecht eine umfassende, auf einem bloßen Fahrlässigkeitsvorwurf gründende Haftung für Vermögensschäden strukturell nicht vor.[280] Die Haftung ist auf die schuldhafte Verletzung der in § 823 Abs. 1 BGB genannten Rechtsgüter beschränkt und regelt nur in § 823 Abs. 2 BGB den Schutz reiner Vermögensinteressen bei Verstößen gegen *gesetzlich* geregelte Verhaltensgebote. Eine über den Wortlaut hinausgehende Auslegung des Tatbestandsmerkmals durch Einbeziehung von Verkehrspflichten, die „nur" auf Richterrecht und nicht auf einem legislativen Akt i.S.v. Art. 2 EGBGB beruhen, würde den Schutzbereich der Norm faktisch erweitern und § 823 Abs. 2

276 *Von Bar*, RabelsZ 1980 S. 475; ebenso *Huber*, in: FS v. Caemmerer S. 359, 379, der fordert, Verkehrspflichten konkretisierten Verhaltensnormen insgesamt als Schutzgesetze im Sinne des § 823 Abs. 2 BGB zu behandeln, da auch Richterrecht unter Art 2 EGBGB falle.

277 *Von Bar*, Verkehrspflichten 1980, S. 234.

278 *Mertens*, in: MünchKomm, 2. Aufl. 1986, § 823 Rn. 152; 3. Aufl. 1997, § 823 Rn. 466, 472 ff. Ähnlich bereits *Gieske*, GRUR 1950, 298, 310, der schreibt: „Es ist nicht einzusehen, weshalb man nicht auch allgemeine Grundsätze, die unser soziales Leben beherrschen, als Schutzgesetze ansehen kann, selbst wenn sie nicht durch Bestimmungen des Grundgesetzes oder in anderer Weise fixiert sind, vielmehr erst erschlossen werden müssen. Wenn man dafür eine positivrechtliche Stütze verlangt, so scheint mir, daß Art. 2 EGBGB, der jede Rechtsnorm unter den Begriff des Gesetzes fallen läßt, so aufgefaßt werden kann, – vorausgesetzt, daß man sich nicht durch eine positivistische Einstellung von vorneherein diese Möglichkeit verbaut."

279 *Mertens*, in: MünchKomm, 3. Aufl. 1997, § 823 Rn. 472 f.

280 *Honsell*, in: FS Medicus S. 211, 213.

BGB in eine Art deliktische Generalklausel verwandeln.[281] Die Anerkennung von Verkehrspflichten als Schutznormen käme damit also der Einführung einer Generalklausel für die Haftung von Vermögensschäden gleich, was nicht mehr mit den Intentionen des historischen Gesetzgebers und dessen deliktsrechtlicher Systementscheidung im Einklang stünde.[282]

Die Rechtsprechung hat den Vorschlag, Richterrecht im Sinne des Art. 2 EGBGB als Rechtsnorm und damit als Gesetz im Sinne von § 823 Abs. 2 BGB zu interpretieren, bisher auch nicht aufgegriffen.[283] Nach ihr sind „Verkehrs(sicherungs)pflichten allein durch die Schutzgüter des § 823 Abs. 1 BGB festgelegte, auf den sozialen Umgang bezogene Verhaltenspflichten".[284] Ein Verstoß gegen allgemeine Verhaltensnormen der Berufsausübung kann eine Haftung nach § 823 Abs. 2 BGB begründen, allerdings muss der eingetretene Schaden innerhalb des Schutzbereichs der Norm oder der Verhaltensregel liegen.[285]

B. Die Haftung nach § 826 BGB

Im Hinblick auf die Gutachterhaftung schützt § 826 BGB zwar ausdrücklich das Vermögen des Käufers, jedoch nur soweit der Gutachter dem Käufer mit seinem Gutachten, in einer gegen die guten Sitten verstoßenden Weise, vorsätzlich Schaden zufügt.

Strukturell steht damit im Deliktsrecht eine im objektiven Tatbestand weite Auffangklausel für den Ersatz von Vermögensschäden zur Verfügung, die jedoch durch den subjektiven Tatbestand und das Unwerturteil der Sittenwidrigkeit der Schadenszufügung in ihrem Anwendungsbereich stark eingeschränkt ist. Zum objektiven Tatbestand gehört – anders als bei § 823 BGB, bei dem stets eine Rechtsguts- oder Schutzgesetzverletzung erforderlich ist – nur der Eintritt eines Schadens, der typischerweise ein Vermögensschaden ist und eine objektiv sittenwidrige Handlung. Objektiv sittenwidrig, und damit rechtswidrig, ist eine Handlung, die dem Anstandsgefühl aller billig und gerecht Denkenden widersprechen muss und mit grundlegenden Werten der Rechts- und Sittenordnung

281 *Faust* AcP 210, 555, 559; *Wagner*, in: MünchKomm, Bd. 5, 5. Aufl. 2009, § 823, Rn. 59.

282 So *Canaris*, in: FS Larenz 1983 S. 78 ff.; *Picker*, in: FS Medicus, *ders.*, in: JZ 1987, 101, 1047; *Honsell*, in: FS Medicus S. 211, 213; *Schiemann*, in: Erman, Bd. 2, § 823 Rn. 76; *Eichler* S. 114.

283 BGH NJW 1987, 2671.

284 BGH NJW 1987, 2671.

285 BGH NJW 1973, 615.

nicht vereinbar ist.[286] Subjektiv muss der Anspruchsgegner diesen Schaden vorsätzlich herbeigeführt haben und in Schädigungsabsicht gehandelt haben, wobei ein bedingter Vorsatz ausreicht. Sein Vorsatz muss sich nicht auf die Sittenwidrigkeit erstrecken.[287] Mit dem Bewertungskriterium der Sittenwidrigkeit, das als unbestimmter Rechtsbegriff ausfüllungsbedürftig ist, hat die Rechtsprechung die Möglichkeit, gesellschaftlichen Wertvorstellungen, die in einem Interdependenzverhältnis zu sich immer wieder verändernden gesellschaftlichen und wirtschaftlichen Entwicklungen stehen, in zeitgemäßer Weise Rechnung zu tragen. Denn sittenwidrig ist nicht nur ein Verstoß gegen allgemeingültige Sittlichkeitsgrundsätze, die sich in einer Gesellschaft entwickelt haben. So soll zwar nach Auffassung des BVerfG „in erster Linie von der Gesamtheit der Wertvorstellungen ausgegangen werden, die das Volk in einem bestimmten Zeitpunkt seiner geistig-kulturellen Entwicklung erreicht und in seiner Verfassung fixiert hat".[288] Gleichwohl beinhaltet der Begriff der guten Sitten in einer pluralistischen Gesellschaft mit einer überaus diversifizierten Wirtschaftsordnung auch, dass es Besonderheiten bei den verschiedenen Verkehrskreisen der Gesellschaft zu beachten gilt. So hat die Rechtsprechung, wie Schiemann es formuliert[289], bei der Auslegung des Rechtsbegriffs auch eine empirische Aufgabe zu lösen, wenn sie zur Klärung des Rechtsverstoßes im Einzelfall die in Betracht kommende Anstandsregel der guten Sitten zu klären hat.

Mit diesem Verständnis hat sich der BGH des Problems angenommen und eine differenzierte Rechtsprechung zur Sittenwidrigkeit einer Schädigung entwickelt. Anknüpfungspunkte sind danach – bezogen auf die hier interessierenden Anforderungen an die Gutachterhaftung – berufsspezifische Verhaltensstandards. Dabei setzt der BGH strenge Maßstäbe für die Einhaltung von Sorgfaltspflichten von Gutachtern, die über eine besondere Sachkunde verfügen. Für die Sittenwidrigkeit des Handelns genügt, dass einem Dritten durch ein fehlerhaftes Gutachten ein Schaden entstanden ist, weil der Sachverständige bei Erstellung des Gutachtens leichtfertig und gewissenlos sowie hinsichtlich der Schädigung des Dritten zumindest mit bedingtem Vorsatz in sittenwidriger Weise gehandelt hat.[290] Nicht ausreichend ist also die bloße Fehlerhaftigkeit des Gutachtens.

---

286 RGZ 48, 114, 124; OLG Hamm VersR 2006, 376.

287 BGH WM 1966, 1150; WM 1956, 1229.

288 BVerfG NJW 958, 257.

289 *Schiemann*, in: Erman, Bd. 2, § 826 Rn. 6. Zu den Kriterien, die für die Konkretisierung der guten Sitten maßgeblich sind vgl. *Mertens*, in: MünchKomm, 3. Aufl. 1997, § 826, Rn. 12 ff.

290 So u.a. BGH NJW 2004, 3035; 1991, 3282; 1987, 1758.

Erforderlich ist darüber hinaus, „dass sich der Sachverständige etwa durch nachlässige Ermittlungen zu den Grundlagen seines Auftrages oder gar durch „ins Blaue“ gemachte Angaben der Gutachtenaufgabe leichtfertig entledigt und damit eine Rücksichtslosigkeit gegenüber dem Adressaten des Gutachtens und den in seinem Informationsbereich stehenden Dritten an den Tag gelegt hat, die angesichts der Bedeutung, die das Gutachten für deren Entschließungen hatte, und der von ihm in Anspruch genommenen Kompetenz als gewissenlos bezeichnet werden muss.“[291]

Da es sich bei den hier untersuchten Fällen um Drittbeteiligungsfälle handelt, ist in subjektiver Hinsicht zudem im Rahmen des bedingten Schädigungsvorsatzes erforderlich, dass der Gutachter „mit einer Kenntniserlangung seines unrichtigen Gutachtens durch Dritte gerechnet, eine dadurch verursachte Schädigung des Dritten für möglich gehalten und billigend in Kauf genommen hätte.“[292]

Diese gelockerten Anforderungen der Rechtsprechung an die Voraussetzungen in § 826 BGB werden in der Literatur teilweise sehr skeptisch betrachtet: Kritisiert wird unter anderem die aus der Ausweitung des Anwendungsbereiches von § 826 BGB folgende Austauschbarkeit der Tatbestandsvoraussetzungen zwischen Delikts- und Vertragsrecht[293] sowie eine „Überstrapazierung der Tatbestandsmerkmale“, insbesondere durch Herabsetzung der Anforderungen an den Vorsatz.[294] Honsell kritisiert zudem die Voraussetzungen des subjektiven Tatbestandes, soweit zwischen einem fahrlässig leichtfertigen Handeln bei der Sittenwidrigkeit und dem bedingten Vorsatz bei der Schädigung differenziert wird, da § 826 BGB den Vorsatz hinsichtlich beider Merkmale erfordere, also auch hinsichtlich aller „die Sittenwidrigkeit begründenden Tatumstände.“[295] Weiterhin fiele der Sachverständige dann zumindest begrifflich nicht mehr unter den Schutz des § 152 VVG.[296]

Trotz dieser Bedenken bietet § 826 BGB aus Sicht des BGH zu Recht eine adäquate Schadensersatzregelung für die Fälle, in denen die falsche Expertise auf

---

291 BGH NJW 2004, 3035; BGH NJW 2003, 2825 zur Haftung für einen Grundstückssachverständigen. BGH NJW 1991, 3282 zur Haftung eines Sachverständigen für Grundstücks- und Gebäudebewertungen. BGH WM 1979, 326 zur Haftung eines Wirtschaftsprüfers bei Ausstellung von Bilanztestaten.

292 BGH NJW 1991, 3282.

293 *Lammel*, AcP 179, 337, 342.

294 *Karampatzos* S. 158.

295 *Honsell*, in: FS Medicus S. 211, 216; *Honsell*, JuS 1976, 628.

296 In diesem Sinne auch *Karampatzos* S. 158. Ebenfalls kritisch *Wiegand* S. 131, *Goepfert* S. 81, *Gerlach* S. 91.

einer vorsätzlichen oder grob fahrlässigen Begutachtung beruht und der Gutachter sich damit in gewissenloser Weise über die Belange des Auftraggebers und des Kaufinteressenten hinweg gesetzt hat. Gleichwohl werden die damit sanktionierten Formen der Verfehlung in der Praxis nur in den seltensten Fällen vorkommen. Denkbar wäre insoweit eine Haftung des Experten nach § 826 BGB bei Gefälligkeitsgutachten, bei denen der Experte ohne weitere Prüfung oder Nachforschung bewusst im Sinne des Auftraggebers entscheidet.[297] Demgegenüber sind die besonders praxisrelevanten Fälle, in denen dem Gutachter allein leichte Fahrlässigkeit vorgeworfen werden kann, nicht von § 826 BGB erfasst.

§ 4. Alternative Haftungsmodelle in der Literatur

Neben den dargestellten Lösungsansätzen wurden in der Literatur, insbesondere vor der Schuldrechtsreform, zahlreiche weitere Lösungsmodelle zur Dritthaftung von Gutachtern entwickelt. Obwohl durchaus zweifelhaft ist, inwieweit sie auch nach der Schuldrechtsreform noch Geltung für sich beanspruchen wollen und auch können, sollen hier einige besonders interessante Lösungsansätze vorgestellt werden. Sie ergänzen die Übersicht zu dem Argumentationsspektrum, das die Diskussion um die Dritthaftung von Gutachtern bestimmt, und sind damit auch für die Auslegung von § 311 Abs. 3 S. 2 BG von Interesse.[298]

A. Die Berufshaftung

Eine nicht unerhebliche Strömung in der Literatur wollte die Fälle der Expertenhaftung gegenüber Dritten vor der Schuldrechtsreform über die Berufshaftung lösen. Die konstitutive Haftungsgrundlage wird dabei in der beruflichen Stellung des Gutachters und dessen damit verbundenem Handeln gesehen.[299] Berufshaftung bezeichnet nach dieser Auffassung nicht nur die Folgen der Verletzung von berufsrechtlichen Schutzpflichten der Berufsausübenden, sondern der Begriff selbst soll als eine rechtlich-dogmatische Kategorie zu verstehen sein.

So stellt *Hopt* in seiner Analyse der Begründungsansätze der nichtvertraglichen Haftung die berufliche Stellung und Spezialisierung als „mehr oder weniger zentralen Topos“ für deren Bejahung heraus und macht sie zum zentralen

---

297 *Simons* S. 154; *Wolf* S. 266.

298 Für weitere Lösungsmodelle vgl. *Köndgen*, Selbstbindung ohne Vertrag (1981); *Hirte*, Berufshaftung (1996); *Krebs*, Sonderverbindung und außerdeliktische Schutzpflichten (2000); *Jost*, Vertraglose Auskunfts- und Beratungshaftung (1991). Vgl. auch *Büttner*, Umfang und Grenzen der Dritthaftung von Experten (2006).

299 So u.a. *Hopt*, AcP 183, 608; *Lammel*, AcP 179, 337.

Anknüpfungspunkt seines eigenen Konzeptes des „Berufsrechts als Teil eines privaten Marktrechts".[300] Der für die Gutachterhaftung relevante Aspekt liegt dabei auf den beruflichen Schutzpflichten, unter die auch Prüfungs- und Hinweispflichten von Sachverständigen fallen und bei deren Verletzung die Berufshaftung auch gegenüber Dritten einsetzt.[301] Haftungsvoraussetzung sei ein „selbstständiges berufliches Auftreten am Markt,"[302] sowie speziell bei der Dritthaftung eine „berufliche Gewährübernahme" für die Leistung.[303] Auf welcher Grundlage die Haftung konkret erfolgen soll, wird allerdings nicht abschließend entschieden, angedacht ist eine Haftung für die Verletzung beruflicher Schutzpflichten, ein gesetzliches Schuldverhältnis aus geschäftlichem Auskunftskontrakt oder eine Haftung aufgrund Sonderdeliktsrechts; die Heranziehung des allgemeinen Deliktsrechts, der Vertrauenshaftung und des Vertragsrechts werden hingegen ausgeschlossen.[304]

Lammel sieht derweil eine Grundlage für die Haftung in dem „berufsbezogenen Vertrauen in die besondere Sachkunde" des Auskunfterteilenden, wobei als Rechtsgrundlagen nicht Vertrag oder Delikt dienen soll, sondern eine eigenständige Haftung kraft der beruflichen Stellung, eine Art „privatrechtliche Haftung kraft Amtes", die in Bezug auf die Nebenfolgen als Haftung kraft Gesetz einzuordnen ist.[305] Grundlage der Haftung soll eine berufliche Vertrauenshaftung sein.[306] Konkret soll die Auskunftshaftung dann bestehen, „wenn ein Rat etc. auf berufsbezogenem Gebiet erteilt wurde und dieser das in die berufsspezifische Sachkunde legitimer Weise gesetzte Vertrauen infolge mangelhafter Überprüfung enttäuschte."[307]

Die Anwendung einer speziellen Berufshaftung erscheint allerdings insbesondere auf die hier untersuchten Fälle der Dritthaftung für Kunstexpertisen problematisch. Der Grund ist, dass sich Kunstexperten, die die Echtheit von Werken untersuchen, durch eine starke Vielfältigkeit in ihrem beruflichen Werdegang und ihrer Qualifikation auszeichnen. Es handelt sich nur in den wenigsten Fällen um staatlich geprüfte und vereidigte Sachverständige, sondern meist

300 *Hopt*, AcP 183, 608, 635.
301 *Hopt*, AcP 183, 608, 658.
302 *Hopt*, AcP 183, 608, 669 ff.
303 *Hopt*, AcP 183, 608, 682 f. mit Hinweis auf die Notwenigkeit eines solchen risikoeingrenzenden Kriteriums.
304 *Hopt*, AcP 183, 608, 660–663.
305 *Lammel*, AcP 179, 337, 365.
306 *Lammel*, AcP 179, 337, 364 f.
307 *Lammel*, AcP 179, 337, 366.

um Privatgutachter, die z.B. entweder Kunstgeschichte studiert haben, in diesem Bereich wissenschaftlich arbeiten oder sich durch langjährige Berufserfahrung ein Renommee als Experte verschafft haben. Insoweit fehlt es hier an einem ausreichend spezifischen Berufsbild für die genannten Haftungsanforderungen, so dass die Berufsstellung nur bedingt als geeigneter Anknüpfungspunkt für eine Haftung in Betracht kommt.

Doch auch im Allgemeinen erscheint die berufliche Stellung eher ungeeignet als eigenständiger dogmatischer Anknüpfungspunkt bzw. Grundlage für eine Haftung. Es scheint stimmiger die Berufszugehörigkeit oder Berufsausübung im konkret zu lösenden Fall entweder als Indiz für die Auslegung von willensgetragenen Erklärungen[308] oder einer Inanspruchnahme von Vertrauen heranzuziehen.[309] Ansonsten droht eine zu starke Haftungsausweitung. Dagegen spricht auch die Konzeption des BGBs, die eine dogmatische Konstruktion neben der Vertrags-, Vertrauens- und Deliktshaftung im Hinblick auf die Dritthaftung für fehlerhafte Auskünfte nicht vorsieht.

B. Haftung aufgrund einer Garantieerklärung

Ein weiteres Lösungsmodell schlägt *Grunewald* vor, nämlich dass sich die Haftung des Experten aus einer mit dem Gutachten verbundenen Garantieerklärung für die Richtigkeit der Feststellungen ergibt, falls das Gutachten aus Sicht eines Dritten so zu verstehen sei, dass er sich auf das Gutachten verlassen soll.[310] Mit dem Inverkehrbringen des Gutachtens bringe der Ersteller dabei den Willen zu einer Einstandspflicht für schuldhaftes und fehlerhaftes Handeln zum Ausdruck. Mit diesem Vorschlag nimmt *Grunewald* auch Bezug auf *Hopt* und auf dessen Formulierung einer „beruflichen Gewährübernahme“ und vertritt die Ansicht, dass die Haftung aus der besonderen Bedeutung des Gutachtens in Rechtsverkehr herrühre.[311] Es soll demnach kein Garantievertrag bestehen, sondern – ähnlich wie bei *Hopt* – eine Haftung aufgrund der besonderen Stellung des Gutachtens und des Gutachters im Rechtsverkehr. Als Anforderungen an die Begründung der Haftung müsse die Seriositätsschwelle geachtet werden, was

308 So auch *Philippsen* S. 239 der eine Integration in die Rechtsgeschäftslehre vertritt.

309 So knüpft auch die Rechtsprechung zur tatbestandlichen Haftungsbegründung im Rahmen unterschiedlicher dogmatischer Grundlagen oftmals an die berufliche Stellung an, lässt diese für sich allein jedoch nicht genügen und ordnet sie auch nicht als eigene dogmatische Kategorie ein. Für die c.i.c. Dritthaftung vgl. z.B. BGH NJW 2001, 360.

310 *Grunewald*, AcP 187, 285, 308.

311 *Grunewald*, AcP 187, 285, 299 f.

eine Haftung z.B. für Empfehlungen in Frauenzeitschriften ausschließe, genauso wie für Parteigutachten, bei denen das Gutachten nur von einer Seite in Auftrag gegeben wurde und allein in dessen Interesse erfolge.[312] Genauso soll keine Haftung bestehen, wenn sich der Zweck des Gutachtens schon beim Auftraggeber erfüllt habe.[313] Auch den Gutachten, auf die sich eine Vielzahl von Personen verlässt, soll keine Garantieerklärung anhaften. Was Kunstgutachten betrifft, so hält *Grunewald* eine Haftung allerdings für denkbar, da sich hier Personen gerade auf den Inhalt verlassen sollen.[314]

Auch gegen das vorgeschlagene Modell der Garantieerklärung lässt sich einwenden, dass die mit dem Gutachten verbundene Garantieerklärung eine Fiktion ist. Eine Haftungsbegründung gegenüber Dritten erscheint eher fernliegend, da ein derart weitgehender Garantiewille die Grenzen der objektiven Auslegungsgrundsätze verletzen könnte. Eine Ausnahme könnte wohl nur bei konkreten und ausdrücklichen Formulierungen im Gutachten infrage kommen. Schließlich muss gefragt werden, wie hier eine effektive Haftungsbeschränkung erfolgen soll.

C. Die Haftung kraft faktischer Sonderverbindung

Einen alternativen Ansatz zu den bisherigen Lösungsmodellen verfolgt *Picker*.[315] Seiner Ansicht nach soll das Problem nicht mittels eines weiteren Bemühens um die Aufdeckung „besonderer Pflichten oder Zurechnungsgründe“, sog. „Pflichtverstärkungsfaktoren, die eine gesteigerte Obliegenheit“ begründen, zu lösen sein, sondern in der „faktischen Organisationsstruktur der Leistungsbeziehungen“ gesucht werden.[316] Dass es zwischen Gutachter und einem Dritten als Auskunftsempfänger nicht zu einem unmittelbaren Vertrag komme, sondern zu der für die Gutachterfälle typischen Konstellation der Leistung an den Auskunftsempfänger ohne ein Vertragsverhältnis, sei Folge der Arbeitsteilung sowie der veränderten Formen der Organisation moderner Kooperationen, welche vom Gesetz nicht erfasst würden.[317] So schreibt *Picker*: „Der organisatorische Überbau der Gesamttransaktion, (...) deren zentrale Steuerung durch einen Gesamtzweck als übergeordneten Koordinator, machen die Aufnahme

312 *Grunewald*, AcP 187, 285, 299 f.
313 *Grunewald*, AcP 187, 285, 300 f.
314 *Grunewald*, AcP 187, 285, 300 f.
315 *Picker*, in: FS Medicus 1999 S. 397 ff., *ders.*, in: AcP 183, 369; *ders.*, in: JZ 1987, 1041 ff.
316 *Picker*, in: FS Medicus 1999 S 429.
317 *Picker*, in: FS Medicus 1999 S. 429.

partikularer Kontakte und damit die Begründung einer eigenen multilateralen Vertragsbeziehung entbehrlich."[318]

Damit legt *Picker* zugrunde, was dem Tatsächlichen oftmals, aber nicht immer entspricht, nämlich dass Gutachtenauftrag und späterer Kaufvertrag ein Gesamtgeschäft bilden und das Gutachten aufgrund des Vertrages in Auftrag gegeben wird, so dass es schlicht keinen Sinn machen würde, den gleichen Gutachter doppelt zu beauftragen. Faktisch leiste der Gutachter in rechtlicher Hinsicht gegenüber dem Auftraggeber, seinem Vertragspartner, allerdings auch personell und sachlich gegenüber dem Dritten, welcher „als Destinatär von Hauptgegenstand und Endzweck der Kooperation"[319] gelte. Diese Teilbeiträge erfolgten final im Hinblick auf eine Gesamttransaktion. Weiterhin wird konstatiert: „Immer hat hier die finale Bezogenheit aller Teilbeiträge auf eine Gesamttransaktion die zwingende Folge, dass der Empfänger die Leistung seinem eigenen Organisationskreis inkorporiert und deshalb (...) entsprechende eigene Maßnahmen zur Erfolgssicherung unterläßt. Und immer führt diese Organisation des Kooperierens deshalb zu der gleichfalls zwingenden Folge, dass das Fehlverhalten eines Akteurs in dem Leistungsverbund bei bestimmten anderen Beteiligten Schäden verursacht. Immer also ist die Auswirkung des Leistungsverhaltens im Leistungsverbund nach Art und Opfer schon determiniert."[320] Gutachter, Auftraggeber und Auskunftsempfänger stehen nach Picker daher durch die Gesamttransaktion in einer faktischen Sonderverbindung zueinander, die zustande kommt aufgrund eben jener faktischen Leistungsbeziehung zwischen den Akteuren. Ähnlich wie bei einem Vertrag entschieden die Akteure selbst über ihre Beteiligung an dem Gesamtgeschäft, zudem seien die potenziell Geschädigten, wie bei einem Vertrag, „durch die Gesamtorganisation schon präjudiziert", womit die „Selektionsfunktion" der faktischen Sonderverbindung genauso wie beim Vertrag gewährleistet sei.[321]

Eben jene faktische Sonderbeziehung soll nach *Picker* den Anknüpfungspunkt für die Haftung darstellen.[322] Sie sei als Haftungsgrundlage ebenso geeignet wie ein Vertrag oder das Delikt: „Denn im Grundsatz nicht anders als die vertragliche oder gesetzliche Sonderbeziehung ist auch diese Verbindung qualifiziert durch die personale Bezogenheit und die sachliche Finalität des Kontaktes. Auch ihr liegt ein beiden Teilen bewusster und von beiden gewollter, mithin in

---

318 *Picker*, in: FS Medicus 1999 S. 429.
319 *Picker*, in: FS Medicus 1999 S. 441.
320 *Picker*, in: FS Medicus 1999 S. 431.
321 *Picker*, in: FS Medicus 1999 S. 441.
322 *Picker*, in: FS Medicus 1999 S. 438 f.; 442.

beiderseitiger Selbstbestimmung geknüpfter Kontakt zu Grunde."[323] Dass keine formelle rechtliche Bindung vorliegt, soll für die Frage nach der Einstandspflicht bedeutungslos bleiben, denn diese habe allein organisatorische Gründe und der Kreis der Geschädigten sei bereits präjudiziert.[324]

Pickers Lösungsvorschlag und Argumentation sind von großer Anziehungskraft, da er die treffend analysierten, faktischen Leistungsrichtungen des Gutachters zum zentralen Ausgangspunkt seiner Modellentwicklung macht. Tatsächlich leistet der Gutachter – real betrachtet – nicht allein gegenüber seinem Auftraggeber. Gleichwohl darf nicht außer Acht gelassen werden, dass die Ursächlichkeit der Organisationsformen für das Haftungsinteresse nicht die Inanspruchnahme von Vertrauen ausschließt, sondern sie im Gegenteil sogar voraussetzt: Die Leistungsparteien sind nur bereit, in ihr arbeitsteilig bedingtes Sonderverhältnis einzutreten und Doppelbeauftragungen zu unterlassen, weil sie – und letztlich auch der Markt – dem Gutachter Vertrauen in dessen Neutralität und Sachkompetenz zusprechen und dessen Urteil sie gewissermaßen konsensfähig macht. Gäbe es insoweit Zweifel, würde der Auskunftsempfänger oder – um mit den Worten *Pickers* zu sprechen – der Dritte als „der Destinatär von Hauptgegenstand und Endzweck der Kooperation", eben nicht auf die Einholung eines eigenen Gutachtens verzichten. Daher erscheint es überzeugender, an eben dieses Vertrauen als Grund für die Entstehung einer Sonderverbindung anzuknüpfen, als an die faktische Leistungsbeziehung.

§ 5. Die Vertrauenshaftung und § 311 Abs. 3 S. 2 BGB

Seit dem Inkrafttreten der Schuldrechtsreform am 1. Januar 2002 sind die für alle schuldrechtlichen Verträge geltenden Grundregeln teilweise neu gefasst und in den Absätzen 2 und 3 des § 311 BGB um Regelungen für *rechtsgeschäftsähnliche* Schuldverhältnisse ergänzt worden.

Nach dem für die Dritthaftung relevanten § 311 Abs. 3 S. 1 BGB kann nunmehr auch zu den Personen ein Schuldverhältnis mit den Pflichten nach § 241 Abs. 2 BGB entstehen, die nicht selbst Vertragspartei werden sollen. Diesen Grundsatz konkretisierend, bestimmt Satz 2 der Norm: „Ein solches Schuldverhältnis entsteht insbesondere, wenn der Dritte in besonderem Maße Vertrauen für sich in Anspruch nimmt und dadurch die Vertragsverhandlungen oder den Vertragsschluss erheblich beeinflusst."

323 *Picker*, in: FS Medicus 1999 S. 439.
324 *Picker*, in: FS Medicus 1999 S. 441.

Da diese gesetzliche Grundlage ihrem Wortlaut nach – und insbesondere vor dem Hintergrund der in Literatur und Rechtsprechung entwickelten Vertrauenshaftung – eine potenziell taugliche Anspruchsgrundlage für die Dritthaftung von Gutachtern darstellt, soll im Folgenden geklärt werden, inwieweit ein grundsätzliches Vorgehen über § 311 Abs. 3 S. 2 BGB die dogmatisch und praktisch vorzugswürdige Lösung darstellt.

A. Rechtshistorischer Hintergrund des § 311 Abs. 3 S. 2 BGB und dessen Verhältnis zur Vertrauenshaftung

Der Gesetzgeber hat im Rahmen der Schuldrechtsreform zunächst in § 311 Abs. 2 BGB das von Rechtsprechung und Lehre entwickelte Rechtsinstitut der *culpa in contrahendo*[325] kodifiziert. Darüber hinaus wurde im Absatz 3 eine Regelung getroffen, die sich ausschließlich auf die Rechtsbeziehung zu Personen außerhalb der eigentlich beabsichtigten Vertragsbeziehung bezieht und damit eine Ausnahme von dem Grundsatz darstellt, dass die Haftung aus c.i.c. nur zwischen den Parteien erfolgt, die später auch Vertragspartner werden sollen. Grundgedanke der c.i.c.-Haftung ist dabei, dass bereits vor dem Vertragsschluss zwischen den Parteien ein vertragsähnliches Vertrauensverhältnis entstehen kann, das sie zur Beachtung der im Verkehr erforderlichen Sorgfalt verpflichtet und im Fall von vorsätzlichen oder fahrlässigen Pflichtverletzungen eine Haftung nach den Regeln des Schuldrechts zur Folge haben kann.[326]

Dieser Gedanke wurde vom BGH bereits lange vor der Schuldrechtsreform auch auf Drittkonstellationen erstreckt, also auf Personen, die eigentlich nicht selbst Vertragspartei werden sollten. Dabei hat die Rechtsprechung eine Dritthaftung aufgrund von c.i.c.[327] für insgesamt drei Fallgruppen bejaht. Dabei handelt es sich um die Vertreterhaftung aufgrund eines erheblichen eigenen wirtschaftlichen Interesses des Vertreters,[328] die Einstandspflicht für typisiertes Vertrauen bei der Prospekthaftung[329] sowie um die Haftung von Vertretern und

325 Im Folgenden nur noch kurz c.i.c.

326 So bereits das RGZ 120, 251; 162, 156; BGHZ 6, 330, 333.

327 Im Folgenden auch kurz c.i.c.-Dritthaftung.

328 So der BGH zunächst gegenüber RGZ 120, 249, 252, erweiternd u.a. in BGH NJW 1954, 1925; 1983, 676; BGH WM 1963, 160; 1967, 481. Dann später wieder mit äußerst hohen Anforderungen unter Wiederanknüpfung an das RG u.a. BGH NJW-RR 1992, 1061; BGH NJW 1994, 2220; 1997, 1233. Voraussetzung soll sein, dass der Vertreter „wirtschaftlich betrachtet, gleichsam in eigener Sache handelt".

329 BGH NJW 1978, 1625; 1981, 1449; 2004, 3420.

später auch von Sachwaltern[330] bei Inanspruchnahme von besonderem persönlichen Vertrauen im Rahmen einer Beteiligung an Vertragsverhandlungen bzw. Vertragsschlüssen.[331] Die Dritthaftung für fehlerhafte Gutachten wurde indes nicht unter die Fallgruppe der Inanspruchnahme von Vertrauen gefasst, sondern wie bereits dargestellt, mit dem VSD gelöst.

Demgegenüber wurde im Schrifttum bereits vor der Schuldrechtsreform, insbesondere von *Canaris*, eine Lösung der Gutachterhaftung über die vom BGH entwickelten Grundsätze der c.i.c.-Dritthaftung aufgrund von Inanspruchnahme von Vertrauen entwickelt und vertreten.[332] Haftungsgrundlage sollte ein durch „für sich in Anspruch genommenes besonderes persönliches Vertrauen" des Gutachters begründetes, gesetzliches Schuldverhältnis sein.[333] Die tatbestandlichen Voraussetzungen sollten dabei im Wesentlichen die der Rechtsprechung des BGH zur c.i.c.-Dritthaftung sein.[334] *Canaris* verweist dazu insbesondere auf die Leitentscheidung zur Sachwalterhaftung in BGHZ 56, 81,[335] betont die Eigenständigkeit und Übertragbarkeit der Kriterien unter Hinweis auf die

330 Der Begriff des Sachwalters ist, wie *Canaris* zu Recht kritisiert, missverständlich. Der BGH versteht unter einem Sachwalter im Wesentlichen jemanden, der für eine schuldhafte Verletzung vorvertraglicher Pflichten ausnahmsweise einzustehen hat, obwohl er weder Vertragspartner noch dessen Vertreter ist, der aber „in besonderem Maße das persönliche Vertrauen des Vertragsgegners in Anspruch nimmt und von dessen Entscheidung nach den gegebenen Umständen der Abschluß des beabsichtigten Rechtsgeschäftes maßgeblich abhängt", BGHZ 56, 81 und BGH WM 1988, 1535. Die Gesetzesbegründung zu § 311 Abs. 3 S. 2 BGB fasst hingegen unter den Sachwalterbegriff auch die Sachverständigen bzw. Gutachter oder Experten. Vgl. zum Begriff der Sachwalterhaftung die zu Recht kritischen Anmerkungen von *Canaris*, in: ZHR 163, 206, 222 f., insbesondere den Hinweis auf die Unabhängigkeit der Haftungskriterien sowie auf die Einordnung des Sachwalters als bloße Fallgruppe der Vertrauenshaftung unter Verweis auf die Anwendung dieser Kriterien auf sonstige Personen durch den BGH, u.a. in BGHZ 74, 103, 108, ohne Erwähnung des Sachwalterbegriffes.

331 BGH, NJW 1971, 1309; 1964, 2009; 1971, 1309; 1981, 922.

332 *Canaris*, Vertrauenshaftung, S. 525 ff.; *ders.*, in: FS Schimansky S. 43; *ders.*, in: ZHR 163, 207, 220 ff.; *ders.*, in: JZ 1998, 603; *ders.*, in: JZ 2001, 499, 520; *ders*, in: FS Larenz, S. 93 ff.; *ders.*, in: JZ 1995, 441 unter Bezugnahme auf die Theorien von *Ballerstedt*, AcP 151, 501.

333 *Canaris*, ZHR 163, 206, 218, 229; *ders.*, in: Die Vertrauenshaftung, S. 424, 425; *Schneider*, ZHR 163, 246, 254; *Weber*, NZG 1999, 1, 4; *Neuner*, JZ 1999, 126, 135.

334 *Canaris*, ZHR 163, 206, 220 f.

335 *Canaris*, ZHR 163, 206, 223.

Folgeentscheidungen des BGH[336] und dass sich die Gutachterhaftung mittels dieser Kriterien passgenau fassen lasse.[337] Dogmatisch stelle die Vertrauenshaftung dabei eine zwischen Vertrag und Delikt gelagerte „dritte Spur" dar, die als eigenes Rechtsinstitut bzw. als konstituierendes Prinzip anzuerkennen sei und nicht nur ein ergänzendes Kriterium zur Auslegung im Vertragsrecht darstelle.[338]

Der mit der Schuldrechtsreform neu geschaffene § 311 Abs. 3 Satz 1 BGB enthält strukturell zunächst den ganz allgemein gefassten Grundsatz einer Dritthaftung, während in Anlehnung an die entsprechende Terminologie des BGH mit § 311 Abs. 3 S. 2 BGB die Haftung aufgrund der Inanspruchnahme von Vertrauen in besonderem Maße als einzige der drei Fallgruppen des BGH, allerdings ohne die Beschränkung auf Vertreter oder Sachwalter, ihre Kodifizierung erfuhr.[339]

B. Anwendbarkeit des § 311 Abs. 3 S. 2 BGB auf die Fälle der Expertenhaftung im Spiegel der Literaturmeinungen

Ob nun die Lösung der Dritthaftungsfälle von Gutachtern unter den vergleichsweise offen formulierten § 311 Abs. 3 S. 2 BGB subsumiert werden soll und ob diese Einordnung im Vergleich zu den anderen Lösungsmöglichkeiten sowohl nach dem Willen des historischen Gesetzgebers als auch in dogmatischer Hinsicht die gebotene ist, ist Gegenstand eines andauernden juristischen Disputes. Der BGH wendet § 311 Abs. 3 S. 2 BGB, in Fortführung seiner bisherigen Rechtsprechung, bisher nur in dem engen Rahmen der zur c.i.c.-Dritthaftung entwickelten Fallgruppen an, nicht hingegen auf die Fälle der Dritthaftung von Gutachtern.[340] Nach wie vor bedient er sich zur Begründung einer vertraglichen

---

336 *Canaris*, ZHR 163, 206, 224 mit Hinweis auf BGH WM 1988, 1535; BGHZ 74, 103, 108.

337 *Canaris*, ZHR 163, 206.

338 Vgl. *Canaris*, ZHR 163, 206, 221 f., der in diesem Zusammenhang auch auf die Manifestation dieser Vertrauenshaftung in §§ 122, 179 BGB hinweist. Gleichwohl ist die Existenz einer eigenständigen privatrechtlichen Vertrauenshaftung im Schrifttum umstritten. So spricht sich *Säcker*, in: MünchKomm, Bd. 1, 6. Aufl. 2012, Einleitung, Rn. 177 f. eher zugunsten einer einheitlichen Vertragslehre aus, wobei eine systemgerechte Lösung anzustreben sei, „durch teleologische Auflockerung der infolge des hohen Abstraktionsgrades allzu starr und schematisch formalisierten Anforderungen an den normativen Erklärungstatbestand und durch Abänderung des „Mischungsverhältnisses" zwischen Willensschutz- und Vertrauensschutzmomenten in Anpassung an den konkreten Willenserklärungstyp."

339 *Canaris*, JZ 2001, 499, 520; *Schwab*, JuS 2002, 872, 876; *Koch*, AcP 204, 59, 70.

340 BGH NJW-RR 2011, 462; NJW 2010, 858.

Haftung des Auskunftsvertrags und des VSD, ohne sich näher mit dem Verhältnis zwischen VSD und § 311 Abs. 3 BGB auseinanderzusetzen.[341] Dies verwundert zum einen im Hinblick auf die bereits behandelten Schwächen in der dogmatischen Begründung des VSD und zum anderen, weil § 311 Abs. 3 BGB auch als Antwort des Gesetzgebers auf die Begründungsnöte der Praxis zur Lösung der Dritthaftung von Gutachtern verstanden werden kann, wie nachfolgend noch zu zeigen ist.

Im Schrifttum sind die Auffassungen über die Anwendbarkeit des § 311 Abs. 3 S. 2 BGB auf die Dritthaftung von Gutachtern gespalten. Ein Teil der Autoren, die sich nach der Schuldrechtsreform zur Sache geäußert haben – unter ihnen vor allem diejenigen, die bereits zuvor für eine vertrauensrechtliche Haftungslösung plädierten – sieht in § 311 Abs. 3 S. 2 BGB als Kodifizierung der Vertrauenshaftung nunmehr die einschlägige Anspruchsgrundlage für die gutachterliche Dritthaftung.[342] Der Anwendungsbereich des VSD soll sich dagegen nur noch auf die Fälle erstrecken, in denen zwischen Drittem und einer der Vertragsparteien ein Fürsorgeverhältnis im Sinne der „Wohl-und Wehe-Formel" des BGH besteht.[343] Gleichwohl besteht unter den Befürwortern der Anwendbarkeit von § 311 Abs. 3 S. 2 BGB auf die Dritthaftung von Gutachtern aber auch Uneinigkeit über die Auslegung der einzelnen Tatbestandsvoraussetzungen der Vorschrift.[344]

Neben den Autoren, die ein Alternativmodell sowohl zum VSD als auch zur Vertrauenshaftung anbieten,[345] wird dagegen von einer Vielzahl der Literaturstimmen die Ansicht vertreten, die Dritthaftung von Gutachtern solle weiterhin über die Grundsätze des Vertrages mit Schutzwirkung zugunsten Dritter gelöst werden und grundsätzlich nicht über § 311 Abs. 3 S. 2 BGB.[346]

---

341 Vgl. BGH NJW 2004, 3035; 2009, 217.

342 U.a. *Canaris*, JZ 2001, 499, 520; *Medicus*, in: FS Schlechtriem S. 613; *Koch*, AcP 204, 59, 78, *ders.*, in: WM 2005, 1208; *Schwab*, JuS 2002, 872; *Finn*, NJW 2004, 3752; *Henrichs*, in: FS Hadding, S. 875, 878 f.; *Huttenlauch*, KUR 2004, 118, 126 f.; *Schumacher/Lada*, ZGS 2002, 450, 455 f.; *H. P. Westermann, in:* FS Honsell, 2002, S. 137, 146 ff., 151; *Kersting*, S. 107 ff., 149 ff., 167 ff., 318 ff.; *Raue*, in: FS Säcker S. 1110; *Schäfer*, AcP 202, 808, 830; *Westermann*, in: Erman, Bd. 1, Vor § 328 Rn. 11; *Pinger/Behme*, JuS 2008, 675, 678; *Quiring* S. 137 ff., 155 f.; *Eichler* S. 287.

343 So u.a. *Medicus*, in: FS Schlechtriem S. 623; *Pinger/Behme*, JuS 2008, 675, 678.

344 Vgl. dazu die Ansätze von *Kersting* S. 108; sowie *Canaris*, in: JZ 2001, 499, 520. Zu weiteren Einzelheiten s. Kapitel 4 § 3.

345 So u.a. *Picker*, *Hopt*, *Lammel*, vgl. dazu Darstellung in Kapitel 3 § 4.

346 So *Grüneberg*, in: Palandt, § 311 Rn. 60, § 328 Rn. 34 sowie *Brors*, ZGS 2005, 142, 147 ff., die eine Haftung nach VSD auf der Grundlage des § 242 BGB vertreten anstelle der ergänzenden Vertragsauslegung. Für die Anwendung des VSD ebenso

In der Sache wird dabei insbesondere der *historischen Auslegung* besonderes Gewicht beigemessen. So wird unter anderem auf die Formulierung des § 311 Abs. 3 S. 2 BGB und dessen Anlehnung an die Wendungen des BGH zur Vertreter-und Sachwalterhaftung wegen Inanspruchnahme von Vertrauen verwiesen und argumentiert, mit der Norm habe der Gesetzgeber lediglich diese Fallgruppen kodifizieren wollen und mit der Schuldrechtsreform sei eine Ausweitung des Anwendungsbereiches über diese Fallgruppen hinaus nicht beabsichtigt gewesen.[347] Diese Argumentation wäre - wenn ihre Prämisse zuträfe - vor allem vor dem Hintergrund der Theorie der subjektiven Gesetzesauslegung von besonderem Gewicht, da sich danach, aufgrund des gesetzgeberischen Willens, eine Extension auf die Expertenhaftungsfälle verböte.

Wenngleich dieser Interpretation des § 311 Abs. 3 S. 2 BGB zuzugestehen ist, dass dessen Terminologie tatsächlich der Rechtsprechung des BGH zur c.i.c. -Dritthaftung entliehen ist und die entwickelten Fallgruppen sicherlich mit der neuen Haftungsgrundlage erfasst werden sollten, kann dennoch weder aus dem Gesetzeswortlaut noch aus der Gesetzesbegründung auf einen ausdrücklichen oder implizierten Willen des Gesetzgebers geschlossen werden, dass die Anwendung des § 311 Abs. 3 S. 2 BGB auf die sog. Sachwalterhaftung zu beschränken sei. Im Gegenteil sprechen gewichtige Argumente gegen eine so restriktive Auslegung und eher für eine Fortentwicklungsmöglichkeit des Anwendungsbereiches, was im Folgenden näher erläutert werden soll.

I. Rekurs auf den Willen des historischen Gesetzgebers

Zunächst hat der Gesetzgeber die Formulierung in § 311 Abs. 3 S. 2 BGB offen gehalten, indem es darin heißt, dass ein Schuldverhältnis *insbesondere* entsteht, „wenn der Dritte in besonderem Maße Vertrauen für sich in Anspruch

---

Jagmann, in: Staudinger, Neubearbeitung 2009, § 328 Rn. 92 ff. Vgl. auch *Sutschet*, in: FS Ehmann, 2005, S. 95, 110, 116, der dem VSD in Gutachterfällen den Vorrang wegen höherer Flexibilität vor allem bei Haftungsausschlüssen einräumt und § 311 Abs. 3 S. 2 BGB nur für einschlägig erachtet, wenn „sich eine Haftung dogmatisch als Vertrauenshaftung kennzeichnen lässt“ (S. 116); ebenso *Krebs*, in: AnwK-BGB, § 311, Rn. 103, der aufgrund des unkonturierten Vertrauensbegriffes eine restriktive Interpretation vertritt, sich auf die Anforderungen der Rechtsprechung beschränkt, eine allgemeine Lösung der Gutachterfälle über § 311 Abs. 3 S. 2 BGB ablehnt und unter das Erfordernis einer besonderen Rechtfertigung nach § 311 Abs. 3 S. 1 BGB stellt; *Rohe/Winter*, JuS 2003, 876; *Karampatzos* S. 257 ff.; *Gehrlein/Sutschet*, in: Bamberger/Roth § 311, Rn. 121. Vgl. ebenso *Sprenger S. 33, 45 f.*

347 In diesem Sinne u.a. *Emmerich*, JuS 2003, 402; *Krebs*, in: AnwK-BGB, § 311 Rn. 4 ff.

nimmt.“ Daneben sind konkrete Tatbestandsmerkmale, die sich allein auf die Vertreter- und Sachwalterhaftung beziehen, gerade nicht in § 311 Abs. 3 S. 2 BGB kodifiziert worden. Dies legt die Auslegung nahe, dass es sich damit bei § 311 Abs. 3 BGB nicht um eine Norm handelt, die sich zwangsläufig allein auf die Rechtsprechung des BGH zur c.i.c.-Dritthaftung beziehen soll. Ein eindeutiger Begrenzungswille ist hier gerade nicht erkennbar.

Dies kann ebenfalls daraus gefolgert werden, dass der Gesetzgeber in dem Gesetz unbestimmte Rechtsbegriffe wie „Dritte“ und „Vertrauen“ verwendet hat. Unbestimmte Rechtsbegriffe oder auch sog. Ermessensbegriffe sind „in hohem Maße wertausfüllungsbedürftig und dem Rechtsanwender wird insofern ein weites Konkretisierungsermessen zugebilligt bzw. zugemutet.“[348] Es ist in der Rechtslehre anerkannt, dass unbestimmte Rechtsbegriffe zwar in einem gewissen Spannungsverhältnis zum Gewaltenteilungsprinzip stehen können. Für eine sich fortlaufend wandelnde Gesellschaft bieten sie jedoch letztlich den großen Vorteil, dass der Rechtsanwender die in der gesetzlichen Fassung zum Ausdruck kommende Bewertung zügiger auf eine größere Zahl von Fällen anwenden kann, als dies der Fall wäre, wenn der Gesetzgeber die Gesetze mit einer katalogartigen Kasuistik füllen würde.[349] Dass es nicht zu einer Kollision mit dem Gewaltenteilungsprinzip kommt, ist dann Aufgabe der Rechtsprechung, nämlich die im Gesetz zutage getretene Wertentscheidung des Gesetzgebers bei der Auslegung zu berücksichtigen.

Schließlich ergeben sich aus den Materialien zur Gesetzesbegründung konkrete Hinweise darauf, dass Fortentwicklungsmöglichkeiten im Anwendungsbereich des § 311 Abs. 3 S. 2 BGB bewusst offen gehalten werden sollten, was im Rahmen der historischen Auslegung zu berücksichtigen ist.[350] So wird in der Gesetzesbegründung die Nichtabgeschlossenheit der Entwicklung im Bereich des c.i.c. sowie die ausdrückliche Ablehnung einer Regelung, die die Fortentwicklung durch Literatur und Rechtsprechung nicht erlauben würde, betont, wenn es dort heißt:

> „Absatz 3 Satz 1 bestimmt, dass ein vertragsähnliches Schuldverhältnis auch mit Personen entstehen kann, die gar nicht selbst Vertragspartei werden sollen. Das sind insbesondere die Fälle der Eigenhaftung des Vertreters oder Verhandlungsgehilfen. Gerade in diesem Bereich der Haftung aus culpa in contrahendo ist die Entwicklung derzeit noch nicht abgeschlossen. Deshalb gilt auch für Absatz 3, dass im Gesetz zwar die Möglichkeit einer Haftung auch von Dritten angesprochen, aber in einer Weise geregelt werden

348 *Kramer*, S. 66 f.

349 In diesem Sinne *Kramer* a.a.O.

350 Vgl. *Faust,* AcP 210, 555, 562.

soll, die eine Weiterentwicklung dieses Rechtsinstituts durch Praxis und Wissenschaft erlaubt."[351]

Diese Formulierung belegt, dass die Intention bei § 311 Abs. 3 S. 2 BGB nicht sein sollte, allein und ausschließlich die bisherige Rechtsprechung zur c.i.c. -Dritthaftung zu kodifizieren und diesen Status quo festzuschreiben, sondern vielmehr auf der Grundlage der bisherigen Rechtsprechung eine abstrakte Regelung zu schaffen, die dann eigenständige Grundlage der Rechtsfortbildung sein kann.[352] Dieses Verständnis entspräche auch der grundsätzlichen Bedeutung einer Kodifikation, mit welcher ein Prinzip mittels Abstraktion und Integration in das Recht einen verbindlichen und eigenständigen Charakter bekommt.[353] Somit erscheint die Interpretation, der Gesetzgeber habe ausschließlich die bisherigen c.i.c.-Dritthaftungsfallgruppen kodifizieren und damit den Anwendungsbereich der Vertrauenshaftung beschränken zu wollen, eher fernliegend, da es eben Aufgabe des Gesetzgebers ist, verbindliche Gesetze zu schaffen, die sich, mit eigenem Regelungsinhalt ausgestattet, in das Haftungssystem des BGB einfügen und die zur Lösung auch neu auftretender Sachverhalte potenziell herangezogen werden können.[354]

Neben diesen Anhaltspunkten sowie den Erwägungen zum grundsätzlichen Charakter des § 311 Abs. 3 S. 2 BGB spricht auch ein weiterer Passus in den Gesetzesmaterialien für die generelle Aufgeschlossenheit des Gesetzgebers gegenüber einer Anwendung des § 311 Abs. 3 S. 2 BGB auf die Gutachterhaftung und damit einer Abkehr vom VSD.[355] So heißt es in BT-Drucks. 14/6040 S. 163 zum Anwendungsbereich zu § 311 Abs. 3 S. 2 BGB:

„(...) Angesprochen ist damit auch die Sachwalterhaftung. Es handelt sich um die Haftung von *Sachverständigen* oder anderer „Auskunftspersonen", die nicht selbst ein Eigeninteresse an einem Abschluss des Vertrags haben, dennoch aber durch ihre Äußerungen entscheidend zum Vertragsabschluss beitragen, weil sich ein Verhandlungspartner

351 BT-Drucks. 14/6040 S. 163.

352 So auch die Analyse *Kerstings* auf S. 161 ff. mit Begründung anhand weiterer Gesetzgebungsmaterialien zur c.i.c.

353 S. dazu auch Kersting S. 156 f. m.w.N.

354 In diesem Sinne wohl auch *Kersting* S. 107 ff. 156 ff. sowie *Eichler* S. 186.

355 Ebenso *Eichler* S. 276; *Kersting* S. 108. In diesem Sinne wohl auch *Raue,* in: FS Säcker, S. 1110 f. Eben jene Gesetzesbegründung wird neben den dogmatischen Schwächen des VSDs und der bereits erwähnten Unbehaglichkeit, was den unterstellten vertraglichen Parteiwillen bei gegenläufigen Interessen angeht, auch als Hauptargument für die Anwendung des § 311 Abs. 3 S. 2 BGB herangezogen, zumal dort die Sachverständigenhaftung ausdrücklich erwähnt wird.

auf ihre Objektivität und Neutralität verlässt. Hierfür hat sich der Begriff Sachwalter eingebürgert. Solche Fälle werden derzeit nicht durchgängig als Anwendungsfälle des Rechtsinstituts der culpa in contrahendo begriffen. Teilweise wird eine Haftung nur angenommen, wenn zwischen dem Sachverständigen oder der Auskunftsperson und einem der Verhandlungspartner (oder beiden) ein Auskunfts- oder Beratungsvertrag zustande gekommen ist, was auch durch schlüssiges Verhalten geschehen sein kann (dazu Sutschet, Der Schutzanspruch zugunsten Dritter, 1999, S. 134 f. und 137 f.). Teilweise werden diese Fälle aber auch als Anwendungsfälle der culpa in contrahendo angesehen. Dieser setzt eine vertragliche Bindung gerade nicht voraus, die in diesen Fällen oft nicht einfach zu bejahen ist. Bei Anwendung der culpa in contrahendo kommt es entscheidend darauf an, ob Vertrauen in Anspruch genommen worden ist oder nicht. Die Vorschrift soll der Rechtsprechung aufzeigen, dass diese Fälle auch auf diesem Wege zu lösen sind."

Insgesamt eröffnen die Gesetzesmaterialien damit die Möglichkeit einer Integration der Dritthaftung von Gutachtern in den Anwendungsbereich des § 311 Abs. 3 S. 2 BGB.[356] Dass der Gesetzgeber hier keine verbindlichen Vorgaben an die Rechtsprechung gemacht und sie nicht auf einen Lösungsweg festgelegt hat, erklärt sich dadurch, dass es nicht sein Ziel war, der Rechtsprechung vorzugreifen.[357]

Mithin ist weder ein ausdrücklicher Wille des Gesetzgebers für eine Anwendungsbeschränkung ersichtlich, noch konnte aufgrund der sonstigen Umstände auf einen eindeutigen Willen geschlossen werden, welcher im Zuge der subjektiven Theorie der Gesetzesauslegung eine Anwendung allein auf die bisherigen Fallgruppen implizieren würde. Der Regelungsgehalt des § 311 Abs. 3 BGB ist daher – ohne einen ermittelbaren Begrenzungswillen des Gesetzgebers – grundsätzlich eigenständig und deshalb mit den in Frage kommenden Auslegungsmethoden zu bestimmen.[358]

---

356 So auch *Gellmann* S. 35. In die gleiche Richtung verweisen im Übrigen auch die Gesetzesmaterialien, die in BT-Drucks. 14/7051 S. 190 zu § 311 BGB eine Haftung für *Third Party Legal Opinions* über § 311 Abs. 3 BGB ausdrücklich bejahen. Insoweit stellt *van Eickels* S. 271 treffend fest: „(…) eine unterschiedliche dogmatische Herleitung der Haftung des Anwalts für Third Party Legal Opinions einerseits und der Dritthaftung anderer Experten für Gutachten andererseits wäre nicht sachgerecht. Denn in allen diesen Fällen geht es um die außervertragliche Haftung für die Fehlerhaftigkeit einer Expertise, die ein Dritter zur Grundlage seiner Vermögensdisposition gemacht hat."

357 So *Canaris,* der Mitglied der Kommission war, in: JZ 2001, 499.

358 Vgl. dazu *Kersting* S. 156 ff.

II. Systematische Bedenken gegen die Anwendung von § 311 Abs. 3 BGB auf die Gutachterdritthaftung

Soweit im Schrifttum gegen § 311 Abs. 3 S. 2 BGB und für die Anwendung des VSD weiterhin argumentiert wird, dass eine Lösung über den VSD vorzugswürdig sei, weil insoweit § 334 BGB gelte, der eine Haftungsbegrenzung des Gutachters ermögliche und außerdem die Anknüpfung an den Willen der Vertragsparteien in Verbindung mit der Abdingbarkeit des § 334 BGB flexible Lösungen erleichtere, überzeugt dies nicht.[359]

Zwar steht der Anspruch nach § 311 Abs. 3 S. 2 BGB auf einem gänzlich anderen Fundament als der VSD, denn bei Vorliegen der Tatbestandsvoraussetzungen entsteht zwischen Gutachter und Auskunftsempfänger ein eigenes gesetzliches Schuldverhältnis. Dem Gläubiger können deshalb tatsächlich auch keine Einwendungen aus dem Gutachtervertrag entgegengehalten werden,[360] denn § 334 BGB ist im Rahmen des § 311 Abs. 3 S. 2 BGB generell nicht anwendbar und nicht nur – wie beim VSD – bei unredlichen Auftraggebern des Gutachtens. Jedoch folgt aus diesem Umstand nicht zwingend eine fehlende oder ungenügende Möglichkeit der Haftungsbeschränkung. Dem Experten bleibt es unbenommen, eine Haftungsbeschränkung für den Fall der Verwendung des Gutachtens gegenüber Dritten dadurch herbeizuführen, dass er z.B. in der Expertise seine Haftung ausdrücklich auf die gegenüber seinem Auftraggeber beschränkt oder Vorbehalte hinsichtlich der Validität einiger Angaben oder Bewertungen aufnimmt.[361] Damit würde zwar lediglich der „haftungsbegründende Vertrauenstatbestand beseitigt" und keine Beschränkung des Verschuldensmaßstabes oder der Schadenshöhe erreicht werden können,[362] dies bedeutet aber nicht zwangsläufig einen Mangel an Effektivität. Tatsächlich ist dem Dritten mit haftungsbeschränkenden Hinweisen in der Expertise sogar mehr gedient, als wenn er erst im Nachhinein im Wege der ergänzenden Vertragsauslegung erfährt, wie der Gutachter ihm gegenüber für fehlerhafte Angabe haftet. Sind aus der Expertise Hinweise ersichtlich, kann er sein eigenes rechtsgeschäftliches Verhalten gezielt darauf einstellen und beispielsweise einen eigenen Gutachter beauftragen oder sogar vom Kauf absehen, wenn ihm dieser zu risikoreich erscheint. Die Vertragsgestaltung zwischen Auftraggeber und

---

359 Vgl. *Brors,* ZGS 2005, 142, 147 ff.; *Sutschet,* in: FS Ehmann, 2005, S. 95, 115 f. Vgl. ebenso die Ausführungen von *Kersting* S. 100 f.

360 *Canaris,* ZHR 163, 206, 229. Ebenso *Pinger/Behme,* JuS 2008, 675, 678.

361 Für diese Möglichkeit der Vertrauensbeschränkung u.a. *Canaris,* ZHR 163, 206, 230; *Scheider,* ZHR 163, 246, 263, 268; *Koch,* WM 2005, 1208, 1211 ff.

362 *Canaris,* ZHR 163, 206, 244.

Gutachter ist ihm hingegen unbekannt. Fänden sich demgegenüber Vorbehalte in dem Gutachten, so wäre es für ihn direkt ersichtlich, dass er auf manche Umstände nicht in haftungsbegründender Weise vertrauen dürfte.[363] Hinsichtlich des Einwandes der Flexibilität und der möglichen Haftungsbeschränkungen innerhalb der vertraglichen Lösung formuliert *Kersting* deshalb treffend und abschließend, unter vorherigem Hinweis auf die dogmatischen Zweifel am VSD, dass „die Vorteile einer vertraglichen Anknüpfung nur Folge und nicht Grund eben dieser Anknüpfung sein können".[364]

Schließlich spricht auch nicht gegen die Anwendbarkeit des § 311 Abs. 3 S. 2 BGB, dass eine der Parteien des späteren Kaufvertrages zuvor den Gutachter beauftragt hatte und somit „in dessen Lager" stehe.[365] Grundsätzlich hindert die Beauftragung nicht die Gewährung berechtigten Vertrauens, da es gerade in der Natur des Gutachterberufes liegt, neutral und objektiv zu handeln, weshalb auch hier die Gewährung von Vertrauen bei entsprechendem Auftreten des Gutachters schützenswert wäre.[366] Dass kein weiterer Gutachter beauftragt wurde und die entsprechenden Ergebnisse den Vertragsschluss oder die Vertragsverhandlungen beeinflusst haben, sprechen zudem für eine faktische Vertrauensgewährung. Letztere sind zudem Tatbestandsvoraussetzungen des § 311 Abs. 3 S. 2 BGB, wohingegen die Berechtigung der Vertrauensgewährung keinen Niederschlag im Gesetz gefunden hat.

C. § 311 Abs. 3 BGB als Grundlage der Expertenhaftung

Stehen daher der Eignung des § 311 Abs. 3 S. 2 BGB, als Grundlage für die Lösung der Dritthaftungsfälle von Experten zu dienen, weder die o.g. historischen noch systematischen Erwägungen zwingend entgegen, ist zu bestimmen, was indes eine Anwendung des § 311 Abs. 3 S. 2 BGB als vorzuziehenden Lösungsweg qualifiziert.[367]

---

363 *Canaris* weist zudem in ZHR 163, 206, 231 auf die Möglichkeit hin, eine Haftungsbeschränkung aufzunehmen, die dann einen Antrag auf Abschluss eines entsprechenden Vertrages über die Rechtsfolgen darstellen soll. Kritisch dazu *Karampatzos* S. 106, der es für widersprüchlich hält, einen konkludenten Auskunftsvertrag abzulehnen, aber zugleich eine vertragliche Haftungsbeschränkung aufgrund Willenserklärung zu bejahen.

364 *Kersting* S. 101.

365 So aber u.a. *Karampatzos* S. 260.

366 Vgl. dazu *Canaris*, ZHR 163, 206, 226.

367 Dass die Expertenhaftung an sich unter den sehr offenen Wortlaut des § 311 Abs. 3 S. 2 bzw. unter S. 1 BGB subsumiert werden kann, haben u.a. bereits *Canaris, Kersting* sowie *Gellmann* nachgewiesen.

Dafür spricht entscheidend, dass der Gesetzgeber § 311 Abs. 3 BGB so gefasst hat, dass sich sein Sinn nicht allein in der bloßen gesetzlichen Festschreibung des *Status quo* der vom BGH entwickelten Vertreter- und Sachwalterhaftung und deren konkrete Anwendungsgrenzen erschöpft.[368] Insbesondere die tatbestandliche Offenheit von § 311 Abs. 3 S. 1 und S. 2 BGB spricht gegen eine Begrenzung seiner Anwendung, zumal jegliche tatbestandliche Beschränkung auf die Vertreter- und Sachwalterhaftung im c.i.c-Kontext fehlt.

Naheliegender erscheint es deshalb, den Gesetzeszweck des § 311 Abs. 3 BGB in der eigenständigen Regelung der Dritthaftung an sich sehen.[369] Dafür spricht auch die dort lokalisierte Anerkennung der Schutzwürdigkeit des gegebenen Vertrauens in Dritthaftungskonstellationen, von welchem § 311 Abs. 3 S. 2 BGB ausgeht und welches auch in Dritthaftungskonstellationen mit Experten besteht.[370]

Insoweit hat der Gesetzgeber „die Inanspruchnahme von Vertrauen als Haftungsgrundlage gesetzlich fixiert und damit Zweifel an der dogmatischen Tragfähigkeit des Vertrauensbegriffes ausgeräumt."[371] Beides spricht für die Etablierung der Vertrauenshaftung als dogmatische Haftungsgrundlage auch für die Expertenhaftung.

Die Integration der Expertenhaftung in § 311 I Abs. 3 S. 2 BGB muss die Konstruktion des VSD derweil nicht überflüssig machen, denn sie bleibt primärer Lösungsansatz für die Fallgestaltungen, welche ursprünglich zu seiner Entwicklung geführt hatte, nämlich bei solchen, bei denen die „Wohl-und-Wehe Formel" greift.[372]

§ 6. Fazit und Prämissen für das weitere Vorgehen

Die vorstehenden Ausführungen haben die wesentlichen Ansatzpunkte und zugleich die Reichweite der Diskussion um die dogmatische Grundlage der Expertenhaftung verdeutlicht.

Dabei sind die von der Rechtsprechung favorisierten Lösungswege des konkludenten Auskunftsvertrages sowie der VSD durch die vielen Fiktionszwänge bisher wenig überzeugend begründet. Gegen die dargestellten Lösungsmodelle der Literatur – soweit diese nach der Schuldrechtsreform überhaupt noch

368 *Eichler* S. 286.

369 *Eichler* S. 286. So im Ergebnis auch *Kersting* S. 107 ff.

370 Ähnlich auch *Eichler* S. 286.

371 *Koch*, AcP 204, 59, 71, m.w.N.; *Canaris*, JZ 2001, 499, 520.

372 So u.a. *Medicus*, in: FS Schlechtriem S. 623; *Pinger/Behme*, JuS 2008, 675, 678.

Geltung für sich beanspruchen wollen – ist kritisch einzuwenden, dass viele der Lösungswege ihren systematischen Anknüpfungspunkt entweder unscharf lassen, ihn in Anlehnung an die Rechtsgeschäftslehre entwickeln – und sich damit letztlich der gleichen Kritik aussetzen, wie die Vertragslösung des BGH – oder ihn außerhalb der Kategorien von Vertrags-, Vertrauens und Deliktshaftung verorten, was vor dem Hintergrund der dogmatischen Strukturentscheidungen des historischen Gesetzgebers bedenklich erscheint.

Was die Vertrauenshaftung nach § 311 Abs. 3 S. 2 BGB betrifft, so ist zusammenfassend festzustellen, dass weder der Wille des historischen Gesetzgebers noch gesetzessystematische Gründe gegen die Anwendung des § 311 Abs. 3 S. 2 BGB auf die Fälle der Dritthaftung von Experten als primäre, rechtsgeschäftsähnliche Anspruchsgrundlage sprechen. Im Gegenteil ergibt sich aus dem vom Gesetzgeber bewusst offen gefassten Tatbestand des § 311 Abs. 3 BGB und dem dort verorteten Vertrauensschutz, dass die Expertenhaftung dem Grunde nach unter § 311 Abs. 3 S. 2 BGB zu fassen ist.

Vor diesem Hintergrund sollen nunmehr die tatbestandlichen Voraussetzungen der Dritthaftung im Kontext des gesamten Schadensersatzanspruchs nach § 280 Abs. 1 i.V.m. §§ 311 Abs. 3 S. 2, 241 Abs. 2 BGB erarbeitet und der Haftungsrahmen für fehlerhafte Gutachten in Dritthaftungskonstellationen – und im Speziellen für Kunstgutachten – bestimmt werden.

Kapitel 4. Der Schadensersatzanspruch nach § 280 Abs. 1 i.V.m. §§ 311 Abs. 3 S. 2, 241 Abs. 2 BGB

Mit § 280 Abs. 1 i.V.m. §§ 311 Abs. 3 S. 2, 241 Abs. 2 BGB als einschlägiger Anspruchsgrundlage der Schadensersatzforderung, rückt der Blick nunmehr auf die einzelnen Tatbestandsvoraussetzungen der Dritthaftung. Vor deren Auslegung soll dabei zunächst ein Überblick über die Struktur und Systematik der Normenkette gegeben werden. Dieser wird ergänzt durch eine Darstellung spezieller Maßgaben, die im Rahmen der Gesetzesauslegung bedeutsam sind. Dazu gehört insbesondere die gesetzgeberische Vorgabe, die Dritthaftung in ihrem Umfang zu begrenzen.

§ 1. Die Struktur und Systematik des Schadensersatzanspruchs im gesetzlichen System der Schadenshaftung

In struktureller Hinsicht verknüpft die Normenkette § 280 Abs. 1 i.V.m. §§ 311 Abs. 3 S. 2, 241 Abs. 2 BGB die Sonderverbindung nach § 311 Abs. 3 BGB mit den Pflichten nach § 241 Abs. 2 BGB und dem entsprechenden schuldrechtlichen Sanktionsmechanismus gemäß §§ 280 Abs. 1, 276, 249 ff. BGB. Erst durch Korrelation dieser einzelnen Rechtssätze bildet sich die Anspruchsgrundlage für einen Schadensersatzanspruch bei Dritthaftungskonstellationen.[373]

Für die Auslegung der Tatbestände sind mithin drei maßgebliche Prüfungskomplexe von Interesse, nämlich die Frage, wann und unter welchen Voraussetzungen ein Schuldverhältnis im Sinne von § 311 Abs. 3 BGB entstehen kann, welchen konkreten Inhalt die in § 241 Abs. 2 BGB geregelten Pflichten in Gutachterfällen haben und zum Dritten, wann die weiteren Voraussetzungen des Schadensersatzanspruches, also die schuldhaft verursachte Pflichtverletzung nach §§ 280 Abs. 1, 276 BGB sowie deren Rechtsfolgen, vorliegen.

A. Die Sonderverbindung nach § 311 Abs. 3 BGB

Wie die Regelung des § 311 BGB in ihrer Gesamtheit, fällt auch Absatz 3 des § 311 BGB unter die Überschrift im 2. Buch des BGB: „Rechtsgeschäftliche und rechtsgeschäftsähnliche Schuldverhältnisse“ mit dem Untertitel 1: „Begründung

373 Vgl. dazu *Larenz/Canaris*, Methodenlehre, S. 85.

von Schuldverhältnissen". Der Absatz 1 des § 311 BGB erfasst dabei zunächst die Voraussetzungen der rechtsgeschäftlichen Begründung eines Schuldverhältnisses und bekräftigt damit das Vertragsprinzip.[374] Absatz 2 des § 311 BGB enthält die Bestimmung, dass schon vor Vertragsschluss aufgrund von Vertragsverhandlungen, einer Vertragsanbahnung oder ähnlicher geschäftlicher Kontakte ein vorvertragliches gesetzliches Schuldverhältnis entsteht, und verweist zur näheren Bestimmung der Pflichten auf § 241 Abs. 2 BGB, in dem nicht die Primärleistungspflichten, sondern die Verhaltenspflichten geregelt sind. Regelungsgegenstand des Abs. 2 sind damit die Zwei-Personen-Konstellationen der c.i.c.[375] Anknüpfungspunkt für die schuldrechtliche Haftung durch Begründung eines rechtsgeschäftsähnlichen Schuldverhältnisses ist daher nicht ein zustande gekommenes Rechtsgeschäft der Parteien, sondern bereits die vorvertragliche Beziehung der potenziellen Vertragsparteien, unabhängig davon, ob es tatsächlich zum Vertragsschluss kommt.

Der Inhalt von § 311 Abs. 3 S. 1 BGB umfasst demgegenüber allein die Existenz und Begründung der Dritthaftung. Er regelt die Entstehung eines Schuldverhältnisses aufgrund einer Sonderverbindung zu Personen, „die nicht selbst Vertragspartei werden sollen". Die Konsequenz ist sowohl die Ausweitung des Anwendungsbereiches von § 241 Abs. 2 BGB als auch die Anwendbarkeit von weiteren Normen des allgemeinen Teils des Schuldrechts auf die rechtsgeschäftsähnliche Sonderverbindung. Für den hier interessierenden Schadensersatzanspruch sind dies insbesondere § 280 Abs. 1 BGB, sowie §§ 276, 278, 249 ff. BGB. Wann und unter welchen Voraussetzungen ein Schuldverhältnis entsteht, ist nicht abschließend in § 311 Abs. 3 S. 1 BGB geregelt. Auch formuliert § 311 Abs. 3 S. 1 BGB mit der Wendung „kann" nur die Möglichkeit der Schuldverhältnisbegründung, enthält aber keine konkreten Voraussetzungen. Diese ergeben sich erst aus § 311 Abs. 3 S. 2 BGB, nach dessen Wortlaut ein rechtsgeschäftsähnliches Schuldverhältnis zwischen einer Vertragspartei und einem Dritten entstehen soll, wenn dieser in besonderem Maße Vertrauen für sich in Anspruch nimmt und dadurch die Vertragsverhandlung oder der Vertragsschluss erheblich beeinflusst wird. Trotz seines Charakters als Regelbeispiel ist § 311 Abs. 3 S. 2 BGB hinsichtlich der Zielrichtung seiner Anwendung – der Inanspruchnahme von Vertrauen bei Vertragsverhandlungen – grundsätzlich abschließend, da

374 *Emmerich*, in: MünchKomm, Bd. 2, 6. Aufl. 2012, § 311 Rn. 1.

375 Aufgrund der Struktur des § 311 Abs. 3 BGB erscheint es geboten, zwischen § 311 Abs. 2 S. 3 und § 311 Abs. 3 BGB streng zu trennen und unter erstere Norm nur Zwei- und unter § 311 Abs. 3 BGB nur Drei-Personen-Konstellationen zu fassen. Vgl. dazu *Eichler* S. 285.

nicht davon ausgegangen werden kann, dass der Gesetzgeber die Möglichkeit schaffen wollte, diesen konturierten Fallbereich durch die Rückgriffmöglichkeit auf § 311 Abs. 3 S. 1 BGB eben seiner Konturen wieder zu berauben.[376]

Systematisch stellt die Sonderverbindung nach § 311 Abs. 3 S. 2 BGB ein rechtsgeschäftsähnliches Schuldverhältnis dar, das gegenüber dem Bezugsvertrag einen gänzlich eigenständigen Charakter hat. Dies ergibt sich zunächst aus der Überschrift des § 311 BGB sowie aus der Regelung der Dritthaftung in einem eigenen Absatz. In die gleiche Richtung weisen auch das Erfordernis einer Inanspruchnahme von Vertrauen als Tatbestandsmerkmal – in Abgrenzung zu Absatz 2 des § 311 BGB – und die Entbehrlichkeit eines Rechtsbindungswillens bei der Begründung der Sonderverbindung.[377] Gleichwohl wird man bei der Auslegung des § 311 Abs. 3 S. 2 BGB aufgrund seiner systematischen Zuordnung zum Allgemeinen Schuldrecht, seiner Stellung in Buch 2 Abschnitt 2 des BGB und der Integration in § 311 BGB sowie der damit verbundenen eingeschränkten Anordnung des schuldrechtliche Schadensersatzrechts, rechtsgeschäftliche Prinzipien bei der Begründung nicht gänzlich außer Acht lassen dürfen.[378] Hinsichtlich deren konkreter Rolle, Umfang sowie Bezeichnung bei der Integration und Berücksichtigung im Tatbestand werden im Schrifttum unterschiedliche Ansichten vertreten.[379] Die aus dem rechtsgeschäftsähnlichen Drittschuldverhältnis erwachsenden Pflichten beschränken sich nach dem Gesetzeswortlaut des § 311 Abs. 3 S. 1 BGB derweil auf zwischenparteiliche Rücksichtnahmepflichten nach § 241 Abs. 2 BGB. Der § 241 Abs. 1 BGB, welcher die leistungsbezogenen Pflichten zum Regelungsinhalt hat, wird nicht zitiert.

B. Die Pflichten nach § 241 Abs. 2 BGB im Schuldverhältnis

Die Regelung des § 241 Abs. 2 BGB wurde – wie auch § 311 Abs. 3 BGB – mit der Schuldrechtsreform 2002 in das BGB aufgenommen und beinhaltet eine Kodifizierung der in der Rechtsprechung und Wissenschaft allgemein anerkannten

---

376 *Kersting* S. 125 m.w.N. Vgl. ebenso die Ausführungen zur Kodifikation von *Canaris,* in: JZ 2001, 499 (520).

377 Vgl. dazu *Kersting* S. 124, 151, der das rechtsgeschäftsähnliche Drittschuldverhältnis daher als weitestgehend selbstständiges Rechtsinstitut einordnet. A.A. wohl *Canaris,* in: JZ 2001, 499, 520; *Koch,* in: AcP 204, 59, 70 sowie BT-Drucks. 14/6040, S. 163, wo die Dritthaftung weiterhin als Unterfall der c.i.c. eingeordnet wird.

378 Zur Bedeutung rechtsgeschäftlicher Elemente für die Auslegung s. Kapitel 4 § 2 A. IV.

379 Vgl. dazu u.a. *Kersting* S. 243 ff., *Faust,* AcP 210, 555 ff., *Eichler* 331 f. Ausführlich zur Problematik s. Kapitel 4 § 2 A. IV. sowie Kapitel 4 § 3 B. II. 3.

Lehre von den Schutzpflichten.[380] Nach dem Wortlaut des § 241 Abs. 2 BGB kann „das Schuldverhältnis nach seinem Inhalt jeden Teil zur Rücksicht auf die Rechte, Rechtsgüter und Interessen des anderen Teils verpflichten." Der § 241 Abs. 2 BGB bezieht sich in Abgrenzung zu § 241 Abs. 1 BGB somit lediglich auf Schutz- und Nebenpflichten, ohne diese jedoch näher zu bestimmen oder zu konkretisieren[381] und nicht auf die in § 241 Abs. 1 BGB geregelten leistungsbezogenen Pflichten. Beide Pflichtenkreise müssen voneinander getrennt werden und stehen selbstständig nebeneinander.[382] Gegenstand des Schutzes von § 241 Abs. 2 BGB ist dabei das Integritätsinteresse der Gegenpartei, hier vor allem deren vermögensrechtlicher Status quo.[383] § 241 Abs. 2 ist keine Anspruchsgrundlage, sondern erlangt erst im Zusammenhang mit anderen Normen Bedeutung.[384] In welchem Umfang Nebenpflichten im Einzelnen bestehen, richtet sich daher auch nach den Umständen des jeweiligen Einzelfalls: bei rechtsgeschäftlichen Schuldverhältnissen primär nach dem Vertragszweck und der Verkehrssitte, bei rechtsgeschäftsähnlichen Schuldverhältnissen nach deren Schutzbedürfnis unter Berücksichtigung der Verkehrssitte und den Anforderungen redlichen Geschäftsverkehrs.[385] Die Schutz- und Nebenpflichten sind also durch Auslegung zu ermitteln und in jedem Einzelfall konkretisierungs- und begründungsbedürftig.[386]

C. § 280 Abs. 1 BGB

Der in der Normenkette vorangestellte § 280 BGB stellt die eigentliche Anspruchsgrundlage für den Schadensersatzanspruch dar, denn erst § 280 Abs. 1 BGB verknüpft das Vorliegen einer Pflichtverletzung aus einem Schuldverhältnis mit der Rechtsfolge des Schadensersatzes. Zur Klärung der Tatbestandsvoraussetzungen ist es daher ferner notwendig, die weiteren – hier maßgeblichen – erläuternden

---

380 BT-Drucks. 14/6040 S. 125; *Bachmann*, in: MünchKomm, Bd. 2, 6. Aufl. 2012, § 241 Rn. 46; *Westermann*, in: Erman, Bd. 1, § 241 Rn. 1.

381 *Bachmann*, in: MünchKomm, Bd. 2, 6. Aufl. 2012, § 241 Rn. 2; *Westermann*, in: Erman, Bd. 1, § 241 Rn. 2.

382 *Schwab*, JuS 2002, 872. Ebenso *Kilian*, NZV 2004, 489, 494.

383 *Grüneberg*, in: Palandt, § 241 Rn. 6.

384 *Bachmann*, in: MünchKomm, Bd. 2, 6. Aufl. 2012 § 241 Rn. 2.

385 *Grüneberg*, in: Palandt, § 241 Rn. 7 mit Verweis auf BGH NJW 2010, 1135. Für eine einzelfallabhängige Ableitung der Schutzpflichten aus dem jeweiligen Schuldverhältnis auch *Eichler* S. 264.

386 *Westermann*, in: Erman, Bd. 1, § 241 Rn. 10 mit Verweis auf *Krebs*, in: AnwK-BGB § 241 Rn. 7.

Rechtssätze der §§ 311 Abs. 3, 241 Abs. 2, 276, 249 ff. BGB für die Prüfung der Anspruchsvoraussetzungen mit einzubeziehen, denn sie stehen in einem notwendigen, sich aufeinander beziehenden Zusammenhang. Dabei gilt die Beweislastregel des § 280 Abs. 1 S. 2 BGB, nach welcher der Anspruchsgegner darzulegen und zu beweisen hat, dass ihm ein Vertretenmüssen der Pflichtverletzung nicht vorgeworfen werden kann. Zudem müssen Pflichtverletzung und Schaden in einem Ursachenzusammenhang stehen.[387]

D. §§ 249 ff. BGB

Der Umfang und der Inhalt der Schadensersatzpflicht bei Ansprüchen auf Grundlage des § 280 Abs. 1 i.V.m. §§ 311 Abs. 3, 241 Abs. 2 BGB richten sich in der Rechtsfolge nach §§ 249 ff. BGB.[388] Der Geschädigte ist gemäß § 249 BGB so zu stellen, wie er stünde, wenn der zum Ersatz verpflichtende Umstand nicht eingetreten wäre. Der zum Ersatz verpflichtende Umstand ist in den hier untersuchten Fällen dabei regelmäßig die Verletzung einer Pflicht aus § 241 Abs. 2 BGB. Konkret können Schäden durch Schutzpflichtverletzungen an Rechten, Rechtsgütern und Interessen der Gegenpartei entstehen, insbesondere auch durch Eingriffe in das Vermögen. Allerdings muss der Schaden dem Verursacher auch zurechenbar sein. Daher ist stets zu prüfen, ob der Schaden adäquat kausal verursacht wurde und sich innerhalb des Schutzzwecks der Norm bewegt.[389]

§ 2. Maßgaben für die Auslegung des § 311 Abs. 3 S. 2 BGB

Da es Ziel dieser Arbeit ist, die konkreten Voraussetzungen des § 311 Abs. 3 S. 2 BGB für die Gutachterhaftung zu bestimmen, legen es die besonderen Umstände der Entstehungsgeschichte und die Systematik des § 311 Abs. 3 BGB nahe, zunächst im Interesse einer größeren Klarheit und Übersichtlichkeit wesentliche Maßgaben und Rechtsprinzipien voranzustellen, die bei der Auslegung zu beachten sind.

Die Auslegung einer Norm als Teil der objektiven Rechtsordnung erfolgt grundsätzlich anhand der traditionell anerkannten Methodik nach dem logisch-grammatikalischen Wortsinn, der Gesetzessystematik und dem Sinn und Zweck

387 *Ernst*, in: MünchKomm, Bd. 2, 6. Aufl. 2012, § 280 Rn. 29.
388 *Oetker*, in: MünchKomm, Bd. 2, 6. Aufl. 2012, § 249 Rn. 1, 3.
389 Vgl. dazu ausführlich *Ebert*, in: Erman, Bd. 1, Vor. §§ 249–253 Rn. 28 ff.; *Oetker*, in: MünchKomm, Bd. 2, 6. Aufl. 2012, § 249 Rn. 103 ff.

der Regelung unter Einbeziehung des Willens des historischen Gesetzgebers.[390] Im Rahmen der Vertrauenshaftung nach § 311 Abs. 3 S. 2 BGB gibt es dabei diverse Aspekte, die aus historischer und systematischer Perspektive entweder vorgegeben oder in besonderem Maße zu berücksichtigen sind. So ist der Normierung von § 311 Abs. 3 BGB, der die zentralen – aber auch umstrittensten – Voraussetzungen des Anspruchs regelt, eine langjährige, wissenschaftlich begleitete Rechtsentwicklung des Rechtsinstituts der culpa in contrahendo durch Richterrecht vorausgegangen, die in dem Gesetzestext der Absätze 2 und 3 des § 311 BGB und dessen Begründung teilweise ihren Niederschlag gefunden hat.[391] Daher ist beispielsweise fraglich, ob und in welchem Umfang sowie Kontext die konkretisierenden Kriterien der BGH-Rechtsprechung zur Expertenhaftung, einschließlich der Kriterien, die bereits vor der Kodifizierung dieser Norm von der Rechtsprechung zur Vertreter- und Sachwalterhaftung entwickelt wurden, bei der Auslegung des § 311 Abs. 3 S. 2 BGB zu berücksichtigen sind.

Weiterhin hat der BGH im Rahmen der Rechtsprechung zur Expertendritthaftung auf der dogmatischen Basis des VSD, des Auskunftsvertrages und des Deliktsrechtes grundsätzliche Wertungen hinsichtlich der konkreten Ausgestaltung der Dritthaftung aufgestellt. Für die Auslegung des § 311 Abs. 3 S. 2 BGB, der seit der Schuldrechtsreform im Jahr 2002 Teil der kodifizierten Rechtsordnung ist, ist zwar zunächst davon auszugehen, dass die Norm grundsätzlich Gegenstand einer von gerichtlichen Präjudizien unabhängigen wissenschaftlichen Auslegung ist. Gleichwohl ergibt sich aus den Gesetzesmaterialien, dass dem Gesetzgeber die Kontinuität und mithin Fortschreibung einer Haftungsbegrenzung ein Anliegen war. Dies ist insbesondere im Rahmen der teleologischen Auslegung erheblich. Die teleologische Auslegung ermittelt den erkennbaren Zweck und Grundgedanken einer Regelung anhand der Normvorstellungen des Gesetzgebers (historisch-teleologische Auslegung)[392] und anhand des objektiv erkennbaren Regelungssinns (objektiv-teleologische Auslegung). Sie schließt sich meist an die Klärung des Wortsinns und des Bedeutungszusammenhangs der Norm im Kontext der Normen an.[393] Für die teleologische Interpretation ist der

390 *Säcker*, in: MünchKomm, Bd. 1, 6. Aufl. 2012, Einleitung Rn. 135 ff; *Larenz/Canaris*, Methodenlehre, S. 133 ff.; *Kramer*, Juristische Methodenlehre, S. 53 ff.

391 Kapitel 3 § 5 A.

392 Zur Differenzierung zwischen historischer und objektiver teleologischer Interpretation vgl. *Larenz/Canaris*, Methodenlehre, S. 165.

393 Ob eine Reihenfolge bei der Auslegung zu beachten ist, ist in der Literatur streitig. Zum Meinungsstreit vgl. *Kramer*, Juristische Methodenlehre, S. 171 ff., der die Bedeutung der Streitfrage zu Recht relativiert.

gesetzgeberische Wille bzw. der vom Gesetzgeber intendierte Sinn und Zweck der Norm mithin eine besonders wichtige Erkenntnisquelle.[394]

Schließlich hat der Gesetzgeber die Dritthaftung nach § 311 Abs. 3 BGB in der Gesetzesüberschrift systematisch in der unmittelbaren Nähe zur rechtsgeschäftlichen Haftung nach den Grundsätzen der Willenserklärung verortet, sie als „rechtsgeschäftsähnliches Schuldverhältnis" bezeichnet und auf der Rechtsfolgenseite Regelungen des allgemeinen Schuldrechts für anwendbar erklärt. Dieser systematischen Stellung ist daher bei der Auslegung des § 311 Abs. 3 S. 2 BGB gerecht zu werden und insoweit bei der Auslegung des § 311 Abs. 3 S. 2 BGB auf Übereinstimmung, mindestens aber Widerspruchsfreiheit zu den anderen Gesetzesbestimmungen des Regelungskomplexes und ihren Wertungen zu achten.[395] Dies gilt auch in Bezug auf „die Wertungen des Gesetzes in seiner Gesamtheit."[396] Damit ist vornehmlich die bereits erwähnte Frage zu klären, inwieweit rechtsgeschäftliche und dabei insbesondere subjektive Kriterien in den Tatbestand zu integrieren sind bzw. inwieweit eine Auslegung des § 311 Abs. 3 S. 2 BGB in diesem Sinne zu erfolgen hat.

Nachfolgend soll nunmehr im Hinblick auf die Auslegung der einzelnen Tatbestandsmerkmale des Schadensersatzanspruchs ein Überblick über die wichtigsten Rechtsprinzipien und Vorgaben des Gesetzgebers gegeben werden,

---

394 Sowohl zum Ziel der Gesetzesauslegung als auch zur Rolle des gesetzgeberischen Willens innerhalb der einzelnen Auslegungskriterien und deren Rangverhältnis werden im Schrifttum unterschiedliche Ansichten vertreten. Dabei sieht die subjektive Theorie den gesetzgeberischen Willen als Ziel und Mittelpunkt der Auslegung, vgl. *Säcker*, in: MünchKomm, Bd. 1, 6. Aufl. 2012, Einleitung Rn. 95 ff. sowie Rn. 123 ff. m.w.N. Nach der objektiven Theorie soll hingegen entscheidend sein, was dem Gesetz nach seinem objektiv erkennbaren Sinn, unter Berücksichtigung der gegenwärtigen Verhältnisse, zu entnehmen ist, vgl. *Zippelius*, Juristische Methodenlehre S. 19 ff. Vgl. ebenso *Larenz* und *Canaris*, die den Willen des Gesetzgebers zwar für bedeutsam halten, aber fordern, dass sich dieser auch bewähren müsse an der dem Gesetz eigenen Vernünftigkeit; *Larenz/Canaris*, Methodenlehre, S. 153. Das BVerfG hält derweil nur eine unterstützende Heranziehung von Gesetzesmaterialien für gerechtfertigt, soweit diese auf einen objektiven Gesetzesinhalt schließen lassen, bzw. in dem Gesetzestext einen Niederschlag gefunden haben. Denn „die Materialien dürfen nicht dazu verleiten, die subjektiven Vorstellungen der gesetzgebenden Instanzen dem objektiven Gesetzesinhalt gleichzusetzen", vgl. *BVerfG* NJW 1983, 735, 738 m.w.N.

395 *Larenz/Canaris*, in: Methodenlehre der Rechtswissenschaft S. 148 f., 164; *Canaris*, in: Systemdenken und Systembegriff, S. 90 f.

396 *Säcker*, in: MünchKomm, Bd. 1, 6. Aufl. 2012, Einleitung Rn. 139 f.

auf die dann im Verlauf von Kapitel 4 § 3 rekurriert wird. Konkret wird dabei betrachtet, welchen Rechtsprinzipien die Norm verpflichtet ist, welche leitenden Auslegungsgesichtspunkte der Gesetzgeber vorgegeben hat, aber auch, welche Bedeutung den von der Rechtsprechung zur c.i.c.-Haftung entwickelten Rechtsprinzipien und Kriterien bei der Auslegung des gesamten Normenbereichs des Ersatzanspruchs zukommt, wie sie methodisch einzuordnen sind und inwieweit insoweit eine Bindung besteht.

A. Auslegungsrelevante Rechtsprinzipien und Vorgaben des Gesetzgebers

I. § 311 Abs. 3 S. 2 BGB als offene Regelung für die Fallgruppe der Gutachterdritthaftung

Wie bereits in Kapitel 3 herausgearbeitet, ergibt sich aus den Gesetzesmaterialien, dass der Gesetzgeber mit der Kodifizierung von § 311 Abs. 3 BGB zwar eine gesetzliche Grundlage für die c.i.c.-Dritthaftung schaffen wollte, die Norm aber so offen gefasst hat, dass – in Anknüpfung an die Regelungstradition des Bürgerlichen Gesetzbuches – Raum für die weitere Differenzierung und Fortentwicklung durch die Rechtsprechung und Literatur verbleibt.[397] Allein aus dem Umstand, dass der Gesetzgeber bei der Kodifizierung die zuvor von der Rechtsprechung entwickelten Begriffe und Formulierungen verwendet hat, kann nicht gefolgert werden, dass eine Lösung der Gutachterdritthaftung nach § 311 Abs. 3 S. 2 BGB ausscheidet und die Anwendung des § 311 Abs. 3 S. 2 BGB allein auf die ursprünglichen Fälle der c.i.c.-Dritthaftung beschränkt bleiben soll.[398]

Es lässt sich – im Gegenteil – aus den Gesetzesmaterialien die Tendenz entnehmen, dass der Gesetzgeber für die Haftung von Sachverständigen, Auskunftspersonen[399] und für *Third Party Legal Opinions*[400] eine Lösung über § 311 Abs. 3 S. 2 BGB für vorzugswürdig erachtet hat.[401] Zumindest aber ist, selbst wenn man als primäres Motiv des Gesetzgebers bei der Schuldrechtsreform nur die Kodifikation der bisherigen Rechtsprechung zur Vertreter- und Sachwalterhaftung unterstellte, weder in der Regelung des § 311 Abs. 3 BGB selbst, noch in der zugehörigen Gesetzesbegründung ein solch eindeutiger Wille bzw. eine

397 BT-Drucks. 14/6040, S. 161 f.

398 Vgl. Kapitel 3 § 5 B. I.

399 Ausschussbericht, BT-Drucks. 14/7052 S. 190.

400 BT-Drucks. 14/6040 S. 163.

401 Vgl. Kapitel 3 § 5 B.

Absicht des Gesetzgebers ersichtlich, den Anwendungsbereich des § 311 Abs. 3 BGB auf die c.i.c.-Dritthaftung zu beschränken.[402]

Vor diesem Hintergrund muss konsequenterweise eine die Erfassung der Expertendritthaftung ausschließende Auslegung des § 311 Abs. 3 S. 2 BGB abgelehnt werden. Stattdessen ist bei der Auslegung der Tatbestandsvoraussetzungen unter Einbeziehung des gesamten Normengefüges des Schadensersatzanspruchs sicherzustellen, dass die unterschiedlichen Fälle der Dritthaftung von Experten in interessengerechter Weise gelöst werden können. Dem steht im Übrigen auch nicht entgegen, dass der Gesetzgeber durch die Neufassung des § 311 Abs. 3 BGB eine Ausweitung des Haftungsumfanges gegenüber der zum VSD praktizierten Rechtsprechung nicht beabsichtigt hat, da die Lösung über § 311 Abs. 3 BGB dies nicht zwangsläufig zur Folge haben muss. Ob eine Haftungsausweitung eintritt, hängt vorrangig von der Auslegung der einzelnen, sehr offen formulierten Tatbestandsmerkmale des § 311 Abs. 3 BGB ab.

II. Integration von Kriterien und Grundsätzen der BGH Rechtsprechung zur c.i.c-Dritthaftung bei der Auslegung des § 311 Abs. 3 S. 2 BGB

Ist ein Wille des Gesetzgebers zur Lösung der Gutachterhaftung über § 311 Abs. 3 BGB nach der hier vertretenen Ansicht gegeben, bleibt erörterungsbedürftig, inwieweit darüber hinaus ein gesetzgeberischer Wille ersichtlich ist, nach dem die Auslegungsmaßgaben des BGH zur c.i.c.-Dritthaftung auch auf die Tatbestandsvoraussetzungen des § 311 Abs. 3 S. 2 BGB durchschlagen sollen, soweit eine Anwendung der Expertenhaftung dadurch nicht ausgeschlossen ist.

In der Sache ist ein solcher Wille zumindest für die Auslegung des Tatbestandsmerkmals der Inanspruchnahme von „Vertrauen in besonderem Maße“ in

402 Vgl. Kapitel 3 § 5 B. I. und die dortigen Nachweise. Ginge man bei der Auslegung, entgegen der hier vertretenen Ansicht, von einem strikten Willen des Gesetzgebers aus, dass § 311 Abs. 3 BGB nur auf die Fälle der höchstrichterlich entschiedenen c.i.c.-Dritthaftung beschränkt bleiben soll, so würde sich im Anschluss die methodentheoretische Frage nach der Bedeutung des gesetzgeberischen Willens bei der Gesetzesauslegung stellen. Unter Zugrundelegung der objektiven Theorie der Gesetzesauslegung, welche sich stets am kodifizierten, objektiven Aussagegehaltes des Gesetzeswortlautes orientiert und den gesetzgeberischen Willen in diesem Zusammenhang berücksichtigt, käme dem Willen des historischen Gesetzgebers nicht zwangsläufig ein Primat gegenüber den anderen Auslegungsmethoden zu. Ginge man allerdings von der subjektiven Theorie der Gesetzesauslegung aus, so würde eine Expansion des Anwendungsbereiches des § 311 Abs. 3 S. 2 BGB auf die Expertenhaftung wohl eher ausscheiden.

Satz 2 von § 311 Abs. 3 BGB erkennbar, für die der Gesetzgeber an das von der Rechtsprechung zur c.i.c.-Dritthaftung entwickelte Kriterium der „Übernahme einer besonderen persönlichen Gewähr“ anknüpft. So findet sich die Voraussetzung der Gewährsübernahme als Konkretisierung der *Inanspruchnahme in besonderem Maße* ausdrücklich in den Gesetzesmaterialien innerhalb der Ausführungen zur Dritthaftung von Rechtsanwälten für *Third Party Legal Opinions* wieder. Dort heißt es:

> „Unter § 311 BGB-E fallen auch Ansprüche, die nicht auf Rechtsgeschäft beruhen, wie die nach der bisherigen Culpa in contrahendo. Dies soll auch in der Überschrift zum Ausdruck kommen, was einem Vorschlag der Kommission „Leistungsstörungsrecht“ entspricht. Der Ausschuss hat sich auch mit der Frage befasst, ob und ggf. wie sich Absatz 3 der Vorschrift auf die sog. due-diligence-Prüfung von Anwälten im Zusammenhang mit Firmenübernahmen negativ auswirken könnte. Er sieht solche Auswirkungen nicht. Ein Rechtsanwalt haftet nach geltendem Recht aus einem „Parteigutachten“, das er für seinen Mandanten angefertigt hat, einem Dritten gegenüber nicht. Daran ändert Absatz 3 Satz 2 nichts. Denn der Rechtsanwalt nimmt besonderes Vertrauen seiner Mandantschaft, nicht aber das besondere Vertrauen des Vertragspartners seiner Mandantschaft in Anspruch. Anders liegt es schon nach geltendem Recht bei einer sogenannten „third party legal opinion“, die dazu bestimmt ist, dem Dritten vorgelegt zu werden und auf die dieser seine Entscheidung über einen etwaigen Vertragsschluss soll stützen können. Dabei wird bisher überwiegend auf die Rechtsfigur der Dritthaftung aus culpa in contrahendo zurückgegriffen (vgl. Adolff, Die zivilrechtliche Verantwortlichkeit deutscher Anwälte bei der Abgabe von Third Party Legal Opinions, 1997, S. 118 ff.; Canaris, JZ 1998, 604 f. und ZHR 163 (1999), S. 233 f.; Schneider, ZHR 163 (1999), S. 253 f.; Neuner, JZ 1999, 135). Der Entwurf ändert an dieser Möglichkeit der Begründung nichts. Er öffnet nur eine alternative Möglichkeit, eine solche – in der Sache auch richtige – Haftung anders als bisher zu begründen. Eine Ausweitung der Haftung ist damit aber nicht verbunden. Dies folgt daraus, dass der Rechtsanwalt nach Absatz 3 Satz 2 wie bisher gegenüber dem Dritten „besonderes“ Vertrauen in Anspruch genommen haben muss. Dies ist nach der bisherigen Rechtsprechung nur der Fall, wenn der Experte dem Dritten eine *„persönliche Gewähr“* für die Richtigkeit seines Gutachtens bietet. Genauso liegt es nach Absatz 3 Satz 2 (so z. B. heute schon Canaris, ZHR 163 [1999], 233).“[403]

Hier ist deutlich die Intention des Gesetzgebers erkennbar, die Haftung nach § 311 Abs. 3 S. 2 BGB nicht auf die Fälle der c.i.c.-Dritthaftung zu beschränken, wohl aber das von der Rechtsprechung entwickelte Kriterium der „persönlichen Gewähr“ als Voraussetzung für das Vorliegen der Inanspruchnahme von Vertrauen in besonderem Maße beizubehalten. Dies gilt umso mehr, als dass *Third Party Legal Opinions*, was ihren Zweck und ihre Gebrauchspraxis angeht,

403 Ausschussbericht BT-Drucks. 14/7052 S. 190.

durchaus mit sonstigen Gutachten sowie den hier untersuchten Kunstexpertisen zu vergleichen sind: Allen ist gemeinsam, dass eine neutrale und besonders sachkundige dritte Person über eine strittige Frage, mit objektivem Blick ein möglichst hohes Maß an Klarheit und Verlässlichkeit schaffen soll. Was indes konkret unter der Übernahme einer persönlichen Gewähr zu verstehen ist und wann diese vorliegen soll, hat die Rechtsprechung hingegen nur sehr knapp und im Rahmen der Fallgestaltungen für die Vertreterhaftung entschieden. Daher verbleibt auch insoweit Konkretisierungs- und Auslegungsbedarf für die Frage nach der Gutachterhaftung.

Im Ergebnis sind damit die tatbestandlichen Konkretisierungen der Rechtsprechung zur c.i.c.-Dritthaftung allein dort zwingend anzuwenden, wo die Fallgestaltungen denen der typischen c.i.c.-Dritthaftung ähneln, in der Regel aber nicht im Rahmen der neu unter § 311 Abs. 3 S. 2 BGB zu fassenden Gutachterhaftung. Dieser Prämisse verpflichtet, bleiben – in Ermangelung weiterer direkter Maßgaben für die tatbestandliche Konkretisierung – die von der Rechtsprechung entwickelten Voraussetzungen zu den c.i.c-Dritthaftungskonstellationen für die Dritthaftung von Gutachtern allein Orientierungspunkte bei der Auslegung des § 311 Abs. 3 S. 2 BGB.[404]

III. Die Begrenzung der Dritthaftung als zentrale Auslegungsmaßgabe

1. Das systematische und teleologische Erfordernis einer Haftungsbegrenzung

Das Problem der Haftungsbegrenzung in den Dritthaftungsfällen hat das Schrifttum und die Rechtsprechung schon vor der Schuldrechtsreform beschäftigt und wurde auch im Gesetzgebungsverfahren erkannt. Die Gesetzesmaterialien belegen, welches Gewicht diesem Problem beigemessen wurde.[405] So stellt der Gesetzgeber in den zitierten Gesetzesmaterialien – anhand der Dritthaftung von Rechtsanwälten – das Erfordernis einer Haftungsbegrenzung deutlich heraus und untermauert seine Intention, die Haftung mit der Schuldrechtsreform nicht über den bestehenden Umfang hinaus ausweiten zu wollen.[406] Zu Recht, denn da § 311 Abs. 3 BGB im Hinblick auf seine Tatbestandsvoraussetzungen weitestgehend offen formuliert ist, besteht das Risiko, dass sich die Haftung bei der Konkretisierung der Tatbestandsmerkmale weiter ausdehnt, als es der Interessenlage entspricht.

---

404 So auch *Kersting* S. 157.

405 Ausschussbericht BT-Drucks. 14/7052 S. 190.

406 Ausschussbericht BT-Drucks. 14/7052 S. 190.

Für die Auslegung des gesetzlichen Schadensersatzanspruchs folgt daraus, dass dem Kriterium der Haftungsbegrenzung für den gesamten zu prüfenden Normenbereich besondere Beachtung zu schenken ist. Im Schrifttum hat insbesondere *Canaris*, als maßgeblicher Entwickler der vertrauensrechtlichen Erklärungshaftung, bereits vor der Schuldrechtsreform versucht, diesen Anforderungen auch für die Vertrauenshaftung beizukommen[407] und auch in der Literatur zum neuen Recht standen die Auslegungsvorschläge ebenfalls stets unter diesem Vorzeichen.[408]

2. Kriterien zur Haftungsbegrenzung in der Rechtsprechung

Wegen der vom Gesetzgeber betonten Erforderlichkeit einer Haftungsbegrenzung ist bei der Auslegung des § 311 Abs. 3 S. 2 BGB die Rechtsprechung des BGH zu diesem Aspekt von besonderem Interesse. So hat der BGH als wesentliche Prämisse in seiner Rechtsprechung zur Expertenhaftung unter anderem immer wieder unterstrichen, dass die Dritthaftung des Experten nicht ins Uferlose ausgeweitet werden und einer Begrenzung bedürfe.[409] Dabei hat er sich auch konkret zu den Wertungen geäußert, denen die Dritthaftung genügen müsse und entsprechende haftungsbegrenzende Kriterien entwickelt. Dass diese BGH-Rechtsprechung teilweise im Rahmen eines Anspruches aus VSD entwickelt wurde, beeinträchtigt nicht ihre Relevanz für die Lösung der Gutachterdritthaftungsfälle nach § 311 Abs. 3 BGB, da die ihr zugrunde liegenden allgemeinen Wertungen unabhängig von der dogmatischen Grundlage Geltung beanspruchen können. Die Auslegung des § 311 Abs. 3 S. 2 BGB kann sich diese Haftungskriterien nutzbar machen und sie – soweit sie für die Gutachterhaftung berechtigt und nicht aus dogmatischen Gründen auf den VSD beschränkt sein müssen – in die Tatbestandsanforderungen integrieren, was insbesondere vor dem Hintergrund geboten erscheint, die „Kontinuität der Rechtsprechung“ zu wahren „und dabei dem gemeinhin empfundenen Haftungsbedürfnis“ zu entsprechen.[410]

a. Die Kalkulierbarkeit und Versicherbarkeit des Risikos

Der BGH formuliert als wesentliche Maßgabe der Dritthaftung von Gutachtern, dass dieser die Möglichkeit haben müsse, „sein Risiko bei Vertragsschluss zu kal-

407 Vgl. *Canaris*, in: ZHR 163, 606 ff.

408 U.a. *Koch*, in: ACP 204, 74 ff. sowie *Eichler* S. 270, mit deutlichem Hinweis auf die Notwendigkeit der Haftungsbegrenzung bei der Auslegung. Vgl. ebenso *Kersting* S. 114.

409 BGH NJW 2004, 3035 mit Verweis auf NJW 1998, 1059; 1987, 1758.

410 *Eichler* S. 292.

kulieren und gegebenenfalls zu versichern".[411] Er solle für Schäden Dritter nicht einstehen müssen, wenn ihm nach Treu und Glauben und unter Berücksichtigung des Vertragszwecks nicht zugemutet werden könne, sich ohne zusätzliche Vergütung auf das Risiko einer erweiterten Haftung einzulassen.[412]

Vor dem Hintergrund, dass der Gutachter sein Honorar auch an der Höhe des Risikos einer eventuellen Dritthaftung orientiert, ist dabei insbesondere die Antizipierbarkeit des Risikos und einer maximalen Haftungssumme von Interesse.

Ein Beispiel für die Kalkulierbarkeit der Haftung gegenüber einem Vertragspartner des Auftraggebers ist ein Wertgutachten, in dem z.B. ein Grundstück im Rahmen eines Auftrages durch den Eigentümer auf einen bestimmten Wert taxiert wird. Der im Gutachten benannte Wert stellt die Höchstgrenze der Haftung im Drittverhältnis dar, denn auf einen höheren Wert konnte der Vertragspartner des Auftraggebers als Käufer nicht vertrauen. Der Gutachter kann diesen Maximalwert benennen, versichern und sein Honorar entsprechend festsetzen.

b. Überschaubarkeit und objektive Abgrenzbarkeit der potenziellen Anspruchsteller

In dichtem Zusammenhang mit dem Erfordernis der Haftungsbegrenzung steht – neben der Erforderlichkeit der Kalkulierbarkeit und Versicherbarkeit des Risikos – die Bestimmung des Kreises der potenziellen Anspruchsteller. Nach dem BGH darf „der Kreis der von den Schutzpflichten eines Gutachtenauftrags erfassten Personen nicht uferlos ausgeweitet werden".[413] Stets muss eine objektive Abgrenzbarkeit des geschützten Personenkreises möglich sein.[414] Der Hintergrund ist, dass mit einer zunehmenden Anzahl der Anspruchsteller in einigen Konstellationen auch das Haftungsrisiko steigen kann. Gleichwohl wird dieser Grundsatz bei Vorliegen einer konstanten Gesamthaftungssumme wieder relativiert und dessen alleiniger Zweck zur Haftungsbeschränkung tritt zu Tage, wenn der BGH verdeutlicht, dass es nicht zwingend auf die Anzahl der potenziellen Gläubiger oder der Personen ankomme, indem er schreibt: „Einer solchen Beschränkung des Kreises der in den Vertrag einbezogenen Dritten bedarf es dagegen nicht, wenn durch ihre Einbeziehung *eine Ausweitung des Haftungsrisikos*

411 BGH NJW 2004, 3035 mit Verweis auf NJW 1969, 269; 1998, 1948.

412 BGH NJW 2004, 3035 u.a. mit Verweis auf BGHZ 51, 91, 96.

413 BGH NJW 2004, 3035 mit Verweis auf ständige Rsp. NJW 1998, 1059; 1987, 1758.

414 BGH NJW 1984, 355 – „Käufergruppenfall"; BGH JZ 1998, 624, 627; vgl. dazu auch *Papst* S. 139.; *Honsell*, in: FS Medicus S. 227.

nicht eintritt".[415] Ebenso sei die Kenntnis der Person oder auch der Anzahl der Vertragspartner nicht erforderlich.[416] Damit erstreckt der BGH die potenzielle Haftung des Gutachters auch auf Parteien von Nebengeschäften, die mit dem Grundgeschäft zusammenhängen, also auf die Beteiligten der Gesamttransaktion, soweit sich das Haftungsrisiko im Vergleich zum Grundgeschäft dadurch nicht erhöht.[417]

Aus diesen Maßgaben des BGH für die Dritthaftung kann mithin eine grundsätzliche Strukturwertung der Rechtsprechung für die Dritthaftung von Experten abgeleitet werden. Die Schlussfolgerung aus der bisherigen BGH-Rechtsprechung ist nämlich nicht, dass zwangsläufig eine konkrete personelle Reichweite die Haftungssumme oder das Haftungsrisiko bestimmen muss, sondern dass – unter dem Vorbehalt einer konstanten konkreten Haftungssumme oder eines konkreten Haftungsrisikos – die personelle Reichweite der Dritthaftung auch durchaus flexibel sein kann.[418] Wie diese Gesamthaftungssumme bzw. das Gesamthaftungsrisiko im Einzelnen bestimmt werden sollen, bleibt dabei im Rahmen der konkreten Auslegung des § 311 Abs. 3 S. 2 BGB zu klären.

IV. Weitere systematische Maßgaben für rechtsgeschäftsähnliche Schuldverhältnisse: Die Definition einer subjektiven Komponente und deren Integration in den Tatbestand der „Inanspruchnahme von Vertrauen"

Von zentraler Bedeutung für die Auslegung sind weiterhin die der Vertrauenshaftung nach § 311 Abs. 3 BGB zugrunde liegenden systematischen Wertungen und Rechtsprinzipien. Der Gesetzgeber hat mit der Regelung von § 311 Abs. 3 BGB eine schon vor der Schuldrechtsreform von Wissenschaft und Rechtsprechung entwickelte Systematik kodifiziert und die durch Inanspruchnahme von Vertrauen begründeten Sonderverbindungen nach § 311 Abs. 3 S. 2 BGB dabei

---

415 BGH NJW 2004, 3035 mit Verweis auf NJW 1998, 1059; *BGH* NJW 1984, 355; krit. dazu *Grunewald*, AcP 187, 192. Im zitierten Urteil vom 20.04.2004, Az. X ZR 250/02 in BGH NJW 2004, 3035, erstreckte der BGH den potenziellen Kreis der Anspruchsteller dementsprechend auch auf eine Vielzahl zuvor unbenannter Kapitalanleger, mit dem Argument, dass damit das Haftungsrisiko für den Gutachter nicht steigen würde, sondern durch den angegebenen Grundstückwert im Gutachten begrenzt sei.

416 BGH NJW 1984, 355; BGH ZfBR 2001, 169; BGH JZ 1998, 624.

417 So u.a. BGH NJW 2004, 3035; 1998, 1059.

418 In diesem Sinne auch BGH NJW 2004, 3035.

als rechtsgeschäftsähnliche Schuldverhältnisse bezeichnet.[419] Zudem hat er die Vertrauenshaftung dem allgemeinen Schuldrecht zugeordnet und teilweise dessen Normen für anwendbar erklärt. So ist die Rechtsfolge von § 311 Abs. 3 BGB das Bestehen von Schutzpflichten nach § 241 Abs. 2 BGB.[420] Auch weitere schuldrechtliche Regelungen, wie die §§ 280 Abs. 1, 278 Abs. 1, 249 ff. BGB sind anwendbar. Dabei werden bei Pflichtverletzungen gemäß § 280 Abs. 1 i.V.m. §§ 249 ff. insbesondere auch Vermögensschäden ersetzt, was zu einer weitaus schärferen Haftung als nach dem Deliktsrecht führt.

Diese weitreichende Anordnung von rechtsgeschäftlichen Rechtsfolgen und die Charakterisierung als rechtsgeschäftsähnliches Schuldverhältnis sind auch bei der Bestimmung der Tatbestandsmerkmale sowie ihrer weiteren Auslegung zu beachten. Der Vertrauenshaftung immanent und zugleich konstitutives Element ihrer Systematik ist es, dass eine Person von einer bestimmten, im Rechtsverkehr gesetzten Erklärung oder einem Verhalten Kenntnis nimmt und darin Vertrauen bildet. Eine ähnliche Ausgangslage besteht aber auch bei den rechtsgeschäftlichen Schuldverhältnissen: Auch hier kann aufgrund einer objektiven, willensgetragenen Erklärung im Rechtsverkehr ein Rechtsverhältnis begründet werden. In beiden Fällen geht es also um die Folgen von Erklärungen, die im Rechtsverkehr abgegeben wurden.[421] Zwar ist für die Vertrauenshaftung im Gegensatz zur rechtsgeschäftlichen Schuldverhältnisbegründung ein Rechtsbindungswille gerade nicht erforderlich.[422] Gleichwohl ist zu fragen, ob es im Rahmen der rechtsgeschäftlichen Haftungsbegründung Voraussetzungen gibt, die aufgrund der systematischen Stellung und der Interessenparallelen auch an die Begründung eines gesetzlichen Schuldverhältnisses nach § 311 Abs. 3 S. 2 BGB zu stellen sind. Hängt die rechtsgeschäftliche Haftung nach den §§ 116 ff. BGB dabei maßgeblich vom Willen der Parteien ab, so liegt es nahe, auch die

---

419 *Canaris* plädierte bereits vor der Schuldrechtsreform für eine „dritte Spur" zwischen Vertrags- und Deliktsrecht, vgl. *Canaris,* ZHR 163, 206, 220 m.w.N.; demgegenüber kritisch und eher zugunsten einer einheitlichen Vertragslehre *Säcker,* in: MünchKomm, Bd. 1, 6. Aufl. 2012, Einleitung, Rn. 177 f.

420 Im Schrifttum wurde das Bestehen von Schutzpflichten außerhalb von Vertrag und Deliktsrecht bereits auf diverse dogmatische Grundlagen gestellt. Vgl. dazu die Darstellung bei *Eichler* S. 300 ff. Gegenstand der vorliegenden Untersuchung bleibt indes die Begründung der Sonderverbindung aufgrund der in § 311 Abs. 3 S. 2 BGB kodifizierten Inanspruchnahme von Vertrauen.

421 In diesem Sinne *Canaris,* Vertrauenshaftung S. 454.

422 *Kersting* S. 240, der dies zutreffend mit dem Verhältnis von § 241 Abs. 3 zu § 241 Abs. 2 BGB begründet. Ebenso *Eichler* S. 298 ff.

rechtsgeschäftsähnliche Haftung zumindest partiell in die Abhängigkeit eines wie auch immer gestalteten subjektiven Elementes zu setzen. Als Verortungspunkt ist aus dem Tatbestand des § 311 Abs. 3 S. 2 BGB dabei vor allem die „Inanspruchnahme von Vertrauen" hervorzuheben, da es sich dabei um einen verhaltensbezogenen und semantisch notwendig willensgetragenen Begriff handelt, der eine Initiative seitens des Gutachters impliziert und gewissermaßen den Anlass für die Vertrauensgewährung setzt.

In eine ähnliche Richtung weist auch das Schrifttum. So betont *Canaris* im Rahmen seiner umfassenden Untersuchung der Vertrauenshaftung bei der Frage nach der Zurechenbarkeit eines Vertrauenstatbestandes, dass sie bei Fehlen von subjektiven Voraussetzungen wie der Einsichts- und Willensfähigkeit entfällt.[423] Gleiches gilt für Fälle des Handelns ohne Erklärungsbewusstsein, wenn dessen Fehlen nicht auf einem Irrtum über die verkehrsmäßig-typisierte Bedeutung des Gutachterverhaltens beruht.[424] Noch weitergehend äußern sich die neueren Literaturstimmen zu § 311 Abs. 3 S. 2 BGB: So entwickelt *Eichler* in seiner umfassenden Analyse des § 311 Abs. 3 S. 2 BGB das Erfordernis eines „rechtsgeschäftlichen Beteiligungswillens".[425] Aufgrund der Anordnung der Norm im Anschluss an die ersten beiden Absätze des § 311 BGB, in denen sich das Vertragsprinzip und die Grundsätze der c.i.c. konkretisieren, bedarf es nach seiner Ansicht der Berücksichtigung rechtsgeschäftlicher Grundsätze und insoweit einer „vertraglichen Komponente".[426] *Kersting* verlangt, nach einem Vergleich mit den Anforderungen an die Willenserklärung, ein Inanspruchnahmebewusstsein und einen Inanspruchnahmewillen für die Begründung der Sonderverbindung nach § 311 Abs. 3 S. 2 BGB.[427] Weitergehend verlangt *Faust* sogar beim Gutachter den Willen, dass der andere Teil ihm die Möglichkeit zur Einwirkung auf seine Rechte, Rechtsgüter und Interessen gewährt.[428] Auch der BGH stellt – dies allerdings im Rahmen seiner Rechtsprechung zum VSD – regelmäßig darauf ab, ob das Gutachten eine verlässliche Grundlage für eine Vermögensdisposition gebildet hat und der Gutachter davon Kenntnis hatte.[429]

Es ist offenkundig, dass hier in systematischer Hinsicht ein potenzielles Spannungsfeld besteht zwischen den streng geregelten und verlässlichen Kriterien,

---

423 *Canaris*, Vertrauenshaftung S. 468.

424 *Canaris*, Vertrauenshaftung S. 517. Ähnlich auch *Gellmann* S. 64 ff.

425 *Eichler* S. 326 ff.

426 *Eichler* S. 283.

427 *Kersting* S. 239 ff.

428 *Faust*, AcP 210, 555, 573.

429 Vgl u.a. BGH NJW 1995, 392; 1984, 355; BGH JZ 1998, 624.

die an das Bestehen einer rechtsgeschäftlichen Willenserklärung gestellt werden und einer – wie *Säcker* kritisch formuliert – unter Umständen konturlosen Vertrauenshaftung im Willenserklärungsbereich, losgelöst von subjektiven Zurechnungsvoraussetzungen.[430] Da die Vertrauenshaftung für falsche Erklärungen nach § 311 Abs. 3 S. 2 BGB zu einer ähnlich strengen Haftung bei der Verletzung von Sorgfaltspflichten führt, ergibt sich für die Auslegung der Norm die Herausforderung, für die rechtsgeschäftsähnliche Vertrauenshaftung eine adäquate Balance zu halten zwischen dem zu schützenden Verkehrsinteresse an der Richtigkeit vertrauenswürdig erachteter Erklärungen außerhalb konkreter rechtsgeschäftlicher Beziehungen und dem Schutzinteresse der erklärenden Personen vor einer ausufernden Haftung mittels Integration subjektiver Tatbestandsvoraussetzungen und subjektiver Zurechnungsmaßgaben. Dies hat auch der Gesetzgeber so gesehen, der zwar die Gutachterdritthaftung in § 311 Abs. 3 S. 2 BGB integrieren, aber gleichermaßen an der Kontinuität des Haftungsumfanges im Sinne einer Beschränkung festhalten wollte.[431]

Vor diesem Hintergrund, nämlich der Notwendigkeit nach dogmatischer Klarheit in der Abgrenzung von haftungsbegründenden Erklärungen mit und ohne Rechtsbindungswillen sowie der gesetzgeberisch gebotenen Haftungsbegrenzung, kommt deshalb der Bestimmung einer subjektiven Komponente bei dem Tatbestandsmerkmal der Inanspruchnahme von Vertrauen besondere Bedeutung zu. Welche Anforderungen dabei zu stellen sind, soll, soll bei der nachfolgenden Auslegung des § 311 Abs. 3 S. 2 BGB im Einzelnen erarbeitet werden.

B. Zusammenfassung

Die vorstehenden Ausführungen zeigen, dass die Auslegung des § 311 Abs. 3 S. 2 BGB unter speziellen Vorzeichen steht. Von besonderer Bedeutung ist in systematischer Hinsicht, das Problem der Haftungsbegrenzung zu lösen und deren Effektivität sicherzustellen. Dabei muss das Risiko für den Gutachter gegenüber dem Anspruchsteller kalkulierbar und versicherbar sein.

Unter die Prämisse einer solchen Gesamthaftungsbegrenzung ist auch die personelle und zeitliche Reichweite in Bezug auf den Adressatenkreis des Gutachtens zu stellen. Inwieweit die personelle Reichweite zur Begrenzung des Haftungsrisikos einer Beschränkung bedarf oder die Begrenzung auch im Wege einer Beschränkung der Höhe des ersetzbaren Schadens erreicht werden kann, ist dabei eine der zu lösenden Fragen im Rahmen der Auslegung von § 311 Abs. 3 BGB.

---

430 *Säcker*, in: MünchKomm, Bd. 1, 6. Aufl. 2012, Einleitung Rn. 177–179.
431 Ausschussbericht BT-Drucks. 14/7052 S. 190.

Schließlich ist bei der Auslegung der subjektiven Anforderungen an das Vorliegen einer Inanspruchnahme von Vertrauen im Rechtsverkehr die systematische Zuordnung der Dritthaftung zum allgemeinen Schuldrecht zu beachten. Das bedeutet, dass für die Abgrenzung von haftungsbegründenden Erklärungen mit und ohne Rechtsbindungswillen greifbare Kriterien entwickelt werden müssen, um nicht einer konturlosen Vertrauenshaftung im Willensbereich den Weg zu ebnen.

Was die „Inanspruchnahme von Vertrauen in besonderem Maße" angeht, so ist nach dem gesetzgeberischen Willen die Übernahme einer Gewähr erforderlich, wobei die Anforderungen an diese so zu gestalten sind, dass die Integration der Expertenhaftung möglich bleibt.

§ 3. Entstehung der Sonderverbindung nach § 311 Abs. 3 S. 2 BGB

A. Personenbezeichnung und Vertrauensbegriff

I. Der Begriff des Dritten

Der Begriff des Dritten bezeichnet bei der Expertenhaftung in Abhängigkeit von der rechtlichen Haftungsgrundlage unterschiedliche Personen. Während beim VSD der geschädigte Anspruchsteller der Dritte ist, gilt für § 311 Abs. 3 BGB eine andere Verwendung des Begriffes. Da § 311 Abs. 3 S. 2 BGB bei seiner Terminologie davon ausgeht, dass der Dritte gegenüber den Vertrauenden in der Position ist, besonderes Vertrauen für sich in Anspruch zu nehmen und so Vertragsverhandlungen oder den Vertragsschluss zu beeinflussen, ist in den hier untersuchten Fällen der Expertisenhaftung mit „Dritter" regelmäßig der Gutachter oder Experte bezeichnet, auf dessen Urteil sich die Vertragsparteien verlassen. Ebenso können auch juristische Personen Dritte sein, wenn das Gutachten seitens einer Gesellschaft oder Institution angefertigt wird.[432] Die weiteren beteiligten Personen – hier zumeist Käufer und Verkäufer eines Kunstwerkes – können indes nicht Dritte im Sinne des § 311 Abs. 3 S. 2 BGB sein. Insoweit wird die Person des Dritten im Rahmen des § 311 Abs. 3 S. 2 BGB gänzlich anders verstanden als beim VSD, bei dem Auftraggeber und Experte die Rolle der Vertragsparteien übernehmen und Dritter meist der Käufer des Werkes ist.

432 So insbesondere bei Kunstgutachten, die oft im Namen von Stiftungen oder Institutionen angefertigt und herausgegeben werden.

II. Vertrauen als Haftungsgrund

Der Begriff des Vertrauens spielt in der Jurisprudenz eine erhebliche Rolle, ohne dass sich allerdings im Gesetz eine Definition findet. Anknüpfungspunkt ist im juristischen Sprachgebrauch dabei meist die subjektive Erwartungshaltung einer bestimmten Person.

Im Zivilrecht wird Vertrauen dann geschützt, wenn nach geltendem Recht, zu dem das geschriebene Gesetz, Gewohnheitsrecht und Richterrecht gehören, ein entsprechender Vertrauenstatbestand vorliegt.[433] So wird z.B. das Vertrauen in das vertragsgerechte und gesetzeskonforme Verhalten des Vertragspartners geschützt, indem ein außerordentliches Kündigungsrecht für den Vertrauenden dann entsteht, wenn der andere sich so vertragswidrig verhält, dass ein Festhalten an dem Vertrag nicht mehr zumutbar ist. Der BGH hat einer Krankenversicherung ein außerordentliches Kündigungsrecht des Krankenversicherungsvertrags zugebilligt, weil der Versicherungsnehmer das sich aus Treu und Glauben ergebende Vertrauen dadurch zerstört hat, dass er bei der Abrechnung von Kassenleistungen betrogen hat.[434] Auch das Vertrauen in die Gültigkeit von Erklärungen als Ausdruck der Privatautonomie wird geschützt und liegt den Haftungsregeln zulasten des Vertreters ohne Vertretungsmacht nach § 179 BGB oder des Anfechtenden einer Willenserklärung in § 122 BGB zugrunde. Zudem besteht ein rechtlich erhebliches Vertrauensverhältnis z.B. zwischen Gesellschaftern.

Canaris, der die Vertrauenshaftung im Privatrecht auf typische Systemmerkmale untersuchte, hat für das gesetzliche System der Vertrauenshaftung einige grundsätzliche Kriterien herausgearbeitet, die wesentlich sind. Nach der Analyse von *Canaris* gewährt die Rechtsordnung zunächst nur dann Vertrauensschutz, wenn Vertrauen nicht blind ist, sondern sich auf eine objektive Grundlage stützen kann.[435] Es müssen deshalb bestimmte Merkmale in der Person des Vertrauenden erfüllt sein, da leichtfertiges Vertrauen keinen Schutz verdient. Auch muss sich das Vertrauen in einer bestimmten Maßnahme, einer Vertrauensinvestition, objektiviert haben.[436] Die Folgen des Vertrauens vom Vertrauenden auf einen anderen zu überbürden, erscheint schließlich nur dann gerechtfertigt, wenn dieser irgendwie für sie verantwortlich ist. Daher knüpfte die Vertrauenshaftung

433 Vgl. dazu *Canaris*, Vertrauenshaftung S. 491.

434 BGH RuS 2012, 35.

435 *Canaris*, Vertrauenshaftung S. 493 ff. (504).

436 *Canaris*, Vertrauenshaftung S. 510 f.

grundsätzlich an den Gedanken der Zurechenbarkeit an.[437] Nennt § 311 Abs. 3 S. 2 BGB die „Inanspruchnahme von Vertrauen“ dabei als wichtigstes gutachterverhaltensabhängiges Tatbestandsmerkmal für die Entstehung einer Sonderverbindung, so ist § 311 Abs. 3 S. 2 BGB unter diesem Gesichtspunkt genauer zu betrachten. Dabei soll zunächst geklärt werden, was unter Vertrauen im Rahmen des § 311 Abs. 3 S. 2 BGB konkret zu verstehen ist.

1. Definition

Nach dem grammatikalischen Wortsinn ist unter Vertrauen grundsätzlich zunächst eine noch näher zu bestimmende subjektive Erwartungshaltung zu verstehen. Diese erfordert regelmäßig einen bestimmten Bezugspunkt, etwa das Vertrauen in bestimmte persönliche Attribute, in die Richtigkeit von Aussagen oder auch die Vornahme einer Handlung.[438] Weiterhin hat gewährtes Vertrauen regelmäßig einen Entstehungsgrund, das heißt, ihm liegt ein bestimmter, entweder bewusster oder auch unbewusster Kausalzusammenhang zugrunde, der eine eben solche positive Erwartungshaltung begründen kann.

Canaris, der sich intensiv auch mit dem Vertrauensbegriff auseinandergesetzt hat, sieht von einer trennscharfen Definition ab, weist aber darauf hin, dass auch unbewusste seelische Vorgänge genügen könnten und Vertrauen keine „psychische Tatsache“ sei, „die jeweils von Fall zu Fall positiv festgestellt werden könnte und müsste.“[439] Zu bedenken sei jedoch, dass das Vertrauen nur innerhalb eines spezifisch rechtlichen Zusammenhanges relevant sei und dass daher für die Begriffsbildung nicht allein psychologische, sondern auch juristisch normative Kategorien maßgeblich seien.[440] Im neueren Schrifttum zu § 311 Abs. 3 S. 2 BGB betont *Kersting* gegenüber den Ausführungen von *Canaris* die Notwendigkeit einer Definition wegen der Kodifizierung in § 311 Abs. 3 S. 2 BGB[441] und versteht unter Vertrauen im Sinne des § 311 Abs. 3 S. 2 BGB eine subjektive Vertrauenserwartung des Vertrauensgebers,[442] nämlich die Erwartung, dass sich der Vertrauensnehmer wie angekündigt verhält.[443]

437 *Canaris*, Vertrauenshaftung S. 491 ff.

438 *Gellmann* S. 40 f.

439 *Canaris*, Vertrauenshaftung S. 592 f. Als Beispiel verweist er auf das Vertrauen in Form der Abwesenheit von Misstrauen hin, bei dem einer Person ihr eigenes Vertrauen also nicht mal zu Bewusstsein kommt.

440 *Canaris*, a.a.O.

441 Vgl. *Kersting* S. 168.

442 *Kersting* S. 257.

443 *Kersting* S. 211.

Diese Definition wird um die Berücksichtigung der Gegensätzlichkeit von Vertrauen und Kontrolle zum einen und durch Integration bereits vergangener Umstände als Bezugspunkt zum anderen, zu der Wendung ergänzt: „Der Vertrauensgeber erwartet, dass die Angaben des Vertrauensnehmers sowohl im Hinblick auf dessen vergangenes Verhalten (Besitz und Einsatz der angebenden Fähigkeiten und Kenntnisse) als auch dessen zukünftiges Verhalten (entsprechend der Ankündigung) zutreffen sind (und bleiben) und er daher bei seinen Dispositionen auf eigene Maßnahmen zur Überprüfung der Richtigkeit einer Wissenserklärung oder zur Sicherstellung künftigen Verhaltens verzichten kann".[444] *Gellmann* betont zunächst die Schwierigkeiten bei einer Definition wegen der Vielfältigkeit des Begriffes des Vertrauens, bezeichnet das Vertrauen dann aber als eine „Erwartungshaltung bzw. eine subjektive Einschätzung, sich auf einen Umstand, ohne diesen hinterfragen zu müssen, verlassen zu können", wobei der Grad dieser Erwartungshaltung nicht abschließend definierbar sei.[445] In Anlehnung an eben diesen Gedanken, soll nach hier vertretener Ansicht für die Gutachterhaftung im Rahmen von § 311 Abs. 3 S. 2 BGB unter Vertrauen eine zuversichtliche Erwartungshaltung hinsichtlich eines bestimmten Bezugspunktes zu verstehen sein. Vertrauen ist insoweit abzugrenzen von Misstrauen, also einer negativen Erwartungshaltung. Mit dem Ansatz von *Canaris* kann dabei zunächst dahinstehen, ob diese zuversichtliche Erwartungshaltung der Person selbst bewusst oder unbewusst ist, solange kein Misstrauen, also eine negative Erwartungshaltung vorliegt.

2. Bezugspunkt des Vertrauens

Um für die Gutachterhaftung nach § 311 Abs. 3 S. 2 BGB tatbestandlich handhabbar werden zu können, verlangt das hier vertretene Verständnis von Vertrauen begriffsnotwendig nach einer Konkretisierung seines logischen Bezugspunkts.[446] Ist es nach dem Wortlaut des § 311 Abs. 3 S. 2 BGB streng genommen nicht Tatbestandsvoraussetzung, dass eine Person dem Experten vertraut, sondern dass der Dritte „in besonderem Maße Vertrauen für sich in Anspruch nehmen" und dadurch einen Vertragsschluss oder die Vertragsverhandlungen beeinflussen muss, bleibt damit grammatikalisch zunächst ungeklärt, in *was* oder *wen* der Anspruchsteller nun konkret sein Vertrauen gesetzt haben muss.

---

444 *Kersting* S. 212.

445 *Gellmann* S. 40.

446 So auch *Gellmann* S. 40 mit deutlichem Hinweis auf diese Facette des Vertrauensbegriffes.

Zur näheren Bestimmung des Bezugspunktes hilft auch die Wendung „für sich“ nur begrenzt weiter. Denn diese wird fast einheitlich als gesetzliche Klarstellung verstanden, dass der Dritte eine eigenständige Position gegenüber dem Vertrauenden repräsentieren muss und nicht etwa Vertrauen für dessen späteren Vertragspartner in Anspruch nehmen will.[447] Offen bleibt dabei aber, ob „für sich“ als Vertrauen in die Eigenschaften seiner Person und in ihr fachgerechtes Vorgehen auszulegen ist, oder aber als Vertrauen in ihr Urteil.

Der BGH stellt in seiner Rechtsprechung zur c.i.c.-Dritthaftung hinsichtlich des Bezugspunktes grundsätzlich auf den jeweiligen Einzelfall ab. Der Bezugspunkt des Vertrauens richtet sich dabei nach dem Inhalt des beabsichtigten Vertrages. Für die Fälle der Gutachterhaftung kommen als Bezugspunkte des Vertrauens dabei insbesondere die Richtigkeit und Vollständigkeit der Erklärungen des Dritten in Betracht. So hat der BGH in seiner Rechtsprechung zur persönlichen Haftung von Vertretern aus c.i.c. teilweise das Kriterium der Inanspruchnahme von persönlichem Vertrauen durch den Vertreter verbunden mit dem Vertrauen in die Richtigkeit und Vollständigkeit seiner Erklärungen als dessen Bezugspunkt. So heißt es dort: „Persönliches Vertrauen nimmt der Geschäftsführer nur dann in Anspruch, wenn er dem Verhandlungsgegner eine zusätzliche, von ihm persönlich ausgehende Gewähr für die Richtigkeit und Vollständigkeit seiner Erklärungen geboten hat, die für den Willensentschluß des anderen Teils bedeutsam gewesen ist“.[448] Ähnlich äußern sich auch die Gesetzesmaterialien zu § 311 Abs. 3 BGB. Dort wird als Haftungsvoraussetzung für die *Third Party Legal Opinion* konstatiert, dass der Rechtsanwalt besonderes Vertrauen in Anspruch genommen haben muss. „Dies ist nach der bisherigen Rechtsprechung nur der Fall, wenn der Experte dem Dritten eine „persönliche Gewähr“ für die Richtigkeit seines Gutachtens bietet. Genauso liegt es nach Absatz 3 Satz 2.“[449]

Dem folgend ist für die Expertenhaftung, aufgrund der Interessenlage und der Art der vertraglichen Verbindung, als Bezugspunkt des Vertrauens, das

---

447 *Canaris*, ZHR 163, 206, 232; *ders.*, in: JZ 2001, 520, 521; *Eichler* S. 339; *Gellmann* S. 82; *Schulze*, JuS 1983, 81, 84; *Adolff* S. 125, 127. A.A. *Masch* S. 160.

448 Vgl. u.a. BGH NJW-RR 1991, 1312; NJW 1997, 1233. Alternativ findet sich in der BGH-Rechtsprechung auch das Erfordernis einer Gewährsübernahme für das Zustandekommen und die Erfüllung des Vertrages bzw. Rechtsgeschäftes, vgl. dazu BGH NJW-RR 2006, 993; 1988, 615; 1989, 110.

449 BT-Drucks. 14/7052 S. 190. Ebenso *Koch*, in: WM 2005, 1208, 1211 sowie 1212, der davon ausgeht, dass sich das durch die Auskunft des Dritten hervorgerufene Vertrauen auf die Richtigkeit und Vollständigkeit der Auskunft bezieht.

gutachterliche Urteil des Experten festzustellen.[450] Zugleich darf jedoch nicht außer Acht gelassen werden, dass der Vertrauende sein Vertrauen in die Richtigkeit der Erklärung gerade auf der Grundlage seiner Erwartungen im Zusammenhang mit der Qualifikation des Gutachters bildet. Er vertraut ebenfalls in die Objektivität, Gewissenhaftigkeit und Verlässlichkeit der Gutachterperson.[451] Weil Vertrauen in die Verlässlichkeit der Gutachterarbeit besteht, bildet sich also Vertrauen in die Richtigkeit der Informationen, welche dann ausschlaggebend für das weitere Handeln des Vertrauenden ist. Dieses Verhältnis von Grund und Folge ist bei der Gutachterhaftung nach § 311 Abs. 3 S. 2 BGB zu beachten.

Wie bereits angedeutet und auch von der Rechtsprechung praktiziert, kann diese Einordnung jedoch nicht für den § 311 Abs. 3 S. 2 BGB verallgemeinert werden, sondern gilt allein für die Konstellationen der Gutachterbeteiligung vorbehaltlich der konkreten Umstände des Einzelfalls. Selbstverständlich sind im Anwendungsbereich des § 311 Abs. 3 S. 2 BGB und auch im Rahmen der Gutachterkonstellationen durchaus Fälle denkbar, in denen nicht primär auf ein Ergebnis eines Gutachtens abgestellt werden kann, sondern andere Umstände vordergründiger Bezugspunkt des Vertrauens sein können. Denkbare Konstellationen entstammen dabei u.a. der bereits angeführten Vertreterhaftung, die ebenfalls unter § 311 Abs. 3 S. 2 BGB fallen soll. So beispielsweise, „wenn der Vertreter dem anderen Teil in zurechenbarer Weise den Eindruck vermittelt hat, er werde persönlich mit seiner Sachkunde die ordnungsgemäße Abwicklung des Geschäfts selbst dann gewährleisten, wenn der andere Teil dem Geschäftsherrn nicht oder nur wenig vertraut oder sein Verhandlungsvertrauen sich als nicht gerechtfertigt erweist.[452]

B. Inanspruchnahme von Vertrauen

I. Der Inanspruchnahmebegriff im Kontext des § 311 Abs. 3 S. 2 BGB

Ausgehend von der Prämisse, dass bei der Gutachterhaftung primärer haftungsrechtlicher Bezugspunkt für das Vertrauen zunächst die Richtigkeit der Expertisenaussage und Vertrauen die insoweit zuversichtliche Erwartungshaltung ist, muss im Anschluss ausgelegt werden, wann der Experte Vertrauen

450 So wohl auch *van Eickels* S. 268, 282; ebenfalls *Gellmann* auf S. 41 ff. für Gutachten im Allgemeinen; *Quiring* S. 164. Anders u.A.: *Schumacher/Lada,* ZGS 2002, 450, 453; *Schwab,* JuS 2002, 872, 877.

451 Vgl. *Schwab,* JuS 2002, 872, 877, der die Gutachterperson als primären Bezugspunkt sieht.

452 So BGH NJW-RR 1992, 605, mit Hinweis auf BGH NJW 1990, 389; 1990, 1907.

„für sich in Anspruch nimmt" und welches konkret die rechtlich erheblichen, vertrauensbildenden Umstände in die Richtigkeit der Expertise in den Fällen der Dritthaftung von Experten sind. Dies gilt insbesondere vor dem Hintergrund der vielfach erwähnten Ubiquität von Vertrauen im Rechtsverkehr[453] und der daraus folgenden Notwendigkeit zur präzisen Bestimmung, wann Vertrauen durch die Rechtsordnung rechtlich geschützt ist. Mit dem Erfordernis der Integration von subjektiven Anforderungen, der Sicherstellung einer Haftungsbegrenzung sowie der Bestimmung des Adressatenkreises wurden insoweit bereits wesentliche Aspekte der Vertrauenshaftung angeführt und abstrakt vorweggenommen, die im Folgenden bei der Auslegung zu berücksichtigen sind.[454]

Strukturell stellt dabei „die Inanspruchnahme von Vertrauen für sich" das zentrale Tatbestandsmerkmal des § 311 Abs. 3 S. 2 BGB und wegen seines Charakters als verhaltensbezogener Begriff, den primären Verortungspunkt für die Entwicklung entsprechender Kriterien dar. Bei der Auslegung der Inanspruchnahme ist weiterhin zu beachten, dass der Begriff in normativer Verbindung mit dem zusätzlichen Kriterium der Inanspruchnahme „in besonderem Maße" steht. Während sich die Konkretisierungen der Rechtsprechung meist nur auf die Kombination beider Wendungen beziehen, soll hier zunächst der Grundbegriff der Inanspruchnahme bestimmt und erst im Anschluss erörtert werden, wann und in welchen Fällen diese Inanspruchnahme die nötige Verbindlichkeit besitzt, um als eine solche „im besonderen Maße" gelten zu können. Hintergrund ist, dass sich die Formulierung „in besonderem Maße" allein auf die Qualität der Inanspruchnahme bezieht, worauf *Koch* zu Recht hinweist.[455] So ist nach der gesetzgeberischen Konzeption die einfache Inanspruchnahme von Vertrauen im Rahmen der Dritthaftung folgenlos, wenn sie nicht „im besonderen Maße" erfolgt.

Historisch entstammt die zu untersuchende Wendung und zentrale Voraussetzung des § 311 Abs. 3 S. 2 BGB dabei der Rechtsprechung zur c.i.c. Dritthaftung von Vertretern und Sachwaltern.[456] Dazu hatte der BGH den Grundsatz entwickelt, nach dem in besonderem Maße Vertrauen in Anspruch genommen wird, „wenn über das bei der Anbahnung von Geschäftsbeziehungen immer vorauszusetzende normale Verhandlungsvertrauen hinaus in besonderem Maße Vertrauen für sich persönlich in Anspruch genommen und auf diese Weise dem

---

453 Vgl. dazu u.a. *Picker*, in: AcP 183, 369, 427; *ders.*, in: FS Medicus, S. 397, 420; *Köndgen*, Selbstbindung ohne Vertrag S. 97 f.

454 Vgl. Kapitel 4 § 2 A.

455 *Koch*, in: AcP 204, 59, 76; zustimmend: *Gellmann* S. 87.

456 Vgl. Kapitel 3 § 5 A.

anderen Vertragspartner eine zusätzliche, gerade von ihm persönlich ausgehende Gewähr für Bestand und Erfüllung des in Aussicht genommenen Rechtsgeschäfts geboten wird".[457] Dieser Grundsatz wurde im Zuge einer einzelfallabhängigen Rechtsprechung dahingehend fortentwickelt, dass sich die Gewähr auch auf die Richtigkeit und Vollständigkeit von Erklärungen beziehen könne, welche für den Willensentschluss des anderen Teils bedeutsam gewesen seien.[458] Diese Rechtsprechung des BGH ist für die Auslegung der „einfachen" Inanspruchnahme damit nicht unbedingt aufschlussreich, da sie nur einen Fall bezeichnet, in dem die Inanspruchnahme eine besondere Intensität erlangt hat, nämlich gerade durch die Andienung einer besonderen Gewähr für die Richtigkeit, der für die Willensbegründung erheblichen Aussagen.

Demgegenüber kann die Formulierung „für sich", die mit dem Begriff der Inanspruchnahme gleichfalls in normativem Kontext steht, lediglich als personelles Abgrenzungs- bzw. Verdeutlichungskriterium dienen und verlangt keine besondere Intensität im Sinne einer persönlichen Vertrauensbeziehung,[459] die mit einem persönlichen Kontakt verbunden ist. Vielmehr soll der Dritte Vertrauen lediglich für seine Person im Sinne einer Eigenständigkeit und nicht für den Vertragspartner in Anspruch nehmen.[460]

Der Begriff Inanspruchnahme selbst kann im herkömmlichen Sprachgebrauch unterschiedlich verwendet und verstanden werden.[461] Zur Konkretisierung der Tatbestandsvoraussetzungen der Gutachterdritthaftung und ihrer Integration in § 311 Abs. 3 BGB, erscheint eine Interpretation im Sinne eines „tatsächlichen Nutzens bzw. Erhaltens einer Leistung oder eines Gutes"[462] und damit einer Nutzung und Verwendung bereits bestehenden Vertrauens allerdings zu kurz gegriffen, denn sie erfasst nicht die aktive Komponente des Erweckens von Vertrauen, die letztlich ein wesentlicher Ansatzpunkt für die haftungsrechtliche Zurechenbarkeit des Schadens zulasten des Experten ist. Tatsächlich muss für die Gutachterdritthaftung im Rahmen des § 311 Abs. 3 S. 2 BGB die Inanspruchnahme als

457 BGH NJW 1989, 293 m.w.N.

458 BGH NJW-RR 1991, 1312; NJW 1997, 1233.

459 *Canaris*, ZHR 163, 206, 232; *ders*, in: JZ 2001, 520, 521; *Eichler* S. 339; *Gellmann* S. 82; *Schulze*, JuS 1983, 81, 84; *Adolff* S. 125, 127; *Kersting*, S. 218; *Koch*, AcP 204, 59, 76. A.A. *Masch* S. 160.

460 *Canaris*, JZ 2001, 499, 520.

461 Vgl. dazu *Kersting* S. 214, der ausführlich auf die unterschiedlichen Wortbedeutungen und ihre Relevanz zur Interpretation des Tatbestandsmerkmals der Inanspruchnahme eingeht.

462 So diskutiert von *Kersting* S. 214; vgl. ebenfalls *Koch*, AcP 204, 59, 75, 78.

Anlass oder Auslöser für die spätere Vertrauensgewährung des Anspruchstellers interpretiert werden, was bei Gutachtern regelmäßig durch die Mitteilung von Informationen in der Form einer Expertise geschieht. Demzufolge genügt es bereits, wenn die Inanspruchnahmehandlung Erstvertrauen erzeugt.[463] Die (Erst-) Vertrauensgewährung erfolgt nämlich aufgrund einer bewussten oder auch unbewussten inneren Regung, welche bei Hinwegdenken der Inanspruchnahme ausgeblieben wäre. Die Vertrauensgewähr ist demnach Reaktion auf die Inanspruchnahme, welche den Gesamtvorgang der Vertrauensbildung erst „initiiert" hat.[464] Derweil ist das vorgelagerte Bestehen oder Ausnutzen eines Vertrauensverhältnisses weder nach dem Wortlaut des § 311 Abs. 3 S. 2 BGB noch nach den Grundsätzen der Rechtsprechung, die zur Sachwalter- und Gutachterhaltung für den VSD entwickelt wurden, für eine Inanspruchnahmehandlung zwangsläufig erforderlich.[465]

Weiterhin ist das tatsächliche Hervorrufen von Vertrauen zwar Voraussetzung der Vertrauenshaftung, aufgrund des Wortsinns oder der Systematik jedoch nicht zwangsläufig eine Voraussetzung der Inanspruchnahme. Vielmehr erscheint es geboten, diese Voraussetzung der Vertrauenshaftung bei der nach dem Wortlaut des § 311 Abs. 3 S. 2 BGB einzig direkt bezeichneten Tatbestandsvoraussetzung zu verorten, die semantisch notwendigerweise im Zusammenhang mit dem Vertrauensgeber steht, nämlich bei der „Beeinflussung des fremden Rechtsgeschäftes".[466]

Im Ergebnis ist die „Inanspruchnahme von Vertrauen für sich" damit im Sinne eines aktiven Tuns des Experten zu interpretieren, der mit seinem in den Rechtsverkehr gebrachten Gutachten bei dem Vertrauensgeber den Prozess der

---

463 Ebenso *Gellmann* S. 50 und so teilweise auch *Kersting* S. 214, der in seiner Definition allerdings eine Synthese aus beiden Interpretationsvarianten schafft und folglich auch die Berufung auf eine bestehende Vertrauenserwartung für möglich hält.

464 Ebenso *Gellmann* S. 50.

465 Ebenso *Gellmann* S. 50 f.; a.A. *Koch*, AcP 204, 59, 78, der aus dem Begriff der Inanspruchnahme folgert, dass ein Vertrauen bereits bestehen muss und eine Aufforderung nicht genügt.

466 Anders *Kersting* S. 213 ff, der diesen Umstand bereits zur Voraussetzung der Inanspruchnahme von Vertrauen erhebt. *Kersting* argumentiert zwar formell schlüssig, dass die Beeinflussung eines Vertrages streng genommen auch ohne tatsächliche Vertrauensgewährung möglich wäre. Dem kann allerdings entgegengehalten werden, dass unter dem Begriff der „Beeinflussung", hier eine Beeinflussung im vertrauenshaftungsrechtlichen Sinne zu verstehen ist und im Rahmen der Tatbestandsvoraussetzungen von § 311 Abs. 3 S. 2 BGB daher nur dann vorliegt, wenn tatsächlich auch Vertrauen gewährt wurde.

Vertrauensgewährung initiieren muss.[467] Davon zu unterscheiden ist die tatsächliche Vertrauensgewährung, auf die im Rahmen des Tatbestandsmerkmals der Beeinflussung eines Rechtsgeschäfts noch näher eingegangen wird.

II. Die konkreten Tatbestandsvoraussetzungen der Inanspruchnahme von Vertrauen nach § 311 Abs. 3 S. 2 BGB für die Gutachterhaftung

1. Objektives Setzen einer vertrauenstauglichen Erklärung im Rechtsverkehr

Vor dem Hintergrund der voranstehenden Ausführungen ist nunmehr fraglich, wie die objektiven Tatbestandsvoraussetzungen für die Inanspruchnahme konkret zu bestimmen sind. Ausgehend davon, dass es sich bei der Gutachter- bzw. Expertenhaftung in der Sache um eine Haftung für geäußerte Erklärungen handelt und deren Inhalt auch Bezugspunkt des Vertrauens sein soll, muss für die Inanspruchnahme von Vertrauen zunächst grundsätzlich eine Erklärung des Experten vorliegen, die ihrem Inhalt nach objektiv geeignet ist, im Rechtsverkehr eben dieses Vertrauen zu begründen.[468] Es muss sich also um eine „vertrauenstaugliche Erklärung“ handeln. Da die Inanspruchnahme zusätzlich ein substanzielles Initiativmoment aufseiten des Experten für die Vertrauensgewähr voraussetzt, ist daneben, als zentraler Impuls für die Vertrauensbegründung im Rahmen von § 311 Abs. 3 S. 2 BGB, eine weitere Voraussetzung für die Inanspruchnahme, dass die vertrauenstaugliche Erklärung auch von dem Gutachter „gesetzt“ worden ist.[469] „Setzen“ ist dabei grundsätzlich im Sinne einer bewussten und zurechenbaren Entäußerung oder Zugänglichmachung einer Erklärung

---

467 Ähnlich auch *Gellmann* S. 49, der Vertrauen als ein solches Verhalten interpretiert, „das auf das Erzeugen von Vertrauen bei einer anderen Person in einen bestimmten Umstand gerichtet ist.“ Vgl. ebenso *Koch*, AcP 204, 59, 75 ff., der die Inanspruchnahme als Bewerben oder Appell um bzw. an eine Vertrauensgewährung versteht und in diesem Zusammenhang den Begriff der „Vertrauenswerbung“ anführt. Der Dritte müsse objektiv für das Vertrauen in ihn werben, „indem er gezielt an den Empfänger appelliert, seiner Aussage Glauben zu schenken“.

468 Vgl. *Gellmann* S. 52 f., der eine Inanspruchnahme von Vertrauen durch Aufstellen von Behauptungen bejaht.

469 Vgl. dazu auch *Canaris*, Vertrauenshaftung S. 491. Ähnlich auch *Gellmann* S. 49, der ein aktives, von dem Dritten ausgehendes Verhalten für erforderlich hält. Auch der BGH betonte bereits im Rahmen der Dritthaftung von Sachwaltern, dass es allein darauf ankäme, dass der Vertrauenstatbestand vom Dritten selbst oder in zurechenbarer Weise geschaffen wurde und das Drittverhalten entscheidend beeinflusst hat, vgl. BGH NJW 1971, 1309. Vgl. ebenso *Eichler* S. 343 f., der u.a. auf die Abgabe drittgerichteter Erklärungen abstellt.

im Rechtsverkehr zu verstehen, wobei der Bezugspunkt in den hier behandelten Fällen das Gutachten des Experten ist. Im Folgenden sollen diese beiden Voraussetzungen ihrem Inhalt nach näher erläutert werden.

a. *Objektive Anforderungen an das „Setzen" einer vertrauenstauglichen Erklärung im Rechtsverkehr*

Für eine im Sinne des § 311 Abs. 3 S. 2 BGB erhebliche Inanspruchnahmehandlung ist erforderlich, dass der Gutachter aktiv und eigenständig handelt und dabei eine vertrauenstaugliche Erklärung im Rechtsverkehr „setzt". Die Weite dieser Anforderung entspricht dabei dem Gesetzeswortlaut des § 311 Abs. 3 S. 2 BGB, aus dem sich keine spezifischen Restriktionen oder konkrete Verhaltensanforderungen ergeben, wodurch oder auf welche Weise sich eine Inanspruchnahme von Vertrauen vollziehen kann. Daraus folgt, dass die Setzung – und damit auch die Inanspruchnahme – sowohl durch ausdrückliches oder konkludentes Verhalten erfolgen kann als auch durch Erklärungen in schriftlicher oder verbaler Form. Allein ein Unterlassen scheidet aus.[470] Nach dem Wortlaut des § 311 Abs. 3 S. 2 BGB ist eine Anwesenheit des Gutachters bei den Verhandlungen bzw. dem Vertragsschluss oder ein persönlicher Kontakt zwischen Vertrauensnehmer und Gutachter zur „Setzung" der vertrauenstauglichen Erklärung regelmäßig nicht erforderlich. Zudem erhebt es der Wortlaut des § 311 Abs. 3 S. 2 BGB nicht zur Bedingung, dass dem Gutachter die Person des Vertrauensnehmers bekannt sein muss.

In diese Richtung tendiert auch der BGH, der sich dazu allerdings vornehmlich im Kontext der Inanspruchnahme von „Vertrauen im besonderen Maße" im Rahmen seiner Rechtsprechung zur c.i.c.-Dritthaftung geäußert hat. Dabei hat der BGH schon in seiner Grundsatzentscheidung von 1971[471] klargestellt, dass die Grundsätze der c.i.c. -Haftung nicht nur auf den als Vertreter einer Vertragspartei Handelnden anwendbar sind, sondern ebenfalls auf den Sachwalter einer Partei, soweit dieser besonderes Vertrauen für sich in Anspruch nimmt und dadurch das Verhalten der anderen Vertragspartei maßgeblich beeinflusst hat. Dabei spielt es keine Rolle, ob er selbst die Verhandlungen führt oder sich im Hintergrund hält und eigene Beziehungen zu dem Verhandlungsgegner nur mittelbar über den von ihm betreuten Verhandlungspartner herstellt.[472] Ebenso wird im Rahmen der Prospekthaftung deutlich, dass es der Rechtsprechung

470 *Eichler* S. 344; a.A. *Canaris*, Vertrauenshaftung S. 492.

471 BGH NJW 1971, 1309.

472 Zur Anwendung der Grundsätze der Sachwalterhaftung bei der Vermittlung von Kapitalanlagen vgl. BGHZ 74, 103, 108 f.; BGH MDR 1978, 733–734.

weniger auf die Qualität des Kontaktes ankommt als auf die Gesamtumstände, die auf eine Gewährsübernahme hindeuten. Selbst nach der Rechtsprechung des BGH zum VSD ist ein direkter individueller Kontakt zwischen Gutachter und Anspruchsteller regelmäßig nicht erforderlich.[473]

In diesem Sine hält auch die überwiegende Ansicht im Schrifttum eine Inanspruchnahme von Vertrauen ohne unmittelbaren Kontakt zwischen Gutachter und Vertrauendem für möglich.[474] Ein mittelbarer Kontakt soll als hinreichende Voraussetzung genügen.[475] So wird argumentiert, dass auch bei einer mittelbaren Beteiligung des Gutachters – also bei Weitergabe des Gutachtens durch den Auftraggeber an den Anspruchssteller – eine schützenswerte vertrauensrechtliche Beziehung durch die schriftlich verkörperte Erklärung des Gutachters begründet werden kann; ein Rechtsgedanke, der sich ebenfalls in den Grundsätzen zur Abgabe einer empfangsbedürftigen Willenserklärung wiederfindet.[476] Dies ist überzeugend und für die Auslegung von § 311 Abs. 3 S. 2 BGB zu übernehmen, da Gutachten ihre vertrauensbildende Wirkung primär aus dem Anspruch an ihre Objektivität, Gewissenhaftigkeit und Richtigkeit beziehen und nicht aus der Art und Weise ihrer Übermittlung. Ob die Aussagen über das Gutachtenergebnis nun direkt oder nur mittelbar, schriftlich oder mündlich erfolgen, kann für die Frage der Haftung mithin keine Rolle spielen, sofern das Gutachten mit einem hinreichenden Wahrheits- und Objektivitätsanspruch verbunden ist, der dem Gutachter zurechenbar ist.

Die Setzung einer vertrauenstauglichen Erklärung im Rechtsverkehr ist hingegen ausgeschlossen, wenn der Gutachter die Handlung nicht zu verantworten hat. Daran fehlt es z.B. bei von Dritten gefälschten Gutachten, die gerade im hier behandelten Kunstexpertisenwesen nicht selten vorkommen. Abgesehen von diesen Ausnahmefällen, werden bei der willentlichen Entäußerung eines Gutachtens in den Rechtsverkehr die Anforderungen an das Setzen einer vertrauenstaugliche Erklärung in der Regel erfüllt sein.[477]

---

473 BGH NJW 1987, 1760; 1995, 392; 2004, 3035. Zu den Einzelheiten der Rspr. zum VSD vgl. Kapitel 3 § 2.

474 So u.a.: *Canaris*, ZHR 163, 223 f.; *Eichler* S. 345; *Kersting* S. 214 f.; *Gellmann* S. 58 ff.; *Quiring*, S. 157 f. A.A. *Bros* ZGS 2005, 142, 145, die eine persönliche Beteiligung an dem Vertragsschluss, also ein Näheverhältnis, fordert. Vgl. ebenso *Wiegand* S. 256 ff.

475 *Canaris*, ZHR 163, 206, 225.

476 *Gellmann* S. 62.

477 Beispiele wären Handeln unter *vis absoluta* oder fehlende Geschäftsfähigkeit. Für die fehlende Zurechenbarkeit aufgrund subjektiver Mängel vgl. Kapitel 4 § 3 B. II. 3.

b. *Erforderlicher Inhalt der Erklärung bzw. inhaltliche Tauglichkeit des Drittverhaltens zur Begründung von Vertrauen*

Neben der Setzung einer Erklärung muss diese aus der Sicht des Vertragspartners auch inhaltlich geeignet sein, Vertrauen zu begründen. Dies ist immer dann der Fall, wenn die Erklärung tauglich ist, bei dem Auskunftsempfänger eine zuversichtliche Erwartungshaltung im Hinblick auf die Richtigkeit der Expertise hervorzurufen. Der Grund für dieses Erfordernis ist, dass ein Verhalten – im Falle der Gutachterhaftung regelmäßig eine Aussage oder Erklärung – das aus der Perspektive eines objektiven Betrachters gar nicht erst tauglich ist, Vertrauen in einen bestimmten Umstand zu begründen, keinen rechtlichen Schutz genießen soll.[478]

Ein Gutachten muss mithin eine inhaltlich eindeutige, widerspruchsfreie und überzeugende Aussage in Bezug auf bestimmte Tatsachen treffen. Die haftungsbegründende Vertrauenskonstellation setzt insofern voraus, dass das Verhalten des Dritten eine Information kommunizieren muss, der – zumindest konkludent – die Erklärung anhaftet, der Dritte sei von ihrer Richtigkeit der Angaben überzeugt und man könne diese Einschätzung ungeprüft teilen. Dies dürfte bei uneingeschränkten Aussagen oder Erklärungen im Hinblick auf eine bestimmte Tatsache, regelmäßig der Fall sein.[479] Zur Nichteignung können hingegen z.B. inhaltliche Vorbehalte oder Einschränkungen in einem Gutachten führen.[480] Der Experte macht in diesen Fällen nämlich gerade deutlich, für den entsprechenden Umstand keine positive Erwartungshaltung in die Richtigkeit erzeugen zu wollen. Stellt der Experte das Gutachtenergebnis oder bestimmte Feststellungen also unter einen Vorbehalt oder schränkt er die Aussage inhaltlich in einem bestimmten Maße ein, so kann im Einzelfall die Tauglichkeit zur Erweckung von Vertrauen bereits im objektiven Sinne, je nach Umfang und Qualität der Einschränkung, entfallen und eine Inanspruchnahme von Vertrauen ausschließen. Gleiches gilt, wenn er bestimmte Informationen aus dem Gutachten ausgrenzt, so z.B., wenn er angibt, „bestimmte Informationen ungeprüft von dem

---

478 Weder der Bösgläubige, der die Unrichtigkeit des Vertrauenstatbestandes kennt, noch der Irrende, der die Unrichtigkeit hätte erkennen können, bedarf des Schutzes der Rechtsordnung. Zu den Anforderungen des Vertrauensschutzes aufseiten des Vertrauenden vgl. *Canaris,* Vertrauenshaftung, S. 503 ff.

479 Vgl dazu auch *Gellmann* S. 52, der der Ansicht ist, dass „bereits durch das bloße Aufstellen einer für den abzuschließenden Vertrag wesentlichen Behauptung des Experten das Vertrauen des Erklärungsempfängers in Anspruch genommen wird."

480 In diesem Sinne auch *Canaris,* ZHR 163, 206, 230 f., der diese Möglichkeiten als Einschränkungen des Vertrauenstatbestandes betitelt.

Auftraggeber übernommen zu haben oder bestimmte Daten ungeprüft unterstellt oder bestimmte überhaupt nicht geprüft zu haben."[481] Auch in diesen Fällen kann kein rechtlich schützenswertes Vertrauen gebildet werden, das unter Umständen zu einer Schadensersatzpflicht führt.

Demgegenüber steht der Inhalt der vertrauenstauglichen Erklärung in seinem Anspruch auf Gültigkeit grundsätzlich nicht in Abhängigkeit von der Person des Adressaten, sondern ist von diesem trenn- und abstrahierbar. Das heißt der Erklärungsinhalt und damit auch der Wahrheitsanspruch der vertrauenstauglichen Erklärung steht nicht zwangsläufig in Abhängigkeit von einer konkreten Person als Kenntnisnehmender.[482] Die Frage nach dem Bestand einer Informationsmitteilung und dem damit regelmäßig einhergehenden Wahrheitsanspruch ist nämlich nicht mit der Frage zu verwechseln, wer sich nach der Verkehrssitte auf eine bestimmte Erklärung im Rechtsverkehr verlassen darf. Diese systematische Differenzierung ist deshalb so relevant, da es in den hier untersuchten Fällen der Gutachterhaftung primär darum geht, verkehrsfähig gestaltete und damit personell gerade unspezifizierte Erklärungen in den Anwendungsbereich von § 311 Abs. 3 S. 2 BGB einzubeziehen. Bei der konkreten Ermittlung des Bestehens und des Inhaltes der Erklärung sind derweil die Regeln über die objektive Auslegung von Willenserklärungen entsprechend anzuwenden.[483]

2. Die objektive Bestimmtheit der Erklärung zur Beeinflussung des konkreten Drittgeschäftes

Wurden damit die zwei wesentlichen Voraussetzungen der Inanspruchnahme bestimmt, so wäre es dennoch verfrüht bei Vorliegen der o.g. Anforderungen, eine

481 Vgl. *Canaris,* ZHR 163, 230 zu den Einschränkungen des Vertrauenstatbestandes.

482 Vgl. dazu den von *Canaris* verwendeten Begriff des „Vertrauenstatbestandes", der ebenfalls „gesetzt" wird, dessen Charakter durch die Ausführungen zu seiner Einschränkbarkeit aber teilweise widersprüchlich erscheint, da sein Bestehen in Abhängigkeit von seinem Adressaten gesetzt wird. Vgl. dazu *Canaris,* in: Vertrauenshaftung S. 491; *ders.*, in: ZHR 163, 206, 230. In diesem Sinne ebenfalls kritisch *Kersting* S. 248 und *Faust,* AcP 210, 555, 572.

483 So *Canaris*, Vertrauenshaftung S. 494 für die „natürlichen äußeren Tatbestände". In diesem Sinne auch *Canaris*, in: ZHR 163, 206, 229, wo betont wird, dass es für die Auslegung des Gutachtens auf die Verständnismöglichkeit des Dritten ankomme. Für eine Anwendbarkeit der §§ 133, 242 BGB auch auf rechtsgeschäftsähnliche Erklärungen vgl. *Arnold*, in: Erman Bd. 1 § 133 Rn. 3; BGH NJW 1995, 45, 46; *Kersting* S. 295.

Inanspruchnahme von Vertrauen zu bejahen. Denn selbst wenn der Gutachter eine vertrauenstaugliche Erklärung im Rechtsverkehr gesetzt hat, stellt sich in der Folge stets die Frage, ob der Anspruchsteller im haftungsrechtlichen Sinne auch Adressat des Gutachtens war, bzw. sich auch als solcher betrachten durfte. Die objektive Setzung einer vertrauenstauglichen Erklärung ist nämlich zunächst unabhängig von der Frage zu beurteilen, wer sich in rechtlich erheblicher Weise auf sie verlassen darf, bzw. an wen sie gerichtet ist.[484] Der Grund dafür liegt in der Natur des Inanspruchnahmebegriffes. Bereits nach dessen Wortsinn beinhaltet die objektive Seite der „Inanspruchnahme von Vertrauen für sich" eine bestimmte Erklärungsqualität im Hinblick auf den oder die Adressaten. Denn nicht jede direkte oder mittelbare Kommunikation einer Information geht mit einer Inanspruchnahme von Vertrauen für deren Richtigkeit gegenüber jeder beliebigen Person einher. Diese Wertung korrespondiert zugleich mit dem typischen Aussagegehalt eines verkehrsfähigen Gutachtens. Ein Gutachten impliziert zum einen die Versicherung der Richtigkeit der enthaltenen Information und verweist zum anderen auf ein potenzielles Rezeptionsziel. Diese limitierte personelle Haftungsreichweite wird auch in systematischer Hinsicht von dem bereits herausgearbeiteten Bedürfnis nach einer Haftungsbegrenzung untermauert. Denn wie am Anfang des Kapitels ausgeführt, sind Rechtsprechung und Literatur einig in dem Erfordernis einer Haftungsbegrenzung, die die Haftung für den Experten überschaubar und kalkulierbar macht.[485]

Damit rückt nunmehr eine zentrale Frage der Dritthaftung in den Mittelpunkt des Interesses, nämlich welcher Adressat sich aufgrund des objektiven Gutachterverhaltens und der entsprechenden Begleitumstände auf die im Rechtsverkehr objektiv gesetzte vertrauenstaugliche Erklärung verlassen darf und wem in der Folge haftungsrechtliche Konsequenzen zugutekommen sollen, konkret also, welcher objektive „Vertrauensradius" dem Gutachten anhaftet. Sehr viel problematischer als die Haftung gegenüber den direkten Vertragspartnern des Auftraggebers sind dabei die Fallgruppen, in denen weitere Personen aus dem Rechtsverkehr mit der vertrauenstauglichen Erklärung in Berührung kommen, so z.B., wenn die Expertise im Rahmen eines Folgeverkaufes an Zweit- oder Dritterwerber weitergegeben wird. Sollen sich die nachfolgenden Käufer eines Bildes oder einer Immobilie, die ebenfalls auf die Richtigkeit des Gutachtens vertraut und diese zur Grundlage ihrer

---

484 Vgl. dazu *Canaris*, Vertrauenshaftung S. 493., *ders.* in: ZHR 163, 206, 230 f., der das Bestehen des Vertrauenstatbestandes allerdings in Abhängigkeit zu dem Adressatenkreis setzt. Zu dieser Einordnung ebenfalls kritisch: *Kersting* S. 248.

485 Vgl. Kapitel 4 § 2 A. III.

Kaufentscheidung gemacht haben, auch auf den von § 311 Abs. 3 BGB gewährten Rechtsschutz berufen können?[486]

Aufgrund des Bedürfnisses nach einer Haftungsbegrenzung ist fraglich, durch welche weiteren objektiven Anforderungen an die Inanspruchnahme eine Beschränkung des Anwendungsbereiches gegenüber Zweit- oder Dritterwerbern in Betracht kommt. Tauglich erscheint dabei die Anforderung, dass die gesetzte, vertrauenstaugliche Erklärung aus dem Blickwinkel eines objektiven Betrachterhorizontes dazu bestimmt sein muss, das konkrete Drittgeschäft zu beeinflussen.[487] In der Sache ist damit nicht nur die inhaltliche Eignung der Erklärung zur Erweckung von Vertrauen als haftungsbegründende Voraussetzung zu prüfen, sondern es ist darüber hinaus eine Würdigung der objektiven Umstände der Inanspruchnahmehandlung vorzunehmen, mit der speziellen Fragestellung, ob diese auf eine Bestimmtheit zur fremden Rechtsgeschäftsbeeinflussung schließen lassen. Um die objektive Bestimmung der Expertise zur Beeinflussung eines fremden Rechtsgeschäftes herausarbeiten zu können, bedarf es primär einer objektiven Zweckbestimmung des Gutachtens unter Berücksichtigung seiner verkehrsüblichen Verwendung.[488] Im Anschluss lässt sich die objektive Bestimmtheit in Bezug auf die personelle Reichweite und die Beeinflussung eines Rechtsgeschäfts ermitteln, um auf diesem Wege die Haftungsgrenzen für den Gutachter im Einzelfall festzusetzen.

Für eine grundsätzliche Beschränkung der Haftung allein auf den Vertragspartner des Auftraggebers des Gutachtens oder die Beteiligten der ersten Transaktion nach der Erstellung bietet der Wortlaut des § 311 Abs. 3 S. 2 BGB derweil keinen

---

486 Auch die bereits angesprochenen kunstmarkttypischen Kommissionskonstellationen sind betroffen, weil auch hier der Verkäufer nicht Auftraggeber des Gutachtens war. Gleiches gilt für die Äußerungen in Werkverzeichnisse, bei denen ebenfalls eine Aussage über die Echtheit eines Werkes getroffen wird und welches ebenfalls von Dritt- oder Viertkäufern einem Kaufvertrag zugrunde gelegt werden kann. Vgl. dazu Kapitel 5 § 1 A. und § 2 A.

487 Die Entwicklung dieser Voraussetzung erfolgte durch Canaris und wurde verwendet zur Bestimmung des Kreises der geschützten Dritten; vgl. *Canaris*, ZHR 163, 206, 235 f. Auch die Expertenhaftung nach den Grundsätzen des VSD orientiert sich bei der Feststellung, ob ein Einbeziehungswille vorliegt daran, ob das Gutachten zum Gebrauch gegenüber Dritten bestimmt ist und ob der Gutachter mit einer entsprechenden Nutzung zu rechnen hatte, vgl. BGH NJW 2004, 3035.

488 Auch die Rechtsprechung stellt bei der Frage, ob ein Dritter in den Schutzbereich des Vertrages einbezogen ist, maßgeblich auf den Zweck des Gutachtens sowie dessen Inhalt ab, vgl. BGH NJW 04, 3035 m.w.N. sowie BGH NJW 2012, 3165; 1998, 1059. Vgl. auch *Canaris*, ZHR 163, 206, 235 f.

Ansatz.[489] Dies wäre auch nicht interessengerecht. Eine solche Lösung würde der Dritthaftung in einem unhandlichen Maße die Flexibilität nehmen, zudem kollidierte sie mit der grundsätzlichen Rolle des Gutachters, der im Rahmen der hier untersuchten Fälle als objektiver, neutraler Dritter auftritt.[490] Auch die Rechtsprechung beschränkt die Dritthaftung grundsätzlich nicht auf die Vertragspartner des Auftraggebers, sondern orientiert sich in erster Linie am Inhalt und Verwendungszweck des Gutachtens sowie am Gesamthaftungsrisiko.[491]

In der Literatur wird für die Bestimmung des Gutachtens zur Beeinflussung eines fremden Rechtsgeschäftes häufig der Begriff der „Gerichtetheit" verwendet, der den Kreis der potenziell geschützten Personen definiert und begrenzt. Die Gerichtetheit beschreibt letztlich die Bestimmung des Gutachtens zur Beeinflussung fremder Rechtsgeschäfte und damit auch der Personen, die in die Sonderverbindung einbezogen werden können. Die Entwicklung des Begriffes der Gerichtetheit geht dabei insbesondere auf *Canaris* zurück,[492] der den Bezugspunkt für die Gerichtetheit des Gutachtens allerdings noch dahin gehend modifizierte, dass der Haftungsrahmen bestimmt wird durch das hinter dem angestrebten Rechtsgeschäft stehende wirtschaftliche Projekt.[493] Daraus folgt, dass das Rechtsgeschäft, für dessen Abschluss der Anspruchsteller auf das Gutachten vertraut hat, „nicht unbedingt dasjenige und nur dasjenige zu sein braucht, welches dem Experten bei der Erstellung der Expertise vor Augen stand, sondern auch ein ergänzendes Geschäft sein kann, welches zur Durchführung des Projekts vorgenommen wird, sofern dadurch das Haftungsrisiko des Experten nicht vergrößert wird."[494] Dabei geht

489 So ebenfalls *Raue*, in: FS Säcker S. 1111.

490 In diesem Sinne sind auch die Gesetzesmaterialien zu verstehen, in denen der Sachverständige gerade als neutrale Person bezeichnet wird, auf dessen Äußerungen sich der anspruchsstellende Verhandlungspartner verlässt, vgl. BT-Drucks. 14/6040 S. 163. Ebenso ist der Umstand beachtlich, dass der Gesetzgeber in seiner Begründung ausdrücklich auf die Sachverständigenhaftung verwiesen, zugleich aber die Tatbestandsvoraussetzungen des § 311 Abs. 3 S. 2 nicht an das Bestehen eines Vertrages oder eine Nähebeziehung geknüpft hat, wenngleich andere objektive Anforderungen definiert wurden. Eine Nähebeziehung lehnt ebenso *Gellmann* ab, wegen der Rolle des Sachverständigen als neutrale Person, vgl. *Gellmann* S. 55.

491 So die ständige Rechtsprechung des BGH, vgl. WM 2012, 1359 (Steuerberaterhaftung) sowie u.a. BGH NJW 2004, 3035 (Haftung für Grundstücksbewertung) jeweils mit Verweis auf BGH NJW 1998, 1059; 1984, 355. Vgl. dazu auch Kapitel 4 § 2 A. III. 2.

492 Vgl. dazu *Canaris*, Vertrauenshaftung S. 132 f.

493 *Canaris*, ZHR 163, 206, 237.

494 *Canaris*, ZHR 163, 206, 237 mit besonderer Erwähnung der Kunstexpertisen.

Canaris davon aus, dass das wirtschaftliche Projekt, welches Anlass zur Erstellung der Expertise gegeben hat, in der Regel auch die Grenzen der Haftung des Sachverständigen markiert.[495] Maßgebend sei dabei stets das Projekt des Auftraggebers und nicht das Projekt eines späteren Erwerbers, weshalb in Weitergabefällen eine Gerichtetheit in der Regel ausscheiden soll.[496]

Dieses Kriterium der Gerichtetheit wurde auch von der Mehrzahl der Autoren des neueren Schrifttums, das sich mit der Vertrauenshaftung nach § 311 Abs. 3 S. 2 BGB befasst, übernommen bzw. in abgewandelter Weise in die Lösungsansätze integriert. In diesem Sinne sieht z.B. *Eichler* die rechtserhebliche Beteiligung an einem fremden Schuldverhältnis u.a. dann als gegeben an, wenn ein konkreter Bezug zu diesem besteht, was insbesondere dann der Fall ist, wenn der Sachverständige „drittgerichtete Erklärungen" abgibt.[497] Weiterhin kann eine drittgerichtete Erklärung „nicht nur dann angenommen werden, wenn eine Erklärung an einen vom Auftraggeber verschiedenen Empfänger gerichtet oder adressiert ist, sondern auch dann, wenn sich der Drittbezug nur mittelbar aus dem Verwendungszweck und dem Inhalt der Erklärung ergibt."[498] Ebenso verweist *Koch* auf die Notwendigkeit einer Gerichtetheit, die dann gegeben sein soll, wenn der Auskunftsgeber bei objektiver Beurteilung gezielt die fremde Willensbildung beeinflusst hat.[499] *Gellmann* sieht es ebenfalls zur Inanspruchnahme als erforderlich an, dass sich die Vertrauenswerbung an den Empfänger richtet. Nach seiner Auffassung ist die Gerichtetheit zwar primär willensabhängig, jedoch kommt bei Fehlen dieses Willens eine Zurechnung über die Grundsätze zur Abgabe empfangsbedürftiger Willenserklärungen in Betracht, was dann der Fall ist, wenn sich aus dem Blickwinkel des Gutachters ermitteln lässt, dass mit einer Weitergabe an den Anspruchsteller zum Zweck der Beeinflussung von Drittgeschäften zu rechnen war.[500] Dies sei auch gerechtfertigt, da der Dritte die Möglichkeit habe, durch entsprechende Hinweise in der Expertise die Haftung einzugrenzen.[501]

---

495 *Canaris*, ZHR 163, 206, 235 ff., 237. Ähnlich auch *van Eickels* S. 283 ff., 287; nach der der Gutachter nur den Beteiligten des ersten wirtschaftlichen Gesamtgeschäftes haften soll, wobei der Schaden auf den der risikoreichsten Transaktion des ersten Gesamtgeschäftes zu begrenzen ist.

496 *Canaris*, ZHR 163, 206, 237.

497 *Eichler* S. 343 ff.

498 *Eichler* S. 344.

499 *Koch*, in: AcP 204, 59, 76.

500 *Gellmann* S. 62 ff.

501 *Gellmann* S. 65. Dem Projektgedanken von *Canaris* ebenfalls zustimmend *Quiring S. 165*. Eine anderen Einordnung wählt *Kersting*, der auf das Kriterium der

Neben der erwähnten Gerichtetheit soll in der hier vertretenen Lösung als weiteres Prüfungskriterium zudem das Merkmal der objektiven zeitlichen Bestimmung zur Drittbeeinflussung mit einbezogen werden. Denn es darf nicht übersehen werden, dass die Bestimmtheit der Erklärung zur Drittbeeinflussung nicht nur einen personalen Aspekt besitzt, sondern auch einen zeitlichen. So ist insbesondere die Frage zu erörtern, ob nicht ein in den Rechtsverkehr gebrachtes Gutachten nach einem bestimmten Zeitraum seine objektive Bestimmung zur Drittbeeinflussung insgesamt verliert.

a. Personelle Bestimmtheit der Erklärung zur Geschäftsbeeinflussung/ Gerichtetheit anhand des Gutachtenzwecks und der typischen personellen Verwendungsreichweite

Für die vorzunehmende Klärung der Frage, ob die Expertise in personeller Hinsicht zur Beeinflussung eines Drittgeschäftes bestimmt ist, kommt es zunächst auf den objektiv erkennbaren Verwendungszweck des Gutachtens an. Dieser lässt sich ermitteln anhand des Inhalts des Gutachtens, des Auftragszwecks oder der typischen Verwendung dieser Art von Gutachten im Rechtsverkehr.[502] Bei der Auslegung sind daher vor allem der Wortlaut des Gutachtens erheblich sowie die objektiv erkennbaren Umstände der Gutachtenerstellung, jeweils vor dem Hintergrund der Verkehrssitte und des üblichen Verwendungszwecks des Gutachtens innerhalb des maßgeblichen Lebens- oder Geschäftskreises. Daneben kann für die personelle Bestimmtheit des Gutachtens zur Beeinflussung fremder Rechtsgeschäfte bedeutsam sein, wie das Gutachten in personeller Hinsicht typischerweise verwendet wird, das heißt, welche Personen nach den Umständen des Einzelfalls typischerweise im Rahmen der zweckkonformen Gutachtenverwendung mit diesem in Berührung kommen.

Gerichtetheit verzichtet, dafür aber subjektiv, auf Seiten des Vertrauensnehmers, ein Bewusstsein und einen Willen zur Inanspruchnahme von Vertrauen im Hinblick auf den konkreten Bezugsvertrag für erforderlich hält, womit er in der Sache eine ähnlich begrenzende Funktion verfolgt, vgl. *Kersting* S. 243 ff., 247 f.

502 Auch bei der Gutachterhaftung nach den Grundsätzen des VSD bemühte der BGH ähnliche Maßgaben und Wertungen. Dabei wurde u. a. auf die Bestimmtheit des Gutachtens zum Gebrauch gegenüber Dritten als Grundlage für Vermögensdispositionen abgestellt und in diesem Zusammenhang maßgeblich auf den Zweck des Gutachtens und dessen Erkennbarkeit, vgl. BGH NJW 04, 3035. m.w.N. sowie BGH NJW 2012, 3165; 1998, 1059.

aa. Ermittlung des Gutachtenzwecks

Ausgangspunkt für die Ermittlung des Gutachtenzwecks ist der konkret formulierte Inhalt des Gutachtens. Es ist denkbar, dass sich dort Wendungen finden, die einen konkreten Zweck ausdrücklich bestimmen, ihn implizieren oder eine bestimmte Art der Verwendung unmittelbar ausschließen.[503] Existieren solche Wendungen, sind sie die primären Faktoren bei der Zweckbestimmung und entsprechend stark zu gewichten. Indem er den abgesprochenen - oder für ihn einzig gewollten - Zweck unmittelbar festschreibt, kann der Gutachter die personelle Gerichtetheit also direkt und unmittelbar über den Gutachtenzweck bestimmen und so direkten Einfluss auf den haftungsrechtlich relevanten Adressatenkreis nehmen. Insbesondere kann er die personelle Bestimmtheit des Gutachtens zur Drittbeeinflussung durch Wendungen im Gutachten entfallen lassen. Beispielsweise könnte er im Gutachten deutlich klarstellen, dass es sich um ein Gutachten allein zum internen Gebrauch handele.[504] So wäre denkbar, dass er die Überschrift des Gutachtens mit einer Zweckbestimmung versieht, wie z.B. „Verkehrswertgutachten für die interne Bilanzierung". Ebenso können sich in dem Gutachtentext bestimmte Formulierungen finden, die auf eine ausschließlich gewollte oder auf eine konkret ungewollte Verwendung hindeuten.[505] Derweil kann aus dem Umstand, dass das Gutachten formell an den Auftraggeber adressiert ist, noch keine individuelle Begrenzung des Gutachtenzwecks gefolgert werden, da der Gutachter hier nur seine Leistung gegenüber dem Auftraggeber erfüllt. Sollte der Gutachter seinem Auftraggeber das Gutachten dagegen nicht nur übermittelt haben, sondern sich im Inhalt der Expertise auch direkt an diesen wenden, so bestehen erste Begrenzungsindizien, weshalb sich aus dem Inhalt der Expertise oder der typischen Verwendungspraxis deutlich ergeben muss, dass das Gutachten auch dafür angefertigt wurde, um es Dritten vorzulegen und es im Rechtsverkehr zu verwenden. Sollte hingegen vereinbart worden sein, dass der Gutachter das Gutachten direkt an den Vertragspartner des Auftraggebers

503 Vgl. *Canaris*, ZHR 163, 230, der im letzten Fall allerdings die Begründung eines Vertrauenstatbestandes verneint.

504 *Canaris*, ZHR 163, 230. Ebenso hält auch *Gellmann* S. 65, eine Inanspruchnahme von Vertrauen für ausgeschlossen, wenn der Gutachter „deutlich herausstellt, dass sich sein Gutachten nicht an den Vertrauenden richtet" oder wenn ein bestimmter Verwendungszweck vereinbart wurde und der Auftraggeber das Gutachten außerhalb dieser Zweckvereinbarung gebraucht.

505 Wird z.B. ein Versicherungsgutachten über einen Sachschaden angefertigt und dies in der Expertise so benannt, so begrenzt dieser Auftragszusammenhang auch den Gutachtenzweck.

übermittelt und das Gutachten an diesen adressiert wird, besteht ein deutlicher Hinweis auf eine konkrete Zweckbestimmung zur Drittvorlage. Dies bedeutet allerdings noch nicht, dass der Gutachtenzweck auf eine Vorlage an den entsprechenden Adressaten beschränkt ist. So entschied der BGH im sog. Hausbankfall, in dem der Gutachter sein Gutachten auf Veranlassung des Auftraggebers direkt an dessen Vertragspartner sandte, dass auch eine Haftung des Gutachters gegenüber der Bank des Empfängers bestehen könne.[506] Liegt also ein verkehrsfähiges Gutachten vor, so genügt die Angabe eines konkreten Adressaten nicht zum Ausschluss der Haftung gegenüber weiteren Personen, da aus ihr nicht zwingend ein Begrenzungswille folgt, der die Bestimmtheit zur Vertrauensinanspruchnahme aufzuheben vermag. Will der Gutachter seine Haftung in personaler Hinsicht demnach sicher beschränken, so hat er dies bei verkehrsfähigen Gutachten mit einem entsprechenden Vermerk oder Hinweis konkret zu formulieren. Was indes die zwischen Gutachter und Auftraggeber verhandelten Vertragsmodalitäten betrifft, so können sich diese nur dann auswirken, wenn der Vertrauende von ihnen Kenntnis erlangt oder vorwerfbar nicht erlangt hat. Das Gleiche gilt für sonstige Absprachen der Beteiligten bei Auftragserteilung. Stets kommt es auf die Erkennbarkeit der Umstände an, also in erster Linie darauf, ob sie sich objektiv in der Expertise manifestiert haben. Entscheidend sind daher primär die Formulierungen und sprachlichen Wendungen in der Expertise selbst.[507]

Ist demgegenüber ein direkter sachlicher oder personeller Verwendungszweck nicht ausdrücklich im Gutachten bestimmt oder äußerlich erkennbar, so muss dieser anhand der Umstände des Einzelfalls vor dem Hintergrund der verkehrsüblichen Verwendung bestimmt werden. Dazu sind zunächst

---

506 BGH NJW 1987, 1758. Gleichwohl stellte der BGH in NJW 2004, 3035 fest, dass die Angabe in einem Wertgutachten, dass dieses „zu Planung- und Finanzierungszwecken" erstellt worden sei, noch nicht auf eine Bestimmung zur Drittbeeinflussung schließen lasse, da es auch zu internen Zwecken angefertigt worden sein könnte. „Welches Verständnis der Angabe, das Gutachten sei zu „Planungs- und Finanzierungszwecken" bestimmt, beizumessen ist, kann daher nur unter Heranziehung der sonstigen bei Auftragsvergabe vorliegenden oder sich aus dem Gutachten selbst ergebenden Umstände ermittelt werden."

507 In diesem Zusammenhang weist *Canaris* zu Recht darauf hin, dass das Risiko der abredewidrigen Verwendung einer offen formulierten Expertise bei dem Gutachter liegt, da er zum einen hätte erkennen können, wie sein Handeln im Rechtsverkehr wirkt, und er zum anderen die Möglichkeit hatte, inhaltlich auf den Haftungsumfang der Expertise und dessen Zweck Einfluss zu nehmen und so die Haftung zu begrenzen, vgl. *Canaris,* ZHR 163, 206, 239. A.A. *Eichler* S. 330, der in diesen Fällen den nötigen rechtsgeschäftlichen Beteiligungswillen verneint.

Prüfungsgegenstand und -umfang des Gutachtens heranzuziehen. Sodann ist festzustellen, wie die so näher bestimmte Art von Gutachten typischerweise im Rechtsverkehr verwendet wird. Dabei ist entscheidend, womit der Vertrauende nach dem verkehrsüblichen Verständnis berechtigterweise rechnen durfte. Im Zusammenhang mit der Zweckbestimmung kann dabei auch auf den von *Canaris* entwickelten Projektgedanken zurückgegriffen werden. Offenbart sich aus der Art des Gutachtens und dessen typischer Verwendung objektiv eine konkrete Projektabsicht, so kann diese hilfreich sein bei der objektiven Zweckbestimmung. Der Projektgedanke kann also im Einzelfall herangezogen werden, ist aber für die Gerichtetheit nicht alleiniger Maßstab.[508]

Ebenso ist zu beachten, dass die Zweckbestimmung nach der Verkehrsüblichkeit nur so weit reichen kann, wie keine spezifischen Hinweise oder sonstigen speziellen Umstände auf eine untypische Nutzungsabsicht hindeuten. Aus Gründen des Verkehrsschutzes besteht insoweit jedoch das Erfordernis, eine Abweichung deutlich zu kennzeichnen. Je markanter ein typischer Gutachtenzweck nach den objektiven Umständen des Einzelfalls hervortritt, desto deutlicher muss der Gutachter auch Bestimmungen und Vorbehalte formulieren, um diesen typischen Zweck abzuwandeln oder aufzuheben. Entscheidend für die Zweckbestimmung sind also immer die Umstände des Einzelfalls aus Sicht eines objektiven Betrachters vor dem Hintergrund der Art und des Inhaltes des Gutachtens und dessen verkehrsüblicher Verwendung.

bb. Gutachtenzweck und typische personelle Verwendungsreichweite

Wurde der Gutachtenzweck anhand der Umstände des Einzelfalls bestimmt, so ist in einem zweiten Schritt anhand des erlangten Ergebnisses zu fragen, welche Personen nach den Umständen des Einzelfalls typischerweise im Rahmen der zweckkonformen Verwendung des Gutachtens mit diesem in Berührung kommen, ihre Entscheidungen an diesem ausrichten und das Gutachten zur Grundlage einer Vermögensdisposition machen. Dabei kommt es im Wesentlichen auf die Praxis in den jeweiligen Verkehrskreisen an. Auf eine Beeinflussung dieser Personen und ihrer Rechtsgeschäfte ist das Gutachten dann im konkreten Fall objektiv gerichtet.

Dieser Prüfungspunkt wird insbesondere dann relevant, wenn bestimmte tatsächliche Umstände in der Person des Gutachters eine Berücksichtigung

508 Insbesondere kann nicht ohne Weiteres konstatiert werden, dass der Zweck einer Expertise sich grundsätzlich auf die Beeinflussung des gerade von dem Auftraggeber verfolgten Projektes beschränkt. So aber *Canaris*, ZHR 163, 206, 237.

erfahren sollen, die über den Gutachtenzweck nicht hinreichend zu fassen sind.[509] So kann ein Gutachten auf dem Markt eine bestimmte tatsächliche Funktion oder Wirkung haben, die sich nicht ausreichend im Rahmen seines Zwecks manifestiert und das Gutachten von anderen seiner Art abgrenzt. Insbesondere kann der objektive Zweck des Gutachtens weiter reichen, als dessen faktische personelle Verwendungsreichweite. In beiden Fällen käme es zu einer unbilligen Ausweitung des personellen Haftungsradius, sollte die typische Verwendungsreichweite des Gutachtens neben seinem objektiven Zweck keine hinreichende haftungsbeschränkende Berücksichtigung erfahren. Dies ist insbesondere bei den hier untersuchten Kunstexpertisen der Fall, wo sich die faktische Wirkung der Zuschreibungsautorität des Kunstgutachters nicht im objektiven Zweck, sondern in der typischen Verwendungsreichweite der Expertise niederschlägt.[510]

Zur interessengerechten Festsetzung der Reichweite der Gutachterdritthaftung soll daher das Kriterium der typischen personellen Verwendungsreichweite des Gutachtens zur weiteren Konkretisierung der personellen Bestimmtheit zur Drittbeeinflussung herangezogen werden. Sollte der Gutachtenzweck demgegenüber bereits so klar eingegrenzt und formuliert werden können, dass die personelle Haftungsreichweite dadurch erschöpfend individualisiert ist, so verliert die typische personelle Verwendungsreichweite als weiteres haftungskonkretisierendes Prüfungskriterium seine Relevanz.

cc. Begrenzung der Gerichtetheit durch das konkret bestimmbare Gesamthaftungsrisiko

Ergibt sich vor dem Hintergrund des Gutachtenzwecks und der typischen Verwendung des Gutachtens, dass sich dessen personelle Bestimmtheit zur Geschäftsbeeinflussung faktisch nicht nur auf einen individualisierbaren Vertragspartner des Auftraggebers erstreckt, sondern auf einen bisher unbestimmten Personenkreis, so stellt sich die Frage, inwieweit es in diesen Fällen notwendig ist, den personalen Wirkungsbereich einzugrenzen.[511] Da es Gutachten gibt, die den

509 Vgl. dazu insbesondere die Beispiele in Kapitel 5 § 1 A. III. zu den Folgegeschäften im Zusammenhang mit Kunstexpertisen, wo Nutzen und Effektivität dieser weiteren Voraussetzung deutlich sichtbar werden.

510 Vgl. dazu Kapitel 5 § 1 A. I. und III.

511 Dies gilt bei insbesondere Kunstexpertisen, da im Bereich der hoch bezahlten Kunst regelmäßig Experten mit sog. Zuschreibungsautorität konsultiert werden, deren Urteile für den Markt von alleiniger Relevanz sind und so von vornherein

erkennbaren objektiven Zweck haben, nicht nur einer weiteren Person oder nur den Vertragspartnern des Auftraggebers vorgelegt zu werden, sondern potenziell auch bei Folge- oder Ergänzungsgeschäften, kann eine personell weitreichende Haftung vor dem Hintergrund der Marktumstände zwar interessengerecht sein. Gleichwohl ist die Ausdehnung der Haftung auf einen nicht begrenzten Personenkreis sowohl aus systematischen als auch teleologischen Gründen ein zentrales Problem in Dritthaftungsfällen.[512] So konstatiert der BGH im Rahmen seiner Rechtsprechung zum VSD, dass „der Kreis der von den Schutzpflichten eines Gutachtenauftrags erfassten Personen nicht uferlos ausgeweitet werden" dürfe,[513] weshalb stets eine objektive Abgrenzbarkeit des geschützten Personenkreises möglich sein müsse.[514] Dessen ungeachtet wird dieser Grundsatz bei Vorliegen einer konstanten Gesamthaftungssumme jedoch wieder relativiert und dessen alleiniger Zweck zur Haftungsbeschränkung tritt zutage, wenn der BGH schreibt: „Einer solchen Beschränkung des Kreises der in den Vertrag einbezogenen Dritten bedarf es dagegen nicht, wenn durch ihre Einbeziehung *eine Ausweitung des Haftungsrisikos* nicht eintritt".[515] Nach den Haftungsmaßgaben des BGH muss also nicht zwangsläufig eine unveränderliche personelle Reichweite der Gutachterhaftung existieren, sondern andersherum, kann unter dem Vorbehalt einer konstanten Gesamthaftungssumme oder eines konstanten Gesamthaftungsrisikos, die personelle Reichweite der Dritthaftung durchaus flexibel sein.[516]

Folgt man dieser Argumentation, wofür insbesondere die Effektivität des durch § 311 Abs. 3 BGB gewährten Schutzes des Rechtsverkehrs sprechen würde, dann bedeutet dies in systematischer Hinsicht, dass ein unbestimmter personeller Haftungsradius des Gutachtens nur unter dem Vorbehalt eines konstanten Gesamthaftungsrisikos zulässig ist. Der Wert des Gesamthaftungsrisikos

ersichtlich ist, dass die Expertise dem Werk bei jedem weiteren Kauf anhängen wird. Betroffen sich allerdings auch alle anderen Arten von Gutachten, die eine Tatsache feststellen und lange aktuell bleiben.

512 Vgl. Kapitel 4 § 2 A. III.

513 BGH NJW 2004, 3035 mit Verweis auf BGH NJW 1998, 1059; 1987, 1758.

514 BGH NJW 1984, 355, BGH JZ 1998, 624, 627; *Papst* S. 139.

515 BGH NJW 2004, 3035 mit Verweis auf BGH NJW 1998, 1059; 1984, 355.

516 Als Beispiel sei auf BGH NJW 2004, 3035 hingewiesen, wo der BGH bei einem Wertgutachten die maximale Haftungssumme durch den im Gutachten festgestellten Wert des Grundstückes begrenzt sieht. Daher kann an die Stelle eines einzelnen Kreditgebers auch eine Vielzahl von Anlegern treten, da hier nur eine Aufteilung des Risikos vorliegt. Gleiches muss auch für eine Verlagerung des Risikos gelten, wenn dieses absehbar war und das Risiko bewusst eingegangen wurde.

ist dabei derjenige Maximalwert der Dritthaftung, welcher im Zeitpunkt der Gutachtenerstellung aus der Perspektive eines objektiven Gutachterhorizontes konkret antizipiert werden konnte.[517] Damit können sich Personen, deren Vertrauensgewähr aus der abstrakten Perspektive eines objektiven Betrachters zwar noch vom Gutachtenzweck umfasst ist und die auch typischerweise mit dem Gutachten in Berührung kommen, nicht auf § 311 Abs. 3 S. 2 BGB berufen, wenn sich dadurch das bei Gutachtenerstellung aus objektivem Gutachterblickwinkel konkret zu antizipierende Gesamthaftungsrisiko erhöht.

Neben der Frage nach dem typischen Adressatenkreis ist also für jeden Dritthaftungsfall zu bestimmen, welche Nutzungsreichweite der Gutachter aus objektiver Sicht im jeweiligen Einzelfall konkret antizipieren konnte. Anhaltspunkte können sich insoweit aus dem Vertragsverhältnis zum Auftraggeber, dem Gutachteninhalt und dem wirtschaftlich-rechtlichen Kontext ergeben.[518]

Bei der Anfertigung von verkehrsfähigen Gutachten wird der typische Nutzungsradius dabei zumindest die Erstnutzung gegenüber einem Vertragspartner des Auftraggebers umfassen. Die Zweit- oder Drittvorlage, z.B. im Rahmen von Folgeverkäufen, wird sich demgegenüber in der Regel noch in einem derart unbestimmten Stadium befinden, dass der Gutachter sie nicht in haftungsrechtlich erheblicher Weise konkret antizipieren kann und es daher unbillig wäre, ihn mit diesen Risiken kalkulieren zu lassen.[519]

Im Anschluss ist zur konkreten Bestimmung, ob mit der Unbestimmtheit des Adressatenkreises auch eine Erhöhung des Haftungsrisikos einhergeht, das Gesamthaftungsrisiko bei der für den Gutachter konkret antizipierbaren Drittnutzung – typischerweise also der Erstnutzung durch den Auftraggeber – mit dem Gesamthaftungsrisiko zu vergleichen, das bei Einbeziehung des potenziellen Anspruchsstellers in den personellen Haftungsradius besteht. Diese Prüfung soll

---

517 Im Falle der für den Auftraggeber negativen Unterbewertung ist die Grenze zwar nach oben hin offen, jedoch erfolgt eine Haftung hier aufgrund Vertragsrechts. Zudem ist durch die kurze Halbwertszeit von Wertgutachten das Risiko von Wertsteigerungen der Sache begrenzt, da Wertgutachten in der Regel schnell an Aktualität verlieren.

518 BGH WM 2012, 1359 zum erkennbaren wirtschaftlichen Drittinteresse an einem Prüfbericht zur Insolvenzreife.

519 Das bedeutet allerdings nicht, dass im Einzelfall – aufgrund besonderer Umstände – nicht gleichwohl eine weitergehende Nutzung für den Gutachter konkret ersichtlich sein kann und sich das Gesamthaftungsrisiko dann an eben jener erweiterten Nutzung orientiert.

im Folgenden für einige im Rechtsverkehr typische Konstellationen erfolgen, um die Konturen der Dritthaftung von Gutachtern weiter zu schärfen.

aaa. Risikokumulation durch unbestimmten Adressatenkreis

Unabhängig von der Art des Gutachtens lässt sich vor dem Hintergrund der bisherigen Ausführungen damit bereits an diesem Punkt feststellen, dass das Hinzutreten von weiteren Anspruchstellern aus einem unbestimmten Adressatenkreis, abseits des aus objektiver Gutachtersicht konkret antizipierbaren Nutzungsradius, auszuschließen ist, wenn es dadurch zu einer *Risiko- bzw. Schadenskumulation* kommt. Das ist etwa dann der Fall, wenn der hinzutretende Anspruchsteller einen dem Grunde nach anderen Schaden gegenüber dem Gutachter geltend macht, als er bereits bei den Adressaten eingetreten ist, die der Gutachter konkret als Nutzer antizipieren konnte.

Ein Beispiel dafür wäre das falsche Testat eines Wirtschaftsprüfers außerhalb von Pflichtprüfungen. Ist hier allein die Vorlage an einen einzelnen Vertragspartner des Auftraggebers, z.B. eine Bank, konkret absehbar und eine Haftung insoweit denkbar, wären demgegenüber Forderungen von Vertragspartnern, die ebenfalls von dem Gutachten Kenntnis erlangt haben, aber eigene, weitere Schäden geltend machen, von der Haftungsverpflichtung ausgeschlossen.[520] Selbst wenn nach dem Vertragszweck eine objektive personelle Gerichtetheit an einen unbestimmten größeren Adressatenkreis bestünde, so wäre der Adressatenkreis im Interesse einer Beschränkung der Haftung auf das für den Gutachter antizipierbare Gesamthaftungsrisiko zu begrenzen und die personelle Gerichtetheit insofern einzuschränken. Ähnliches gilt für die Haftung für Gutachten, die sich auf bestimmte Produktgattungen beziehen, wie z.B. Testergebnisse der Stiftung Warentest.[521] Obwohl absehbar ist, dass die jeweiligen Marktteilnehmer den Test lesen und zur Grundlage ihrer Kaufentscheidung machen, so wäre durch die eintretende Risikokumulation aufgrund vieler unterschiedlicher Schäden eine Haftung dennoch ausgeschlossen.[522]

---

520 In diesem Zusammenhang ist umstritten, ob § 323 Abs. 1 S. 3 HGB auf freiwillige Prüfungen abseits von Pflichttestaten anwendbar ist. Dies soll hier dahinstehen, da es bei dem Beispiel allein um das allgemeine Prinzip der Risikokumulation geht. Vgl. zu dem o.g. Problem der Anwendbarkeit des § 323 Abs. 1 S. 3 HGB *van Eickels* S. 276 f m.w.N.

521 *Van Eickels* S. 280.

522 *Van Eickels* S. 280.

bbb. Schadensverschiebungen

Wegen des Erfordernisses eines konstanten Gesamthaftungsrisikos ist nunmehr besonders die Frage von Interesse, wie sog. Schadensverschiebungen zu beurteilen sind. Diese liegen immer dann vor, wenn ein neuer, bisher unbekannter Adressat aus schadensrechtlicher Perspektive „an die Stelle" einer Person tritt, gegenüber der eine Nutzung des Gutachtens konkret antizipierbar war und deren Schaden damit von der Gesamthaftungssumme umfasst ist.

Dies wäre z.B. der Fall, wenn eine individualisierte Sache vom Erstkäufer, unter erneuter Vorlage des vom Verkäufer in Auftrag gegebenen Gutachtens, nach der konkret absehbaren Erstveräußerung abermals weiterveräußert wird. Hier käme es zu keiner direkten Risikokumulation, denn mit der Kaufpreiszahlung des Zweitkäufers an den Erstkäufer entfiele der zu diesem Zeitpunkt noch versteckte Erstschaden des Erstkäufers, nämlich dessen Kaufpreiszahlung an den Auftraggeber des Gutachtens. Durch die Kaufpreiszahlung des Zweitkäufers verschöbe sich damit der Schaden des Erstkäufers auf den Zweitkäufer. Ähnliches gilt ebenfalls für Finanzierungen oder Bürgschaften im Hinblick auf den Erstvertrag, denn auch dort geht es immer nur um die Schadensposition eines zuvor am Erstgeschäft Beteiligten, an dessen Stelle nunmehr eine Person getreten ist, die den Schaden anstelle des Erstbeteiligten geltend macht.[523]

Zweifel an dieser Einordnung ergeben sich allerdings unter dem Gesichtspunkt des Risikos einer Haftung für unberechtigte Wertsteigerungen der Sache zwischen Erst- und Zweitverkauf. Wird eine Sache falsch begutachtet, so ist denkbar, dass der Markt, in Unkenntnis der wahren Umstände, dieser Sache, neben dem bereits falschen aktuellen Wert, über einen gewissen Zeitraum eine weitere ungerechtfertigte Wertsteigerung zuordnet, die nur bei Zutreffen des Gutachtenergebnisses gerechtfertigt gewesen wäre.

Das wäre z.B. der Fall, wenn sich der Marktwert einer beim Erstverkauf noch mit 100.000 € dotierten, bislang unerkannten Kunstfälschung im Zuge der allgemeinen Marktpreisentwicklung für den entsprechenden Künstler zwei Jahre später auf 300.000 € erhöht hätte und die Fälschung zu diesem Preis weiterverkauft worden wäre. Bei späterer Aufdeckung der Fälschung läge der Schaden bei dem Zweitkäufer, da der Schaden des Erstkäufers durch die Zahlung des Zweitkäufers entfallen wäre und dieser nur einmal liquidiert werden kann. Zwar läge damit eine Schadensverschiebung vor, allerdings wäre der Schaden deutlich

523 Dies gilt indes nur, soweit dadurch nicht die Gefahr einer Doppelinanspruchnahme entsteht. Ansonsten läge eine Erhöhung des Gesamthaftungsrisikos vor. Dies ist im Einzelnen für jedes Folgegeschäft genau zu prüfen.

höher als beim Erstverkauf, denn er wäre um die Differenz zwischen Erst- und Zweitkaufpreis gestiegen.[524]

Inwieweit sich nun diese in Wirklichkeit ungerechtfertigte Zumessung einer Wertsteigerung auf das Gesamthaftungsrisiko auswirkt und ob dadurch eine andere Auslegung der Inanspruchnahme geboten ist, soll im Folgenden Gegenstand der Untersuchung sein, wobei den Fallbeispielen stets die hier besonders interessierende Konstellation zugrunde gelegt werden soll, in welcher der Eigentümer der Sache zugleich auch Auftraggeber des Gutachtens ist.

i) Das Gesamthaftungsrisiko bei sachbezogenen Wertgutachten

Sachbezogenen Wertgutachten, also Gutachten, bei denen der Gutachter anhand seiner Marktkenntnisse den aktuellen Verkehrswert einer Sache bestimmt, ist die Besonderheit zu eigen, dass sie eine bestimmte Summe nennen, auf die Personen konkret vertrauen dürfen. Hat der Eigentümer einer Sache ein Wertgutachten in Auftrag gegeben und veräußert er die Sache unter dessen Vorlage, wirken sich etwaige Wertsteigerungen zwischen Gutachtenübergabe und Verkauf nicht auf das Haftungsrisiko des Gutachters gegenüber dem Erstkäufer aus. Der im Gutachten ermittelte Wert stellt im Falle der Überbewertung der Sache regelmäßig die maximale Haftungssumme des Gutachters dar, denn der Anspruchsteller durfte höchstens auf den schriftlich festgesetzten Betrag im Gutachten vertrauen.[525] Zahlt er mehr als diesen Betrag, so ist der Gutachter für die überschießende Summe nicht haftbar.

Um dies weiter zu verdeutlichen, sei hier als typisches Beispiel ein Wertgutachten angeführt, das der Eigentümer eines Grundstückes bei einem Gutachter in Auftrag gibt. Legt der Gutachter den Wert z.B. auf 1 Millionen Euro fest und kauft jemand das Grundstück wegen des Gutachtens zu diesem Preis, so ist eine Haftung des Gutachters gegenüber dem Vertrauenden nur bis zu eben diesem Betrag von 1 Millionen Euro denkbar. Auf mehr durfte er im haftungsrechtlichen Sinne, mangels diesbezüglicher Erklärung des Gutachters, nicht vertrauen.

Diese maximale Gesamthaftungssumme erhöht sich auch nicht für Fallgestaltungen der Schadensverschiebung, wenn also weitere Anspruchsteller durch einen Zweit- oder Drittkauf an die Stelle des Erstvertrauenden treten.[526]

524 Kritisch bzgl. des Wertsteigerungsrisikos, *Canaris,* ZHR 163, 206, 237.

525 Vgl. BGH NJW 2004, 3035.

526 Vgl. dazu BGH NJW 2004, 3035. Ebenso; *Picker,* in: FS Medicus 1999, 397, 447. Vgl. auch *Quiring* S. 166 f., die diese Schlussfolgerung aber unzutreffend auch für Echtheitszertifikate für Kunstexpertisen zieht.

Gleiches gilt, wenn sich dieser Maximalbetrag personell auf mehrere Gläubiger aufspaltet oder sich über eine Bürgschaft, Finanzierung auf eine weitere Person verschiebt.[527] Ist der Wert konkret benannt, so wirkt sich auch eine zeitliche Verzögerung der Veräußerung nicht haftungssteigernd aus.[528] Diese Sicherheit setzt sich auch dann fort, wenn z.B. für das begutachtete Grundstück unerwartet ein deutlich höheres Liebhabergebot eingeht, weil das Haus beispielsweise von einem bestimmten Architekten gebaut wurde: Der Käufer kann nie den Betrag ersetzt verlangen, den er über den vom Gutachter festgestellten Marktpreis hinaus zahlt, da der Gutachter keine dahingehende vertrauenstaugliche Erklärung gesetzt hat.

Zusammenfassend lässt sich für die hier betrachteten Konstellationen der vom Eigentümer in Auftrag gegebenen Wertgutachten daher feststellen, dass eine korrigierende Begrenzung des Adressatenkreises der Inanspruchnahme nicht erforderlich ist. Ob eine Haftung gegenüber dem Adressaten gerechtfertigt ist, richtet sich im Ergebnis allein nach der objektiven Zweckrichtung des Gutachtens sowie nach dem objektiven Erwartungshorizont der Verkehrskreise anhand der Umstände des Einzelfalls, soweit es sich haftungsrechtlich um eine Schadensverschiebung handelt. Dies ist auch interessengerecht, da die personelle Flexibilität der Haftung keine Erhöhung der maximalen Schadenssumme mit sich bringt und der Gutachter – im Einklang mit der Maßgabe des BGH zur Dritthaftung – in der Lage ist, sein Risiko zu kalkulieren und zu versichern.[529]

ii) Das Gesamthaftungsrisiko bei sachbezogenen Tatsachengutachten

Komplizierter liegt der Fall demgegenüber bei Gutachten, die allein Tatsachen im Hinblick auf eine spezifische Sache feststellen, wie insbesondere bei den hier betrachteten Echtheitsgutachten für Kunstwerke. Anders als bei sachbezogenen Wertgutachten ist bei diesen die Dritthaftung gegenüber dem Vertragspartner des Auftraggebers nämlich nicht von vornherein auf einen bestimmten Betrag begrenzt. Der potenzielle Schaden steht aufgrund der Gutachtenstruktur vielmehr in einem Abhängigkeitsverhältnis von der Volatilität der Marktpreise sowie dem konkreten Zeitfenster der Veräußerung bzw. Zweitveräußerung. Ob

527 Vgl. dazu auch die Fallgruppen bei *Schäfer*, AcP 202, 809, 820 ff. für Wertgutachten, bei denen sich das Haftungsrisiko durch eine Erhöhung der Gläubigerzahl nicht erhöht.

528 Gleiches gilt z.B. auch für die Abschlussprüfung für eine Kapitalgesellschaft, bei der ein bestimmter Überschuss oder ein bestimmtes Defizit festgestellt wird, auf das der Vertragspartner des Auftraggebers maximal vertrauen darf.

529 Vgl. Kapitel 4 § 2 A. III. 2. a.

die personelle Flexibilität in den hier betrachteten Konstellationen dabei ebenfalls ein risikoerhöhender Faktor ist und daher eingeschränkt werden muss, soll im Folgenden geklärt werden. Dazu ist zunächst das Dritthaftungsrisiko des Gutachters anhand einiger Beispiele aus dem Kunstmarkt genauer zu betrachten:

(1) Der Experte bestätigt die Echtheit eines Werkes gegenüber dem Auftraggeber. Dieser veräußert die für echt befundene Fälschung zum aktuellen Marktpreis für den vermeintlichen Künstler an einen Erstkäufer für 100.000 €. Der Erstkäufer verkauft das Werk zwei Jahre später weiter zum nunmehr erhöhten aktuellen Marktpreis von 300.000 €. Beide Veräußerungen erfolgen unter Vorlage und im Vertrauen auf dieselbe Kunstexpertise, die sich allerdings einige Zeit nach dem Zweitverkauf als unrichtig erweist. Der Zweitkäufer will von dem Gutachter nunmehr 300.000 € ersetzt verlangen. Würde man die personelle Gerichtetheit hier weit interpretieren und gegenüber dem Zweitkäufer bejahen, ist wegen des weiten und unbestimmten Adressatenkreises fraglich, ob sich durch die Zweitveräußerung das Haftungsrisiko erhöht hat und die personelle Gerichtetheit daher nachträglich auf den Erstkäufer zu begrenzen ist. Dies erscheint auf den ersten Blick geboten, denn immerhin würde der Gutachter dem Erstkäufer nur auf 100.000 € haften, dem Zweitkäufer aber durch die zwischenzeitliche unberechtigte Wertsteigerung infolge des Zeitablaufes bereits auf 300.000 €.[530]

Dass sich durch den Zweitverkauf jedoch das bereits strukturell bestehende Gesamthaftungsrisiko nur manifestiert, nicht aber erhöht hat, zeigen indes die folgenden zwei Komplementärbeispiele:

(2) Der Gutachter bestätigt – wie im Beispiel 1 – die Echtheit des Kunstwerkes gegenüber dem Auftraggeber in einer Expertise. Zu diesem Zeitpunkt schreibt der Markt der noch nicht enttarnten Fälschung einen Marktwert von 100.000 € zu. Der Auftraggeber veräußert das Werk aber nicht unmittelbar nach der Gutachtenübergabe. Erst nach zwei Jahren veräußert der Auftraggeber die Fälschung erstmals zum nunmehr gestiegenen aktuellen Marktpreis für Originale dieses Künstlers i.H.v. 300.000 € an den Erstkäufer.[531]

---

530 Derartige Wertsteigerungen sind auf dem Kunstmarkt keine Seltenheit. So wurde das von Wolfgang Beltracchi gefälschte Pechstein-Gemälde „Liegender Akt mit Katze" am 26.11.2003 für 430.000 € an die Galerie Henze & Ketterer verkauft. Ein halbes Jahr später erfolgte ein Weiterverkauf für umgerechnet 703.000€ an den Sammler Hermann Gerlinger (vgl. dazu die Angaben bei *Koldehoff/Timm* S. 45). Gleiches gilt für das gefälschte Max-Ernst-Gemälde „La Foret II". Der Erstverkauf erfolgte im Frühjahr 2004 über den Galeristen Marc Blondeau an die Firma Salomon Trading für 1,7 Mio €. Der Weiterverkaufspreis zweieinhalb Jahre später betrug bereits 7 Mio $ (ca. 5,8 Mio €), vgl. *Koldehoff/Timm* S. 148 ff.

531 Aufgrund der zunehmenden Bedeutung von Kunstwerken als Investitionsobjekte und Wertanlagen sind solche und noch höhere Wertzuwächse auf dem Kunstmarkt nicht unüblich. Gleiches gilt für den Zeitablauf zwischen Gutachtenübergabe und

Da das Gutachten nur die Echtheit bestätigt und keinen konkreten Marktwert feststellt, ist es auch noch aktuell. Die Haftungssumme des Experten ist in diesem Zeitraum also um 200% gestiegen, obwohl es sich nach wie vor um eine Erstveräußerung handelt.

(3) Anders als im Beispiel 2 veräußert der Auftraggeber das Werk direkt im Anschluss an die Begutachtung auf einer Kunstauktion. Dort erzielt das Werk durch ein Liebhabergebot oder den Investitionsaufschlag des Käufers einen Preis weit über dem üblichen Marktniveau und dem aktuellen Schätzpreis der für echt gehaltenen Fälschung.[532] Für die Fälschung wird also bereits direkt nach der Begutachtung weit mehr bezahlt, als es für ein vergleichbares Original des Künstlers derzeit marktbedingt üblich wäre. Nach der Entdeckung der Fälschung verlangt der Käufer, der ebenfalls auf die Expertise vertraut hat, nun seinen – selbst bei Echtheit des Werkes zu hohen – Kaufpreis ersetzt.

Die Ergebnisse der dargestellten Beispiele erlauben einen grundsätzlichen Rückschluss auf die Risikostruktur bei sachbezogenen Tatsachengutachten, die vom Eigentümer in Auftrag gegeben und verwendet wurden, und sind damit auch von Bedeutung für die Bestimmung der personellen Reichweite des Tatbestandsmerkmals der *Inanspruchnahme von Vertrauen* durch Gutachten.

Zunächst ist festzustellen, dass der Gutachter, wie die Fälle 1 bis 3 zeigen, bei sachbezogenen Tatsachengutachten grundsätzlich Gefahr läuft, das Risiko der Haftung für etwaige – hier aufgrund der Fälschung unberechtigte – Wertsteigerungen einer Sache bis zum Abschluss des jeweiligen schadensbegründenden Vertrages zu tragen. Der Grund liegt zum einen darin, dass es keine zeitliche Begrenzung der Gültigkeit des Gutachtens zwischen Gutachtenübergabe und Erstverkauf gibt und zum anderen, dass darin kein Wert bestimmt wird, der als maximale Haftungsgrenze fungieren könnte. Zwar kann das Risiko dem Grunde nach bezeichnet werden, gleichwohl ist eine konkrete Bestimmung einer maximalen Haftungssumme nicht möglich. Dies macht die Dritthaftung für sachbezogene Tatsachengutachten für den Gutachter dem Grunde nach unkalkulierbar und unversicherbar, was vor dem Hintergrund des systematischen und teleologischen Erfordernisses einer Haftungsbegrenzung problematisch erscheint. Zwar wird das Wertsteigerungsrisiko in einigen Märkten sehr gering sein und in

Veräußerung. Tatsächlich wurde eine Max-Ernst-Fälschung am 24.07.2002 von Werner Spies für echt befunden, die Erstveräußerung erfolgte hingegen über zwei Jahre später, am 14.10.2004, für 1,4 Mio Euro. Vgl. *Koldehoff/Timm* S. 143.

532 Das gefälschte Campendonk-Werk „Rotes Bild mit Pferden“ wurde vom Kölner Auktionshaus Lempertz vor der Auktion auf einen Wert zwischen 800.000 bis 1,2 Mio. Euro geschätzt. Veräußert wurde das Werk schließlich für 2,4 Mio. Euro; vgl. *Koldehoff/Timm* S. 13. Zur Haftung des Auktionshauses vgl. LG Köln GRUR-RR 2012, 444 ff.

anderen wiederum sehr hoch, entscheidend für die vorliegende Betrachtung ist jedoch, wie mit dem strukturellen Risiko des Gutachters unter dem Aspekt der Haftungsbegrenzung rechtlich umzugehen ist, insbesondere ob und ggfs. welche Konsequenzen sich daraus für die personelle Gerichtetheit ergeben.

Ausgangspunkt für die Beantwortung dieser Fragestellung sind die Schlussfolgerungen, die sich aus den vorstehenden Beispielen ziehen lassen. Danach ändert sich bei sachbezogenen Tatsachengutachten das Gesamthaftungsrisiko durch eine Beschränkung des Adressatenkreises der Dritthaftung nicht, da das gleiche abstrakte Haftungsrisiko wie z.B. gegenüber Beteiligten an Folgeverkäufen, bereits gegenüber dem Erstkäufer getragen wird, dessen Beteiligung aus Gutachtersicht konkret zu antizipieren war. Je nach Marktentwicklung können Wertsteigerungen unmittelbar nach der Begutachtung oder erst nach einem gewissen Zeitablauf eintreten, ebenso aber auch vollständig ausbleiben.[533] Dieses grundsätzliche Risiko manifestiert sich dann bei der jeweiligen Veräußerung zulasten oder zugunsten des Gutachters. In Fall 1 erfolgt die deutliche Wertsteigerung innerhalb einer Zeitspanne von 2 Jahren zwischen Erst- und Zweitverkauf, in Fall 2 erfolgt der Erstverkauf erst nach 2 Jahren, aber ebenfalls mit einer deutlichen Wertsteigerung, und in Fall 3 kommt es unmittelbar nach der Gutachtenerstellung zu einer drastischen Wertsteigerung beim Erstverkauf.

Besteht also für den Gutachter bereits aufgrund der einschlägigen Marktspezifik das Risiko einer Wertsteigerung gegenüber dem Auftraggeber und Erstkäufer und vermag sich dieses durch Fehlen einer maximalen Haftungssumme auf den Haftungsumfang auszuwirken, wird deutlich, dass es für die hier zu beantwortende Frage, welche Bedeutung die Ausweitung des personellen Adressatenkreises für das Wertsteigerungsrisiko bei sachbezogenen Tatsachengutachten hat, letztlich für die Haftungsbegrenzung nicht maßgeblich auf eine Begrenzung des Adressatenkreises ankommt. Der Grund für die variable und unabsehbare Haftungssumme im Falle von Schadensverschiebungen ist also nicht der personale Umfang der Haftung, sondern das dem Gutachter obliegende Wertsteigerungsrisiko, das strukturell allein abhängig ist von der zeitlichen Variabilität der Expertisennutzung und der Volatilität der Marktpreisentwicklung. Die Unbestimmtheit des Adressatenkreises ist damit für das Gesamthaftungsrisiko des

533 Vgl. *Schäfer*, AcP 202, 809, 831, der in Bezug auf Gemälde ebenfalls auf eine Unkalkulierbarkeit des Haftungsrisikos hinweist, in der Konsequenz jedoch allein mittels entsprechender Anwendung der Verjährungsregeln über die Prospekthaftung, die Verjährung beschränken möchte. Diese Lösung wäre allerdings nicht in der Lage die Auswirkungen von z.B. im Kunstmarkt häufig vorkommenden, kurzfristigen Preissprüngen abzufedern.

Gutachters unerheblich, solange es nicht zu einer Schadenskumulation kommt oder diese für den Gutachter konkret zu antizipieren war.

In der Konsequenz ist deshalb das Wertsteigerungsrisiko kein Grund, die personelle Gerichtetheit nachträglich zu begrenzen und ist deshalb folglich bei der Auslegung des Tatbestandsmerkmals der Inanspruchnahme unberücksichtigt zu lassen. Demgegenüber wäre die Alternative, nämlich die personelle Begrenzung des Vertrauensradius des Gutachtens z.B. auf den Erstkäufer bzw. die erste Transaktion, nicht interessengerecht: Mit § 311 Abs. 3 S. 2 BGB könnten dann nicht die Fälle gelöst werden, bei denen Schäden nur verlagert bzw. weitergegeben werden. Eine solche Begrenzung der Haftung wäre in personeller Hinsicht unflexibel und würde weitere Anspruchsteller, z.B. aus Folgeverkäufen bzw. Kaufketten, von vornherein ausschließen, obwohl manche Gutachten in der Praxis regelmäßig weitergegeben werden und sich ein Teil des Gutachterhonorars gerade aus diesem Umstand der Weitergabetauglichkeit und auch Weitergabewertigkeit des Gutachtens ergibt.[534]

---

534 Die Weitergabe von Expertisen ist in beinahe allen Beiträgen des Schrifttums zur Dritthaftung ein besonderer Diskussionspunkt, insbesondere, weil die Ergebnisse hier nicht immer stimmig sind und Fallgestaltungen existieren, in denen es billig erscheint, eine Haftung des Dritten im Falle einer Weitergabe zu bejahen. Für eine Beschränkung auf das wirtschaftliche Gesamtprojekt des Erstpartners des Auftraggebers plädiert dabei *Canaris*, ZHR 163, 206, 236, der die Gerichtetheit konkret bestimmt. Vgl. ebenfalls *van Eickels* S. 280, welche als weitesten tauglichen Anspruchstellerkreis nur die Beteiligten des ersten auf das Gutachten gestützten wirtschaftlichen Gesamtgeschäftes qualifiziert, wobei in diesen Fällen die Haftung des Experten „auf den Schaden der risikoträchtigsten Transaktion" beschränkt sein soll. Ähnlich auch *Büttner* S. 100 f., der zwar nach der Art des Gutachtens differenziert, im Ergebnis aber keine personell flexible Lösung, sondern eine Beschränkung auf die Ersttransaktion vertritt. Vgl. dazu auch *Eichler* S. 329, der für die Lösung der Kaufkettenfälle oder Drittweitergabefälle auch subjektive Kriterien, namentlich den rechtsgeschäftlichen Beteiligungswillen nutzt und so die Lösung zumindest für Ausnahmefälle flexibel hält. Ähnlich auch *Kersting* S. 243 ff, der dieses Problem u.a. beim Inanspruchnahmewillen verortet. Hingegen vertritt *Schäfer*, AcP 202, 808, 824 f. für bestimmte Fallkonstellationen der Dritthaftung eine Haftungsbegrenzung auf vorhersehbare Schäden bei personeller Flexibilität des Anspruchstellerkreises. Gleichwohl wird diese Lösung für Konstellationen entwickelt, in denen ein Hinzutreten des Dritten das Haftungsrisiko des Auftraggebers nicht erhöht, z.B. wenn der Käufer einer Sache das Gutachten in Auftrag gibt und das Gutachten dann zur Kaufpreisfinanzierung einer Bank vorlegt. Diese Konstellationen betreffen aber nicht den hier primär untersuchten Fall der Dritthaftung, bei welcher der Eigentümer der Sache das Gutachten in Auftrag gibt. Ob auch hier eine Haftungsbegrenzung auf vorhersehbare Schäden greifen soll, bleibt unklar.

Eine solche Lösung würde überdies noch nicht einmal der Interessenlage in den Erstverkaufsfällen gerecht werden, in denen aufgrund der Marktspezifik mit extremen Preissprüngen zu rechnen ist, was die Haftung des Gutachters unkalkulierbar und unversicherbar macht.[535]

Gegen die hier gezogene Schlussfolgerung kann indes auch nicht angeführt werden, dass der Gutachter bei einer zulässigen Mehrfachnutzung nur beschränkte Möglichkeiten zum Widerruf des Gutachtens hat.[536] Die Gerichtetheit wird nämlich ausschließlich unter der Prämisse bejaht, dass damit eben keine Erhöhung des konkret antizipierbaren Gesamthaftungsrisikos im Sinne einer Schadenskumulierung verbunden ist. Zu einer Schadenskumulierung kommt es aber gerade nicht, wenn der einzig liquidierbare Schaden mit der Weitergabe an den ersten Vertragspartner des Auftraggebers bereits eingetreten und sich der Schaden bei Folgeverkäufen nur verlagert.[537]

Auch die Möglichkeit der Haftungsbegrenzung über eine ausdrückliche Zweckbindung des Gutachtens ändert an dieser Wertung nichts. Eine Haftungsbeschränkung in der Expertise ist dem Gutachter nämlich in der Regel nicht zumutbar. Ein Auftraggeber wird tendenziell von einer Beauftragung Abstand nehmen, wenn das Gutachten ausdrücklich nicht zur Drittvorlage bestimmt ist, da er meist gerade dieses Ziel verfolgt. Nimmt der Gutachter dennoch eine Beschränkung vor, so macht er sich unter Umständen sogar gewährleistungspflichtig, wenn die Verkehrsfähigkeit des Gutachtens vereinbart war oder nach der Verkehrssitte hätte erwartet werden dürfen. Nach alledem besteht die Gefahr, dass dem Gutachter weniger Aufträge erteilt werden, wenn er den Ausschluss der Drittverwendung zur Bedingung macht.

dd. Zusammenfassung

Nach der hier vertretenen Auslegung bestimmt sich die personelle Gerichtetheit zunächst objektiv-abstrakt nach dem Zweck des Gutachtens und dessen typischer personeller Verwendungsreichweite anhand der Umstände des Einzelfalls aus dem Blickwinkel eines objektiven Betrachters, wird in der Folge aber unter den Vorbehalt eines konstanten Gesamthaftungsrisikos gestellt, das anhand der aus Gutachtersicht konkret antizipierbaren Nutzung im Zeitpunkt der Gutach-

---

535 Daher ist auch eine Begrenzung auf das erste wirtschaftliche Gesamtprojekt nicht geeignet, der Interessenlage gerecht zu werden. So aber vertreten von u.a. *van Eickels* S. 287. Ähnlich auch *Büttner* S. 101, sowie *Canaris,* ZHR 163, 206, 237.

536 So *Canaris*, ZHR 163, 206, 211; ebenso *van Eickels* S. 283.

537 *Schäfer*, AcP 202, 808, 825, Fn. 39; zustimmend *Büttner* S. 100 Fn. 186.

tenerstellung zu bestimmen ist. Sollte sich das Gesamthaftungsrisiko durch die Haftung gegenüber dem Vertrauenden aus dem unbestimmten Adressatenkreis im Vergleich zu dem Gesamthaftungsrisiko bei der konkret zu antizipierenden Nutzung nicht erhöhen, ist die Unbestimmtheit des Adressatenkreises unerheblich. Dies ist in jedem Einzelfall gesondert zu prüfen.

Die Wertsteigerung der Sache zwischen Gutachtenübergabe und Drittnutzung ist bei dieser Betrachtung regelmäßig nicht risikoerhöhend zu berücksichtigen, da das Wertsteigerungsrisiko bereits im Verhältnis des Gutachters zum Erstkäufer eine Rolle spielen kann. Das Problem des Wertsteigerungsrisikos bedarf zwar einer interessengerechten Lösung, diese ist jedoch nicht im Rahmen der Auslegung des Tatbestandsmerkmals der Inanspruchnahme von Vertrauen zu suchen.

Andere Personen als der Erstvertrauende, die nach dem objektiven Gutachtenzweck von der personellen Gerichtetheit erfasst sind, können also ebenfalls Vertrauensgeber und damit Anspruchsteller sein, wenn ihnen ein Schaden entstanden ist, der seinem Grunde nach an die Stelle von dem des Erstvertrauenden getreten ist. Zu denken ist dabei an Schadensverschiebungen, die nicht die Gefahr einer unbilligen Doppelinanspruchnahme mit sich bringen, wie u.U. im Rahmen von Kaufpreisfinanzierungen, Bürgschaften oder bei Weiterveräußerung der begutachteten Sache.

Der weiteren Anforderung des BGH, nämlich dass die Dritthaftung insgesamt kalkulier- und versicherbar sein muss, ist derweil an anderer Stelle beizukommen. Dabei bietet sich insbesondere eine Haftungsbegrenzung für sachbezogene Tatsachengutachten an, die das für einige Warenmärkte typische Wertsteigerungsrisiko berücksichtigt. Insoweit erscheint insbesondere eine Begrenzung im Rahmen des § 249 BGB über den hier bereits herangezogenen Schutzzweck des § 311 Abs. 3 S. 2 BGB als geeignet, da ansonsten die personelle Gerichtetheit in unbilliger Weise eingeschränkt würde.[538] Diese Haftungsbegrenzung ist flexibel zu gestalten, so dass nach den unterschiedlichen Märkten mit ihren unterschiedlichen Marktpreisänderungen differenziert werden kann, ob eine Haftungsbegrenzung geboten ist. Insoweit ist eine Struktur zu entwickeln, die generell zur Lösung der Schadensfälle aufgrund falscher Tatsachengutachten taugt.

b. Zeitliche Bestimmtheit der Erklärung zur Geschäftsbeeinflussung

Wie bereits unter Kapitel 4 § 3 B. II. 2. angerissen und wie zudem in den vorstehenden Fallbeispielen zur Wertsteigerungsproblematik gezeigt, hat die Bestimmung

---

538 Für eine Haftungsbeschränkung für Kunstexpertisen tendenziell auch *Raue*, in: FS Säcker S. 1111.

zur Beeinflussung fremder Rechtsgeschäfte, neben der personalen Gerichtetheit, auch noch eine zeitliche Komponente, die für die Haftungsproblematik von Bedeutung ist. Insbesondere bei sachbezogenen Tatsachengutachten ergibt sich aus einer fehlenden zeitlichen Begrenzung der Expertise zur Drittvorlage und aufgrund volatiler Marktpreise eine erhebliche Ausweitung des Haftungsrisikos durch mögliche Wertzuwächse.[539] Dieses Problem ist bei sachbezogenen Wertgutachten regelmäßig weniger dringlich, da das Wertsteigerungsrisiko hier durch die konkrete Bezeichnung der Haftungssumme auf werkvertraglicher Grundlage nur gegenüber dem Auftraggeber getragen wird und das Gutachten außerdem wegen der variablen Marktpreise schon bald nicht mehr aktuell und damit für die Parteien nicht mehr von Interesse sein kann.

Doch auch unabhängig von der Art des Gutachtens ist es für die Dritthaftung von Gutachtern grundsätzlich von Interesse zu klären, wann nach dem Inverkehrbringen des Gutachtens eine Inanspruchnahmehandlung zeitlich ausgeschlossen ist. Verzichtete man völlig auf eine zeitliche Beschränkung, so trüge der Gutachter in Fällen, in denen er eine allgemeingültige Feststellung im Rahmen eines Tatsachengutachtens trifft, das Risiko über einen Zeitraum hinaus zu haften, der nicht mehr mit dem Gutachtenzweck vereinbar wäre. Der Auftraggeber hätte es allein in der Hand zu entscheiden, wann er das Gutachten einem Dritten vorlegt und damit die Sonderverbindung begründet. Dies gilt sowohl für die Erstverkäufe nach erheblichem Zeitablauf als auch für Folgegeschäfte nach dem Erstverkauf.

Es ist daher zu klären, ob die objektive Bestimmtheit des Gutachtens zur Grundlage von Vermögensdispositionen gemacht zu werden, ab einem gewissen Zeitpunkt endet. Entscheidender Bezugspunkt für diese Wertung ist dabei die Tatsachengrundlage des Gutachtens in Korrelation zu den jeweiligen Schlussfolgerungen. Ausgangspunkt der Überlegungen ist dabei, dass ein Gutachten im Einzelfall einen zeitlichen Punkt überschreiten kann, an dem sich nach allgemeiner Ansicht der einschlägigen Verkehrskreise die objektive Entscheidungsgrundlage derart gewandelt hat, dass das Gutachten aus *ex nunc* Sicht nicht mehr in der Lage ist, eine gültige Aussage über den Gutachtengegenstand zu treffen. Ein Gutachten beinhaltet nämlich stets nur die Beurteilung einer Sachfrage nach dem Kenntnisstand im Prüfungszeitpunkt und stellt keine sich selbst erneuernde Dauerbescheinigung einer Tatsache dar.[540]

539 Auf das Problem der zeitlichen Gültigkeit weist auch *Büttner* S. 100 f. hin, allerdings mit der im Ergebnis haftungsrechtlich unbefriedigenden Schlussfolgerung, zur Lösung des Problems den Adressatenkreis auf die Ersttransaktion beschränken zu können.

540 Ähnlich argumentiert auch *Büttner* S. 100., der für veränderliche Tatsachen in Gutachten mit Datumsangabe feststellt, dass der expertisenbedingte

Daher muss je nach individueller Gutachtenart und Prüfungsgegenstand im Einzelfall geprüft werden, ob nach der allgemeinen Verkehrssitte die Aussage im Hinblick auf den Gutachtengegenstand überhaupt noch Aussagekraft besitzt. Dies hängt entscheidend von der Natur der geprüften Sachfrage und den entsprechenden Umständen des Einzelfalls ab.

So werden beispielsweise Wertgutachten in Märkten mit stark volatilen Preisen tendenziell nur eine kurze Aktualität und damit auch zeitliche Bestimmtheit zur Drittbeeinflussung haben. Für andere Märkte, wie z.B. die der Kunstexpertisen, kann dagegen eine sehr lange Bestimmtheit zu konstatieren sein.[541]

3. Subjektive Anforderungen an die Inanspruchnahme

Neben dem Setzen einer vertrauenstauglichen Erklärung sowie deren Bestimmtheit zur Drittbeeinflussung folgt aus dem Wortlaut und der Systematik des § 311 Abs. 3 BGB, ebenso wie aus dem Rechtsgedanken der Zurechenbarkeit von Handlungen und einer Vertrauensbegründung, dass die Inanspruchnahme von Vertrauen auch subjektive Elemente erfordert.[542] Diese Schlussfolgerung wird weiter gestützt durch die in § 311 Abs. 3 S. 2 BGB angeordnete Entstehung eines rechtsgeschäftsähnlichen Schuldverhältnisses und die Anwendbarkeit wesentlicher Normen des Schuldrechts. In der Sache ähnelt die Interpretation des Tatbestandsmerkmals der Inanspruchnahme durch die Aufteilung in objektive und subjektive Voraussetzungen damit dem Rechtskonstrukt der Willenserklärung, deren äußerer, objektiver Erklärungsgehalt ebenfalls in den Rechtsverkehr entäußert und dort von unterschiedlichen Personen zur Kenntnis genommen werden kann. Eine solche Aufteilung entspricht auch der Interessenlage in § 311 Abs. 3 BGB, geht es in der Sache doch um ein ähnliches Problem, nämlich die Frage nach der Begründung eines Schuldverhältnisses durch eine bewusste Erklärung im Rechtsverkehr.

Unverzichtbare subjektive Grundvoraussetzung für die Inanspruchnahme von Vertrauen ist nach dem Grundgedanken der Zurechenbarkeit von Handlungen dabei zunächst, dass der Gutachter bei Setzung der vertrauenstauglichen

---

Vertrauenstatbestand nur bis zu dem Zeitpunkt reicht, „ab dem man typischerweise mit Veränderungen der Tatsache rechnen muss." Ob hingegen Authentizitätsangaben – auch in Kunstexpertisen – als „unveränderliche Tatsachen" eingeordnet werden können, ist zu bezweifeln, da ein fortschreitender Forschungsstand eine alte stilkritische Einordnung durchaus als zweifelhaft erscheinen lassen kann, insbesondere wenn stilkritische Referenzwerke als Fälschungen enttarnt werden.

541 Vgl. zur konkreten Anwendung für Kunstexpertisen Kapitel 5 § 1 A.

542 Vgl. Kapitel 4 § 2 A. IV.

Erklärung ein Handlungsbewusstsein hatte.[543] Nach *Canaris* beruht die Zurechenbarkeit auf dem rechtsethischen Prinzip der Selbstverantwortung der Person und beschreibt die Verantwortlichkeit im Zivilrecht für ein Verhalten oder einen Geschäftskreis.[544] Aufgrund der Natur der Vertrauenshaftung als Einstandspflicht für Erklärungen im Rechtsverkehr ist dieses Prinzip aus teleologischen Gründen grundsätzlich bei der Tatbestandsauslegung zu berücksichtigen.[545] Bei sog. Reflexbewegungen, Handeln unter Hypnose oder vis absoluta[546] muss demnach eine haftungsrechtlich relevante Inanspruchnahme von Vertrauen seitens des Gutachters verneint werden. Gleiches gilt für Handeln ohne Geschäftsfähigkeit.[547]

Fraglich ist indes, welche weiteren subjektiven Anforderungen zu stellen sind. Dazu gibt es in der Literatur unterschiedliche Auffassungen. *Kersting* definiert insofern treffend die Voraussetzung eines „Inanspruchnahmebewusstseins", zu dessen Vorliegen es genügt, „wenn der Vertrauensnehmer weiß, dass er sich mit seiner Handlung insofern im geschäftlichen Verkehr bewegt, als diese geeignet ist, rechtsgeschäftsbezogene Handlungen des Vertrauensgebers auszulösen."[548] Eine ähnliche Anforderung an die subjektive Seite des § 311 Abs. 3 S. 2 BGB und die Inanspruchnahme stellt auch *Eichler*.[549] Nach dessen Verständnis handelt es sich bei § 311 Abs. 3 S. 2 BGB um eine vertragliche Dritthaftung, weshalb in subjektiver Hinsicht ein „rechtsgeschäftlicher Beteiligungswille" erforderlich sein soll, der aus einem Wissens- und Willenselement besteht.[550] Die Kenntnis des Dritten von dem fremden Schuldverhältnis könne jeweils dann bejaht werden, „wenn er dessen Art und Gegenstand antizipiert hat und sich dieses für ihn deshalb als individualisierbares Geschehen darstellt."[551] Zudem sei ein Bewusstsein von der Relevanz des Testats für das Schulverhältnis erforderlich sowie der sich daraus ergebenden Risikolage, nämlich dass die Parteien aufgrund des Gutachtens Vermögensdispositionen vornehmen.[552]

---

543 So auch *Canaris*, Vertrauenshaftung S. 469 f.; ebenso *Kersting* S. 241.

544 Vgl. dazu ausführlich *Canaris*, Vertrauenshaftung S. 467 ff.

545 Zu der systematischen Erforderlichkeit der Zurechnung im Rahmen der Vertrauenshaftung bereits grundlegend *Canaris*, Vertrauenshaftung S. 467 ff.

546 *Ellenberger*, in: Palandt, Einf. zu § 116 Rn. 16.

547 *Canaris*, Vertrauenshaftung S. 469.

548 Vgl. *Kersting* S. 243.

549 *Eichler* S. 328 ff.

550 *Eichler* S. 328.

551 *Eichler* S. 330.

552 *Eichler* S. 328.

Der Zielrichtung dieser Anforderungen ist dem Grunde nach zuzustimmen. Allerdings ist nach hier vertretener Ansicht – in Anlehnung an die Zurechnung von Erklärungstatbeständen im Zusammenhang mit Willenserklärungen und des danach allein nötigen potenziellen Erklärungsbewusstseins[553] sowie in Anlehnung an die Terminologie und Lösung *Kerstings* – lediglich ein „potenzielles Inanspruchnahmebewusstsein" erforderlich.[554] Bezogen auf die Inanspruchnahme von Vertrauen, hätte der Dritte also aus Sicht eines objektiven Betrachters erkennen können müssen, dass seine Handlung wie eine taugliche Inanspruchnahmehandlung gegenüber dem Vertrauenden wirkt, sich also objektiv als eine vertrauenstaugliche Erklärung darstellt und dem Anspruchssteller gegenüber objektiv als zur Drittbeeinflussung bestimmt erscheint.

Für die normative Zurechnung der Vertrauensgewähr ist diese Voraussetzung, in Verzicht auf ein tatsächliches Inanspruchnahmebewusstsein, ausreichend, da es auch im rechtsgeschäftlichen Verkehr für die normative Zurechnung einer Willenserklärung genügt, wenn die Erklärung objektiv als Ausdruck eines Rechtsfolgewillens erscheint, selbst wenn ein solcher Wille tatsächlich nicht vorlag.[555] Für Willenserklärungen kraft normativer Zurechnung ist nämlich allein ein Handlungswille erforderlich, darüber hinaus jedoch kein Erklärungsbewusstsein, denn die Zurechnung rechtfertigt sich durch das mit dem „Selbstverantwortungsgrundsatz korrespondierende Prinzip des Vertrauensschutzes im Rechtsgeschäftsverkehr."[556] Gleiches sollte auch für die Vertrauenshaftung nach § 311 Abs. 3 S. 2 BGB selbst gelten, denn auch die Erklärungshaftung nach § 311 Abs. 3 S. 2 BGB sieht sich dem grundsätzlichen Dualismus von äußerer Erklärung und dahinterstehendem Willen gegenüber und damit einer kongruenten Wertungsproblematik.

---

553 Vgl. u.a. BGH NJW 1984, 2279; NJW 2002, 3629; *Armbrüster*, in: MünchKomm, Bd. 1, 6. Aufl. 2012, § 119 Rn. 101; *Ellenberger*, in: Palandt, Einf. v. § 116 Rn. 17.

554 So im Ergebnis auch *Kersting* S. 251, der sich der Ansicht von Canaris anschließt, nach welcher der Gutachter die Bedeutung seines Verhaltens hätte erkennen können müssen und ein Fehlen des Inanspruchnahmebewusstsein der Haftung nicht entgegensteht. Allerdings kommt in diesem Fall eine Anfechtung der Vertrauensinanspruchnahme und eine Haftung des Gutachters über § 122 BGB analog in Betracht, vgl. *Kersting* S. 252 ff.

555 *Ellenberger*, in: Palandt, Einf. zu §§ 116, Rn. 4, 17.

556 Vgl. *Armbrüster*, in: MünchKomm, Bd.1, 6. Aufl., Vorb. zu §§ 116 ff. Rn. 3 m.w.N., der dazu weiter ausführt: „Die Willenserklärung ist eben nicht allein Ausdruck der rechtsgeschäftlichen Selbstbestimmung, sondern zugleich ein Akt sozialer Kommunikation, der eine Verantwortung für das dadurch geschaffene Vertrauen bewirkt."

In eine ähnliche Richtung argumentiert *Canaris*, der sich im Rahmen seiner Analyse der Vertrauenshaftung ausführlich zur Frage der Zurechenbarkeit geäußert hat.[557] Fragt man nach der Zurechenbarkeit der Vertrauensgewähr und der Beeinflussung des Zielvertrages insgesamt – und nichts anderes tut § 311 Abs. 3 S. 2 BGB innerhalb seines normierten Rahmens über das Kriterium der Inanspruchnahme letztlich – so sind nach *Canaris* neben dem objektiven Handeln zurechnungsrelevante Willensaspekte maßgeblich, die zu messen sind am Risikoprinzip in Bezug auf die Folgen des Handelns.[558] Die dahinterstehende Wertung fragt danach, ob jemand, der mit seiner Erklärung Vertrauen begründet, auch das „Irreführungsrisiko" sowie das „Richtigkeitsrisiko" trägt, soweit der Vertrauenstatbestand seiner eigenen Zweckrichtung nach zur Grundlage von Rechtsgeschäften Dritter bestimmt ist.[559] Insoweit genügt es nach *Canaris* für eine Zurechnung, wenn das fehlende Erklärungsbewusstsein auf einem Irrtum über die verkehrsmäßig-typisierte Bedeutung seines Verhaltens beruht.[560] Der Gutachter hätte also die Bedeutung seiner Erklärung erkennen können müssen.[561]

Ähnlich äußert sich *Gellmann*, nach dem unter Anwendung der Grundsätze zur Abgabe empfangsbedürftiger Willenserklärungen, eine Zurechnung der Weiterleitung des Gutachtens vom Auftraggeber an den Vertrauenden in Betracht kommt, wenn der Experte sowohl erkennen als auch vermeiden konnte, dass durch seine Erklärung zwischen ihm und dem Vertrauenden ein vertrauensrechtliches Schuldverhältnis entsteht.[562]

Wenngleich auf einer anderen dogmatischen Haftungsgrundlage, nämlich der des VSD, entwickelt, tendieren auch die Wertungen der Rechtsprechung in diese Richtung. Dort heißt es, für die Begründung der Haftung sei es neben der bestimmungsgemäßen Verwendung[563] entscheidend, „ob der Sachverständige nach dem Inhalt des Auftrags damit rechnen musste, sein Gutachten werde gegenüber Dritten verwendet und von diesen zur Grundlage einer Entscheidung

557 *Canaris*, Vertrauenshaftung S. 467 ff.

558 Vgl. zu diesem Thema *Canaris*, Vertrauenshaftung S. 479 ff.; weitere Zurechnungsprinzipien sind das Veranlasserprinzip und das Verschuldensprinzip, vgl. dazu S 473 ff. sowie S. 517 f.

559 *Canaris*, Vertrauenshaftung S. 485.

560 *Canaris*, Vertrauenshaftung S. 517 und 549.

561 *Canaris*, Vertrauenshaftung S. 550; zustimmend *Kersting* S. 251.

562 *Gellmann* S. 64 ff., der feine uneingeschränkte Anwendung der Grundsätze zur Abgabe von Willenserklärungen gegenüber Abwesenden für gerechtfertigt hält.

563 BGH 2004, 3035; Verweis auf BGH NJW 2001, 360; 1995, 392.

über Vermögensdispositionen gemacht".[564] Diese subjektive Voraussetzung wird weiter betont, wenn der BGH konstatiert: „Der Kreis der in den Schutzbereich des Gutachtenauftrags einbezogenen Dritten findet hingegen dort eine Grenze, wo der Auftraggeber das Gutachten in einer Weise verwendet, mit der ein redlicher Gutachter nicht mehr rechnen muss".[565] Ansatzpunkt ist also auch hier der verobjektivierte Gutachterhorizont bezogen auf die konkreten Umstände des Einzelfalls. Dabei handelt es sich um eine normative Betrachtung, nämlich, ob die Folgen billiger Weise demjenigen zugerechnet werden können, der im Rechtsverkehr eine vertrauenstaugliche Erklärung setzt.[566]

Da die Anforderungen an die Setzung einer vertrauenstauglichen Erklärung sowie an die Bestimmtheit zur Drittbeeinflussung bereits aus einem objektiven Blickwinkel bestimmt wurden, kann im Hinblick auf das potenzielle Inanspruchnahmebewusstsein auf diese Ergebnisse Bezug genommen werden. Sind die tatsächlichen Voraussetzungen der objektiven Anforderungen an das Vorliegen des Tatbestandsmerkmals gegeben, liegt daher ebenso ein potenzielles Inanspruchnahmebewusstsein nahe. Diese Haftungsschärfe ist auch interessengerecht, da der Gutachter in der Lage ist, durch entsprechende Formulierungen in seinem Gutachten die Geeignetheit zur Vertrauenserweckung für bestimmte Verwendungsarten gegenüber bestimmten Personen auszuschließen.[567]

Anders als von Teilen der Literatur gefordert, ist nach der hier vertretenen Ansicht ein über das potenzielle Inanspruchnahmebewusstsein hinausgehendes Vorliegen eines besonderen „Inanspruchnahmewillens"[568] indes keine Voraussetzung für die Haftungsbegründung.[569] Die Erforderlichkeit eines solchen Inanspruchnahmewillens betont vor allem *Kersting*, der diesen anstelle der Gerichtetheit zur Begrenzung der Haftung heranzieht.[570] Insoweit stellt sich seine Definition der Voraussetzungen des § 311 Abs. 3 BGB, zusammen mit dem von ihm entwickelten System der Pflichtendifferenzierung, zwar als ein effektiver Weg der Haftungsbeschränkung dar. Für die hier gewählte Haftungsstruktur erscheint diese weitere Voraussetzung allerdings nicht erforderlich, zumal

564 BGH NJW 2004, 3035 mit Verweis auf BGH NJW-RR 1986, 484.

565 BGH NJW 2004, 3035.

566 Vgl. Kapitel 4 § 2 A. IV. zur Berücksichtigung des Zurechnungsgedankens.

567 So auch *Gellmann* S. 65.

568 Begriff von *Kersting* S. 243 ff. Der Inanspruchnahmewille bezeichnet dabei den Willen zur Vertrauensinanspruchnahme im Hinblick auf den konkreten Bezugsvertrag, vgl. *Kersting* S. 258.

569 So auch *Canaris,* in: Vertrauenshaftung S. 548 f.; *Gellmann* S. 59 ff.

570 *Kersting* S. 243 ff.

Kersting für die Haftung im Ergebnis ebenfalls allein auf die Sicht des Vertrauenden abstellt.[571] So soll bei Fehlen des Inanspruchnahmewillens – und auch des Inanspruchnahmebewusstseins – zugunsten des Dritten der § 122 BGB analog anzuwenden sein, um dennoch zu einem Ersatzanspruch zu kommen.[572] Der Haftungslösung über § 122 BGB analog ist allerdings entgegenzuhalten, dass weder nach grammatikalischer noch nach systematischer Auslegung ein tatsächlicher Inanspruchnahmewillen zwingend erforderlich ist. Denn bei § 311 Abs. 3 BGB handelt es sich, trotz aller sich aufdrängenden Parallelen zur Willenserklärung, lediglich um ein rechtsgeschäfts*ähnliches* Schuldverhältnis, dessen konstitutive Grundlage eine Vertrauensbeziehung ist, die nicht ausschließlich durch einen Inanspruchnahmewillen, sondern aus normativen Gründen auch nur bei Vorliegen eines potenziellen Inanspruchnahmebewusstseins begründet werden kann. Für die Tauglichkeit der Vertrauensbeziehung als Haftungsgrundlage reicht nämlich allein die Zurechenbarkeit ihrer Begründung, soweit dadurch eine effektive Haftungsbegrenzung gewährleistet wird.

Neben *Kersting* legt letztlich auch *Eichler* einen objektiven Maßstab an. Er hält zwar im Rahmen des nach seiner Ansicht nötigen rechtsgeschäftlichen Beteiligungswillens ein voluntatives Element für erforderlich.[573] Auf dieses soll in der Regel aber geschlossen werden können, wenn der Dritte „die durch das Schuldverhältnis begründete rechtliche Pflichtenbeziehung zwischen den unmittelbar Beteiligten kennt und sein willensgetragenes Verhalten sich darauf nicht nur unerheblich auswirkt."[574] Den Anforderungen an die Kenntnis soll dabei genügt werden, wenn das Verhältnis zu antizipieren war.

Zu einem ähnlichen Ergebnis, was den allein objektiven Ansatzpunkt angeht, gelangt auch *Faust*. Bei der konkreten Prüfung des Willenselements soll gemäß §§ 133, 157 BGB auf den objektiven Empfängerhorizont des Vertrauenden abgestellt werden, was bedeutet, „es komme nicht darauf an, ob der Dritte tatsächlich einen entsprechenden Willen hat, sondern darauf, ob der Vertrauende dies annehmen durfte".[575] Ungeachtet des Beurteilungsblickwinkels erscheint bei *Faust* gegenüber *Kersting* und *Eichler* jedoch zudem das finale Element innerhalb der Inanspruchnahme überbetont. So fordert *Faust* von dem Auskunftgeber, dass er den Willen haben müsse, das Vertrauen „für seine Zwecke fruchtbar zu machen",

571 *Kersting* S. 251.
572 So *Kersting* S. 243 ff. insbesondere S. 250 ff. zur analogen Anwendung des § 122 Abs. 1 BGB.
573 *Eichler* S. 330 f.
574 *Eichler* S. 331 f.
575 *Faust* AcP 210, 555, 565.

er müsse demnach wollen, „dass der Geschützte ihm die Möglichkeit zur Einwirkung auf die Rechte, Rechtsgüter und Interessen gewährt".[576] Ein bloßes Wissen um ein Drittvertrauen oder das billigende Inkaufnehmen eines solchen, reiche für eine Inanspruchnahme nach § 311 Abs. 3 BGB nicht aus.[577] Weshalb mit der Inanspruchnahme allerdings eine solche starke finale Motivation hinsichtlich der Einwirkungsmöglichkeit auf den Vertrauenden zwangsläufig einhergehen müsse, kann weder aus dem Begriff der Inanspruchnahme noch mit dem Bedürfnis nach einer Haftungsbegrenzung begründet werden.

Im Ergebnis sind daher in subjektiver Hinsicht ein Handlungsbewusstsein und ein potenzielles Inanspruchnahmebewusstsein durch den Gutachter zur Begründung einer Sonderverbindung erforderlich. Auf das Bestehen eines konkreten tatsächlichen Inanspruchnahmewillens kann indes nach der hier vertretenden Haftungsstruktur verzichtet werden.

4. Zusammenfassung

Zusammenfassend kann konstatiert werden, dass die Inanspruchnahmehandlung in objektiver Hinsicht ein zurechenbares Verhalten auf Seiten des Vertrauensnehmers voraussetzt, das geeignet sein muss, bei dem Anderen eine zuversichtliche Erwartungshaltung im Hinblick auf die Richtigkeit der kommunizierten Information hervorzurufen. Dazu ist ein zumindest mittelbarer Kommunikationsakt nötig, wobei es auf die Kenntnis der Person des Anspruchstellers nicht ankommt.

Weiterhin muss das Verhalten aus dem Blickwinkel eines objektiven Betrachters dazu bestimmt sein, das Rechtsgeschäft des Anspruchstellers zu beeinflussen. Dies ist der Fall, wenn es nach dem objektiven Zweck des Gutachtens und dessen typischer personeller Verwendungsreichweite, unter Beachtung der objektiv erkennbaren Umstände des Einzelfalls, personell zumindest auch an den Empfänger gerichtet ist. Des Weiteren muss sich die Haftung, vorbehaltlich anderer Indizien, im Rahmen des bei der Gutachtenerstellung bestimmbaren Gesamthaftungsrisikos bewegen. Die Bestimmung des Gesamthaftungsrisikos erfolgt anhand der zu antizipierenden Nutzung des Gutachtens. Weiterhin darf die zeitliche Grenze der Inanspruchnahmetauglichkeit nicht überschritten werden. Subjektiv muss der Gutachter bei Setzung der vertrauenstauglichen Erklärung ein Handlungsbewusstsein gehabt haben sowie ein zumindest potenzielles Inanspruchnahmebewusstsein, welches die Kenntnis oder zumindest die

576 *Faust* AcP 210, 555, 564.
577 *Faust* AcP 210, 555, 564.

Möglichkeit der Kenntnisnahme von der objektiven Geeignetheit des Gutachtens zur Vertrauenserweckung und seiner objektiven Bestimmtheit zur Beeinflussung von Drittgeschäften umfasst.

C. Die Inanspruchnahme von Vertrauen für sich „in besonderem Maße"

Im Anschluss an die „einfache" Inanspruchnahme von Vertrauen stellt sich nunmehr die Frage, welches konkrete Verhalten oder welche situativen Umstände gegeben sein müssen, um zu einer Qualifikation der Inanspruchnahme von Vertrauen „in besonderem Maße" zu kommen. Wie sich schon aus den Gesetzesmaterialien ergibt,[578] dient das Tatbestandsmerkmal „in besonderem Maße" dazu, den weiten Begriff der Inanspruchnahme von Vertrauen aus Haftungsgründen zu beschränken. Entscheidend ist dabei, dass sich das „besondere Maß" auf die Inanspruchnahme bezieht und nicht auf eine besondere Qualität des Vertrauens.[579] Damit muss sich also im Gesamtverhalten des Gutachters eine besonders erhebliche oder intensive Inanspruchnahme von Vertrauen offenbaren, damit es zu einer Sonderverbindung kommt und die haftungsrechtlichen Rechtsfolgen ausgelöst werden.

Der BGH hat in seiner Rechtsprechung zur c.i.c.-Dritthaftung, die auch Vorbild für die Formulierung des § 311 Abs. 3 S. 2 BGB war, den Begriff der Inanspruchnahme von Vertrauen „in besonderem Maße" konkretisiert. Danach liegt eine Inanspruchnahme von Vertrauen in besonderem Maße vor, wenn das in Anspruch genommene Vertrauen über das bei der Anbahnung von Geschäftsbeziehungen normale Verhandlungsvertrauen hinausgeht und auf diese Weise dem anderen Vertragspartner eine zusätzliche, gerade *von ihm persönlich ausgehende Gewähr* für die „Richtigkeit und Vollständigkeit der Erklärungen, die für den Willensentschluss des anderen Teils bedeutsam gewesen sind" gegeben wird.[580] Dass eine solche Gewähr auch im Rahmen der Gutachterhaftung des § 311 Abs. 3 S. 2 BGB erforderlich ist, ergibt sich aus dem gesetzgeberischen Willen anhand der Gesetzesmaterialien.[581] Dort wird als Beispiel für die Dritthaftung Bezug genommen auf die *Third Party Legal Opinion*, für die zur Haftungsbegründung ebenfalls ein besonderes Vertrauen in das Rechtsgut-

578 Siehe Kapitel 4 § 2 A. II.

579 *Koch* AcP, 204, 59, 76; zustimmend *Gellmann* S. 87.

580 BGH WM 1992, 699; 1997, 1233.

581 Vgl. dazu Kapitel § 4 A. II.

achten erforderlich ist.[582] Dieser gesetzgeberischen Maßgabe ist auch bei der Gutachterhaftung gerecht zu werden, zumal die *Third Party Legal Opinion* eine deutliche Wesensnähe zu den hier betrachteten Gutachten aufweisen.

Enthalten weder die Gesetzesmaterialien noch die Rechtsprechung eine weitergehende Konkretisierung des speziellen Gewährsbegriffs im Rahmen der Inanspruchnahme in besonderem Maße, so muss inhaltlich in jedem Fall maßgeblich sein, dass die Inanspruchnahme von Vertrauen in besonderem Maße eine besondere Verbindlichkeit, Ernsthaftigkeit und Nachhaltigkeit im Hinblick auf die Gesamtumstände aufweisen muss in Abgrenzung zu einer einfachen Inanspruchnahme. Dabei ist die persönliche Gewähr jedoch nicht gleichzusetzen mit einer rechtsgeschäftlichen Gewährsübernahme, bei der der Gewährsgeber mit Rechtsbindungswillen versichert, bei Abweichung von einem bestimmten Sollzustand finanziell einzustehen. Zwar verweist § 311 Abs. 3 S. 2 BGB als Rechtsfolge ebenfalls auf eine Einstandspflicht, diese knüpft aber gerade nicht an eine vom rechtsgeschäftlichen Verpflichtungswillen getragene Erklärung an, mit der der Erklärende bewusst das Risiko der Richtigkeit übernimmt, sondern an eine Erklärung, der ein solcher Rechtsbindungswille gerade nicht zugrunde liegt. Auch in den Gesetzesmaterialien wird die persönliche Gewähr nur in die Nähe der rechtsgeschäftlichen Schuldverhältnisse gerückt und für die Fälle der Sachverständigenhaftung gerade auf die Neutralität und Objektivität des Sachverständigen als entscheidendes Kriterium verwiesen.[583] Dies belegt ebenfalls, dass mit persönlicher Gewähr im Rahmen der Inanspruchnahme in besonderem Maße, keine juristische Gewähr im rechtsgeschäftlichen Sinne gemeint sein kann.[584]

Soweit der Begriff der persönlichen Gewähr zur Interpretation der Inanspruchnahme von Vertrauen in besonderem Maße im Rahmen von § 311 Abs. 3 S. 2 BGB verwendet wird, impliziert er damit lediglich das Erfordernis einer erhöhten, besonderen Qualität der Erklärungsumstände im Hinblick auf die Expertisenergebnisse. Die Gesamtumstände müssen demnach eine derart hohe, wenngleich auch nicht rechtsgeschäftliche Verlässlichkeit vermitteln, dass es gerechtfertigt erscheint, die Folgen des § 311 Abs. 3 S. 2 BGB auszulösen.

582 Vgl. Ausschussbericht, BT-Drucks. 14/7052 S. 190.

583 BT-Drucks. 14/6040 S. 163.

584 Gegen einen solchen Einstandswillen im Ergebnis ebenso *Gellmann* S. 93.

I. Objektive Kriterien

Im Kontext der Gutachterhaftung ist es zunächst erforderlich, dass die Expertise die Funktion hat, weiterführende Untersuchungen des Vertragspartners, insbesondere durch die Einholung einer weiteren Expertise, zu erübrigen.[585] In anderen Worten bedeutet dies, dass die Inanspruchnahme von Vertrauen objektiv geeignet sein muss, einen Selbstschutzverzicht zu begründen. Ob dies der Fall ist, muss jeweils anhand der objektiven Qualität der Gutachtenverlässlichkeit bemessen werden. In der Konsequenz müssen sich daher in der Expertise selbst, in der Person des Gutachters oder in den zurechenbaren Gesamtumständen des Sachverhalts konkrete Anhaltpunkte wiederfinden, die auf eine besondere Verlässlichkeit schließen lassen.

Konkret ist dazu erforderlich, dass die vertrauenstaugliche Erklärung objektiv den Anschein vermittelt, dass der Gutachter bei seiner Arbeit mit besonderer fachgerechter Ernsthaftigkeit, Gewissenhaftigkeit, Objektivität, Neutralität und Sachkunde gearbeitet hat, so dass eine weitere Verifikation der Expertisenangaben verzichtbar ist.[586]

Das wird regelmäßig gegeben sein, wenn der Gutachter als Sachverständiger vereidigt ist, denn in dem Fall ist er an die Vorgaben der Industrie- und Handelskammer zur Gutachtertätigkeit[587] gebunden und wird sein Gutachten in der Regel mit den entsprechenden Hinweisen bzw. dem speziellen Stempel versehen. Gleiches gilt für den nicht öffentlich vereidigten Sachverständigen durch einen entsprechenden Auftritt im Rechtsverkehr mit einem zurechenbaren Anschein der besonderen Kennerschaft, der sich auch im Gutachten wiederfindet, zumindest aber nicht relativiert wird.[588] Dabei ist insbesondere das Auftreten unter der Berufsbezeichnung des Experten dazu geeignet, eine qualifizierte Erwartungshaltung im Hinblick auf die Arbeitsweise der Person zu begründen.

---

585 *Canaris*, ZHR 163, 206, 233; zustimmend *Koch*, in: AcP 204, 59, 77.

586 Ähnlich *Gellmann* S. 93 ff.; *Quiring* S. 159 ff.

587 Siehe Kapitel 2 § 3 A.V.1.

588 In diesem Sinne auch die Rechtsprechung zum VSD, welche eine staatliche Anerkennung des Gutachters nicht zwangsläufig zur Bedingung einer Einbeziehung in den Schutzbereich des Vertrages macht. Vgl. dazu BGH NJW 2004, 3035 m.w.N. Ähnlich auch *Quiring* S. 161, die darauf hinweist, dass der Privatgutachter insbesondere dann dem vereidigten Sachverständigen gleichzusetzen ist, wenn Ersterer den Eindruck erweckt, dem Letzteren im Hinblick auf die Qualifikation gleichzustehen. Dabei verweist sie u.a. auf vertrauenserweckende Wendungen im Briefkopf sowie ausdrückliche Hinweise auf die besondere Sachkunde. In diesem Sinne auch *Gellmann* S. 97.

Die Kriterien der Neutralität und Objektivität werden im Übrigen auch ausdrücklich in den Gesetzesmaterialien hervorgehoben, in denen gerade diese Umstände in Sachverständigenkonstellationen als schuldverhältnisbegründend angeführt werden.[589] Auch die Rechtsprechung weist in diese Richtung, die die besondere Sachkunde eines Gutachters immer wieder im Rahmen der Inanspruchnahme von besonderem Vertrauen betont, ohne dass eine öffentliche Bestellung dabei notwendige Voraussetzung wäre.[590]

II. Subjektive Kriterien

Wie bereits zuvor festgestellt, stellt die Vertrauenshaftung nach § 311 Abs. 3 S. 2 BGB keine vertragliche Haftung dar, sondern eine rechtsgeschäftsähnliche Haftung kraft Sonderverbindung zwischen Drittem und Auskunftsempfänger. Daher ist ein Rechtsbindungswille, wie bei einer Willenserklärung, regelmäßig nicht zur Haftungsbegründung erforderlich.[591]

Gleichwohl erfordern die haftungsrechtlich weitreichenden Rechtsfolgen des § 311 Abs. 3 S. 2 BGB in subjektiver Hinsicht zumindest einen Handlungswillen sowie ein potenzielles Bewusstsein von der eigenen vertrauensbildenden Überzeugungskraft.

Konkret bedeutet dies, dass der Gutachter sich bei der Weitergabe seines Gutachtens in den Rechtsverkehr darüber im Klaren gewesen sein muss, dass sein Gutachten in Verbindung mit seinem berufsbezogenen Verhalten den Anschein der Neutralität, Objektivität und besonderen Sachkunde erwecken könnte und er dadurch damit rechnen musste, dass er den Anspruchsteller zur Aufgabe von Sicherheiten durch Einholung ergänzender oder weiterer Gutachten veranlassen könnte.

---

589 Vgl. die Begründung in BT-Drucks. 14/6040 S. 163. Ebenso im Anschlussbericht BT- Drucks. 14/7052 S. 190, wo es um die Haftung für *Third Party Legal Opinions* geht, für die die Neutralität des Rechtsanwaltes ebenfalls charakteristisch ist.

590 Exemplarisch dazu BGHZ 56, 81: „Ein solches besonderes dem Vertreter entgegengebrachtes Vertrauen kann etwa in dessen außergewöhnlicher Sachkunde für den Vertragsgegenstand begründet sein, aber auch in seiner persönlichen Zuverlässigkeit oder eigenen Einflußmöglichkeit auf die Vertragsabwicklung." Daneben hat der BGH im Bereich der c.i.c. Dritthaftung ein Herausstellen der eigenen Erfolge als Unternehmssanierer als Inanspruchnahme im besonderen Maße qualifiziert, vgl. BGH NJW 1990, 1907.

591 *Kersting* S. 40.

D. Die vom Vertrauen beeinflusste Handlung des Vertrauenden

I. Beeinflussung der Vertragsverhandlungen oder des Vertragsschlusses

Letztes Tatbestandsmerkmal für das Entstehen des gesetzlichen Schuldverhältnisses im Sinne von § 311 Abs. 3 S. 2 BGB ist es, dass der Dritte durch die Inanspruchnahme von Vertrauen in besonderem Maße den Vertragsschluss oder die Vertragsverhandlungen erheblich beeinflusst hat. Dabei ist fraglich, welche Anforderungen an die „Beeinflussung" zu stellen sind und wann eine solche damit letztendlich vorliegt. Das Erfordernis der Erheblichkeit schränkt dabei die potenziellen Möglichkeiten der Beeinflussung ein.

In grammatikalischer Hinsicht folgt schon aus dem Begriff der Beeinflussung, dass sich die Vertrauensinanspruchnahme zunächst kausal auf den Vertragsschluss oder die Vertragsverhandlungen ausgewirkt haben muss. Eine Beeinflussung des Vertragsschlusses liegt nach der *conditio-sine-qua-non-Formel* dann vor, wenn ohne die Vertrauensinanspruchnahme der Vertrag gar nicht oder mit anderem Inhalt geschlossen worden wäre.[592] Was die Vertragsverhandlungen angeht, so gilt das Gleiche. Für die hier untersuchten Fälle der Gutachterhaftung steht allerdings ersterer Fall im alleinigen Mittelpunkt des Interesses, da in der Regel auf der Grundlage der Expertise ein Vertrag geschlossen wird.[593]

Zu Recht sehen ein ganz überwiegender Teil der Literatur und die Rechtsprechung zur c.i.c.-Dritthaftung zudem eine tatsächliche Vertrauensgewährung des Anspruchstellers als Voraussetzung für die Beeinflussung.[594] Dies entspricht auch der Interessenlage, da der Bösgläubige in Ermangelung von tatsächlichem Vertrauen den Schutz der Rechtsordnung nicht verdient hat.[595] So konstatiert Büttner zu Recht, dass der Zweck des Gutachtens die Schaffung einer Entscheidungsgrundlage ist und dass sich derjenige nicht auf die Fehlerhaftigkeit des

---

592 *Kersting* S. 268.

593 Zur eigenständigen Bedeutung der Konstellation „Beeinflussung von Vertragsverhandlungen" vgl. *Kersting* S. 268 f. Vgl. ebenso *Kersting* S. 269 f. zur Frage, ob sich die Beeinflussung auch auf einseitige Rechtsgeschäfte bezieht, was letztlich bejaht wird. Siehe dazu auch *Gellmann* S. 100 sowie *Canaris,* Vertrauenshaftung S. 513.

594 So zog der BGH den Umstand der tatsächlichen Vertrauensgewähr regelmäßig zur Begründung einer Beeinflussung heran, vgl. u.a. BGH NJW-RR 1991, 289; BGH NJW 1983, 2696; 1990, 1907. Ebenso *Quiring* S. 162; *Gellmann* S. 102; *Schwab,* JuS 2002, 872, 872, 878; *Canaris,* Vertrauenshaftung S. 504. Ebenso, *Kersting* S. 215 f., 231 f., 267 ff., der das Erfordernis eines tatsächlichen Vertrauens allerdings durch die grammatikalische Auslegung bereits bei der Inanspruchnahme verortet, vgl. S. 214.

595 *Canaris,* Vertrauenshaftung S. 504.

Gutachtens berufen können sollte, der seine Entscheidungen unabhängig von dem Gutachten trifft.[596] Damit muss die Vertrauensgewährung durch die Inanspruchnahme bewirkt und diese ihrerseits kausal für die Vertrauenshandlung, also den Vertragsschluss oder dessen Gestaltung, geworden sein.

Demgegenüber ist eine Kundgabe der Vertrauensgewährung seitens des Vertrauensgebers in Form eines Vertrauenserweises regelmäßig entbehrlich, denn für diese Voraussetzung enthält der Tatbestand des § 311 Abs. 3 S. 2 BGB keinen grammatikalischen Anhaltspunkt.[597] Es genügt, dass der Gutachter aufgrund der objektiven Umstände seines eigenen Handelns in der Lage ist zu erkennen, dass hier eine zur Vertrauensbegründung geeignete Inanspruchnahmehandlung vorliegt und der Anspruchsteller aufgrund dieser Inanspruchnahme dem Gutachter tatsächliches Vertrauen entgegenbringen konnte. Ein auf die Inanspruchnahme replizierender Akt des Vertrauensgebers gegenüber dem Gutachter, neben der tatsächlichen Vertrauensgewähr und der darauf basierenden Beeinflussung des Vertrages als Vertrauenshandlung, ist dazu hingegen nicht erforderlich.[598]

In der Literatur wird dies teilweise anders gesehen und ein Vertrauenserweis des Anspruchstellers gefordert.[599] So wird die Auffassung vertreten, dass der Verpflichtete nicht nur Kenntnis von den pflichtenbegründenden Umständen haben, sondern auch erkennen können müsse, dass der Vertrauensgeber tatsächlich eine Vertrauenserwartung gebildet habe,[600] bzw. „daß er deutlich macht, daß er sich auf die Fachkunde des Dritten verlässt."[601] Dies sei erforderlich, um Missbrauch auf Seiten des Geschädigten zu verhindern sowie dem Dritten die Möglichkeit zu geben, den Schadenseintritt noch zu verhindern.[602] „Rechtlich schutzwürdig ist ein Geschädigter nur dann, wenn er sich auf die vom Schädiger gesetzten Vertrauenselemente erkennbar verlassen hat."[603]

Dieser Auffassung ist allerdings nicht zu folgen, da sie den Haftungsrahmen für die hier behandelte Fallgruppe der fehlerhaften verkehrsfähigen Gutachten zulasten des zu schützenden Rechtsverkehrs unnötig einschränkt, ohne dass dies

---

596 *Büttner* S. 102.

597 So auch *Gellmann* S. 103.

598 So auch *Gellmann* S. 103.

599 *Wiegand* S. 260 ff.; vgl. ebenso *Bohrer* S. 80 ff.; vgl. auch *Kersting*, der für das neue Recht verlangt, die „Vertrauenserwartung müsse dem Dritten gegenüber in Form eines Vertrauenserweises zum Ausdruck gebracht werden", *Kersting* S. 227 ff.

600 *Kersting* S. 227 ff.

601 *Wiegand* S. 261.

602 *Wiegand* S. 261.

603 *Wiegand* S. 261.

bei einer wertenden Betrachtung der Risikoverteilung gerechtfertigt wäre. Dies gilt insbesondere, weil in den hier untersuchten Fällen typischerweise aufgrund der vom Gutachter gestalteten Verkehrsfähigkeit keine weitere Kommunikation zwischen Gutachter und Vertragspartner stattfindet. Soweit die Voraussetzung eines Vertrauenserweises zudem mit Erwägungen zur Haftungsbegrenzung oder auch Schadensvermeidungsmöglichkeit[604] begründet wird, überzeugt dies nicht, da der Gutachter Einschränkungen bereits im Gutachten selbst treffen kann.[605]

II. Erheblichkeit der Beeinflussung

Neben der Beeinflussung verlangt § 311 Abs. 3 S. 2 BGB, dass diese auch im haftungsrelevanten Sinne als „erheblich" eingeordnet werden muss. Dabei geht es nicht um die Frage des „ob" der Beeinflussung des Vertrages, die bereits Gegenstand der Kausalitätsfrage war, sondern um das Maß an Intensität der Beeinflussung, also ihre konkrete Auswirkung auf den Vertragsschluss bzw. den Vertragsinhalt.[606] Die bloße Vertragsbeeinflussung im Sinne einer Kausalität ist damit also noch nicht per se erheblich.

Mit Sicherheit wird eine Erheblichkeit dann bejaht werden können, wenn ohne die Inanspruchnahme der Vertragsschluss unterblieben wäre.[607] Dieser Fall stellt dabei wohl die gewichtigste Form der Beeinflussung dar und wird wohl insbesondere bei fehlerhaften Kunstexpertisen regelmäßig vorliegen, da der Käufer gewöhnlich kein unechtes Werk erwerben will, sondern ein Original. Schwieriger ist indes die Frage nach der Erheblichkeit, wenn davon auszugehen ist, dass der Vertrag zwar nicht in seiner konkreten Form, wohl aber mit einem anderen Inhalt zustande gekommen wäre. Denn dann ist fraglich, wann ein Vertrag noch derselbe Vertrag ist oder bereits eine derart weitreichende Veränderung erfahren hat, dass er als ein vom Dritten beeinflusster, „anderer Vertrag" bezeichnet werden muss.

Insoweit wird treffend die Auffassung vertreten, dass eine Erheblichkeit immer dann vorliegt, wenn die *essentialia negotii* des Drittgeschäftes beeinflusst wurden, wie der Vertragsgegenstand, der Vertragstyp, die Vertragsparteien

---

604 *Kersting* S. 228.

605 Im Ergebnis werden sich in Gutachterfällen jedoch keine Unterschiede auftun. Im Falle, dass sich der Vertrauende an den Gutachter wendet, sieht *Kersting* den Vertrauenserweis bereits darin bestehen. Ansonsten soll aber auch bereits „die Nichtzurückweisung des Vertrauens als Vertrauenserweis ausreichen", vgl. *Kersting* S. 229.

606 *Kersting* S. 273.

607 *Kersting* S. 273.

oder die Gegenleistung und es ansonsten darauf ankommt, ob sich die wirtschaftliche Bewertung des Vertrages aus Sicht eines objektiven Dritten verändern würde.[608]

Eine äußerlich erkennbare Beeinflussung des Vertrages durch einen direkten Bezug im Vertragstext auf die Expertise ist für eine Erheblichkeit derweil nicht erforderlich. Das Gleiche gilt für eine ausdrückliche Beschaffenheitsvereinbarung im Sinne der Expertise. Es genügt, dass die Vertragsparteien den Vertrag tatsächlich an der Expertise ausgerichtet haben. Entscheidend ist demnach stets, wovon die Parteien tatsächlich ausgingen, also die faktische Willensbeeinflussung. Bei einer Beschränkung der Erheblichkeitskriterien nur auf äußerliche Merkmale würde der Anwendungsbereich des § 311 Abs. 3 S. 2 BGB zu stark eingeengt und es bestünde die Gefahr, dass der gesetzlich intendierte Interessenausgleich letztlich zu kurz greifen und zu Zufallsergebnissen führen würde. Da zudem die Haftung nach § 311 Abs. 3 S. 2 BGB auch ohne Vertragsschluss greifen kann, nämlich schon bei einer erheblichen Beeinflussung der Verhandlungen, wird man die Anforderungen an die Erheblichkeit bei einem zustande gekommenen Vertragsschluss schon nach der Logik des Gesetzes nicht darauf beschränken können, dass die Expertise im Vertrag ausdrücklich erwähnt wird.

III. Kausalitätsnachweis

Die kausale Verbindung zwischen Inanspruchnahme und erheblicher Vertragsbeeinflussung kann zu Problemen bei ihrem Nachweis führen. Oftmals wird fraglich sein, ob die Vertragsgestaltung bzw. der Vertragsschluss tatsächlich auf dem Gutachten beruht, ob also der Anspruchsteller auch tatsächlich vertraut und tatsächlich auf der Grundlage dieses Vertrauens gehandelt hat. Hinsichtlich beider Umstände wird es dem darlegungs- und beweispflichtigen Anspruchsteller bei strittiger Sachlage schwer bis unmöglich sein, diese Tatsachen nachzuweisen, wenn es sich um innere Tatsachen handelt, also z.B. die Expertise nicht in dem Vertrag erwähnt wird.[609]

Die herrschende Meinung im Schrifttum hält daher zu Recht an dieser Stelle Beweiserleichterungen für geboten.[610] In Ermangelung einer gesetzlichen Regelung erfolgt diese mittels der Grundsätze des Anscheinsbeweises, also über die

---

608 So *Kersting* S. 274.

609 *Canaris,* Vertrauenshaftung S. 516; *ders.* in: FS Schimansky S. 43.

610 Für eine Beweislastumkehr *Canaris,* Vertrauenshaftung S. 516; *Koch,* AcP 204, 59, 79; *Quiring* S. 163.

Annahme einer tatsächlichen Vermutung.[611] Voraussetzung für einen Anscheinsbeweis ist dabei das Vorliegen eines typischen Geschehensablaufes, welcher einen Sachverhalt bezeichnet, „bei dem nach der Lebenserfahrung auf das Hervorrufen einer bestimmten Folge oder die Verursachung durch ein bestimmtes Verhalten geschlossen werden kann."[612] Ein solcher Sachverhalt liegt dann vor, wenn der Anspruchsteller von der Inanspruchnahmehandlung Kenntnis hatte und sich das Gutachtenergebnis objektiv in den *essentialia negotii* des Vertrages wiederspiegelt.[613] Folge ist die tatsächliche Vermutung, dass der Anspruchsteller auf die Expertise vertraut hat und diese auch ursächlich für die konkrete Beeinflussung des Vertrages war.

E. Zusammenfassung

Für den Bereich der Gutachterhaftung ist Vertrauen zu verstehen als die zuversichtliche Erwartungshaltung in die Verlässlichkeit der Gutachterqualifikationen und in die Richtigkeit sowie Verlässlichkeit der Expertisenaussage.[614]

Die Inanspruchnahmehandlung setzt in objektiver Hinsicht ein aktives Verhalten auf Seiten des Gutachters voraus, welches geeignet sein muss, bei dem Vertrauensgeber und Anspruchsteller eine zuversichtliche Erwartungshaltung im Hinblick auf die Richtigkeit der kommunizierten Information hervorzurufen.[615] Weiterhin muss das Verhalten aus dem Blickwinkel eines objektiven Betrachterhorizontes dazu bestimmt sein, das Rechtsgeschäft des Anspruchstellers zu beeinflussen.[616] Dies ist der Fall, wenn das Gutachten nach seinem objektiven Zweck und seiner typischen personellen Verwendungsreichweite sowie nach den objektiven Umständen des Einzelfalls zumindest auch an den Empfänger gerichtet ist, sich dadurch das Gesamthaftungsrisiko bei Gutachtenerstellung nicht erhöht und die zeitliche Grenze der Nutzungstauglichkeit des Gutachtens nicht

611 So auch *Gellmann* S. 106. Ähnlich auch *Kersting* S. 275 ff., der ebenfalls von einer tatsächlichen Vermutung ausgeht.

612 *Greger*, in: Zöller, 28. Aufl. 2012, Vor § 284 Rn. 29; *Laumen*, in: Baumgärtel, Handbuch der Beweislast, Grundlagen, 2. Aufl. 2009, § 12 Rn. 9 ff. m.w.N.

613 In diesem Sinne fordert auch *Gellmann* S. 105, dass die Aussage für den Vertragsschluss von erheblicher Relevanz sein und sich außerdem im Ergebnis der Vertragsverhandlungen oder dem Vertragsschluss widerspiegeln muss. Vgl. dazu auch die Beispiele auf S. 106.

614 Kapitel 4 § 3 A. II.

615 Kapitel 4 § 3 B. II. 1.

616 Kapitel 4 § 3 B. II. 2.

überschritten wird.[617] Subjektiv muss der Gutachter bei Setzung der vertrauenstauglichen Erklärung ein Handlungsbewusstsein gehabt haben und zumindest ein potenzielles Inanspruchnahmebewusstsein.[618] Dieses umfasst die Kenntnis oder zumindest das Kennenmüssen von der objektiven Geeignetheit zur Vertrauenserweckung und der objektiven Bestimmtheit des Gutachtens zur Beeinflussung von Drittgeschäften.

Im besonderen Maße nimmt der Gutachter Vertrauen in Anspruch, wenn er für die Richtigkeit seiner Expertise eine persönliche Gewähr bietet, was dann der Fall ist, wenn sie objektiv den Anschein vermittelt, dass er bei seiner Arbeit mit besonderer fachgerechter Ernsthaftigkeit, Gewissenhaftigkeit, Objektivität, Neutralität und Sachkunde gearbeitet hat, so dass eine weitere Verifikation der Expertisenangaben verzichtbar ist.[619] Subjektiv hat der Gutachter damit rechnen können oder müssen, dass sein Verhalten, einschließlich seines Gutachtens selbst, diesen Anschein erweckt.[620]

Eine erhebliche Beeinflussung liegt immer dann vor, wenn durch das Gutachten die *essentialia negotii* des Drittgeschäftes beeinflusst wurden oder sich die wirtschaftliche Bewertung des Vertrages aus Sicht eines objektiven Dritten verändert und der Anspruchsteller auf das Gutachten vertraut hat.[621] Beides wird vermutet, wenn der Anspruchsteller von der Inanspruchnahmehandlung Kenntnis hatte und sich das Gutachtenergebnis objektiv in den *essentialia negotii* des Vertrages wiederfindet.[622]

§ 4. Schadensersatzanspruch wegen schuldhafter Verletzung von Schutzpflichten (§ 280 Abs. 1 BGB)

Nach der Auslegung der Tatbestandsvoraussetzungen von § 311 Abs. 3 S. 2 BGB, bei deren Vorliegen ein gesetzliches Schuldverhältnis begründet wird, sind nunmehr die Voraussetzungen des Schadensersatzanspruches nach § 280 Abs. 1 BGB genauer zu betrachten. § 280 Abs. 1 BGB verlangt eine vom Schuldner zu vertretende Pflichtverletzung und einen hierdurch entstandenen, kausalen Schaden. Zudem stellt sich die Frage nach einem möglichen Ausschluss der Haftung und den einschlägigen Verjährungsregeln.

---

617 Kapitel 4 § 3 B. II. 2. a.
618 Kapitel 4 § 3 B. II. 3.
619 Kapitel 4 § 3 C. I.
620 Kapitel 4 § 3 C. II.
621 Kapitel 4 § 3 D. I. und II.
622 Kapitel 4 § 3 D. III.

A. Schuldverhältnis

Soweit in § 280 Abs. 1 BGB für das Bestehen eines Schadensersatzanspruchs ein Schuldverhältnis vorausgesetzt wird, kann dies auch ein rechtsgeschäfts*ähnliches* im Sinne von § 311 Abs. 3 BGB sein, da sich § 280 BGB bewusst nicht nur auf rechtsgeschäftliche Schuldverhältnisse, sondern auf Schuldverhältnisse im Allgemeinen bezieht. Darunter fallen auch vertragsähnliche Sonderverbindungen nach § 311 Abs. 3 BGB.[623]

Gläubiger des Schadensersatzanspruchs ist die Person, die infolge der Vertrauensgewähr einen Schaden erlitten hat. In den hier untersuchten Konstellationen ist dies in der Regel der geschädigte Käufer, der – im Vertrauen auf die Richtigkeit der Expertise – einen für ihn ungünstigen Kauf getätigt hat. Schuldner ist der Gutachter, soweit ihm eine schuldhafte Verletzung der Pflichten vorgeworfen werden kann, die für das rechtsgeschäftsähnliche Schuldverhältnis zwischen den Parteien gelten.

B. Pflichtverletzung

I. Die Rücksichtnahmepflichten gemäß § 241 Abs. 2 BGB in der Sonderverbindung nach § 311 Abs. 3 S. 2 BGB

Während sich in einem normalen Vertragsverhältnis die Pflichten des Gutachters auf primäre und sekundäre Leistungspflichten nach § 241 Abs. 1 und Abs. 2 BGB erstrecken, ist deren Umfang im Verhältnis zwischen dem Dritten und dem Vertrauendem beschränkt.[624] Aufgrund des Rechtsfolgenverweises von § 311 Abs. 3 S. 1 BGB auf § 241 Abs. 2 BGB ist der Vertrauensgeber im Rahmen der Sonderverbindung nach § 311 Abs. 3 BGB lediglich in der Lage, Verletzungen der in § 241 Abs. 2 BGB geregelten Pflichten geltend zu machen.

§ 241 Abs. 2 BGB ordnet an, dass das Schuldverhältnis seinem Inhalt nach jeden Teil zur Rücksicht auf die Rechte, Rechtsgüter und Interessen des anderen Teils verpflichten kann. Unter diese Rücksichtnahmepflichten, die ausschließlich

---

623 *Westermann*, in: Erman, Bd. 1, § 280 Rn. 5; *Grüneberg*, in: Palandt, § 280 Rn. 8. Vgl. dazu auch die Ausführungen zur Systematik des Anspruches in Kapitel 4 § 1.

624 Was das Vertragsverhältnis zwischen Auftraggeber und Gutachter betrifft, so gilt für den Inhalt der zwischen ihnen bestehenden Leistungspflichten nach dem Grundsatz der Privatautonomie zuvorderst, was die Parteien vertraglich vereinbart haben. Bei Pflichtverletzungen des Gutachters kann der Auftraggeber der Expertise aufgrund des zwischen den Vertragsparteien bestehenden Werkvertrages nach den Regeln des Werkvertragsgewährleistungsrechts vorgehen.

nicht-leistungsbezogen sein dürfen,[625] fallen dabei insbesondere Aufklärungs- und Schutzpflichten.[626] In der Konsequenz kann der Vertrauende also nicht die Verletzung primärer oder sekundärer Leistungspflichten rügen, soweit nicht zugleich auch eine Pflichtverletzung nach § 241 Abs. 2 vorliegt.[627]

Unter dem Begriff der Schutzpflicht ist die Pflicht zu verstehen, „sich bei Abwicklung des Schuldverhältnisses so zu verhalten, dass Körper, Leben, Eigentum und sonstige Rechtsgüter des anderen Teils nicht verletzt werden".[628] Die Aufklärungspflicht beinhaltet die Pflicht, „den anderen Teil unaufgefordert über entscheidungserhebliche Umstände zu informieren".[629] Bezugspunkt der bezeichneten Rücksichtnahmepflichten sind gemäß § 241 Abs. 2 BGB allgemein die Rechte, Rechtsgüter und Interessen des Vertrauensgebers.

Fraglich und erörterungsbedürftig ist daher, welche Rücksichtnahmepflichten den Gutachter konkret in einem Schuldverhältnis gemäß § 311 Abs. 3 S. 2 BGB gegenüber dem Anspruchsteller treffen, denn nach dem Wortlaut des § 241 Abs. 2 BGB *können* im Rahmen des Schuldverhältnisses Nebenpflichten gegenüber dem Vertrauensgeber bestehen, womit allerdings noch keine konkrete Aussage über den Pflichteninhalt getroffen wird. Die Formulierung des Gesetzes weist dabei selbst auf den Anknüpfungspunkt für die Pflichtenbestimmung hin, nämlich das jeweilige Schuldverhältnis. Damit ist für Rechtsprechung und Wissenschaft der Weg eröffnet, eine differenzierte, jeweils von der Spezifik des Schuldverhältnisses abhängige Pflichtenbestimmung vorzunehmen.

Für die Auslegung der Rücksichtnahmepflichten gilt zunächst ganz allgemein, dass sich ihr Bestehen nach den Umständen des jeweiligen Einzelfalls

---

625 *Kersting* S. 342 m.w.N.

626 *Grüneberg*, in: Palandt, § 241 Rn. 7.

627 Zur Differenzierung von Haupt- und Nebenleistungspflichten vgl. *Grüneberg*, in: Palandt, § 241 Rn. 5. Entsprechend dieser Systematik stellt es gegenüber dem Vertrauenden z.B. keine Pflichtverletzung dar, wenn der Gutachter gegen bestimmte formelle Anforderungen der Gutachtenerstellung verstößt, wie etwa die Begründungspflicht bei vereidigten Gutachtern. Hier besteht kein direkter Zusammenhang mit der Schutzpflichtverletzung nach § 241 Abs. 2 BGB, da noch kein kausaler Zusammenhang mit dem späteren Schaden, also keine Vermögensbeeinträchtigung vorliegt. Wird das Gutachten nicht ausreichend begründet, so stellt dies zwar eine mangelhafte Werkvertragsleistung gegenüber dem Auftraggeber dar, welche dieser über die §§ 631 ff. BGB rügen kann, jedoch keine Pflichtverletzung gegenüber dem Vertrauenden, da dieser, soweit nicht zugleich ein Verstoß gegen § 241 Abs. 2 BGB vorliegt, keinen Anspruch auf eine bestimmte Art und Weise der Gutachtenerstellung hat.

628 *Grüneberg*, in: Palandt, § 280 Rn. 28.

629 *Grüneberg*, in: Palandt, § 280 Rn. 30.

richtet, nach dem Vertragszweck, der Verkehrssitte und den Anforderungen des redlichen Geschäftsverkehrs.[630] Zwischen dem Experten und dem Vertrauensgeber besteht im Rahmen von § 311 Abs. 3 S. 2 BGB nun aber kein Vertrag, sondern ein eigenständiges rechtsgeschäftsähnliches Schuldverhältnis. Deshalb ist als primärer Bezugspunkt für die Pflichtenbestimmung auf den Grund für die Entstehung des Schuldverhältnisses abzustellen, in den Expertenhaftungsfällen mithin auf die objektiven Umstände der Vertrauensinanspruchnahme im besonderen Maße.[631] Die Pflichten aus dem fremden Bezugsvertrag bieten dabei einen Orientierungsrahmen für die Entwicklung eigenständiger Pflichten.[632] Insoweit ist vor allem maßgeblich, dass das Vertrauen des Rechtsverkehrs in die Neutralität, Verlässlichkeit und Sorgfalt von Gutachten geschützt werden soll, wenn ein Experte sein Gutachten in zurechenbarer Weise in den Rechtsverkehr bringt.

Entscheidend ist damit, welche Pflichten vor dem Hintergrund der konkreten Umstände der Vertrauensinanspruchnahme im besonderen Maße, nach deren objektivem Zweck, nach der Verkehrssitte und den Anforderungen an den redlichen Geschäftsverkehr, objektiv und in billiger Weise an den Experten gestellt und von dem Vertrauensgeber erwartet werden dürfen.[633] Gewicht kommt dabei auch dem Berufsstand des Dritten und den üblichen Anforderungen zu, die dort gestellt werden.[634]

II. Schutzpflicht des Gutachters und Konkretisierung der Pflichtverletzung

Charakteristisch für die Fälle der Gutachterdritthaftung ist der Umstand, dass zwei Vertragsparteien den Inhalt und die Konditionen ihres Vertrages von den

---

630 *Grüneberg*, in: Palandt, § 241 Rn. 7 m.w.N.

631 In diesem Sinne auch *Kersting* S. 384 f. m.w.N, der zu Recht dafür plädiert „die Anforderungen an das Verhalten des Vertrauensnehmers auch insgesamt aus der Vertrauensinanspruchnahme heraus zu begründen."

632 So *Kersting* S. 353.

633 Ähnlich *Kersting* S. 387, der, um dem Charakter der gesetzlichen Anordnung von Pflichten in § 241 Abs. 2 BGB Rechnung zu tragen, danach fragt, wie objektive Dritte in der Person der Parteien die Pflichten bestimmt hätten und somit eine objektivierte, normative Auslegung vertritt.

634 In diesem Sinne *Eichler* S. 358, der die Pflichten jedoch nicht ausdrücklich aus der Vertrauensinanspruchnahme herleitet, sondern, neben dem Auftreten des Dritten, auch aus der Risikoverteilung des fremden Schuldverhältnisses, der Wahrscheinlichkeit der Rechtsgutsverletzung und der Höhe des drohenden Schadens (vgl. S. 358).

Informationen bzw. von dem Urteil des Gutachters abhängig machen. Damit hat das Gutachten mit den darin getroffenen Feststellungen einen unmittelbaren Einfluss auf das Vermögen der Vertragsparteien.

Aufgrund dieser Einflussmöglichkeit trifft den Gutachter gemäß § 241 Abs. 2 BGB die Pflicht, auf die Interessen des Vertrauenden Rücksicht zu nehmen, insbesondere, sich im Rahmen der Sonderverbindung nach § 311 Abs. 3 S. 2 BGB so zu verhalten, dass das Vermögen des anderen Teils keinen Schaden erleidet. Zudem erstreckt sich § 241 BGB auf die Entscheidungsfreiheit.[635]

Was die konkrete Handlung im Einflussbereich des Gutachters betrifft, so kann dem Gutachter dabei hinsichtlich einer Schutzpflichtverletzung grundsätzlich Zweierlei vorgeworfen werden: Zum einen die Mitteilung einer falschen oder unzureichenden Information an den Dritten durch das Gutachten und zum anderen die Art und Weise der Anfertigung des Gutachtens, welche zur Fehlerhaftigkeit geführt hat.

Im Vertragsrecht wird nach herrschender Meinung die Anfertigung eines objektiv unrichtigen Gutachtens als Schlechtleistung und als Verletzung einer Pflicht nach § 241 Abs. 1 BGB eingeordnet.[636] Ähnliches gilt im Rahmen der c.i.c – Zwei – Personen Verhältnisse, bei denen ebenfalls die Falschinformation als Pflichtverletzung nach § 241 Abs. 2 BGB interpretiert wird.[637]

Unter Vorbehalt der konkreten Umstände des Einzelfalls gilt Gleiches auch für die hier untersuchten Fälle der Dritthaftung von Gutachtern.[638] Der Grund ist der Charakter der Inanspruchnahme von Vertrauen als zentrale Begründungsvoraussetzung für die Sonderverbindung. Wie bereits in § 4 dieses Kapitels festgestellt, bietet der Gutachter, der in besonderem Maße für sich Vertrauen in

---

635 Zum Schutz der Entscheidungfreiheit vgl. BT-Drucks. 14/6040 S. 126. Ebenso *Feldmann/Löwisch*, in: Staudinger, Neubearbeitung 2012, § 311 Rn. 162; *Kindl*, in Erman, Bd. 1 § 311 Rn. 17 mit jeweils w.N.

636 *Westermann*, in: Erman Bd. 1 § 280 Rn. 8 ff. m.w.N.; vgl. dazu auch *Kersting* S. 362 für die Haftungsfälle bei einem konkludenten Auskunfts- oder Beratungsvertrag.

637 Vgl. dazu *Kersting* S. 362 f. In diesem Sinne hat es auch das LG Köln in der Entscheidung vom 28.09.2012, Az: 2 O 457/08 als Pflicht bezeichnet, im Auktionskatalog zutreffende Angaben auf gesichterter Grundlage zu machen.

638 So u.a. auch *Gellmann* S. 108, *Quiring* S. 150 f., sowie *Eichler* S. 358, der zwar eine allgemeine Pflicht richtig und vollständig zu informieren auf S. 357 verneint, aber, nach einer konkreten Pflichtenbestimmung, die einer Auskunftsperson vorzuwerfende Pflichtverletzung, insbesondere aufgrund der Risikoverteilung des fremden Schuldverhältnisses und des Auftretens des Dritten, „regelmäßig in der Erteilung einer falschen bzw. unzureichenden Auskunft“ sieht (vgl. S. 359). A.A. *Kersting*, S. 360 ff. sowie S. 382 ff.

Anspruch nimmt, bei der Begründung der Sonderverbindung nach § 311 Abs. 3 S. 2 BGB eine Gewähr für die Richtigkeit der von ihm erteilten Informationen.[639] Diese bildet den Anlass für die Entstehung der Sonderverbindung in Form der Vertrauensgewähr und ist damit auch Ausgangspunkt und entscheidendes Kriterium für die Pflichtenbestimmung. In der Konsequenz ist für die Dritthaftung für Expertisen daraus zu schließen, dass schon in der Mitteilung einer fehlerhaften Information im Gutachten bzw. des fehlerhaften Gutachtenergebnisses eine Pflichtverletzung liegt.[640] Denn will man aus den Umständen, welche die Sonderverbindung begründen, Rückschlüsse auf die Pflichten ziehen, so stechen insbesondere die Richtigkeit der Informationen als Erklärungsziel sowie das Gutachtenergebnis als primäre Bezugspunkte des Vertrauens hervor.[641] Die Pflichtverletzung demgegenüber auf die Art und Weise der Gutachtenanfertigung zu beschränken, würde diesem tatsächlichen Vertrauenshorizont und realen Interessenschwerpunkt des Vertrauenden nicht gerecht werden.

Daneben kann allerdings nicht nur die falsche, sondern auch die unzureichende Information für den Vertrauenden eine Pflichtverletzung darstellen.[642] Dies ist dann der Fall, wenn der Gutachter entscheidungserhebliche Umstände in der Expertise unerwähnt lässt und so dem Vertrauenden, stets vor dem Hintergrund eines konkreten Ergebnisses, einen für die absehbare Sachentscheidung unzureichenden Gesamteindruck über den Gutachtengegenstand vermittelt. Wann genau eine Information bzw. ein Gutachten unzureichend ist, hängt dabei wesentlich vom Einzelfall ab und ist stets vor dem Hintergrund zu bewerten, dass den Gutachter gegenüber dem Dritten eben keine vertraglichen Leistungspflichten obliegen, sondern allein Pflichten nach § 241 Abs. 2 BGB.

Entgegen dieser Einordnung vertritt *Kersting* im Rahmen seines Konzepts der Pflichtendifferenzierung, dass die Pflichtverletzung des Experten als Konkretisierung der Pflicht zur Vertrauensentsprechung nicht in der Falschinformation liege,[643] sondern in einem Verstoß gegen eine Verlässlichkeitspflicht, verstanden als Wahrheitspflicht im Hinblick auf den angebenden Grad an Verlässlichkeit der

639 Kapitel 4 § 3 C. I.

640 So u.a. auch *Raue*, in: FS Säcker S. 1112, der die einzelnen Prüfungspflichten ebenfalls beim Vertretenmüssen verortet. Ebenso *Eichler* S. 359.

641 Kapitel 4 § 3 A II. 2.

642 So auch *Eichler* S. 358, der schreibt: „Die einer Auskunftsperson vorzuwerfende Pflichtverletzung liegt regelmäßig in der Erteilung einer falschen bzw. unzureichenden Auskunft.“

643 *Kersting* S. 364.

Information.[644] Im Rahmen des hier entwickelten Haftungssystems und der damit korrespondierenden Auslegung des Begriffs der Inanspruchnahme in § 311 Abs. 3 S. 2 überzeugt diese Konzeption allerdings nicht. Dabei kann als Grund für die anderweitige Einordnung nicht auf die effizientere Haftungsbegrenzung verwiesen werden.[645] Denn auch bei der hier vertretenen Einordnung führt die von *Kersting* kritisch erwähnte Beweislastumkehr gemäß § 280 Abs. 1 S. 2 BGB[646] nicht zwangsläufig zu einer Haftung. Selbst wenn man die Falschinformation als Pflichtverletzung einordnet, kann dem Gutachter ein die Schadensersatzpflicht begründendes Verschulden erst dann vorgeworfen werden, wenn er gemäß § 276 BGB die im Verkehr übliche Sorgfalt missachtet hat, weil er entweder die Tatsachen, auf welchen das Gutachten basiert oder die darin festgestellt werden, nicht richtig ermittelt hat oder auf zutreffender Tatsachengrundlage zu unvertretbaren Schlussfolgerungen gelangt ist. Hat der Gutachter indes die Regeln des Faches eingehalten und kann er dies darlegen, so scheidet eine Haftung aus. Die Pflicht, eben jene Umstände darzulegen, trifft den Gutachter allerdings nach den Grundsätzen über die sekundäre Darlegungslast genauso, wie wenn man – *Kersting* folgend – die gutachterlichen Verhaltenspflichten unter die Pflichtverletzung subsumierte. Die Grundsätze über die sekundäre Darlegungslast sind hier auch anwendbar, denn nach ständiger Rechtsprechung des BGH trifft die nicht beweisbelastete Partei – also hier den Gutachter – dann die Darlegungslast, wenn die an sich darlegungs- und beweispflichtige Partei keine nähere Kenntnis von den entscheidungsrelevanten Tatsachen haben kann, die nicht beweisbelastete Partei hingegen schon.[647]

Unbeschadet dieser Erwägungen besteht jedoch kein Bedürfnis, die Haftung des Gutachters an dieser Stelle künstlich zu verkürzen. Das Schuldverhältnis nach § 311 Abs. 3 S. 2 BGB gründet unter anderem auf einer rechtsgeschäftsähnlichen Komponente, so dass die Anwendung des § 280 Abs. 1 S. 2 BGB keine systematische Fehlwertung darstellt, die einer Korrektur bedarf.[648]

---

644 *Kersting* S. 389.

645 So *Kersting* S. 260 f.

646 *Kersting* S. 260 f.

647 BGH NJW 1983, 687; *Laumen*, in: Baumgärtel, Handbuch der Beweislast, Grundlagen, 2. Aufl. 2009, § 3 Rn. 61.

648 Im Übrigen steht auch in § 839 a BGB das Falschgutachten als primäre Pflichtverletzung im Mittelpunkt und nicht die Verletzung von einzelnen Verhaltenspflichten. Hintergrund ist die Wertung, dass, wenn jemand für die Richtigkeit von Informationen Vertrauen für sich in Anspruch nimmt und weiß, dass sich andere darauf verlassen, diese Informationen auch richtig sein müssen und ihn nicht nur Verhaltenspflichten hinsichtlich der Informationserlangung treffen.

Der Einstufung unrichtig erteilter Informationen als Pflichtverletzung steht weiterhin auch nicht der Umstand entgegen, dass erst die Erteilung dieser Information zur Begründung der Sonderverbindung geführt hat mit der Folge, dass die Pflichtverletzung zeitlich also bereits vor der Begründung der Sonderverbindung lag.[649] § 311 Abs. 3 S. 2 BGB stellt keine Anforderungen an den frühestmöglichen Zeitpunkt der Pflichtverletzung und zielt seinem Charakter nach gerade darauf ab, die Inanspruchnahme von Vertrauen im besonderen Maße für fehlerhafte Informationen zu erfassen.[650] Auch die Handlungen, die erst das rechtsgeschäftsähnliche Verhältnis begründen, unterliegen damit den Pflichten nach § 241 Abs. 2 BGB, was seine Rechtfertigung darin findet, dass dem Gutachter bei der Mitteilung bewusst war oder hätte bewusst sein müssen, dass eine Schutzpflicht entstehen würde.[651]

III. Fazit

Der Experte verletzt eine Schutzpflicht gegenüber dem Vermögen des Anspruchstellers, wenn er im Gutachten falsche Informationen mitteilt. Daneben kann auch die unzureichende Information für den Vertrauenden eine Pflichtverletzung darstellen. Nicht hingegen können Handlungen des Gutachters als Pflichtverletzungen eingeordnet werden, die allein seine Leistungspflicht gegenüber dem Auftraggeber betreffen.

Die Folge ist, dass der Anspruchsteller im Rahmen der Pflichtverletzung zunächst die Unrichtigkeit der erteilten Information darzulegen und ggf. zu beweisen hat. Dies wird meist durch Vorlage eines weiteren Gutachtens geschehen.

C. Vertretenmüssen der Pflichtverletzung

I. Haftungsmaßstab, Zurechnung und Ursachenzusammenhang

Neben dem bloßen Vorliegen einer Pflichtverletzung ist es zur Begründung einer Schadensersatzpflicht zudem erforderlich, dass der Gutachter diese zu vertreten hat, § 280 Abs. 1 S. 2 BGB.

649 So im Ergebnis auch *Gellmann* S. 109.

650 *Gellmann* S. 109. *Kersting* weist auf S. 271 zu Recht darauf hin, dass bei einer anderweitigen Interpretation die Integration der Expertenhaftung in § 311 Abs. 3 S. 2 BGB, entgegen der Gesetzesbegründung, nicht erfolgen könnte.

651 *Kersting* S. 272.

Nach dem allgemeinen Verantwortlichkeitsmaßstab der Regelung in § 276 Abs. 1 BGB liegt ein Vertretenmüssen dann vor, wenn dem Gutachter hinsichtlich der Pflichtverletzung entweder Vorsatz oder Fahrlässigkeit vorgeworfen werden kann. Da in der Praxis ein vorsätzliches Handeln, also ein Handeln mit „Wissen und Wollen", eher die Ausnahme bildet, interessiert hier vor allem der Fahrlässigkeitstatbestand. Fahrlässigkeit ist in § 276 Abs. 2 BGB als die Außerachtlassung der im Verkehr erforderlichen Sorgfalt definiert und setzt Voraussehbarkeit und Vermeidbarkeit des pflichtwidrigen Erfolges voraus.[652]

Wichtig ist dabei, dass nicht auf die allgemein übliche, sondern auf die in den maßgeblichen Verkehrskreisen erforderliche Sorgfalt abzustellen ist. Dies bedeutet, dass die Sorgfaltspflichtsanforderungen objektiv zu bestimmen sind und dieser Maßstab weder durch subjektive Gepflogenheiten des Anspruchsgegners noch durch eine allgemein übliche Handhabung reduziert wird.[653] Referenzniveau für das Verschulden bei der Gutachterhaftung sind damit die objektiv erforderlichen Anforderungen an die jeweilige Gutachtertätigkeit in Bezug auf den spezifischen Gutachtenbereich und -gegenstand. Daher kommt es für die weitere Erörterung der Vorwerfbarkeit der Pflichtverletzung maßgeblich darauf an zu klären, welche grundsätzlichen Anforderungen an die Expertentätigkeit für die Erstellung gerade von verkehrsfähigen Gutachten gelten, die dazu bestimmt sind, ein Drittgeschäft zu beeinflussen.

In der Sache kann dabei sowohl von dem staatlich vereidigten Sachverständigen als auch dem Privatgutachter erwartet werden, dass er grundsätzlich weisungsfrei und unparteiisch arbeitet.[654] Sollte das Gutachtenergebnis aufgrund eines Verstoßes gegen diese Grundsätze zustande gekommen sein, so ist ein Verschulden regelmäßig zu bejahen. Bei einem Verstoß wird in diesen Fällen zudem zu prüfen sein, ob hier nicht sogar der Vorwurf der groben Fahrlässigkeit sowie des Vorsatzes begründet sein könnte.

---

652 *Grüneberg*, in: Palandt, § 276 Rn. 12 m.w.N.; *Alpmann*, in: JurisPK-BGB, Bd. 2, 6. Aufl. 2012, § 276 Rn. 9.

653 Vgl. dazu: BGHZ 5, 318; 39, 283; BGH NJW 1965, 1075; 1988, 909; 2003, 2022. So auch für die Angaben in einem Auktionskatalog zuletzt LG Köln GRUR-RR 2012, 444 ff. Insoweit zustimmend: *Elmenhorst/Decker*, in: GRUR-RR 2012, 417, 418. Für einen objektiven Maßstab u.a. ebenso *Grundmann*, in: MünchKomm, Bd. 2, 6.Aufl. 2012, § 276, Rn. 55; *Grüneberg*, in: Palandt, § 276 Rn. 15; *Alpmann*, in: JurisPK-BGB, Bd. 2, 6. Aufl. 2012, § 276 Rn. 9.

654 Vgl dazu § 8 MSVO/DIHT sowie Kapitel 2 § 3 A. V.

Daneben muss der Gutachter *gewissenhaft* gearbeitet haben.[655] Welche Pflichten den Gutachter bei seiner inhaltlichen Tätigkeit insoweit konkret treffen, richtet sich nach den speziellen Regeln der jeweiligen Fachdisziplin. Die Verkehrssitte gebietet es dabei, dass der Experte das Gutachten *lege artis* anfertigte, sich also inhaltlich nach den jeweiligen Regeln des Faches richtet. Die Regeln des Faches umfassen dabei sowohl Anforderungen an die Tatsachenermittlungen, die Tiefe und den Umfang der Sachprüfung als auch an die Logik und Stimmigkeit der entsprechenden Schlussfolgerungen. Ob – und unter welchen konkreten Voraussetzungen – die Arbeit eines Gutachters inhaltlich zu beanstanden ist und wann er die im Verkehr erforderliche Sorgfalt beachtet hat, ist demnach eine Frage des Einzelfalls und soll für Kunstexpertisen und Entscheidungen über die Aufnahme ins Werkverzeichnis in Kapitel 5 näher behandelt werden.

Im Rahmen des Vertretenmüssens hat sich der Gutachter zudem gemäß § 278 BGB das Verschulden seiner Erfüllungsgehilfen zurechnen zu lassen.[656] Darunter fallen solche Personen, die mit dem Willen des Gutachters in dessen Pflichtenkreis tätig werden.[657] Als Norm des allgemeinen Schuldrechts ist § 278 BGB auf Sonderverbindungen des § 311 Abs. 3 BGB anzuwenden. Voraussetzung ist dabei, dass der Gutachter den Erfüllungsgehilfen zu der Arbeit bestellt hat und das Fehlverhalten in dessen Aufgabenbereich fällt.[658] Dabei kann der Erfüllungsgehilfe auch entgegen den Weisungen des Geschäftsherrens gehandelt oder sich sogar strafbar gemacht haben.[659] Eine Ausnahme bildet der Fall, dass sich der Gutachter von den Wertungen des Erfüllungsgehilfen ausdrücklich und für den Anspruchsteller erkennbar distanziert hat.[660]

Kommt man nun zu dem Ergebnis, dass der Gutachter die im Verkehr erforderliche Sorgfalt außer Acht gelassen hat, muss weiterhin geprüft werden, ob bei Anwendung des gebotenen Sorgfaltspflichtsmaßstabes eine Pflichtverletzung nach § 241 Abs. 2 BGB auch tatsächlich unterblieben wäre. Denn genauso wie die Falschinformation zum Schaden geführt haben muss, ist es erforderlich, dass die Verletzung der im Verkehr erforderlichen Sorgfalt in einem

655 Vgl dazu § 8 MSVO/DIHT sowie Kapitel 2 § 3 A. V.

656 *Kindl*, in: Erman, Bd. 1, § 311 Rn. 24.; ebenso *Eichler* S. 360.

657 *Alpmann*, in: JurisPK-BGB, Bd. 2, 6. Aufl. 2012, § 278 Rn. 17 f.

658 *Kindl*, in: Erman, Bd. 1, § 311 Rn. 24.

659 *Kindl*, in: Erman, Bd. 1, § 311 Rn. 24 mit Verweis auf BGH NJW 1960, 669; 1991, 3208; 1997, 1233.

660 Vgl. BGH NJW 1995, 2550. Ebenso *Kindl*, in: Erman, Bd. 1, § 311 Rn. 24. Ein derartiger Vorbehalt müsste sich allerdings auf die Geeignetheit des Verhaltens zur Bildung eines Vertrauenstatbestandes auswirken.

Ursachenzusammenhang mit der Pflichtverletzung steht. Dies kann insbesondere bei Gutachten mit einem eindeutigen Endergebnis erheblich sein, das auf unterschiedlichen Teilerwägungen beruht, die sich zu einem Gesamtschluss verdichten. Als Beispiel sei auf die hier untersuchten Kunstexpertisen hingewiesen, bei denen ein Werk nach dem Gutachtenergebnis als echt oder auch unecht bezeichnet wird und sich dieses Echtheitsurteil meist aus unterschiedlichen Quellen speist.[661]

Während dem Grundsatz nach der Anspruchsteller die Beweislast für sämtliche tatsächlichen Voraussetzungen des Schadensersatzanspruchs trägt, regelt das Gesetz eine Beweislastumkehr für das Vertretenmüssen in § 280 Abs. 1 S. 2 BGB. Danach obliegt es dem Gutachter, sich vom Vertretenmüssen der Pflichtverletzung zu entlasten.[662] Diese Beweiserleichterung zugunsten des Anspruchstellers bezieht sich nach herrschender Meinung nicht nur auf die Verletzung von primären und sekundären Leistungspflichten nach § 241 Abs. 1 BGB, sondern auch auf die Verletzung von Neben- und Schutzpflichten aus § 241 Abs. 2 BGB.[663]

---

661 Siehe dazu im Einzelnen Kapitel 2 § 2 und § 3 A.

662 *Alpmann*, in: JurisPK-BGB, Bd. 2, 6. Aufl. 2012, § 280 Rn. 118; *Westermann*, in: Erman, Bd. 1, § 280 Rn. 16, 26.

663 *Westermann*, in: Erman, Bd. 1, § 280 Rn. 31; *Grüneberg*, in: Palandt, § 280 Rn. 40; *Ernst*, in: MünchKomm, Bd. 2, 6. Aufl. 2012 § 280 Rn. 31. A.A. *Repgen*, in: Baumgärtel, Handbuch der Beweislast, Schulrecht Allgemeiner Teil, 3. Aufl. 2008, § 280 Rn. 31 ff., 47, der im Wege der teleologischen Reduktion § 280 Abs. 1 S. 2 BGB nicht auf Verletzungen nicht-erfolgsbezogener Pflichten anwendet. Nach seiner Auffassung knüpft die Regelung der Beweislastumkehr nach der historischen Entwicklung der Norm an ein vom Schuldner übernommenes Leistungsrisiko an, so dass sie nach der ratio legis nicht auf Sachverhalte passe, bei denen nicht ein Erfolg, sondern nur die Einhaltung einer Schutzpflicht geschuldet werde. Ob die Beweislastumkehr nach § 280 Abs. 1 S. 2 BGB in den Fällen der Verletzung von Rücksichtnahmepflichten gem. § 241 Abs. 2 BGB eingreife, hänge davon ab, ob der Schuldner eine garantieähnliche Einstandspflicht übernommen habe (vgl. § 241 Rn. 7). Doch selbst wenn man dieser Ansicht folgte, so würde dies für die hier behandelten Fälle der Gutachterhaftung wohl nicht zu wesentlich anderen Ergebnissen führen, da dem Gläubiger die Grundsätze über die sekundäre Behauptungslast zugutekommen sollten. Die Darlegungslast des Gläubigers betrifft nämlich Tatsachen, über deren Kenntnis nur der Gutachter verfügt. Zu den Grundsätzen der sekundären Behauptungslast s. *Laumen*, in: Baumgärtel, Handbuch der Beweislast, Grundlagen, 2. Aufl. 2009, § 3 Rn. 56 ff., 61.

II. Die Wirkung von Haftungsbeschränkungen gegenüber dem Vertrauenden

Fraglich ist im Zusammenhang mit dem Verschulden, wie sich Klauseln auswirken, die die Haftung des Gutachters beschränken bzw. den Verschuldensmaßstab modifizieren, indem sie z.B. die Haftung für leichte Fahrlässigkeit ausschließen.

Aufgrund der Eigenständigkeit der Sonderverbindung nach § 311 Abs. 3 S. 2 BGB entfalten Haftungsbeschränkungen, die allein im Gutachtervertrag zwischen Auftraggeber und Experten vereinbart wurden, grundsätzliche keine Wirkung im Rahmen von § 280 Abs. 1 i.V.m §§ 311 Abs. 3, 241 Abs. 2 BGB.[664] Dies gilt zunächst schon deshalb, weil beide Schuldverhältnisse verschiedene Parteien haben und § 311 Abs. 3 S. 2 BGB dem geschädigten Anspruchsteller eine eigenständige und keine „abgeleitete Rechtsstellung" vermittelt, wie dies für den Anspruchsteller beim VSD der Fall wäre.[665] Aus der Gesamtschau der bisher untersuchten Charakteristika des § 311 Abs. 3 BGB ergibt sich deutlich, dass es sich bei § 280 Abs. 1 i.V.m. §§ 311 Abs. 3 S. 2, 241 Abs. 2 BGB um einen eigenständigen Schadensersatzanspruch aufgrund eines eigenständigen Schuldverhältnisses handelt.[666] Maßgeblich ist dafür vor allem die systematische Stellung des § 311 Abs. 3 S. 2 BGB. Die Dritthaftung wurde in einem eigenen Absatz von § 311 BGB geregelt, wobei es zu einer Kodifikation der rechtsgeschäfts*ähnlichen* Haftung für die Inanspruchnahme von Vertrauen kam. Das Schuldverhältnis entsteht aufgrund der Inanspruchnahme von Vertrauen in besonderem Maße, knüpft an eine zurechenbare Erklärung des Gutachters selbst an und ist insoweit unabhängig von der Rechtsbeziehung zwischen Auftraggeber und Gutachter zu beurteilen.[667]

Sehr viel schwieriger zu entscheiden ist indes die Wirkung einer Haftungsbeschränkung, wenn sich ein Hinweis im Gutachten selbst befindet, so beispielsweise, wenn die Haftung ausdrücklich auf Vorsatz und grobe Fahrlässigkeit beschränkt werden soll. Das Gesetz geht dabei in § 276 Abs. 1 BGB grundsätzlich von der Zulässigkeit einer Haftungsbeschränkung aus und beschreibt sogar konkret die Möglichkeit einer ausdrücklichen Bestimmung oder Herleitung aus dem „sonstigen Inhalt des Schuldverhältnisses."

---

664 So u.a. *Canaris,* ZHR 163, 206, 229 f.; zum neuen Recht vgl. *Koch,* WM 2005, 1208, 1211; *Kersting* S. 353 ff., 426 f.; *Gellmann* S. 129; Schäfer AcP 202, 808, 831.

665 Vgl. *Kersting* S. 350, 351.

666 *Canaris,* ZHR 163, 206, 229. Ebenso interpretiert *Kersting* S. 353 ff den Anspruch auf Grundlage des § 311 Abs. 3 BGB als gänzlich eigenständig.

667 *Gellmann* S. 129.

Wie bereits dargelegt, sind Vorbehalte in der Expertise zulässig und grundsätzlich in der Lage, die Tauglichkeit der Inanspruchnahmehandlung zur Erweckung von Vertrauen auszuschließen.[668] Dies ist z.B. dann der Fall, wenn der Adressatenkreis direkt oder auch nur mittelbar über den Gutachtenzweck eingeschränkt wird. Ebenso können in der Expertise inhaltliche Einschränkungen gemacht werden, also gesamte Prüfungskomplexe oder der Richtigkeitsanspruch von einzelnen Sachfragen unter einen das Vertrauen ausschließenden Vorbehalt gestellt werden.[669]

Wird hingegen die Haftung lediglich auf einen bestimmten Verschuldensgrad begrenzt, so geht mit dieser Erklärung in der Expertise keine Einschränkung des Aussagegehaltes oder Verwendungszwecks des Gutachtens einher, sondern lediglich eine Bestimmung der Rechtsfolgen.[670] Weiterhin kann eine solche Klausel die Vertrauensinanspruchnahme auch in subjektiver Hinsicht nicht ausschließen, da ein Haftungswille gerade nicht Voraussetzung ist.[671]

Teilweise wird daher vertreten, eine solche Klausel in der Expertise stelle einen Antrag auf Abschluss eines Vertrages über eine Haftungsfreizeichnung oder -erleichterung dar.[672] Die Annahme dieses Vertragsangebots soll nach *Canaris* konkludent mit der Verwendung der Expertise erfolgen und deren Zugang nach § 151 BGB entbehrlich sein, ansonsten entfiele die Vertrauenshaftung mangels Gerichtetheit der Expertise.[673] Ebenso verfolgt *Koch* einen rechtsgeschäftlichen Ansatz, in Abgrenzung zu *Canaris* stellt er allerdings die Inanspruchnahme bzw. Vertrauenswerbung gemäß § 158 BGB analog unter die Bedingung der Annahme eines Angebots auf Abschluss eines Haftungsbeschränkungsvertrages.[674]

Hiergegen wird allerdings zu Recht eingewandt, dass eine bedingte Inanspruchnahmeerklärung nicht möglich sei, da es bei der Inanspruchnahme von Vertrauen gerade nicht auf einen Rechtsfolgenwillen ankomme.[675] Zudem stünden beide Lösungen unter dem Eindruck, hinsichtlich des Annahmewillens eine Fiktion zu bemühen, was insbesondere vor dem Hintergrund problematisch ist,

---

668 Vgl. Kapitel 4 § 3 B. II. 1 b.

669 Vgl. Kapitel 4 § 3 B II. 1.b. und 2.a.

670 *Canaris*, ZHR 163, 206, 231. Zustimmend u.a. *Koch*, WM 2005, 1208, 1212; *Kersting* S. 425.

671 *Kersting* S. 426.

672 *Canaris*, ZHR 163, 206, 231.

673 *Canaris*, ZHR 163, 206, 231.

674 *Koch*, WM 2005, 1208, 1213.

675 *Kersting* S. 316.

dass man den konkludenten Abschluss eines Auskunftsvertrages als Haftungsgrundlage zuvor abgelehnt hat.[676]

Aus diesem Grund wird im Schrifttum zu Recht gefordert, auf eine rechtsgeschäftliche Einbeziehung der Haftungsbeschränkung zu verzichten und insoweit vertreten, dass ein einseitiger Hinweis auf die Haftungsbeschränkung gerade wegen des Charakters der Vertrauenshaftung bereits genüge, um die Rechtsfolgen einseitig zu modifizieren.[677] Nach überzeugender Lösung von *Kersting* erwächst mit der Sonderverbindung für den Vertrauensgeber die gesetzliche Pflicht nach § 241 Abs. 2 BGB, den Vertrauensnehmer nicht außerhalb des zuvor bestimmten Rahmens in Anspruch zu nehmen.[678] Voraussetzungen für ein berechtigtes Interesse des Vertrauensnehmers an der Haftungsbegrenzung sind dabei die vorherige Offenlegung des Beschränkungswunsches gegenüber dem Vertrauensgeber sowie die Erkennbarkeit dieses Wunsches für den Vertrauensgeber.[679]

Inhaltlich sind die Haftungsbeschränkungen zudem an den Erfordernissen des AGB-Rechts gemäß der §§ 305 ff. BGB zu messen, d.h. bei Verstößen gegen die Grundgedanken des § 311 Abs. 3 S. 2 BGB kann das Interesse an einer kundgetanen Haftungsbeschränkung im Rahmen von § 241 Abs. 2 BGB unberechtigt sein.[680]

D. Kausaler Schaden und Haftungsumfang

I. Bestimmung des kausalen Schadens

Die schuldhafte Pflichtverletzung kann nur dann eine Ersatzpflicht begründen, wenn sie auch kausal zu einem Schaden des Vertrauenden geführt hat. Sollte der Anspruchsteller also trotz der Kenntnis um die fehlerhafte Information den Vertrag abgeschlossen haben, entfiele die Einstandspflicht des Gutachters. Das Gleiche gilt für Sachverhalte, in denen für den Abschluss des Vertrages in erster Linie andere Gründe maßgeblich waren und die Auskunft des Gutachters keine erhebliche Rolle gespielt hat.[681]

---

676 *Gellmann* S. 137; *ders.* auf S. 138 kritisch in Bezug auf eine aufschiebende Bedingung. In diesem Sinne auch *Bosch*, ZHR 163, 274, 284. A.A. *Koch*, WM 2005, 1208, 1213.

677 So u.a. *Gellmann* S. 140 f. nach dem eine Kontrolle der im Gutachten enthaltenen Regelungen über die §§ 305 ff. BGB analog erfolgen soll.

678 *Kersting* S. 429 ff.

679 *Kersting* S. 430.

680 *Kersting* S. 431. Für eine AGB-Kontrolle der Regelungen im Gutachten im Ergebnis ebenfalls bereits *Canaris*, ZHR 163, 206, 232, sowie *Gellmann* S. 141.

681 Vgl. *Eichler* S. 362.

Ist die Kausalität gegeben, kann der Vertrauende gemäß § 249 Abs. 1 BGB verlangen im Hinblick auf den Vertragsschluss bzw. die Vertragsverhandlungen so gestellt zu werden, als wäre die Pflichtverletzung ausgeblieben.[682] Anknüpfungspunkte für die Schadensbemessung sind dabei der Inhalt und der Schutzweck der verletzten Pflicht.[683] Im Rahmen der Gutachterhaftung wird regelmäßig das negative Interesse zu ersetzen sein, da der Vertrauende zumeist den Vertrag ohne die falsche Expertise nicht oder zu günstigeren Konditionen geschlossen hätte. Da der Dritte nicht Partei des beeinflussten Vertrages ist, kommt eine Vertragsaufhebung oder eine Vertragsanpassung als Naturalrestitution nicht in Betracht, weshalb der Anspruch in der Regel auf Freistellung von den Ansprüchen des Vertragspartners oder auf Ersatz der erbrachten Leistungen gerichtet sein wird.[684] Im Gegenzug hat der Anspruchsteller dem Gutachter gegebenenfalls Zug um Zug seine eigenen aus dem Vertrag verbliebenen Ansprüche abzutreten bzw. erlangte Vorteile herauszugeben.[685] Für das Bestehen eines Anspruches gemäß § 280 Abs. 1 i.V.m. §§ 311 Abs. 3 S. 2, 241 Abs. 2 BGB ist dabei kein Vermögensschaden erforderlich, da § 241 Abs. 2 BGB nicht nur das Vermögen, sondern auch die Dispositionsfreiheit des Vertrauenden schützt und ein Anspruch auf Naturalrestitution ebenfalls keinen Vermögensschaden voraussetzt.[686] Das negative Interesse ist auch nicht analog §§ 122 Abs. 1, 179 Abs. 2 BGB auf den Höchstbetrag des positiven Interesses zu begrenzen.[687]

---

682 *Grüneberg*, in Palandt, § 311 Rn. 54 m.w.N.; *Kindl*, in: Erman, Bd. 1, § 311 Rn. 25.

683 Vgl. *Kersting* S. 453 m.w.N. sowie *Kindl*, in: Erman, Bd. 1, § 311 Rn. 25 mit Verweis auf BGH NJW 1992, 555, 556; 2001, 962; 2001, 2875; WM 2007, 876. Vgl. ebenso *Gellmann* S. 112 ff.

684 *Kersting* S. 465.

685 *Kersting* S. 455.

686 *Kersting* S. 457 f. m.w.N. Vgl. zu dieser im Bereich der c.i.c.-Zwei-Personen Verhältnisse bereits vielfach diskutieren Frage *Kindl*, in: Erman, Bd. 1 § 311 Rn. 43 und *Feldmann/Löwisch*, in: Staudinger, Neubearbeitung 2012, § 311 Rn. 162; *Grüneberg*, in: Palandt, § 311, Rn. 13 m.w.N. sowie BGH NJW 1998, 302; 1998, 898 mit a.A.

687 So auch BGH NJW 2001, 2875 m.w.N.; BGH NJW 1991, 1819; 1992, 228 jeweils m.w.N.; *Grüneberg*, in: Palandt, § 311 Rn. 55; *Emmerich*, in: MünchKomm, Bd. 2, 6. Aufl. 2012, § 311 Rn. 199; *Kindl*, in: Erman, Bd. 1, § 311 Rn. 25 m.w.N.; *Kersting* S. 453; ebenso *Eichler* S. 362. A.A. unter anderen: *Gellmann* S. 111. Ähnlich auch *Canaris*, ZHR 163, 206, 227.

Was das Vorliegen eines Schadens und den Ursachenzusammenhang zwischen Pflichtverletzung und Schaden betrifft, so trägt hierfür grundsätzlich der Anspruchsteller die Beweislast.[688]

II. Wirksamkeit von Haftungsbeschränkungen, die eine Höchsthaftungssumme bestimmen

Für die Wirkung einer Haftungsbegrenzung auf einen nominellen Höchstbetrag gilt dogmatisch das Gleiche wie für Haftungsbeschränkungen in Bezug auf den Verschuldensmaßstab.[689] Auch hier entsteht mit offenkundig gemachten und für den Anspruchsteller erkennbaren Hinweisen für diesen gemäß § 241 Abs. 2 BGB eine Pflicht, den Gutachter nicht über den angegebenen Betrag hinaus in Haftung zu nehmen, soweit ein berechtigtes Interesse besteht.

In der Folge ist die Frage nach der Berechtigung des Interesses des Gutachters, die Haftung der Höhe nach zu begrenzen, ebenfalls an den entsprechend anwendbaren Grundsätzen der Einbeziehung Allgemeiner Geschäftsbedingungen nach den §§ 305 ff. BGB zu messen. Beschränkungen auf eine sachgerechte Höchstsumme wie z.B. auf die Deckungssumme der Berufshaftpflichtversicherung sind im Ergebnis regelmäßig zulässig.[690]

III. Die Beschränkung der Haftung durch den Schutzzweck der Norm

Wie in der Analyse der Gesamthaftungsrisiken aufgezeigt, ist es die Regel, dass den Gutachter im Falle von sachbezogenen Tatsachengutachten strukturell das Wertsteigerungsrisiko der Sache trifft. Fraglich ist indes, ob dieses Ergebnis vor dem Hintergrund der Erforderlichkeit einer Haftungsbeschränkung noch mit dem Schutzzweck des § 311 Abs. 3 S. 2 BGB vereinbar ist.

Grundsätzlich sind Schadensersatzansprüche ihrem Umfang nach durch den Schutzzweck der jeweils haftungsbegründenden Norm bzw. des Schutzzwecks des geschlossenen Vertrages beschränkt.[691] Dieser ist seinerseits durch

688 *Grüneberg*, in: Palandt, § 280 Rn. 34.
689 Vgl. zur Begründung Kapitel 4 § 4 C. II.
690 So auch *Kersting* S. 431, der als Beispiel für eine Haftungsbeschränkung auf eine Höchsthaftungssumme, das berechtigte Interesse des Vertrauensnehmers an der Haftungsbeschränkung auf die Mindestdeckungssumme der Berufshaftpflichtversicherung nennt.
691 Vgl. BGH NJW 1990, 2057; 1995, 126. Speziell im Hinblick auf vorvertragliche Schuldverhältnisse vgl. BGH NJW 1992, 555.

Auslegung zu ermitteln.[692] Wie im Vertragsrecht hat demzufolge auch im Rahmen von § 311 Abs. 3 S. 2 BGB der Gutachter nicht für alle Folgen der Pflichtverletzung einzustehen, so dass die Schadensersatzpflicht unter einem an die Art und Entstehungsweise des Schadens geknüpften Vorbehalt steht. Konkret muss der Schaden dabei aus einer Gefahr herrühren, zu deren Verhinderung die haftungsbegründende Norm erlassen wurde.[693]

Der Schutzzweck des § 311 Abs. 3 S. 2 BGB ist im Kontext der Gutachterhaftung auf den Schutz vor Schäden durch Pflichtverletzungen innerhalb einer Vertrauensbeziehung gerichtet. Gleichwohl hat der Gesetzgeber durch den Hinweis in den Gesetzesmaterialien auf die entsprechende Rechtsprechung des BGH zum VSD für den Bereich der Expertenhaftung zu erkennen gegeben, dass es nicht der Zweck des § 311 Abs. 3 S. 2 BGB ist, dem Dritten eine uferlose Haftung aufzuerlegen.[694] So soll der Gutachter nicht für Schäden Dritter einstehen müssen, wenn ihm nach Treu und Glauben und unter Berücksichtigung des Vertragszwecks nicht zugemutet werden könne, sich ohne zusätzliche Vergütung auf das Risiko einer erweiterten Haftung einzulassen.[695] Damit ist also nicht jedes Vertrauen vom Schutzzweck des § 311 Abs. 3 S. 2 BGB umfasst, insbesondere soll die Haftung des Gutachters dort eine Grenze finden, wo sie für ihn nicht mehr kalkulier- und versicherbar ist.[696]

In diesem Zusammengang hat die detaillierte Betrachtung des Wertsteigerungsrisikos gezeigt, dass dieser Anforderung nicht immer durch eine Verengung der personellen Reichweite beigekommen werden kann. In den Blickpunkt rücken damit solche Schäden, die gerade unabhängig von der personellen Reichweite der Haftung nicht kalkulierbar und versicherbar sind. Darunter fallen vor allem die marktbedingten Wertsteigerungsrisiken bei sachbezogenen Tatsachengutachten, die den Gutachter, unabhängig von einem Zweit- oder Drittverkauf, bereits gegenüber dem Erstkäufer treffen würden.[697] Der Grund für diese marktbedingten Wertsteigerungsrisiken liegt vor allem in der stark dynamischen, wertsteigerungsorientierten Nachfrage, die auf einige Märken, und vor allem auf dem Kunstmarkt, zu einer teilweise exorbitanten Preisvolatilität geführt hat.

---

692 Vgl. *Oetker,* in: MünchKomm, Bd. 2, 6. Aufl. 2012, § 249 Rn. 120.

693 So u.a. BGH NJW 1990, 2057; 1992, 555; 1995, 126; *Grüneberg*, in: Palandt, Vorb. v. § 249 Rn. 29; *Ebert*, in: Erman Bd. 1, Vor. §§ 249–253 Rn. 34 m.w.N.

694 Vgl. Kapitel 4 § 2 A. III.

695 BGHZ 51, 91, 96.

696 BGH NJW 2004, 3035 m.w.N.

697 Vgl. Kapitel 4 § 3 B. II. 2. a. cc. bbb. ii).

Insoweit bestehen begründete Zweifel, ob es tatsächlich der Schutzzweck des § 311 Abs. 3 S. 2 BGB sein kann, den vermeintlichen aktuellen Marktwert eines Kunstwerks, das tatsächlich eine Fälschung ist, abzusichern und zusätzlich noch die mit der vermeintlichen Echtheit einhergehenden Wertsteigerungserwartungen. Dabei spricht insbesondere die ökonomische Betrachtung der sonst bestehenden Haftungsverteilung für eine Beschränkung des erstattungsfähigen Schadens. Denn ohne eine Haftungsbegrenzung wäre es dem Gutachter letztlich nicht möglich, ohne ausdrücklichen Haftungsausschluss im Gutachten, ein sein Risiko deckendes Entgelt für seine Leistungen zu berechnen, das oftmals in Abhängigkeit von einer Berufshaftpflichtversicherung steht.

Als Argument gegen eine Haftungsbeschränkung kann dabei auch nicht der Vergleich mit dem Haftungsrisiko gegenüber dem Auftraggeber des Gutachtens herangezogen werden. Denn insoweit hat sich der Gutachter willentlich und ausdrücklich mit dem Abschluss eines Werkvertrages rechtsgeschäftlich gebunden. Damit besteht in diesen Fällen eine grundsätzlich andere Interessen- und Rechtslage, insbesondere da zwischen den Vertragspartnern völlig andere Pflichten gelten.

Eine Haftungsbegrenzung ist jedoch nicht bei jedem Gutachten geboten, sondern nur wenn bestimmte Rahmenbedingungen erfüllt sind, die zu einer Unkalkulierbarkeit des Risikos führen. Wie bereits herausgearbeitet, muss dafür zunächst ein verkehrsfähiges und sachgebundenes Tatsachengutachten vorliegen, also die Haftung der Höhe nach nicht durch eine Wertfestsetzung oder Bestimmung begrenzt und ein bestimmter individueller Gegenstand begutachtet worden sein. Zudem darf die Gesamthaftungssumme nicht wirksam und zielgerichtet durch eine maximale Haftungssumme beschränkt worden sein. In diesem Fall wäre eine Inanspruchnahme des Gutachters über diesen Betrag hinaus bereits gemäß § 241 Abs. 2 BGB pflichtwidrig, da das Bedürfnis nach einer Haftungsbegrenzung durch diese Begrenzung bereits erfüllt ist.

Schließlich muss es sich bei dem Markt des Gutachtengegenstandes um einen solchen mit hoher Volatilität der Marktpreise handeln, der geeignet ist, tatsächlich ein unkalkulierbares Risiko für den Gutachter zu begründen. Es muss hinsichtlich des vermeintlich richtig begutachteten Vertragsgegenstandes ein erhebliches Wertsteigerungspotenzial bestehen. Dieser Umstand ist für den jeweiligen Markt gesondert festzustellen.[698]

---

698 Im Vorgriff auf Kapitel 5 ist dabei insbesondere auf den Kunstmarkt hinzuweisen. Vgl. dazu auch die extremen Preissteigerungen innerhalb kürzester Zeit im Zusammenhang mit den gefälschten Werken Wolfgang Beltracchi' s in Kapitel 4 § 3 B. II. 2. a. cc. bbb. ii).

In der Konsequenz ist, bei Vorliegen der Voraussetzungen, die Schadenssumme auf den Marktwert der vermeintlich echten Sache bei der Begutachtung zu beschränken.[699] Die Summe ist für den Gutachter damit sowohl kalkulier- als auch versicherbar. Zudem besteht ein faktischer Gleichklang mit der Haftung für Wertgutachten, wo das Gesamthaftungsrisiko der Dritthaftung durch die festgestellte Summe – die ebenfalls den aktuellen Marktwert zum Zeitpunkt der Begutachtung abbildet – strukturell begrenzt wird.

Was die Darlegungs-und Beweislast der Schadenshöhe angeht, so ist zu berücksichtigen, dass bei einer zeitnahen Nutzung des Gutachtens mit dem erzielten Kaufpreis bereits eine konkrete Marktevaluation des Gegenstandes vorliegt, bei der zunächst davon ausgegangen werden kann, dass sie dem Wert des Werkes bei Gutachtenerstellung entspricht. Für die Bemessung der Höhe des Wertes bei Gutachtenerstellung erscheint es daher geboten, bei einer direkten, zeitnahen Veräußerung nach Gutachtenübergabe eine Beweislastumkehr anzunehmen. Dass sich das Wertsteigerungsrisiko bereits niedergeschlagen hat und der erzielte Erlös nicht dem Wert bei Gutachtenerstellung entspricht, hat demnach der Gutachter darzulegen und anhand zeitnaher Veräußerungen von vergleichbaren Werken auch nachzuweisen.

E. Haftungsausschlüsse

Wurden bisher die Tatbestandsvoraussetzungen der §§ 280 Abs. 1, 311 Abs. 3 S. 2, 241 Abs. 2, 276 BGB ausgelegt und damit die Dritthaftung für Gutachten konkretisiert, so stellt sich vor dem Hintergrund der BGH-Rechtsprechung zum VSD sowie zur c.i.c.-Dritthaftung die Frage, inwieweit Umstände im Zusammenhang mit dem Bezugsvertrag zu einem Ausschluss der Dritthaftung führen können. Im Mittelpunkt steht dabei das Verhältnis zwischen dem Schadensersatzanspruch des Geschädigten auf Grundlage der Sonderverbindung nach § 311 Abs. 3 BGB und seinen vertraglichen Ansprüchen gegen den Verkäufer.

699 Mit dieser Tendenz auch *Raue,* in: FS Säcker S. 1111 für Kunstexpertisen. A.A. *Kersting*, der allgemein zur Informationshaftung (S. 465) und speziell im Hinblick auf Kunstexpertisen (S. 249) die Möglichkeit einer Haftungsbegrenzung auf vorhersehbare Schäden im Rahmen der Adäquanz des Schadens erörtert, aber, zugunsten seines Modells der Haftungsbegrenzung über den Inanspruchnahmewillen, letztlich ablehnt. Vgl. ebenso *Kersting* S. 249. bzgl. des Wertsteigerungsrisikos bei Kunstexpertisen.

I. Eigenständigkeit der Ansprüche und Haftungsausschlüsse in der Rechtsprechung zur c.i.c.-Dritthaftung

Der BGH geht für die Sachwalterhaftung, die er über § 280 Abs. 1 i.V.m. §§ 311 Abs. 3, 241 Abs. 2 BGB löst, grundsätzlich von der Eigenständigkeit vertraglicher Ansprüche gegen den Vertragspartner und dem gesetzlichen Dritthaftungsanspruch gegen den Sachwalter aus.[700] Dabei knüpft er an die bereits vor der Schuldrechtsreform entwickelte Rechtsprechung an, nach der ein vorvertraglich entstandener Schadensersatzanspruch des Käufers gegen den Verkäufer zwar nach Vertragsschluss in einem Gewährleistungsanspruch aufgeht, dies aber nicht für den Anspruch auf Ersatz des Vertrauensschadens gegen den Vertreter gilt, der eine Sachwalterstellung eingenommen hat.[701] Denn insoweit handelt sich um eine eigenständige Vertreterhaftung, die neben der Haftung des Verkäufers besteht.[702]

Dennoch nimmt der BGH diesbezüglich Einschränkungen vor. Insbesondere im Rahmen seiner Rechtsprechung zur Dritthaftung von Gebrauchtwagenhändlern verwies er immer wieder auf den Grundsatz, dass die Haftung des Sachwalters nicht weitergehen dürfe, als die Haftung des Vertragspartners des Geschädigten.[703] Daher konnte sich der Sachwalter gegenüber dem Geschädigten auch auf einen Haftungsausschluss im beeinflussten Vertrag berufen und damit einer Einstandspflicht entgehen.[704] Ebenso wurde eine Haftung verneint, wenn der Anspruchsteller gegenüber dem Verkäufer keine Frist zur Nacherfüllung gesetzt hatte und diese für den Schadensersatzanspruch auch nicht entbehrlich war.[705]

---

700 BGH NJW-RR 2011, 462. Vgl. zum alten Recht u.a. BGH NJW 1990, 389; 1981, 922.

701 BGH NJW 1975, 642.

702 BGH NJW 1975, 642; 1983, 1607; 1981, 922. Vgl. ebenso NJW-RR 2011, 462, wo der BGH einen Anspruch auf Schadensersatz statt der Leistung gegen den Vertragspartner eben nicht als Argument gegen einen Dritthaftungsanspruch gegen den Sachwalter heranzieht, sondern von einer Eigenständigkeit der Ansprüche ausgeht. Vgl. auch *Kersting* S. 348 ff. sowie *Gellmann* S. 126.

703 Vgl. BGH NJW-RR 2011, 462; 1988, 1137; BGH WM 1983, 755; BGH NJW 1983, 217; 1981, 922. Ebenso BGH NJW 1987, 2511. Vgl. dazu auch die kritische Darstellung von *Kersting* S. 349 ff., 353.

704 Vgl. dazu BGH NJW-RR 1988, 1137, nach dem der Haftungsausschluss im Ergebnis zwar wegen Arglist unwirksam ist, der Grundsatz zuvor aber ausdrücklich bestätigt wird.

705 So BGH NJW-RR 2011, 462. Hier konnte der Käufer von dem Sachwalter keinen Schadensersatz für die ihm entstandenen Kosten des Einbaus einer Standheizung verlangen, da ihm gegenüber dem Verkäufer nur ein Anspruch auf Nacherfüllung zustand, aber kein Schadensersatzanspruch.

Denn nach dem BGH hat ein Dritter „im Sinne des § 311 Abs. 3 BGB wegen einer auf einen Mangel der Kaufsache bezogenen Pflichtverletzung Schadensersatz nur zu leisten, wenn auch der Verkäufer selbst wegen dieses Mangels zum Schadensersatz verpflichtet ist.“[706]

Diese Rechtsprechung wurde vom BGH im Rahmen der Sachwalterhaftung entwickelt und fand vorwiegend Anwendung auf Konstellationen im Zusammenhang mit Gebrauchtwagenhändlern. Aus der abweichenden Interessenlage bei der Expertenhaftung folgt jedoch, dass eine Übertragung dieser Ausnahmen nicht ohne Weiteres geboten ist. Dies gilt insbesondere für die Wirkung von vertraglichen Haftungsausschlüssen im Bezugsvertrag. Denn im Gegensatz zum Sachwalter nimmt der Gutachter eine neutrale Position ein und tritt – soweit die in Kapitel 4 definierten Voraussetzungen des § 311 Abs. 3 S. 2 BGB vorliegen – gegenüber dem Vertrauenden als unabhängiger Experte auf, dessen eigenständige Erklärungen dazu bestimmt sind, den Kaufvertrag und damit auch die Willensbildung des Vertrauenden zu beeinflussen. Kommt es in dieser Konstellation zu einem Haftungsausschluss, so geschieht dies in der Regel, weil sich der Vertrauende auf die Richtigkeit des Gutachtens verlässt und gerade deshalb auch bereit ist, dem Haftungsausschluss im Bezugsvertrag zuzustimmen.[707] Ein Durchschlag auf den Dritthaftungsanspruch des Vertrauenden ist in den hier untersuchten Fällen daher in der Regel nicht interessengerecht.[708]

Gleiches gilt auch für einen Haftungsausschluss, der mit einer versäumten Fristsetzung zur Nacherfüllung gegenüber dem Vertragspartner begründet wird.[709] In der Konstellation, die der Entscheidung des BGH zugrunde lag, fungierte der Sachwalter als Vertragsvermittler eines Gebrauchtwagenkaufes und der Geschädigte forderte vom Sachwalter Schadensersatz statt der Leistung.[710] Vor dem Hintergrund des kaufvertraglichen Rechts zur zweiten Andienung erscheint in diesem Fall ein Ersatz des Erfüllungsinteresses über die Dritthaftung unbillig, solange dieses durch einen Nacherfüllungsanspruch gegen den Vertragspartner befriedigt werden kann. In Abgrenzung dazu zielt der Dritthaftungsanspruch bei der Expertenhaftung aber regelmäßig auf den Ersatz des

---

706 A.a.O.

707 *Kersting* S. 354 f.; ebenso *Eichler* S. 353.

708 So auch *Kersting* S. 355 f., der in diesem Zusammenhang zu Recht auf die Möglichkeit hinweist, dass die zwei Vertragsparteien auch den Ausschluss des Dritthaftungsanspruches zugunsten des Gutachters vereinbaren können (vgl. S. 356 m.w.N.).

709 BGH NJW-RR 2011, 462.

710 So u.a. in BGH NJW-RR 2011, 462.

negativen Interesses und den Schutz der Dispositionsfreiheit des Käufers ab.[711] Hier sind also die Falschinformation und der Abschluss des Bezugsvertrages Anknüpfungspunkte für den Schadensersatzanspruch, während es in der Konstellation um den Sachwalter bzw. Gebrauchtwagenhändler um das Erfüllungsinteresse ging, das der Vertrauende infolge einer Schlechtleistung des Vertragspartners durch die Dritthaftung ersetzt haben wollte.[712]

Abseits des Grundsatzes der Eigenständigkeit, der aus gesetzessystematischen Gründen für die Haftung nach § 311 Abs. 3 S. 2 BGB insgesamt gelten muss, kann also die vom BGH für die Sachwalterhaftung entwickelte Maßgabe, dass der Dritte nicht weiter haften dürfe als der Geschäftsherr, nicht ohne Weiteres auf die Expertenhaftung übertragen werden. Dies gilt insbesondere vor dem Hintergrund, dass der Gutachter in der Sache für eine eigene Pflichtverletzung und eigenes Verschulden haftet, die Ansprüche des Geschädigten auf jeweils selbstständigen Haftungsgrundlagen beruhen und sich zudem gegen unterschiedliche Gläubiger richten.[713] Eine Anwendung käme lediglich in Betracht, soweit eine vergleichbare Interessenlage bestünde, z.B. wenn der Vertrauende entgegen dem Regelfall das Erfüllungsinteresse ersetzt verlangte und eine weitergehende Haftung des Dritten aufgrund der Umstände des Einzelfalls nicht geboten erschiene.[714]

II. Haftungsausschluss aufgrund inhaltsgleicher Ansprüche gegen den Vertragspartner

Unbeschadet dieser Ausführungen zum Grundsatz der Eigenständigkeit ist im Folgenden noch die Frage zu erörtern, inwieweit im Rahmen der Expertenhaftung Ansprüche des Vertrauenden gegen den Vertragspartner geeignet sein können, den Anspruch auf Grundlage des § 311 Abs. 3 S. 2 BGB gegenüber dem Gutachter auszuschließen. Der Anlass für die Fragestellung ist, dass der BGH die Expertenhaftung noch immer über den VSD löst und in diesem Zusammenhang eine Haftung über das Erfordernis der Schutzwürdigkeit regelmäßig ausschließt, wenn „dem Dritten eigene vertragliche Ansprüche – gleich gegen wen – zustehen, die denselben oder zumindest einen gleichwertigen Inhalt haben wie

711 Vgl. Kapitel 4 § 4 D I. sowie B. II.

712 Auch der BGH bezieht den Ausschluss der Dritthaftung in seiner Entscheidung allein auf den Fall, dass der Geschädigte Schadensersatz statt der Leistung verlangt, vgl. BGH NJW-RR 2011, 462.

713 Vgl. dazu die Ausführungen von *Kersting* S. 353 ff., 355, der ebenso auf die Eigenständigkeit des Anspruches sowie als Argument gegen eine Haftungsbegrenzung auf die gesonderte Pflichtverletzung sowie das eigene Verschulden des Gutachters hinweist.

714 Vgl. *Kersting* S. 355 f.

diejenigen Ansprüche, die ihm über eine Einbeziehung in den Schutzbereich eines Vertrages zukämen."[715]

Während diese Maßgabe beim VSD eine Voraussetzung für die Begründung der vertraglichen Drittschutzwirkung bildet, kann ein Ausschluss des Anspruches nach § 280 Abs. 1 i.V.m. § 311 Abs. 3 S. 2, 241 Abs. 2 BGB allerdings nur dann in Betracht kommen, wenn dieser gerechtfertigt ist und die objektive Interessenlage einen Ausschluss der Haftung aus Billigkeitsgründen erforderlich macht.

Der Grund für diese Differenzierung ist, dass der VSD aus § 242 BGB bzw. der ergänzenden Vertragsauslegung hergeleitet wird und insoweit bereits gar kein legitimes Interesse an der Begründung eines Drittschutzes besteht, wenn der Geschädigte zu diesem Zeitpunkt anderweitige Ansprüche hat. Allein das Bedürfnis nach einer Liquiditätsverbesserung genügt zur Rechtfertigung einer Dritthaftung nicht.[716] Demgegenüber folgt die Entstehung einer vertrauensrechtlichen Sonderverbindung aus der gesetzlichen Regelung des § 311 Abs. 3 S. 2 BGB. Das Bestehen einer haftungsrechtlich eigenständigen Position ist insoweit bereits durch den gesetzlichen Tatbestand sowie die in Kapitel 4 bestimmten Haftungsvoraussetzungen sichergestellt. Liegen nun die weiteren Voraussetzungen des § 280 Abs. 1 BGB ebenfalls vor, so müssen die Umstände des Einzelfalls einen Haftungsausschluss nicht nur rechtfertigen, sondern die objektive Interessenlage einen Ausschluss der Haftung aus Billigkeitsgründen erforderlich machen.[717] Bei einer bereits bestehenden Haftung von zwei unterschiedlichen Schuldnern ist die Subsidiarität einer der Ansprüche nämlich regelmäßig die Ausnahme gegenüber ihrer Gleichstufigkeit.[718]

---

715 So BGH NJW 1996, 2927 unter Bezugnahme auf die Grundsatzentscheidung in NJW 1978, 883. Kritisch dazu *Schwarze* AcP 203, 348. 350 f. Vgl. für einen Ausschluss der Vertrauenshaftung wegen inhaltsgleicher Ansprüche ebenso *Gellmann* S. 126 sowie *Wiegand* S. 371 ff.

716 Vgl. dazu *Schwarze*, AcP 203, 348, 353, nach dem beim VSD das Motiv der Liquiditätsverbesserung „ein fragwürdiger Grund für die Konstituierung einer Haftungsverantwortung im Wege der Rechtsfortbildung" sei.

717 Für einen Ausschluss im Rahmen der Rechtsfolgen und nicht bereits auf Tatbestandsebene spricht ebenfalls, dass der BGH im Urteil vom 12. 1. 2011 – Az.: VIII ZR 346/09 – das Bestehen einer Sonderverbindung nach § 311 Abs. 3 S. 2 BGB offen gelassen, den Gesamtanspruch aber mit dem Argument verneint hat, die Haftung des Sachwalters könne nicht weiterreichen als die des Geschäftsherrn. Zur Eigenständigkeit der Ansprüche aus dem Drittschuldverhältnis s. auch *Wiegand* S. 371 ff.; *Kersting* S. 350 ff.

718 Vgl. dazu *Schwarze*, AcP 203, 348, 351. Ebenso *Wiegand* S. 371, die zum Konkurrenzverhältnis der Ansprüche schreibt: „Grundlage einer Entscheidung muß hier

Vor diesem Hintergrund erscheint es für einen Haftungsausschluss im Rahmen der Rechtsfolgen zu kurz gegriffen, nur auf die Formel der Rechtsprechung für die Schutzwürdigkeit abzustellen, da allein das Bestehen eines gleichwertigen Anspruches noch nicht zwangsläufig die Rechtfertigung und Interessengerechtigkeit eines Haftungsausschlusses impliziert. Ob ein Haftungsausschluss – und damit eine Durchbrechung des Grundsatzes der Eigenständigkeit – in Betracht kommt, muss stets im jeweiligen Einzelfall entschieden werden, wobei das Bestehen eines gleichwertigen Anspruches, der das Interesse des Schadensersatzanspruches auf Grundlage von § 311 Abs. 3 S. 2 BGB abdeckt, lediglich die erste Voraussetzung und damit Indiz für ein möglicherweise bestehendes Beschränkungsbedürfnis sein kann.[719] Deutlich wird die Bedeutung dieser Differenzierung insbesondere, wenn es um die Frage der Leistungsfähigkeit des Vertragspartners geht. Diese sollte in den hier untersuchten Gutachterhaftungsfällen eine weitere Voraussetzung für einen möglichen Haftungsausschluss sein. Da die Entscheidung des Geschädigten, den letztlich unvorteilhaften Vertrag zu schließen, wesentlich von den falschen Erklärungen des Gutachters beeinflusst wurde, erscheint es nicht angemessen, ihn bei fehlender Solvenz des Vertragspartners zu entlasten. Zwar wäre der Vertragspartner auch bei richtiger Erklärung des Gutachters nicht zahlungsfähig, allerdings hätte der Geschädigte

sein, dass Ansprüche gegen verschiedene Personen regelmäßig so nebeneinander bestehen, daß dem Gläubiger die Wahl bleibt, welche Person er in Anspruch nimmt."

719 Vgl. dazu auch *Eichler* S. 350 ff., nach dessen Verständnis von § 311 Abs. 3 BGB als vertragliche Dritthaftung bereits eine Beteiligung an dem fremden Schuldverhältnis ausgeschlossen sein soll, wenn dem Dritten keine eigene Position sowie kein eigenes Risiko zugewiesen wurde. Insoweit verweist *Eichler* u.a. auf die Rechtsprechung zum VSD und formuliert die These, dass eine Haftung auf Grundlage des § 311 Abs. 3 BGB grundsätzlich ausgeschlossen sein soll, „wenn der Geschädigte bereits einen gleichwertigen Schadensersatzanspruch gegen seinen Vertragspartner hat", da die Haftungsrisiken des Dritten in diesem Fall grundsätzlich dem Vertragspartner zugewiesen seien. Zwar betont *Eichler* ebenfalls die Indizwirkung dieses Umstandes und stellt bei der Risikoverteilung letztlich ebenfalls auf den jeweiligen Einzelfall ab, dennoch erscheint der formulierte Grundsatz zu kurz gegriffen. Die Haftung des Gutachters ist nämlich nicht nur dann geboten, wenn dem Gutachter ein Risiko ausschließlich zugewiesen ist, sondern es kann genügen, dass es ihm im Sinne einer eigenständigen Rolle im Gesamtgeschäft zumindest *auch* zugewiesen ist. Eine Haftung des Vertragspartners schließt nämlich nicht zwangsläufig eine Risikozuweisung sowohl an den Vertragspartner als auch den Gutachter aus.

den nachteiligen Vertrag auch nicht geschlossen und wäre daher mit dem Insolvenzrisiko des Vertragspartners gar nicht erst in Berührung gekommen.[720] Genauso kann ein Haftungsausschluss des § 280 Abs. 1 i.V.m. §§ 311 Abs. 3 S. 2, 241 Abs. 2 BGB erst unter der Voraussetzung gerechtfertigt sein, dass der Vertragspartner auch im Verhältnis zum Gutachter die Letztverantwortung für die Schadenssumme zu tragen hat.[721] Denn sollte der Gutachter im Verhältnis zum Vertragspartner z.B. für den Zustand einer Sache zumindest mitverantwortlich sein, so bestünde kein sachliches Interesse daran, seine Haftung im Verhältnis zum Vertrauenden zu beschränken und ihn zu privilegieren. Anderenfalls würde der Gutachter von seiner tatsächlichen Verantwortlichkeit entlastet, obwohl die Tatbestandsvoraussetzungen des § 280 Abs. 1 i.V.m. §§ 311 Abs. 3 S. 2, 241 Abs. 2 BGB erfüllt wären.

Fraglich ist allerdings, ob bei Vorliegen der bezeichneten Voraussetzungen letztlich auch ein überwiegendes Interesse zugunsten eines Haftungsausschlusses besteht. Vorbehaltlich der konkreten Umstände im Einzelfall erscheint dies für die typischen Konstellationen der Gutachterhaftung eher zweifelhaft. Ausschlaggebend ist dabei, dass der Gutachter durch die schuldhafte Verletzung einer Schutzpflicht erst die Ursache für den Abschluss des unvorteilhaften Vertragsschlusses gesetzt hat. Der Dritthaftungsanspruch beruht insoweit auf einem eigenen Grund, nämlich der gesetzlich normierten Haftung für enttäuschtes Vertrauen in die Richtigkeit von Erklärungen und Auskünften und dem damit beabsichtigten Schutz der Dispositionsfreiheit. Die fehlende Verantwortlichkeit z.B. für die Beschaffenheit der begutachteten Sache gegenüber dem Vertragspartner schließt aber nicht die Relevanz der bestehenden Verantwortlichkeit für den Vertragsschluss bzw. die beeinträchtigte Dispositionsfreiheit und damit eine Haftung gegenüber dem Vertrauenden

---

720 Die Rechtsprechung des BGH zum VSD stellt bei dieser Frage auf den Einzelfall ab. So soll nach BGH NJW 2004, 3630 kein Schutzbedürfnis des Dritten vorliegen, wenn ein Anspruch gegen den Vertragspartner besteht, dieser aber mangels finanzieller Leistungsfähigkeit nicht durchsetzbar ist, „denn das von der Rechtsprechung entwickelte Rechtsinstitut des Vertrags mit Schutzwirkung zugunsten Dritter bezweckt nicht die Absicherung des Risikos, dass die vertraglich verpflichtete Person zum Ersatz des Schadens finanziell nicht in der Lage ist." Kritisch dazu insbesondere im Hinblick auf die Expertenhaftung *Jagmann*, in: Staudinger, Neubearbeitung 2009, § 328 Rn. 106; vgl. ebenso *Zugehör*, NJW 2008, 1105. Demgegenüber sieht der BGH ein Schutzbedürfnis dann gegeben, wenn die Tätigkeit des Haftenden dazu dient, vor einer Zahlungsunfähigkeit des Vertragspartners zu schützen, wenngleich ein anderweitiger Anspruch besteht, vgl. BGH NJW 2009, 217.

721 Vgl. dazu *Schwarze*, AcP 203, 348, 353 f.

aus.[722] Den Gutachter träfe z.B. in einem Kaufrechtsfall zwar keine Verantwortlichkeit für den Zustand der Kaufsache, gleichwohl wäre ohne seine falschen Erklärungen ein für den Vertrauenden negativer Vertrag gar nicht erst nicht zustande gekommen. Vor dem Hintergrund, dass nicht wie beim VSD allein die Schutzwürdigkeit des Geschädigten maßgeblich ist, sondern die objektive Interessenlage für einen Ausschluss sprechen muss, erscheint es daher auch billig, dass sich die Verantwortlichkeit des Gutachters in der Gleichstufigkeit der Ansprüche manifestiert und die Frage nach der Letztverantwortlichkeit grundsätzlich der Klärung im Verhältnis zwischen Gutachter und Vertragspartner überlassen bleibt.[723] Insbesondere das Auftreten als neutraler, gewissenhafter und sorgfältig arbeitender Experte in der Öffentlichkeit, das den Beteiligten die Gewissheit vermittelt, eigene Untersuchungen unterlassen zu können, ist dabei das entscheidende Kriterium, das das Bestehen einer eigenständigen Position des Gutachters sicherstellt und das zugleich die Interessengerechtigkeit der gleichberechtigten Haftung begründet.[724] Hinzu kommt, dass bei einem Haftungsausschluss dem Vertrauenden das verfahrensrechtliche Risiko zugeteilt würde, u.U. zweifach zu prozessieren, da er zunächst versuchen müsste, seine Ansprüche gegenüber dem Vertragspartner geltend zu machen.[725] Demgegenüber ist durch das Erfordernis der finanziellen Leistungsfähigkeit des Vertragspartners und der Möglichkeit zur Streitverkündung der Regress des Gutachters gesichert.

In der Praxis wird dem beschriebenen Problem allerdings häufig nur eine geringe Bedeutung zukommen, da die Vertragsparteien zumeist vertragliche Gewährleistungsansprüche mit Hinweis auf das Gutachten ausschließen werden, so dass inhaltsgleiche Ansprüche gegen den Vertragspartner nicht bestehen. Sollte der Geschädigte zudem die Möglichkeit haben, den Vertrag rückabzuwickeln, so wird er – soweit der Vertragspartner solvent ist – zudem zunächst versuchen auf diesem Wege den Kaufpreis zurückzuerlangen, da es bei diesem Anspruch gegen den Vertragspartner regelmäßig nicht auf eine Außerachtlassung der im Verkehr erforderlichen Sorgfalt durch den Gutachter ankommt.

---

722 Vgl. dazu *Schwarze*, AcP 203, 348, 353 zum VSD, der konstatiert, es gäbe insoweit „keinen Zwang zur Synchronität von Außen- und Innenhaftung; es kann jemand dem Geschädigten haftpflichtig sein, ohne Letztverantwortlichkeit."

723 Vgl. dazu die Argumentation von *Schwarze*, AcP 203, 348, 353 f. für den VSD.

724 Für eine Eigenständigkeit auch *Kersting* S. 353.

725 Vgl. *Wiegand* S. 153, die ebenfalls von einer Gleichstufigkeit der Ansprüche ausgeht.

III. Ausschluss wegen Vorrangs der Regeln zur Anfechtung nach § 123 BGB

Neben den bereits erörterten Gründen ist auch ein etwaiges Anfechtungsrecht gegenüber dem Vertragspartner nicht dazu in der Lage, den Dritthaftungsanspruch auszuschließen.[726] Zwar bietet die Anfechtungsmöglichkeit wegen vorsätzlicher Täuschung mit ihrer kurzen Anfechtungsfrist nach § 124 BGB Anlass darüber nachzudenken, ob dem Geschädigten nicht sein Anspruch gegen den Gutachter zu versagen ist, wenn er sich nicht vorrangig dieses Rechts bedient.[727] Ein Haftungsausschluss nach Ablauf der Frist aus § 124 BGB ist gleichwohl zugunsten eines unabhängigen Nebeneinanders von Anfechtungsrecht und Dritthaftung abzulehnen.[728] Entscheidend ist dabei insbesondere die Personenverschiedenheit von Experten und Vertragspartner im Rahmen der Dritthaftung.[729] Ein pauschaler Ausschluss der Dritthaftung wäre unbillig, da nicht gesichert wäre, dass der Vertrauende nach erfolgter Anfechtung seinen Schaden überhaupt beim Vertragspartner liquidieren könnte. Für das Nebeneinander von Anfechtungsrecht und Dritthaftung sprechen zudem die unterschiedlichen Rechtsfolgen.[730] Ist bei einer Anfechtung gemäß § 123 BGB sowohl das Verpflichtungsgeschäft als auch das Erfüllungsgeschäft nach §142 BGB *ex tunc* unwirksam, kann der Vertrauende vom Gutachter lediglich das negative Interesse gegen Abtretung seiner Ansprüche aus dem nachteiligen Vertrag verlangen.[731] Diese unterschiedliche Wirkung rechtfertigt die kürzeren Fristen zur Rechtsdurchsetzung und spricht neben der systematischen Eigenständigkeit für ein Nebeneinander von Anfechtungsrecht und Dritthaftung.[732]

---

726 Vgl. *Kersting* S. 456; *Eichler* S. 360 für die Dritthaftung. Die Rechtsprechung ist für die c.i.c. im Allgemeinen bisher ebenfalls von einem Nebeneinander von Anfechtungsrecht und c.i.c. ausgegangen, hat die Anwendung aber mittels des Erfordernisses eines Vermögensschadens bei der c.i.c. voneinander abgegrenzt, vgl. BGH NJW 1998, 302 m.w.N. Dieser Differenzierung ist aber spätestens seit der Schuldrechtsreform nicht mehr zu folgen, da § 241 BGB auch die Dispositionsfreiheit schützt; vgl. BT-Drucks. 14/6040 S. 126. So auch *Feldmann/Löwisch*, in: Staudinger, Neubearbeitung 2012, § 311 Rn. 162; *Kindl*, in: Erman, Bd. 1 § 311 Rn. 17 mit jeweils w.N.

727 *Kersting* S. 456; vgl. dazu auch *Kindl*, in: Erman, Bd. 1 § 311 Rn. 44 m.w.N.

728 Vgl. *Kersting* S. 456.

729 Vgl. *Kersting* S. 456.

730 Vgl. *Kersting* S. 458 f.

731 Vgl. dazu BGH NJW 1998, 302 m.w.N.; ebenso *Kersting* S. 459 f.

732 Ebenso kann eine Haftung auf Grundlage des § 311 Abs. 3 S. 2 BGB nicht wegen Fehlens des nach § 123 BGB erforderlichen Vorsatzes ausgeschlossen werden. Im

F. Verjährung

Für die Verjährung des Anspruches aus § 280 Abs. 1 i.V.m. §§ 311 Abs. 3 S. 2, 241 Abs. 2 BGB gelten die Regeln über die allgemeine Verjährungsfrist nach §§ 195 ff. BGB.

Gemäß § 195 BGB beträgt die regelmäßige Verjährungsfrist drei Jahre und beginnt nach § 199 Abs. 1 BGB mit Ende des Jahres, in dem der Anspruch entstanden ist und der Anspruchsteller hiervon Kenntnis erlangt. In den Fällen der Dritthaftung für fehlerhafte Gutachten ist der relevante Zeitpunkt für die Entstehung des Schadensersatzanspruches und damit auch des Verjährungsbeginns, in der Regel der Abschluss des vom Gutachten beeinflussten Vertrags. Um die dreijährige Verjährungsfrist in Gang zu setzen, muss der Vertrauende allerdings Kenntnis von dem Anspruch, d.h. Kenntnis von den anspruchsbegründenden Tatsachen haben.[733] Diese Voraussetzung ist bei einem Gutachten erst mit der Kenntnis von dessen Fehlerhaftigkeit erfüllt. Da diese aber möglicherweise erst lange nach Vertragsschluss erlangt wird, sind insbesondere die Verjährungshöchstfristen von Interesse.

Insoweit gilt gemäß § 199 Abs. 3 Nr. 1 BGB die Verjährungshöchstfrist von 10 Jahren ab Entstehen des Anspruches und unabhängig von der Kenntnis des Gläubigers. Indes verjähren Ansprüche allein auf Grundlage der Pflichtverletzung als der schadensbegründenden Handlung gemäß § 199 Abs. 3 Nr. 2 BGB erst 30 Jahre nach ihrer Vornahme. Im Rahmen von § 311 Abs. 3 BGB stellt dabei die jeweilige Falschinformation als vorwerfbare Pflichtverletzung die schadensbegründende Handlung dar.[734] Der Anspruch ist verjährt, wenn eine der Fristen abgelaufen ist.[735] Maßgeblich ist gemäß § 199 Abs. 3 BGB die jeweils früher ablaufende Frist.

I. Übertragung der Verjährungsfrist aus dem Bezugsvertrag

Ist die Anwendung dieser Grundsätze bei Wertgutachten aufgrund ihrer zeitlich meist begrenzten Bestimmtheit zur Drittvorlage[736] in der Praxis regelmäßig

---

BGB findet sich insoweit eine klare Strukturentscheidung für den Ersatz von Schäden bei Vorliegen von Fahrlässigkeit. Vgl. dazu *Kersting* S. 458 f. m.w.N.

733 *Lakkis*, in: JurisPK-BGB, Bd. 1, 6. Aufl. 2012, § 199, Rn. 45; *Ellenberger*, in: Palandt, § 199 Rn.27 m.w.N.

734 Kapitel 4 § 4 B. II.

735 *Schmidt-Räntsch*, in: Erman Bd. 1, § 199 Rn. 31. Zu Sinn und Zweck der Neufassung vgl. BT-Drucks. 14/7052, S. 180 f.

736 Kapitel 4 § 3 B II. 2. b.

interessengerecht, so kann dies bei sachbezogenen Tatsachengutachten problematisch sein. Im Gegensatz zu Wertgutachten besteht bei sachbezogenen Tatsachengutachten oftmals keine unmittelbare Notwendigkeit das Gutachten, zeitnah im Rechtsverkehr zu verwenden.[737] Im Gegenteil sind insbesondere die hier näher untersuchten Kunstexpertisen durch ihre fortdauernde Aktualität oftmals noch Jahre nach ihrer Erstellung geeignet, eine aktuelle Aussage über die Echtheit eines Werkes zu treffen.[738] Dabei ist sowohl problematisch, dass zwischen Gutachtenübergabe und Erstnutzung theoretisch Jahre vergehen können, als auch, dass die Expertise zur Grundlage von weiteren Verträgen nach der Erstnutzung gemacht werden kann. Stets hat es allein der Besitzer der Expertise in der Hand, durch deren Nutzung bei Vertragsschluss den Anspruch entstehen und damit die Verjährungsfristen beginnen zu lassen.[739]

Die Folge ist, dass es bei der Anwendung der allgemeinen Regeln über die Verjährung zu Härten im Hinblick auf die Haftung des Gutachters kommen kann. Gibt der Eigentümer eines Werkes beispielsweise ein Gutachten in Auftrag und wartet er nach der Übergabe des Gutachtens mit dem Verkauf 25 Jahre, dann würde der mit Abschluss des Vertrags entstandene Anspruch des Vertrauenden erst 10 Jahre nach Abschluss des Kaufvertrages verjähren. Der Gutachter würde also noch 35 Jahre nach Übergabe des Gutachtens haften.

Daher ist fraglich, ob vor diesem Hintergrund eine Verkürzung der Verjährungsfrist, des Verjährungsbeginns oder der Verjährungshöchstfristen vorzunehmen ist. Vor der Schuldrechtsreform hat die Rechtsprechung teilweise die kürzere Verjährungsfrist der Ansprüche des Anspruchstellers aus dem Bezugsvertrag auch auf den Anspruch aus c.i.c. angewandt.[740] Zur Begründung wurde angeführt, dass der beide Ansprüche verbindende Lebenssachverhalt es gebiete, „vielmehr im einen, wie im anderen Falle, binnen gleicher Frist dem Rechtsfrieden Vorrang vor der gerichtlichen Durchsetzbarkeit berechtigter Ansprüche einzuräumen.“[741] In anderen Konstellationen, wie z.B. bei konkurrierenden Ansprüchen aus VSD mit Ansprüchen aus Prospekthaftung, hat der BGH maßgeblich auf den Schutzzweck der Norm abgestellt. Danach gilt zunächst im Grundsatz, dass jeder Anspruch selbstständig nach der für ihn bestimmten Regelung verjährt. Eine kurze Verjährung soll nur Vorrang haben, „wenn sie nach ihrem Schutzzweck auch die konkurrierenden Ansprüche erfassen will (BGHZ

737 *Gellmann* S. 149 f.
738 *Gellmann* S. 149 f.
739 *Gellmann* S. 150.
740 BGH NJW 1983, 1607.
741 BGH NJW 1983, 1607.

116, 297, 300). Das ist der Fall, wenn die Befugnis des Gläubigers, nach Verjährung des einen Anspruchs auf die aus demselben Sachverhalt hergeleiteten anderen Ansprüche mit längerer Verjährung ausweichen zu können, den Zweck der besonders kurz bemessenen Verjährungsfrist vereiteln und die gesetzliche Regelung im Ergebnis aushöhlen würde (BGHZ 66, 315, 319)".[742]

Vor dem Hintergrund dieser Maßgaben wird deutlich, dass in den hier untersuchten Gutachterkonstellationen eine Angleichung der Verjährungsfristen eher fernliegt. Neben dem Umstand, dass sich beide Ansprüche gegen unterschiedliche Schuldner richten und auf unterschiedlichen Pflichtverletzungen gründen, haben sie nämlich auch eine jeweils andere Zielrichtung: Während der Schutzzweck von vertraglichen Schadensersatzansprüchen zumeist erfüllungsbezogen ist, soll der Ersatzanspruch auf Grundlage des § 311 Abs. 3 S. 2 BGB das enttäuschte Vertrauen in die Richtigkeit der gutachterlichen Erklärungen im Rechtsverkehr kompensieren. Dies verdeutlicht sich insbesondere in dem Umstand, dass der Vertrauende von dem neutrale Gutachter regelmäßig nur das Vertrauensinteresse ersetzt verlangen kann. Soweit der Vertrauende von dem Gutachter also nicht das Erfüllungsinteresse verlangt, ist von einer Anwendung der Verjährungsregeln des Bezugsvertrages auf die Dritthaftung von Gutachter grundsätzlich abzusehen.[743] Weiterhin spricht gegen eine Übertragung, dass die regelmäßige Verjährungsfrist für Ansprüche auf Grundlage von § 311 Abs. 3 S. 2 BGB seit der Schuldrechtsreform nur noch drei Jahren beträgt, während sie zuvor noch bei 30 Jahren lag. Vor dem Hintergrund, dass die Rechtsprechung in den einschlägigen Dritthaftungsfällen zudem nur die Fristlänge angeglichen, nicht aber auch den Beginn der Verjährungsfristen synchronisiert hat, bestärkt dies die Annahme, dass der BGH mit dem Gleichlauf insbesondere eine Härte verhindern wollte und ein Rekurs auf die kürzere Verjährungsfrist wohl in erster

---

742 So BGH NJW 2004, 3420. Für den Wirtschaftsprüfer, bei dem der Anspruch aus VSD maßgeblich auf der Enttäuschung des in ihn gesetzten Vertrauens in seine berufliche Zuverlässigkeit beruht, soll deshalb die für seine berufliche Haftung geregelte Verjährung gelten. Auch der Umstand, dass der Wirtschaftsprüfer schärfer haftet als der Initiator, kann nach dem BGH nicht den Vorrang der kürzeren Verjährungsfrist rechtfertigen.

743 So im Ergebnis auch *Kersting* S. 356 ff., 458, der vertritt, dass die gesetzliche Verjährungsregelung anzuwenden ist, soweit der Anspruchsteller nicht das Erfüllungsinteresse ersetzt verlangt. Vgl. dazu auch BGH NJW-RR 2012, 606 für c.i.c. Ansprüche im Zwei-Personen Verhältnis, wo der BGH bei der Frage nach einem Durchschlag des § 12 Abs. 1 VVG wesentlich auf den Charakter des Schadensersatzanspruches abstellt und letztlich die §§ 195 ff. BGB für anwendbar hält, da der Kläger das negative Interesse ersetzt verlangt und nicht das Erfüllungsinteresse.

Linie eine pragmatische Lösung dieses Widerspruchs zwischen vertraglichem und vorvertraglichem Anspruch bot.[744] Wegen der mittlerweile nur noch unwesentlich kürzeren kaufrechtlichen Regelverjährungsfrist von zwei Jahren nach §§ 438 Abs. 1 Nr. 3 BGB, ist es daher eher zweifelhaft, ob ein Durchschlag der Fristen aus dem beeinflussten Vertrag, wegen eines diesbezüglichen Korrekturbedürfnisses, tatsächlich noch geboten ist.[745] Auch bestünde bei einer solchen Angleichung die Gefahr, dass die gesetzliche Systematik unterlaufen würde, was insbesondere vor dem Hintergrund der bereits erwähnten Neugestaltung des Regelungsbereiches der Verjährung und der c.i.c.-Dritthaftung im Rahmen der Schuldrechtsreform unzulässig erscheint.

II. Bestimmung einer gemeinsamen Verjährungshöchstfrist

Ist damit eine Angleichung der Verjährungsfrist des Dritthaftungsanspruches mit der aus dem Bezugsvertrag in der Regel nicht geboten, bedürfen die einschlägigen Verjährungsregeln dennoch einer gemeinsamen Obergrenze, um eine zeitlich unkalkulierbare Haftung zu vermeiden und um damit den tatsächlichen Umständen der Haftung für sachbezogene Tatsachengutachten gerecht werden zu können. Denn wie bereits erwähnt, stellt es in diesem Zusammenhang ein besonderes Problem dar, dass besagte Gutachten sehr lange aktuell bleiben, während der Gutachter in der Zwischenzeit keinen Zugriff mehr auf das Gutachten hat.

Um insoweit eine zeitlich unüberschaubare Haftung zu vermeiden, soll dem von *Gellmann* entwickelten Lösungsansatz gefolgt werden, wonach als Anknüpfungspunkt für den Beginn der Verjährungshöchstfrist nach § 199 Abs. 3 Nr. 2 BGB auf den Zeitpunkt des Inverkehrbringens des fehlerhaften Gutachtens abgestellt wird.[746] Dies berücksichtigt in interessengerechter Art und Weise die Perspektive des Gutachters, da die Übergabe den letzten Zeitpunkt einer unmittelbaren Einflussnahmemöglichkeit des Gutachters darstellt sowie den letzten Zeitpunkt, in dem er Kenntnis von der Verwendung des Gutachtens hat.[747] Für den Fall, dass der Auftraggeber mit der Erstveräußerung tatsächlich 25

744 Vgl. dazu BGH NJW 1983, 1607.

745 Im Ergebnis verneinen dies auch *Gellmann* S. 148 f. sowie *Kersting* S. 358, die ebenso auf die Eigenständigkeit des Anspruches und die unterschiedlichen Schuldner verweisen. Ebenso hält auch *Eichler* S. 368 f. die § 195 ff. BGB für einschlägig.

746 *Gellmann* S. 152 will damit einer „endlosen" Verjährung entgegenwirken und weist darauf hin, dass die Lösung mit dem Wortlaut des § 199 Abs. 3 Nr. 2 BGB noch vereinbar ist.

747 Vgl. *Gellmann* S. 150.

Jahre wartet und das Gutachten dann immer noch aktuell sein sollte, würde ein Anspruch des Vertrauenden mithin in maximal 5 Jahren ab diesem Zeitpunkt verjähren.[748] Diese Bestimmung ist auch insoweit interessengerecht, als dass damit ein zeitlicher Gleichlauf zwischen der Dritthaftung und der Haftung gegenüber dem Auftraggeber des Gutachtens hergestellt wird, denn auch diesem haftet der Gutachter im Rahmen des Werkvertragsrechts nach den §§ 195 ff. BGB.[749] Ebenso ist damit der Anforderung des BGH Genüge getan, nach der die Dritthaftung grundsätzlich kalkulierbar und versicherbar sein muss.[750]

Sollte der Gutachter indes die Verjährungsfristen bestimmen bzw. verkürzen wollen, so bleibt es ihm unbenommen, durch entsprechende Formulierungen im Gutachten entsprechende Verjährungserleichterungen zu bestimmen. Dem Charakter des § 311 Abs. 3 S. 2 BGB steht dies nicht entgegen, da der Gutachter durch entsprechende Formulierungen in dem Gutachten die Haftung nach § 311 Abs. 3 BGB insgesamt ausschließen kann, z.B. durch den ausdrücklichen Ausschluss der Bestimmtheit des Gutachtens zur Drittvorlage. Wie bereits zuvor bei den Tatbestandsvoraussetzungen des Verschuldens und des Haftungsumfanges ausgeführt, erwächst damit eine Pflicht des Anspruchstellers nach § 241 Abs. 2 BGB, den Gutachter nicht über diesen Zeitpunkt hinaus in Anspruch zu nehmen.[751] Wie schon im Hinblick auf die übrigen Haftungsbeschränkungen ausgeführt, gilt aber auch hier, dass mögliche Verjährungserleichterungen nur dann gegenüber dem Vertrauenden und Anspruchsteller wirksam sind, soweit sie für diesen erkennbar und im Rahmen der AGB-Regelungen des BGB zulässig gewesen sind.

G. Zusammenfassung

Indem der Experte im Gutachten eine falsche Information mitteilt, verletzt er eine Schutzpflicht gegenüber dem Vermögen des Anspruchstellers.[752] Weiterhin kann auch die unzureichende Information für den Vertrauenden eine Pflichtverletzung darstellen.[753]

---

748 Der geschilderte Fall stellt die Ausnahme dar. Dennoch sichert der gleichzeitige Beginn der Verjährungshöchstfrist nach § 199 Abs. 3 Nr. 2 BGB, dass die Haftung des Gutachters zeitlich begrenzt und damit kalkulierbar ist.

749 Vgl. *Gellmann* S. 150 f.

750 Vgl. Kapitel 4 § 2 A. III. 2.

751 Kapitel 4 § 4 C. II.

752 Kapitel 4 § 4 B II.

753 a.a.O.

Ein Vertretenmüssen liegt dann vor, wenn dem Gutachter hinsichtlich der Pflichtverletzung entweder Vorsatz oder Fahrlässigkeit vorgeworfen werden kann. Für die Fahrlässigkeit ist dabei nicht auf die allgemein übliche, sondern auf die Einhaltung der in den maßgeblichen Verkehrskreisen erforderlichen Sorgfalt abzustellen.[754] In der Sache kann dabei erwartet werden, dass der Gutachter weisungsfrei, unparteiisch und gewissenhaft arbeitet und das Gutachten *lege artis* anfertigt, sich also inhaltlich nach den jeweiligen Regeln des Faches richtet.[755] Haftungsbeschränkungen durch den Gutachter können für den Vertrauensgeber die gesetzliche Pflicht nach § 241 Abs. 2 BGB begründen, ihn nicht außerhalb des bestimmten Rahmens in Anspruch zu nehmen. [756] Voraussetzungen für ein berechtigtes Interesse des Vertrauensgebers sind dabei die vorherige Offenlegung und Erkennbarkeit des Beschränkungswunsches für den Anspruchsteller. Die Haftungsbeschränkungen sind dabei inhaltlich, an den Grundgedanken des AGB-Rechts zu messen.

Was den Schaden betrifft, so gelten die §§ 249 ff. BGB. Der Vertrauende kann von dem Experten dabei in der Regel das negative Interesse ersetzt verlangen. Soweit es sich bei dem Gutachten um ein verkehrsfähiges und sachgebundenes Tatsachengutachten handelt und der Markt des Gutachtengegenstandes aufgrund einer hohen Volatilität der Marktpreise geeignet ist, ein unkalkulierbares Wertsteigerungsrisiko für den Gutachter zu begründen, ist in der Konsequenz die Schadenssumme auf den Marktwert der vermeintlich echten Sache im Zeitpunkt der Begutachtung zu beschränken.[757]

Auf einen Haftungsausschluss im beeinflussten Vertrag kann sich der Gutachter in der Regel nicht berufen.[758] Ebenso liegt ein Haftungsausschluss aufgrund inhaltsgleicher Ansprüche gegen den Vertragspartner fern, soweit er nicht im Einzelfall gerechtfertigt ist und die objektive Interessenlage einen Ausschluss der Haftung aus Billigkeitsgründen erforderlich macht.

Für die Verjährung des Anspruches aus § 280 Abs. 1 i.V.m. §§ 311 Abs. 3 S. 2, 241 Abs. 2 BGB gelten die Regeln über die allgemeine Verjährungsfrist nach §§ 195 ff. BGB. Als gemeinsamer Anknüpfungspunkt für Drittansprüche auf der Grundlage des § 311 Abs. 3 S. 2 BGB ist für den Beginn der Verjährungshöchstfrist

754 Kapitel 4 § 4 C. I.
755 a.a.O.
756 Kapitel 4 § 4 C. II.
757 Kapitel 4 § 4 D. III.
758 Kapitel 4 § 4 E.

nach § 199 Abs. 3 Nr. 2 BGB allerdings auf den Zeitpunkt des Inverkehrbringens des fehlerhaften Gutachtens abzustellen.[759]

Zusammen mit dem Ausschluss einer Schadenskumulation, einer möglichen Begrenzung des Schadensersatzes der Höhe nach sowie der Bestimmung einer Verjährungshöchstfrist, wird damit das durch einen unbestimmten Adressatenkreis entstehende Haftungsrisiko effektiv begrenzt und bleibt damit kalkulierbar und versicherbar.

---

759 Kapitel 4 § 4 F.

Kapitel 5. Die einzelnen Fallvarianten der Haftung für Kunstexpertisen und Werkverzeichnisaufnahmen

Wurden in den ersten Kapiteln sowohl die kunstmarktspezifischen Usancen und rechtlichen Modelle zur Lösung der Gutachterdritthaftung erläutert als auch die Vertrauenshaftung nach §§ 280, 241 Abs. 2 i.V.m. § 311 Abs. 3 S. 2 BGB tatbestandlich konkretisiert, sollen diese Ergebnisse nunmehr auf die typischen Fallvarianten der Kunstexpertendritthaftung angewendet werden. Die Untersuchung gliedert sich dabei nach den zwei Oberkategorien der Zuschreibungskommunikation. Dies sind zum einen die Fallkonstellationen, die bei Verwendung einer eigenständigen Expertise entstehen, und zum anderen jene Echtheitswertungen, die im Zusammenhang mit einem Werkverzeichnis abgegeben werden. Neben der Frage nach dem grundsätzlichen Bestehen einer Sonderverbindung nach § 311 Abs. 3 S. 2 BGB liegt der Schwerpunkt von Kapitel 5 zudem auf der Bestimmung der konkreten Sorgfaltspflichten des Kunstexperten sowie dem Umfang des Haftungsrahmens von § 280 Abs. 3 BGB.

§ 1. Die fehlerhafte Kunstexpertise

A. Bestehen einer Sonderverbindung nach § 311 Abs. 3 S. 2 BGB in den einzelnen Konstellationen der Kunstexpertisenfälle

Die eigenständige Kunstexpertise zeichnet sich dadurch aus, dass sie mit der Zielrichtung verfasst wird, dem begutachteten Werk im Rechtsverkehr die Echtheit zu bestätigen oder abzusprechen. Wenngleich der Auftraggeber das Motiv haben kann, zunächst nur sich selbst Klarheit über die Echtheit des Werkes verschaffen zu wollen, so sind Kunstexpertisen im Regelfall dennoch dazu bestimmt, bei Veräußerungen im Rechtsverkehr gerade auch dritten Personen vorgelegt zu werden. Für schriftliche Expertisen gibt es dabei keine verbindlichen Standards, so dass – je nach der Arbeitsweise des Experten – mitunter erhebliche Unterschiede bestehen, was ihre äußere Form und ihren Umfang angeht.[760] Weiterhin kann es für die Begründung einer Sonderverbindung beachtlich sein, ob dem begutachtenden Experten in Kunstmarktkreisen Zuschreibungsautorität zugesprochen wird.[761]

---

760 Kapitel 2 § 3 A. I. und V.

761 Kapitel 2 § 3 A. III.

Gegenstand der folgenden Ausführungen in § 1 soll daher die Klärung der Frage sein, gegenüber welchen Personen und unter welchen Umständen eine Kunstexpertise letztendlich eine Sonderverbindung begründen kann und inwieweit dabei einzelne Formulierungen in der Expertise die Tauglichkeit der Expertise zur Vertrauensgewährung beeinträchtigen können. Dabei sollen typische für den Kunstmarkt und -handel relevante Konstellationen dargestellt und eingeordnet werden, wobei insbesondere die Zwischenschaltung eines Kommissionärs beim Verkauf sowie die sog. Folgeveräußerungen von Interesse sind, bei denen das begutachtete Werk nach dem Erstverkauf erneut veräußert wird und die nachfolgenden Erwerber ebenfalls auf die Richtigkeit des Gutachtes vertrauen. Untersucht werden dabei ausschließlich fehlerhafte Zuschreibungen und keine fehlerhafte Abschreibungen, da in diesen Fällen typischerweise der Auftraggeber des Gutachtens den Schaden erleidet, so dass in der Regel keine Dritthaftungskonstellationen vorliegt.

I. Drei-Personen-Konstellationen beim Erstverkauf

Ausgangspunkt für die Anwendung des gesetzlichen Schadensersatzanspruchs soll zunächst folgende Grundkonstellation der Dritthaftung sein (*Beispiel 1*): Der Eigentümer gibt gegen Entgelt eine Expertise über die Echtheit eines Werkes bei einem Experten in Auftrag. Eine konkrete Benennung des von ihm beabsichtigten Verwendungszwecks erfolgt nicht. Die Echtheit wird nach entsprechender Prüfung vom Experten schriftlich und ohne weitere Anmerkungen oder Vorbehalte bestätigt. Dabei findet sich in der Expertise z.B. die Wendung: „Hiermit bestätige ich, dass das Werk aus der Hand des Künstlers A stammt." Oder auch nur: „Das Werk stammt vom Künstler A."

Im Anschluss wird die Expertise dem Auftraggeber übergeben, der sie zeitnah einem Kaufinteressenten vorlegt. Aufgrund der Expertise geht dieser nunmehr von der Echtheit des Werkes aus und schließt mit dem Auftraggeber einen Kaufvertrag über das Werk. Später stellt sich heraus, dass die Expertise fehlerhaft und das Bild in Wirklichkeit eine Fälschung war.

1. Inanspruchnahme von Vertrauen durch den Experten

a. *Setzen einer vertrauenstauglichen Erklärung im Rechtsverkehr*

Durch die Entäußerung der echtheitsbestätigenden Expertise in den Rechtsverkehr hat der Experte im *Beispiel 1* eine für die Inanspruchnahme von Vertrauen erforderliche, vertrauenstaugliche Erklärung gesetzt.[762] Expertisen stellen

762 Zu den Einzelheiten s. Kapitel 4 § 3 B. II. 1. a.

vertrauenstaugliche Erklärungen dar, wenn sie eine inhaltlich eindeutige, widerspruchsfreie und überzeugende Aussage in Bezug auf eine bestimmte Tatsache, wie z.B. die Echtheit eines Werks treffen, und sich aus der Erklärung keine weiteren Hinweise ergeben, die diese Aussage in Zweifel ziehen oder Zweifel an ihrer Richtigkeit erwecken.[763]

Dass die Expertise dabei vom Auftraggeber an den Käufer übergeben wurde und nicht von dem Experten an den Käufer selbst, ist unerheblich, da ein mittelbarer Kommunikationsakt bei verkörperten und verkehrsfähig ausgestaltet Erklärungen genügt.[764] Auch dass der Experte keine Kenntnis von der Person des Vertragspartners hatte, steht einer Inanspruchnahme von Vertrauen nicht entgegen.[765] Damit waren die schriftliche, vorbehaltslose Entäußerung der Erklärung in den Rechtsverkehr und ihr Inhalt dazu tauglich, sowohl bei dem Auftraggeber als auch bei dessen Vertragspartner, eine zuversichtliche Erwartungshaltung im Hinblick auf die Richtigkeit des werksbezogenen Echtheitsurteils hervorzurufen.

b. Personelle Bestimmtheit der Erklärung zur Drittbeeinflussung/Gerichtetheit

Selbst wenn der Verwendungszweck im *Beispiel 1* nicht ausdrücklich in der Expertise formuliert ist, kann aufgrund ihres Inhaltes ferner davon ausgegangen werden, dass die Expertise auch dazu bestimmt war, das Geschäft des Auftraggebers zu beeinflussen. In Anwendung der in Kapitel 4 herausgearbeiteten Voraussetzungen ist die personelle Bestimmtheit zur Drittbeeinflussung immer dann zu bejahen, wenn sich die Expertise aufgrund der sich objektiv manifestierenden Umstände des Einzelfalls, vor dem Hintergrund des objektiven Zwecks des Gutachtens und dessen typischer personeller Verwendungsreichweite, zumindest auch an den Empfänger richtet.[766]

In Ermangelung von Anzeichen, die eine anderweitige Einordnung nahelegen, ist der objektive Zweck der verkehrsfähig gestalteten und echtheitsbestätigenden Kunstexpertise die Bescheinigung der Echtheit des Werkes im Rechtsverkehr. Vom Gutachtenzweck umfasst ist insbesondere die Drittvorlage zu Verkaufszwecken, wobei entscheidend ist, dass es typischerweise gerade die Expertise ermöglichen soll, dass das konkret vorliegende Werk als Original betrachtet und folglich auch zum Preis eines Originals veräußert werden kann.

Weiterhin kommt es für die personelle Gerichtetheit entscheidend darauf an, welchen Personen die Expertise im Rahmen ihrer zweckkonformen Verwendung

763 Kapitel 4 § 3 B. II. 1. b.
764 a.a.O.
765 a.a.O.
766 Kapitel 4 § 3 B. II. 2.

typischerweise vorgelegt wird.[767] Was die hier konkret betrachtete Konstellation der Erstvorlage gegenüber einem Kaufvertragspartner des Auftraggebers angeht, so stellt genau diese den typischen Regelfall dar. Hinsichtlich der einfachen „Erstveräußerung" durch den Auftraggeber ist eine Kunstexpertise somit in der Regel objektiv zur Drittbeeinflussung eines Erstkaufvertrages bestimmt. Dies gilt sowohl für die Expertisen zuschreibungsautoritärer als auch nicht-zuschreibungsautoritärer Kunstexperten.

Gegenüber anderen (Erst-) Vertragspartnern des Auftraggebers, mit denen ein anderer Vertrag als ein Kaufvertrag abgeschlossen wurde, ist die Einordnung indessen weniger eindeutig. Eine Kunstexpertise kann – ihrem abstrakten Zweck nach – nicht nur zur Veräußerung, sondern z.B. auch zur Verifizierung der Echtheit im Rahmen eines Versicherungsvertrages, in einem Schadensfall oder bei einem Sicherungsvertrag benutzt werden. Allerdings ist zweifelhaft, ob die entsprechenden Personen auch von der typischen personellen Verwendungsreichweite umfasst sind, in deren Rahmen eine Gerichtetheit der Erklärung zu bejahen ist. So ist die Verwendung von Kunstexpertisen, die der Eigentümer in Auftrag gegeben hat, z.B. bei Beleihungen oder Versicherungsverträgen, eher unüblich. Bei Letzteren beauftragen die Versicherungen zumeist eigene Experten, so dass eine personelle Gerichtetheit hier letztlich zu verneinen ist.

Eine andere Einordnung kann sich allerdings aus der *Zuschreibungsautorität* des Kunstgutachters rechtfertigen. Insoweit wird man konstatieren können, dass die typische personelle Verwendungsreichweite im Rahmen des abstrakten Expertisenzwecks und damit auch die objektive personelle Gerichtetheit der Expertise eines zuschreibungsautoritären Kunstexperten tendenziell weiter reicht, als die eines unbekannten Kunstexperten. Kommt der Ansicht des Kunstexperten auf dem Markt nämlich eine singuläre Relevanz hinsichtlich der Echtheitsbestimmung zu, so kommt dessen Expertise, sofern aus ihr nicht eine direkte Beschränkung des Verwendungszwecks ersichtlich ist, typischerweise mit einem umfangreicheren Personenkreis in Berührung, so dass selbst bei einer Nutzung, die sonst eher untypisch ist, eine personelle Gerichtetheit im Einzelfall bejaht werden kann.

Dies ist aus Sicht des Gutachters auch interessengerecht, da sich ein zuschreibungsautoritärer, hochspezialisierter Kunstexperte i.d.R. darüber bewusst sein muss, dass er die Frage der Echtheit für den gesamten Markt bestätigt, weil er die allein maßgebliche Instanz für die Echtheitsbewertung ist und zugleich keinerlei einschränkenden Formulierungen in der Expertise verwendet.

767 Kapitel 4 § 3 B. II. 2. bb.

aa. Möglichkeiten der Haftungsbegrenzung

Bestimmt die Auslegung des Zwecks der Kunstexpertise sowie deren typische Verwendung maßgeblich den potenziellen personellen Haftungsrahmen des Experten und will sich dieser einem solch weitreichenden Risiko nicht aussetzen, so bestehen eine Vielzahl von Möglichkeiten, die Dritthaftung durch entsprechende Formulierungen in der Expertise zielgerichtet zu begrenzen und damit das Entstehen einer Sonderverbindung auszuschließen.[768]

Konkret hat der Kunstexperte dabei zunächst die Option, den Expertisenzweck ausdrücklich zu benennen. So ist denkbar, dass er die Expertise z.B. mit dem Zusatz versieht, diese habe den Zweck, einer Beleihung des Werkes zugrunde gelegt zu werden. Ebenso kann er formulieren, dass die Expertise die Information des Auftraggebers bezwecke oder ausschließlich der Ermittlung einer Schadenssumme diene. Da eine solch positive Zweckbestimmung eine anderweitige Nutzung allerdings nicht zwangsläufig ausschließt, so ist es ebenfalls möglich, den Expertisenzweck negativ zu bestimmen und damit bestimmte Verwendungen haftungsrechtlich zu unterbinden. Denkbar wären Wendungen wie: „Die Expertise dient nicht Veräußerungszwecken." Dabei ist für eine effektive Beschränkung des Expertisenzwecks wichtig, dass die Formulierungen eindeutig sind und klare Umgrenzungen ermöglichen.[769] Insoweit werden negative Zweckbestimmungen tendenziell zielsicherer sein, da sie weniger Auslegungsspielraum bieten.

Neben einer mittelbaren Haftungsbeschränkung über den Expertisenzweck kann sich der Gutachter aber auch direkt zum Adressatenkreis äußern und versuchen, diesen entweder positiv zu bestimmen oder durch negative Formulierungen zu beschränken. So kann er z.B. ausdrücklich formulieren, dass die Expertise nicht dazu bestimmt ist, gegenüber Dritten verwendet oder diesen vorgelegt zu werden. Auch hier gilt, dass negative Formulierungen hinsichtlich des Adressatenkreises tendenziell zielsicherer sind, da Kunstexpertisen ihrem Charakter nach gerade die Funktion haben, Dritten vorgelegt zu werden und die positive Wendung, zur Vorlage einer einzelnen Person bestimmt zu sein,

---

768 So für die Kunstexpertisen auch *Gerlach,* S. 115. Für die Gutachterhaftung im Allgemeinen ähnlich auch *Canaris,* in: Vertrauenshaftung S. 498 ff., *ders.*, in: ZHR 163, 230 f., der an dieser Stelle allerdings eine Einschränkung des Vertrauenstatbestandes sieht. Vgl. auch *Lorenz,* in: FS Larenz S. 575, 619. Vgl. zudem Kapitel 4 § 3 B. II. 2. a.

769 So hat der BGH die Zweckbestimmung eines Gutachtens zu Finanzierungszwecken objektiv nicht als drittgerichtet gewertet, da die Formulierung dies nicht zwingend gebiete, vgl. BGH NJW 04, 3035.

nicht zwangsläufig die Verwendung gegenüber weiteren Personen ausschließen muss.

So weitreichend diese Möglichkeit der Zweck- oder Adressatenbestimmung der Expertise auch sein mag, so selten werden allerdings in der Praxis gewöhnliche Expertisen mit solchen Formulierungen versehen sein. Der Grund ist, dass eine starke Beschränkung des Zwecks oder des Adressatenkreises, den Wert der Expertise im Rechtsverkehr erheblich mindert.[770] Besonders bei Kunstexperten, die keine Zuschreibungsautorität haben, dürfte sich eine Begrenzung des Adressatenkreises schon recht bald in einer abnehmenden Auftragsnachfrage niederschlagen. Daher werden Kunstexpertisen in der Regel ohne eine konkrete Zweckbestimmung und ohne eine Beschränkung des Adressatenkreises verfasst.

c. Zeitliche Bestimmtheit der Erklärung zur Drittbeeinflussung

Damit eine Sonderverbindung entstehen kann, darf bei Vorlage der Expertise weiterhin deren – aus Sicht eines objektiven Betrachters zu beurteilende – *zeitliche Bestimmung zur Drittbeeinflussung* nicht erloschen sein.[771] Um die Haftung des Gutachters nicht ausufern zu lassen, wurde bei der Tatbestandsauslegung des § 311 Abs. 3 S. 2 BGB zwar die Erforderlichkeit einer entsprechenden Begrenzung der zeitlichen Bestimmtheit betont, in der Konsequenz aber auf die Einführung einer definitiven zeitlichen Grenze aller Gutachten verzichtet.[772] Der Grund ist zum einen, dass eine solche Begrenzung auf eine konkrete Zeitspanne letztlich willkürlich wäre und zum anderen, dass eine Haftungsbegrenzung auf das konkret absehbare Gesamthaftungsrisiko, in Verbindung mit einer Beschränkung des Schadens auf den Verkehrswert des vermeintlich echten Werkes bei Expertisenerstellung, effektiver und interessengerechter erscheint.

Dass die zeitliche Bestimmtheit zur Drittbeeinflussung im Einzelfall ausgeschlossen ist, kommt bei Kunstexpertisen eher selten vor, nämlich dann, wenn sich im Einzelfall die objektive Begutachtungsgrundlage für das konkrete Werk derart geändert hat, dass die Expertise nach allgemeiner Verkehrsansicht nicht mehr den erforderlichen Stand der Wissenschaft widerspiegelt.[773] Ein Grund kann sein, dass dem Künstler in der Zwischenzeit neue Werke zugeschrieben

---

770 Vgl. dazu *Gerlach* S. 117, der zudem darauf hinweist, dass die durch einen Haftungsausschluss bedingte fehlende Verkehrsfähigkeit gegenüber dem Auftraggeber des Gutachtens sogar einen Sachmangel darstellen kann, sollte eine verkehrsfähige Expertise bestellt worden sein.

771 Kapitel 4 § 3 B. II. 2. b.

772 a.a.O.

773 Vgl. Kapitel 4 § 3 B. II. 2. b.

wurden oder dass einige der tragenden Vergleichswerke zwischenzeitlich als Fälschungen enttarnt werden konnten. Je mehr solcher Veränderungen es im wissenschaftlichen Kenntnisstand gibt, desto eher ist es denkbar, dass die objektive zeitliche Bestimmtheit der Expertise zur Drittbeeinflussung entfällt.

Dieser Grundsatz gilt in seiner Allgemeinheit allerdings nur, soweit sich in der Kunstexpertise im Einzelfall keine Hinweise auf eine anderweitige Beurteilung der zeitlichen Geltung finden. So können sich in der Expertise beispielsweise Wendungen finden, die nur von einem unmittelbaren, zeitnahen Verkauf ausgehen, so dass eine sehr viel kürzere Frist für die zeitliche Bestimmtheit anzulegen ist. Überdies kann der Experte die zeitliche Geltungsdauer der Expertise zur Drittbeeinflussung auch ausdrücklich bestimmen.[774] So kann er in den Expertisentext z.B. die Formulierung aufnehmen, dass die Expertise nur ein Jahr oder einen Monat zu rechtsgeschäftlichen Zwecken anderen Personen vorgelegt werden darf. Fällt die Nutzung dann nicht mehr in diesen Zeitraum, kann mangels Bestimmtheit zur Drittbeeinflussung keine Sonderverbindung begründet werden.

d. Subjektive Voraussetzungen der Inanspruchnahme

Auch die *subjektiven Anforderungen* an die Inanspruchnahme des Experten sind im dargestellten Beispielfall 1 erfüllt, da die oben genannten Umstände der Verwendung zu Verkaufszwecken für den Experten objektiv erkennbar waren. Für die Zurechenbarkeit des Adressatenkreises des Gutachtens beim Erstverkauf kommt es maßgeblich darauf an, dass der Gutachter subjektiv nicht nur ein Handlungsbewusstsein bei der Entäußerung des Gutachtens in den Rechtsverkehr gehabt hat, sondern auch ein potenzielles Bewusstsein von der objektiven Geeignetheit des Gutachtens zur Vertrauenserweckung in seine Richtigkeit und von seiner objektiven Bestimmtheit zur Beeinflussung von Drittgeschäften.[775]

So liegt der Fall auch hier. Der Kunstexperte hätte erkennen können, dass eine durch ihn in den Rechtsverkehr entäußerte, verkehrsfähig gestaltete Expertise objektiv dazu bestimmt ist, zumindest einem Vertragspartner des Auftraggebers vorgelegt zu werden und diesen zu Vermögensdispositionen zu bewegen. Dies ergibt sich aus ihrer äußeren Gestaltung und typischen Verwendungsweise. Mit einer Vorlage an den Erstkäufer hat sowohl ein zuschreibungsautoritärer als auch ein nicht zuschreibungsautoritärer Kunstexperte regelmäßig zu rechnen, da eine Kunstexpertise die Funktion hat, die Echtheit eines Werkes auf dem Markt zu bestätigen.

---

774 S. Kapitel 4 § 3 B. II. 2. b.

775 Vgl. Kapitel 4 § 3 B. II. 3.

2. Inanspruchnahme von Vertrauen in besonderem Maße und erhebliche Beeinflussung eines Drittvertrages

Auch die weiteren Tatbestandsvoraussetzungen des § 311 Abs. 3 S. 2 BGB sind für das Fallbeispiel erfüllt. Eine Inanspruchnahme von Vertrauen in besonderem Maße liegt immer dann vor, wenn der Experte den Anschein vermittelt, dass er bei seiner Arbeit mit besonderer fachgerechter Ernsthaftigkeit, Gewissenhaftigkeit, Objektivität, Neutralität und Sachkunde vorgeht, so dass eine weitere Verifikation der Expertisenangaben verzichtbar ist.[776] Davon kann bei der Expertise eines auf einen bestimmten Künstler spezialisierten Experten, ebenso aber auch bei einem gut beleumundeten und als kenntnisreich geltenden Experten, grundsätzlich ausgegangen werden. Insoweit gilt in der Praxis: Je größer die Reputation und Spezialisierung des Experten, desto größer ist tendenziell auch seine Zuschreibungsautorität. Die Folge ist, dass weitere Untersuchungen durch andere Kunstexperten eher unterbleiben. Schon um seinen Ruf als Experte für den Kunstmarkt zu sichern, wird ein Kunstexperte deshalb sehr darauf achten, am Markt offen und deutlich in entsprechender Weise aufzutreten. Er wird auf der schriftlichen Expertise seinen Namen und seine Profession und Qualifikationen angeben, meist unter Angabe seiner Funktion als Kunstgutachter oder Sachverständiger.

Subjektiv ist bei derartigem Verhalten im Rechtsverkehr davon auszugehen, dass bei dem Kunstexperten ein Handlungswille sowie ein potenzielles Bewusstsein vorhanden ist, dass sein Name für die Richtigkeit des Gutachtens eine besondere persönliche Gewähr bietet und der darauf Vertrauende weitere Bemühungen zur Verifikation der Echtheit unterlässt.[777]

Kommt schließlich ein Kaufvertrag zustande, in dem die Parteien das Werk über die Kaufpreishöhe erkennbar als echt einordnen, und geschah dies in Kenntnis und Verwendung der Expertise, so besteht weiterhin die Vermutung, dass tatsächlich Vertrauen gewährt wurde und die Inanspruchnahme den Kaufvertrag erheblich beeinflusst hat.[778]

3. Ergebnis

In den Fällen des Erstverkaufes durch den Auftraggeber an Dritte ist damit, unter Vorbehalt abweichender Umstände des Einzelfalles, von dem Zustandekommen einer Sonderverbindung gemäß § 311 Abs. 3 S. 2 BGB mit den Pflichten nach

---

776 Vgl. Kapitel 4 § 3 C. I.

777 Kapitel 4 § 3 C. II.

778 Kapitel 4 § 3 D.

§ 241 Abs. 2 BGB auszugehen. Dies ist auch regelmäßiges Ergebnis sowohl der Rechtsprechung, die diese Fälle über den VSD löst,[779] als auch der Mehrzahl der Autoren, die sich zur Anwendung des § 311 Abs. 3 S. 2 BGB auf die Gutachterhaftung im Allgemeinen geäußert haben.[780] Gleiches gilt für die Autoren, die sich mit der Haftung für Kunstexpertisen im Speziellen befasst haben. Auch hier wird bei der Erstweitergabe fast ausschließlich eine Haftung nach § 311 Abs. 3 S. 2 BGB bejaht.[781]

Neben dem Bestehen der Sonderverbindung bleibt allerdings noch das Problem der unkalkulierbaren Wertsteigerung für den Gutachter, das dieser bei der Lösung nach den hier entwickelten Maßgaben zu tragen hätte. Die erforderliche Sicherstellung der Kalkulierbarkeit und Versicherbarkeit des konkreten Risikos wird letztlich über eine Begrenzung der maximalen Haftungssumme auf den Wert des vermeintlich echten Werkes bei Erstellung des Gutachtens im Rahmen der §§ 249 ff. BGB zu lösen sein.[782] Die Einzelheiten dazu, bezogen speziell auf die Kunstexpertisen, werden in diesem Kapitel unter § 1 D. II. behandelt.

II. Die Vier-Personen-Konstellation im Kommissionsmodell

Die für den Kunsthandel relevanteste Variante der vorstehend behandelten Grundkonstellation der Erstveräußerung stellt der Verkauf nicht durch den Eigentümer und Auftraggeber des Gutachtens, sondern durch einen Mittelsmann dar, wie z.B. einen Kunsthändler oder ein Auktionshaus.

Auktionshäuser präferieren für ihre Tätigkeit dabei das sog. Kommissionsmodell gemäß §§ 383 ff. HGB. Dabei übernehmen sie die Rolle des Verkäufers und veräußern das Werk als Kommissionär im eigenen Namen, aber auf Rechnung des Einlieferers an einen Dritten, so dass der erzielte Kaufpreis abzüglich des Aufgeldes für das Auktionshaus an den Auftraggeber ausgezahlt wird.[783] Ein wichtiger Grund für diese Handhabung ist – neben den wirtschaftlichen Vorteilen, die sich sowohl für den Kommissionär als auch den Kommittenten bieten

779 Vgl. die ausführliche Darstellung der Rechtsprechung zum VSD in Kapitel 3 § 2.

780 Vgl. *Koch*, AcP 204, 59, 76, *van Eickels* S. 270 ff., *Gellmann* S. 65., *Eichler* S. 344 f., die allerdings bei der Interpretation der einzelnen Tatbestandsmerkmale zu unterschiedlichen Ergebnissen kommen.

781 Vgl. *Raue*, in: FS Säcker S. 1110 f.; *Kersting* S. 249. Ebenso *Canaris*, ZHR 163, 237, *Gerlach* S. 107 f. sowie *Goepfert* S. 87 f., jeweils noch mit Lösung über die Vertrauenshaftung vor Kodifikation des § 311 Abs. 3 S. 2 BGB.

782 Vgl. dazu Kapitel 4 § 4 D. III.

783 Dass das Auktionshaus als Vertreter des Einlieferers auftritt, ist dagegen die Ausnahme.

– die durch das Kommissionsmodell ermöglichte Geheimhaltung der Identität des Einlieferers, da das Auktionshaus dem Käufer als Kommissionär im Versteigerungsverfahren nicht die Identität des Einlieferers zu offenbaren hat.[784] Die Geheimhaltung der Identität liegt dabei sowohl im Interesse der Auktionshäuser zum Schutz ihrer Bezugsquellen als teilweise auch im Interesse der Einlieferer, die oftmals auf Diskretion bedacht sind.[785]

Wird das Werk an einen Kunsthändler zum Verkauf gegeben, so wählt dieser in der Regel ebenfalls das Kommissionsmodell.[786]

Entscheidend ist in diesen Konstellationen, dass der Kaufvertrag zwischen dem Auktionshaus/Kunsthändler und dem Käufer geschlossen wird, aber keine der Parteien Auftraggeber des Gutachtens war. Das Gutachten wird demnach von einem anderen als dem Auftraggeber verwendet. Es handelt sich mithin um eine wiederholte Weitergabe der Expertise.[787]

Im Folgenden soll das Entstehen einer Sonderverbindung anhand des Verkaufs durch einen Kommissionär untersucht werden *(Beispiel 2):* Der Auftraggeber gibt, wie im vorherigen Fall, zunächst eine Expertise in Auftrag, ohne nähere Angaben zu einem Verkauf zu machen, veräußert das Werk im Anschluss an die Authentifizierung aber nicht selbst, sondern übergibt es samt Expertise, an ein Auktionshaus oder einen Kunsthändler zur Versteigerung bzw. Veräußerung. Erst einige Zeit nach dem Verkauf stellt sich heraus, dass es sich bei dem Werk um eine Fälschung handelt.

1. Inanspruchnahme von Vertrauen durch den Experten

Da sich die hier betrachtete Fallkonstellation vom zuvor unter I. behandelten *Beispiel 1* allein durch die Weitergabe und Nutzung der Expertise durch den

---

784 *Simons* S. 88.

785 *Simons* S. 88 m.w.N.

786 Teilweise tritt der Kunsthändler auch als Vertreter des Eigentümers auf. Dieses Vertretermodell ist in rechtlicher Hinsicht so wie die Direktweitergabe zu behandeln, da der Vertrag zwischen Eigentümer und Käufer geschlossen wird und sich daher kein Vier-Personen-Verhältnis ergibt. Die Vorlage der Expertise ist dem Vertretenen regelmäßig zuzurechnen, so dass hier wertungstechnisch ebenfalls eine Erstnutzung durch den Auftraggeber vorliegt.

787 Sollte das Auktionshaus das Werk hingegen von einem eigenen Experten begutachtet haben lassen, so liegt zwischen Käufer und Auktionshaus ein Fall unmittelbarer Vertragshaftung vor. Im Falle einer Anfechtung durch den Käufer ergeben sich Ansprüche aus c.i.c. nach § 311 Abs. 2 BGB im zwei Personen Verhältnis. Vgl. dazu LG Köln GRUR-RR 2012, 444.

Kommissionär anstelle des Auftraggebers unterscheidet, ergeben sich Abweichungen nur bei der Frage nach der personellen Gerichtetheit der Kunstexpertise. Denn ansonsten ist abermals die vorbehaltlose, in den Rechtsverkehr entäußerte Stellungnahme über die Echtheit geeignet, eine zuversichtliche Erwartungshaltung im Hinblick auf die Richtigkeit des werkbezogenen Echtheitsurteils hervorzurufen. Was dabei die Kommunikationsform angeht, so ist es unerheblich, dass der vertrauende Käufer die Expertise vom Kommissionär ausgehändigt bekommen hat, denn grundsätzlich genügt ein mittelbarer Kontakt in Form eines verkehrsfähigen Gutachtens zur Setzung einer vertrauenstauglichen Erklärung im Rechtsverkehr.[788]

Von besonderem Interesse ist mithin nur die Frage der personellen Gerichtetheit, also ob aus dem Blickwinkel eines objektiven Empfängerhorizontes davon ausgegangen werden kann, dass die Kunstexpertise nicht nur geeignet, sondern auch dazu bestimmt war, den Vertrag zwischen Kommissionär und Ersteigerer zu beeinflussen. Wie bereits festgestellt, haben echtheitsbestimmende Kunstexpertisen typischerweise den Zweck, das Werk im Rechtsverkehr – und dabei insbesondere beim Verkauf – als echt zu qualifizieren. Da der Verkauf über einen Kommissionär im Bereich des Kunsthandels die übliche und im Bereich der hochbezahlten Kunst die vorherrschende Veräußerungsform darstellt, ist die Echtheitsbescheinigung beim Erstverkauf im Kommissionsmodell von diesem typischen objektiven Expertisenzweck umfasst. An dieser Stelle kann ebenfalls der von *Canaris* entwickelte Projektgedanke[789] herangezogen werden, denn selbst wenn ein Auktionshaus zwischengeschaltet wird, so handelt es sich bei dem Zuschlag noch immer um eine Handlung im Rahmen des „Projektes der Erstveräußerung“. Ob nun der Erstkäufer das Werk von dem Eigentümer selbst oder von dem Kommissionär erwirbt, ändert nichts an dem Umstand, dass er Erstkäufer bleibt. Durch die Zwischenschaltung des Auktionshauses oder Kunsthändlers findet daher grundsätzlich keine Interessenverschiebung gegenüber dem *Beispiel 1* statt, weshalb im Ergebnis davon auszugehen ist, dass die Veräußerung über einen Kommissionär von dem Projekt „Erstveräußerung des Werkes“ ebenfalls umfasst ist. Zudem kommen aufgrund der im Kunsthandel gängigen Zwischenschaltung eines Kommissionärs sowohl dieser als auch der Käufer, üblicherweise mit der Expertise im Rahmen ihrer typischen personellen Verwendungsreichweite in Kontakt, weshalb eine personelle Gerichtetheit zur Drittbeeinflussung in diesen Fällen zu bejahen ist.

---

788 Vgl. Kapitel 4 § 3 B. II. 1. a.

789 *Canaris*, ZHR 163, S. 235. Siehe auch Kapitel 4 § 3 B. II. 2. a. bb.

Die objektiv-personelle Gerichtetheit der Expertise als verdinglichte Erklärung an den Erstkäufer über die Zwischenschaltung eines Kommissionsverkaufes zieht derweil auch keine Erhöhung des Gesamthaftungsrisikos des Kunstexperten nach sich. Das Gesamthaftungsrisiko des Kunstexperten bei einer Versteigerung im Kommissionsmodell ist identisch mit dem einer direkten Veräußerung durch den Auftraggeber. Was die Bestimmung der konkreten Haftungssumme betrifft, so muss der Experte wie unter I. damit rechnen, dass die Expertise zumindest einer Erstveräußerung zugrunde gelegt wird. Dass dabei der Kommissionär die Verkäuferrolle einnimmt, macht aufgrund der wirtschaftlichen Identität keinen Unterschied. Dies gilt sowohl für die Expertisen von zuschreibungsautoritären als auch von nicht- zuschreibungsautoritären Kunstexperten.

Was *die zeitliche Bestimmtheit* zur Drittbeeinflussung angeht, so gilt das Gleiche wie für die Grundkonstellation im *Beispiel 1*: Die Kunstexpertise ist zeitlich so lange zur Drittbeeinflussung bestimmt, wie sich die objektive Begutachtungsgrundlage für das konkrete Werk im Einzelfall nicht derart geändert hat, dass die Expertise nach allgemeiner Verkehrsansicht nicht mehr den erforderlichen Stand der Wissenschaft widerspiegelt und damit keine Aussage mehr verkörpert, die aus dem Blickwinkel eines objektiven Betrachters dazu bestimmt ist, zur Grundlage eines fremden Rechtsgeschäftes gemacht zu werden.

Auch das Erfordernis der *subjektiven Erkennbarkeit* der Bedeutung der Expertise, im Rechtsverkehr bei Dritten Vertrauen in ihre Richtigkeit zu erwecken und ihre Bestimmtheit zur Beeinflussung von Drittgeschäften, ist im *Beispiel 2* auf Seiten des Experten erfüllt. Einem professionell für den Kunstmarkt tätigen Gutachter ist es bekannt, dass er mit Entäußerung der Expertise in den Rechtsverkehr objektiv eine vertrauenstaugliche Erklärung setzt, die üblicherweise im Rechtsverkehr und speziell für den Abschluss von Kaufverträgen Verwendung findet. Dabei ist im Ergebnis unerheblich, ob der Verkauf über ein Auktionshaus oder einen Kunsthändler abgewickelt wird, denn wirtschaftlich handelt es sich beim Kommissionsgeschäft immer um ein Geschäft seines Auftraggebers, mit dem der Experte zu rechnen hatte, da der Verkauf von Kunstwerken über einen Kommissionär den typischen Usancen auf dem Kunstmarkt entspricht.

2. Inanspruchnahme von Vertrauen in besonderem Maße und erhebliche Beeinflussung eines Drittvertrages

Ist der Kunstexperte weiterhin zurechenbar in der Öffentlichkeit als besonders sachkundiger Experte mit vielfältiger Berufserfahrung aufgetreten, so liegt auch eine Vertrauensinanspruchnahme in besonderem Maße vor. Kam außerdem die Veräußerung unter erheblicher Beeinflussung durch die Expertise zustande, so liegen für die Vier-Personen-Konstellation im Kommissionsmodell - sofern nicht besondere Umstände eine anderweitige Einordnung erfordern - auch die weiteren Tatbestandsvoraussetzungen des § 311 Abs. 3 S. 2 BGB vor.

Eine erhebliche Beeinflussung liegt immer dann vor, wenn durch das Gutachten die *essentialia negotii* beeinflusst wurden oder sich die wirtschaftliche Bewertung des Vertrages aus Sicht eines objektiven Dritten verändert und der Anspruchssteller auf das Gutachten vertraut hat.[790] Beides wird vermutet, wenn der Anspruchsteller von der Inanspruchnahmehandlung Kenntnis hatte und sich das Gutachtenergebnis objektiv in den *essentialia negotii* des Vertrages wiederfindet.[791]

3. Fazit und Interessengerechtigkeit des Ergebnisses

Die Konstellation des Erstverkaufes über ein Auktionshaus oder einen Kunsthändler im Wege des Kommissionsmodells wird damit im Ergebnis so gelöst, wie die unmittelbare Veräußerung durch den Auftraggeber.[792] In der Regel wird demnach eine Sonderverbindung nach § 311 Abs. 3 BGB zwischen Erstkäufer und Gutachter begründet, mit der Konsequenz einer Pflichtenkonstituierung im Umfang des § 241 Abs. 2 BGB. Dies ist in der Gesamtbetrachtung auch interessengerecht. Das für den Regelfall zu antizipierende Gesamthaftungsrisiko wird durch die Zwischenschaltung eines Kommissionärs gegenüber dem Direktverkauf nicht erhöht. Das Auktionshaus - bzw. der Kunsthändler - erwirbt kein Eigentum an dem Werk, sondern handelt auf Rechnung des Einlieferers, so dass der Verkauf wirtschaftlich dem Auftraggeber zuzuordnen ist.

Wie bereits in *Beispiel 1* verbleibt auch in dieser Konstellation für den Gutachter das Problem der unkalkulierbaren Wertsteigerung. Insoweit erfolgt nach dem in Kapitel 4 entwickelten Lösungsansatz die Begrenzung der maximalen Haftungssumme im Rahmen der Rechtsfolge des § 249 BGB,[793] worauf in diesem Kapitel unter § 1 D. II. noch näher eingegangen wird.

---

790 Kapitel 4 § 3 D. I. und II.

791 Kapitel 4 § 3 D. III.

792 So im Ergebnis auch *Goepfert,* S. 88, der mangels Eigentumserwerb des Auktionshauses im Auktionsverkauf einen Sonderfallfall sieht und daher auf das nach der hier vertretenen Ansicht nicht erforderliche Merkmal des direkten Geschäftskontaktes zwischen Auftraggeber und Käufer verzichtet. Vgl. ebenso *Wolf* S. 261 für den Kommissionsverkauf, allerdings mit Lösung über den VSD.

793 Kapitel 4 § 3 B. II. 2.a.cc. sowie Kapitel § 4 D. III.

III. Folgegeschäfte und Folgeverkäufe

Folgegeschäfte stellen die komplexesten der hier untersuchten Konstellationen dar. Bei dieser Fallgruppe nutzt der Erstvertrauende die Expertise gegenüber weiteren Personen und beeinflusst damit ein weiteres Rechtsgeschäft.

Folgegeschäfte stehen häufig in dem Verdacht besonders geeignet zu sein, die Haftung des Kunstexperten auf ein zu weites und unüberschaubares Maß hin auszuweiten. Dabei erscheint es auf den ersten Blick als besonders risikoträchtig, dass die Anspruchsteller in diesen Konstellationen gewöhnlich nicht mehr die direkten Vertragspartner des Auftraggebers der Expertise sind, sondern Personen, die außerhalb dieser Beziehung stehen. Neben der genauen Prüfung des Expertisenzwecks kommt es bei Folgegeschäften daher vornehmlich auf die Klärung der im Schrifttum kontrovers diskutierten Frage an, ob die Anwendung von § 311 Abs. 3 BGB das Gesamthaftungsrisiko des Gutachters in einer Weise erhöht, dass es nicht mehr berechenbar ist und inwieweit damit eine Haftungsbegrenzung bereits im Rahmen der objektiven Gerichtetheit und damit des Adressatenkreises geboten ist.

In der Sache sind Folgegeschäfte in den unterschiedlichsten Konstellationen und Gestaltungen denkbar. Denn nur sehr selten wird es nach einer Erstnutzung unter Weitergabe der Kunstexpertise ausgeschlossen sein, dass diese von dem Erstvertrauenden gegenüber Dritten weiterverwendet wird. Inhaltlich kann es sich dabei sowohl bei dem Erst- als auch bei dem Folgegeschäft um Verkäufe, Kreditsicherungsverträge, Beleihungen, Versicherungsverträge, Erbverträge oder ähnliche Vertragstypen handeln.

Als in der Praxis wichtigste und für die hier untersuchte Problematik interessanteste Fallgruppe sollen indes nur die der Folgeverkäufe Gegenstand der Untersuchung und näheren Betrachtung sein. Ein Folgeverkauf liegt immer dann vor, wenn der Erstkäufer das Werk unter erneuter Vorlage der Expertise an einen Zweitkäufer veräußert. Dieser Folgeverkauf kann sich natürlich auch mit weiteren Personen, also einem Dritt-, Viert -oder Fünftkäufer, noch weiter fortsetzen. Zudem ist es aufgrund der allgemeinen Marktentwicklung der letzten Jahrzehnte charakteristisch, dass bei Folgeverkäufen der Preis mit jedem Verkauf steigt, was den Verdacht der Risikokumulation für den Gutachter abermals verstärkt.

Dazu folgendes *Beispiel 3*: Der Auftraggeber veräußert das Kunstwerk nach Erhalt der echtheitsbestätigenden Expertise an K 1 für einen Kaufpreis von 50.000 Euro. K1 verkauft nach einem Jahr das Gemälde zum Kaufpreis von 150.000 Euro an K2 unter abermaliger Vorlage der Expertise. Wenig später wird bekannt, dass das Bild nicht von dem in der Expertise angegebenen Künstler stammt und der Marktwert nur 5.000 Euro beträgt. Fraglich ist daher, ob zugunsten von K2 noch die Tatbestandsvoraussetzungen von § 311 Abs. 3 S. 2 BGB gegeben sein können.

1. Die Inanspruchnahme von Vertrauen durch den Experten

a. Setzen einer vertrauenstauglichen Erklärung im Rechtsverkehr und personelle Bestimmtheit der Erklärung zur Drittbeeinflussung/Gerichtetheit

Soll der Kunstexperte, genau wie in den anderen Fallkonstellationen, Dritter im Sinne des § 311 Abs. 3 S. 2 BGB sein und liegt eine schriftliche, vorbehaltlose und hinsichtlich des Verwendungszwecks nicht eingeschränkte Expertise vor, die grundsätzlich dazu geeignet ist, eine positive Erwartungshaltung im Hinblick auf die Echtheit des Werkes zu erzeugen, kommt es für die Begründung des gesetzlichen Schuldverhältnisses besonders auf die Gerichtetheit bzw. die personelle Bestimmtheit der Expertise zur Beeinflussung eines Drittgeschäftes an.

Dass eine Kunstexpertise typischerweise zur Verwendung gegenüber Vertragspartnern des Auftraggebers für dessen „Erstveräußerungsprojekt" in seinen unterschiedlichen Varianten bestimmt ist, wurde bereits unter I. und II. dargelegt. Daher ist nunmehr fraglich, ob eine Kunstexpertise aus dem Blickwinkel eines objektiven Dritten auch zur Beeinflussung von Folgekäufen bestimmt ist. Fehlt es an entsprechenden konkreten Hinweisen in der Expertise, ist auch hier auf den jeweiligen Zweck des Gutachtens und dessen typische personelle Verwendungsreichweite abzustellen. Denn welcher Adressat sich aufgrund des objektiven Gutachterverhaltens und der tatsächlichen Umstände auf die im Rechtsverkehr objektiv gesetzte vertrauenstaugliche Erklärung verlassen darf und wem in der Folge haftungsrechtliche Konsequenzen zugutekommen sollen, konkret also, welcher objektive „Vertrauensradius" dem Gutachten anhaftet, bestimmt sich anhand dieser Kriterien.[794]

Der Zweck der Kunstexpertise liegt darin, die Echtheit des Werkes im Rechtsverkehr zu bescheinigen. Wäre damit ein Folgeverkauf grundsätzlich vom abstrakten Expertisenzweck umfasst, stellt sich allerdings die Frage, ob die Partner eines Folgeverkaufes auch typischerweise mit der konkreten Expertise in Berührung kommen. Dabei kommt es im Wesentlichen auf die jeweilige Person des Gutachters an, denn selbst wenn Kunstexpertisen zu dem Zweck erstellt wurden, die Echtheit des Werkes im Rechtsverkehr zu bescheinigen, so hängt ihre typische personelle Verwendungsreichweite – schon für die Inanspruchnahme von Vertrauen, ohne dass es auf eine Inanspruchnahme

794 Zu den Anforderungen an die objektive Bestimmtheit der Erklärung zur Beeinflussung des konkreten Drittgeschäfts vgl. Kapitel 4 § 3 B. II. 2.

in besonderem Maße ankommt – maßgeblich von der Reputation und Bedeutung des Kunstexperten ab.[795]

Auch wenn die jeweilige Prüfung insoweit dem Einzelfall überlassen bleiben muss, so kann, vor dem Hintergrund der Ausführungen in Kapitel 2 § 3 A. III., als entscheidendes Kriterium für die Relevanz und Akzeptanz des Expertenurteils in Form der Expertise und damit auch für die typische personelle Verwendungsreichweite des Gutachtens, das *Maß der Zuschreibungsautorität* des Kunstexperten herangezogen werden.

aa. Die Relevanz der Zuschreibungsautorität für die Bestimmung der typischen personellen Reichweite der Erklärung

Der Expertise eines zuschreibungsautoritären Experten wird auf dem Kunstmarkt eine singuläre Relevanz zugesprochen.[796] Dies hat zur Folge, dass das Urteil anderer Gutachter weitestgehend unbeachtet bleibt, bzw. diese bei Folgeverkäufen typischerweise nicht mehr hinzugezogen werden.[797] Insoweit haben zuschreibungsautoritäre Kunstgutachter eine ganz erhebliche Machtposition auf dem Kunstmarkt, was auf ihre besondere Stellung in der Wissenschaft und Forschung zurückzuführen ist. Die faktische Wirkung einer solchen Expertise ist es daher, die Echtheit des Werkes für den gesamten Markt zu klären. Hinsichtlich eines Folgeverkaufes kann daher davon ausgegangen werden, dass die gleiche Expertise typischerweise auch dem Zweit-oder-Drittkäufer vorgelegt wird, denn hat die einzige Instanz, die der Kunstmarkt für die Echtheitsbescheinigung anerkennt, einmal geurteilt, wäre es unsinnig, das gleiche Werk gegen erneutes Honorar nochmal auf seine Echtheit begutachten zu lassen.[798] Sogenannte

---

795 Insbesondere bei Gutachten zur Bestimmung des Beleihungswertes oder der Versicherungssumme eines Kunstwerkes liegt wohl häufig ein begrenzter Verwendungszweck vor, von dem z.B. nicht die Vorlage gegenüber einem späteren Erwerber des Werkes im Sicherungsfall umfasst ist. Vgl. dazu *Goepfert* S. 88. Hier ist der Expertisenzweck enger gefasst. Es kommt dabei jedoch wieder stets auf die Umstände des Einzelfalls an.

796 Zum Phänomen der Zuschreibungsautoritäten s. Kapitel 2 § 3 A. III.

797 Vgl. Kapitel 2 § 3 A. III.

798 Praktisch müsste in diesen Fällen dargelegt und nachgewiesen werden, dass der Experte tatsächlich Zuschreibungsautorität hat. Nach *von Brühl* S. 114 f., sind Indizien dafür: 1. Die an das Vorliegen einer Expertise gekoppelte Bereitschaft zum Abschluss eines Vertrages durch die Personen auf dem Kunstmarkt. 2. Die Akzeptanz der Expertisen bei anderen Kennern. 3. Die Intensität der Spezialisierung des Experten. 4. Der Umfang seiner fachspezifischen Veröffentlichungen. 5. Die Anzahl der an ihn gerichteten Expertisenanfragen. Zudem soll eine tatsächliche Vermutung

zuschreibungsautoritäre Kunstgutachten haben damit in der Regel die Funktion, die Echtheit des Werkes für den gesamten Markt zu bescheinigen, was sich deshalb im typischen Adressatenkreis der Expertise niederschlägt. Sind sich sowohl Auftraggeber als auch Experten dieses Umstandes zudem regelmäßig bewusst, entspricht es den Interessen der Beteiligten, im Falle einer fehlerhaften Kunstexpertise die personelle Gerichtetheit gegenüber weiteren Personen in der Kaufkette zu bejahen.

Ähnliches kann indessen für Kunstexpertisen von sehr renommierten Experten gelten, die keine singuläre Zuschreibungsautorität haben. Auch bei diesen kann, je nach Lage des Einzelfalls, durchaus davon ausgegangen werden, dass sie noch weiteren Personen innerhalb einer Kaufkette vorgelegt werden und auf ihre Richtigkeit vertraut wird. Ob dies allerdings der Fall ist, muss jeweils anhand der konkreten Umstände des Einzelfalls entschieden werden.

Gemäß dieser Wertung wird eine personelle Gerichtetheit im Einzelfall auch für Expertisen von staatlich vereidigten Kunstgutachtern zu bejahen sein. Hier verleihen die besondere Stellung als staatlich vereidigter Gutachter sowie das entsprechende Siegel eine besondere Autorität, was nahe legt, dass die Expertise im Einzelfall aus objektivem Blickwinkel geeignet und bestimmt sein kann, weiteren Personen als allein den direkten Geschäftspartnern des Auftraggebers vorgelegt zu werden.

Tendenziell abzulehnen ist die objektive personelle Gerichtetheit demgegenüber bei der Vorlage und Verwendung von Expertisen bei Folgeverkäufen, die von unvereidigten und auf dem Kunstmarkt eher unbekannten Privatgutachtern angefertigt wurden. Hier erstreckt sich die typische personelle Verwendungsreichweite in der Regel nur auf die Vertragspartner des Auftraggebers der Expertise. Denn solche Gutachten „hängen dem Werk nicht an" und ein Zweit- bzw. Folgekäufer wird in der Regel nicht auf eine eigene Prüfung verzichten. Wenngleich die Verwendung bei einem Zweitkauf nicht ausgeschlossen ist und auch vom Expertisenzweck gedeckt sein kann, wird als typische Verwendung in diesen Fällen daher nur die direkte oder über einen Kommissionär erfolgte Erstveräußerung des Auftraggebers bestimmt werden können. Je unbekannter der Kunstexperte, desto eher wird der (Zweit-)Käufer geneigt sein, der Expertise zu misstrauen und eine weitere Begutachtung zu veranlassen. Der typische Einflussradius nimmt, im Gegensatz zu denen von zuschreibungsautoritären Experten, zudem in erheblicher Weise mit dem Zeitverlauf ab. Je länger die Begutachtung

für das Bestehen von Zuschreibungsautorität bestehen, wenn ein Experte durch die Verweigerung der Expertise die Verkaufsmöglichkeit des Werkes verhindert.

durch einen unbekannten Experten zurückliegt, desto weniger vertrauenswillig wird der Folgekäufer sein. Um eine Bestimmung zur Drittbeeinflussung über einen solchen Erstverkauf hinweg anzunehmen, bedarf es daher in diesen Fällen konkreter Hinweise.[799]

Im Ergebnis kommt es bei der Frage nach der objektiven personellen Gerichtetheit der Expertise daher ganz wesentlich auf die Umstände des Einzelfalls an. Allgemein kann jedoch der Grundsatz formuliert werden, dass je bekannter ein Experte ist und je mehr Zuschreibungsautorität ihm zukommt, desto weiter ist auch die objektive, personelle Gerichtetheit zu ziehen. Die maximale personelle Reichweite kommt dabei den zuschreibungsautoritären Kunstexperten zu, deren Meinung hinsichtlich der Echtheit eines Werkes alleinige Relevanz vom Markt zugebilligt wird. Ob ein privater Kunstgutachter, dessen Einflussbereich darunter anzusiedeln ist, im Einzelnen eine ähnliche weite personelle Gerichtetheit für seine Expertisen zugesprochen bekommen kann, bedarf damit stets einer besonderen Klärung und Begründung.

bb. Das Problem der Haftungsbegrenzung

Erstreckt sich die personelle Gerichtetheit in einigen Fällen damit potenziell auf eine Vielzahl von unbekannten Adressaten, so kann dies vor dem Hintergrund der Haftungsbegrenzung nach dem hier vertretenen Haftungskonzept nur dann gerechtfertigt sein, wenn sich dadurch das Gesamthaftungsrisiko des Experten nicht erhöht.[800] Wie bereits anhand des *Beispiels 1*[801] dargelegt, hat der Experte regelmäßig zumindest mit einem Erstverkauf der begutachteten Sache zu rechnen. Eine Haftung gegenüber den Vertragspartnern eines Folgegeschäftes kann daher nur dann angenommen werden, wenn sich damit das Gesamthaftungsrisiko des Kunstexperten gegenüber dem Gesamthaftungsrisiko im Verhältnis zum Erstkäufer nicht steigert.

Wie bei der Tatbestandsbestimmung für § 311 Abs. 3 S. 2 BGB in Kapitel 4 herausgearbeitet, kann dabei das Wertsteigungsrisiko außer Acht gelassen werden, da der Gutachter dieses bereits gegenüber dem Erstkäufer trägt und ein effektiver

---

799 Entscheidend ist damit, dass die Expertise zwar den Zweck hat, die Echtheit des Werkes im Rechtsverkehr zu bestätigen, aber durch die typische Vorlagepraxis tatsächlich nicht die Echtheit für den Gesamtmarkt zu klären vermag.

800 Vgl. Kapitel 4 § 3 B. II. 2. cc. Für die Haftung für Kunstexpertisen erhebt es dagegen *Goepfert* neben der Gerichtetheit anhand des Expertisenzwecks zur Voraussetzung, dass der Anspruchsteller unmittelbar mit dem Auftraggeber des Gutachters in Kontakt zu treten hat; vgl. *Goepfert*, S. 87, 88.

801 Kapitel 5 § 1 A. I.

Interessenausgleich daher nicht durch eine Beschränkung des Kreises der potenziellen Anspruchsteller, sondern nur über eine nominelle Beschränkung der maximalen Gesamthaftungssumme hergestellt werden kann.[802] Als Anspruchsteller kommen damit lediglich Gläubiger in Betracht, die einen Schaden liquidieren wollen, der an die Stelle des Schadens ihres Vorgängers in der Kaufkette getreten ist, wenn also der Sache nach, eine Schadensverschiebung stattgefunden hat. Eine solche Schadensverschiebung findet bei Folgeverkäufen von Kunstwerken regelmäßig durch den Weiterverkauf statt, da sich der Schaden des jeweils Verkaufenden durch die Weitergabe der Sache auf den neuen Käufer verlagert.[803]

b. Subjektive Voraussetzungen der Inanspruchnahme von Vertrauen

Gilt in zeitlicher Hinsicht für die Bestimmtheit zur Drittbeeinflussung das Gleiche wie für die anderen Expertisen, so ist im Anschluss zu prüfen, ob für den Experten auch subjektiv erkennbar war, dass seine Expertise dazu bestimmt ist, einem Zweitverkauf zugrunde gelegt zu werden. Hier gilt eine ähnliche Überlegung wie bereits bei der objektiven Bestimmtheit: Ist der Experte wenig bekannt, so ist wahrscheinlich, dass ein Zweitkäufer eine weitere Expertise fordern wird. Mit steigendem Renommee steigt hingegen die Wahrscheinlichkeit eines diesbezüglichen Verzichtes. Subjektiv ist es jedenfalls für den zuschreibungsautoritären Kunstexperten regelmäßig erkennbar, dass seine Expertisen auf dem Markt eine derartige Wirkung haben, was zur Folge hat, dass es für ihn auch erkennbar ist, dass seine Expertisen typischerweise die Echtheit für den Gesamtmarkt klären.

2. Inanspruchnahme von Vertrauen in besonderem Maße und erhebliche Beeinflussung eines Drittvertrages

Wie bereits vorstehend ausgeführt, setzt die Entstehung einer Sonderverbindung bei Folgeverkäufen von vornherein voraus, dass der Kunstexperte in der Öffentlichkeit als besonders sachkundiger Experte mit vielfältiger Berufserfahrung aufgetreten ist, damit überhaupt eine Vertrauensinanspruchnahme gegenüber anderen Personen als dem Erstvertrauenden initiiert werden kann. Sie fällt deshalb tatbestandlich zusammen mit einer Inanspruchnahme von Vertrauen in besonderem Maße, bei der es immer darauf ankommt, ob die vertrauenstaugliche Erklärung objektiv den Anschein vermittelt, dass der Gutachter bei seiner Arbeit mit besonderer fachgerechter Ernsthaftigkeit, Gewissenhaftigkeit, Objektivität,

---

802 Vgl. Kapitel 4 § 3 B. II. 2. a. cc.

803 Zu den Einzelheiten der Problematik der Schadensverschiebung unter dem Aspekt der personellen Gerichtetheit der Expertise, vgl. Kapitel 4 § 3 B. II. 2. a. cc. bbb.

Neutralität und Sachkunde gearbeitet hat, so dass eine weitere Verifikation der Expertisenangaben verzichtbar ist. Schließlich muss der Vertrag unter erheblicher Beeinflussung durch die Expertise zustande gekommen sein. Dies wird vermutet, wenn der Anspruchsteller von der Inanspruchnahmehandlung Kenntnis hatte und sich das Gutachtenergebnis objektiv in den *essentialia negotii* des Vertrages wiederfindet,[804] wovon im *Beispiel 3* ebenfalls auszugehen ist.

3. Fazit und Interessengerechtigkeit des Ergebnisses

Nach den Ergebnissen im Rahmen von *Beispiel 3* hängt das Bestehen einer Sonderverbindung zwischen Experten und Erwerbern bei Folgeverkäufen im Ergebnis wesentlich von der Reputation und Bedeutung des Kunstexperten im Einzelfall ab. Für den Regelfall kann dabei konstatiert werden, dass die Expertisen zuschreibungsautoritärer Kunstexperten dazu geeignet sind, die Echtheit des Werkes dem gesamten Markt gegenüber zu bestätigen und bei der Mehrzahl der Verträge die Expertise typischerweise dem Werk „anhängt". Der Beteiligte des Folgeverkaufes ist im Falle der Expertise eines zuschreibungsautoritären Kunstexperten damit grundsätzlich tauglicher Anspruchsteller. Ähnliches gilt für sehr bekannte und staatlich vereidigte Kunstexperten. Demgegenüber ist der typische Adressatenkreis von Expertisen privater Kunstexperten ohne besondere Bekanntheit eher auf die Geschäfte des Auftraggebers beschränkt, wobei hier aufgrund besonderer Umstände des Einzelfalls auch eine andere Einordnung geboten sein kann.

Potenziell anspruchsberechtigter Adressat kann allerdings nur sein, wessen Teilnahme am Folgeverkauf nicht zu einer Schadenskumulation, sondern allein zu einer Schadensverschiebung geführt hat.[805] Das Wertsteigerungsrisiko muss bei

---

804 Kapitel 4 § 3 D. III.

805 Zur Entwicklung dieser Voraussetzung vgl. Kapitel 4 § 3 B. II. 2. A. cc. Von einem großen Teil der Autoren wird eine Haftung des Experten gegenüber dem Zweitkäufer für den Regelfall allerdings abgelehnt. So fehlt es bei Kunstexpertisen z.B. nach Ansicht von *Canaris* in der Regel an der Gerichtetheit (vgl. *Canaris*, ZHR 163, 206, 237), da der Zweck der Expertise grundsätzlich in der Beeinflussung des Projektes des Auftraggebers liegt und nicht in den Projekten späterer Erwerber. Dies soll auch interessengerecht sein aufgrund des Wertsteigerungsrisikos und der Schwierigkeit beim Rückruf der Expertise. Auch *Wolf* S. 252 ff., der die Kunstexpertisenhaftung allerdings über den VSD löst, verneint eine Haftung. Ähnlich, wenngleich skeptischer und die Haftung bei Folgeverkäufen nicht per se ausschließend, *Kersting* S. 249. Vgl. auch *Eichler* S. 344, der aufgrund seiner Tatbestandsvoraussetzungen eine Dritthaftung bei Folgeverkäufen wohl ebenfalls für denkbar hält.

diesem Prüfungsschritt außer Betracht bleiben, da dieses bereits gegenüber dem Erstkäufer getragen wird und mithin eine strukturelle Typizität der Dritthaftung für tatsachenfeststellende Gutachten an sich ist. Zwar bedarf die Begrenzung des Wertsteigerungsrisikos einer Lösung, da die Haftung des Experten entsprechend den Anforderungen des BGH kalkulierbar und versicherbar sein muss. Diese Lösung ist jedoch unter Berücksichtigung des gesamten Normengefüges des Schadensersatzanspruchs an anderer Stelle zu verorten, und zwar im Rahmen der Rechtsfolgeregelungen durch die Beschränkung der maximalen Haftungssumme auf den vermeintlichen Wert des angeblich echten Werkes bei Expertisenübergabe im Rahmen von § 249 BGB.[806] Dieses Ergebnis ist auch interessengerecht, da somit Kunstexpertisen, denen am Markt eine hohe Bedeutung zugesprochen wird, hinsichtlich ihres haftungsrechtlich legitimierten Adressaten flexibel sind, ohne dass sich dadurch das bei Gutachtenerstellung zu antizipierende Gesamthaftungsrisiko für den Experten gegenüber dem Erstkäufer erhöht.

B. Verletzung einer Pflicht nach § 241 Abs. 2 BGB

I. Pflichtverletzung durch eine Falschinformation des Anspruchstellers

Neben dem unter A. zunächst erörterten Bestehen einer Sonderverbindung zwischen Kunstexperten und geschädigtem Käufer ist eine weitere Voraussetzung für den Schadensersatzanspruch nach § 280 Abs. 1 i.V.m. §§ 311 Abs. 3 S. 2, 241 Abs. 2, 249 ff. BGB, dass die Verletzung einer Pflicht nach § 241 Abs. 2 BGB vorliegt.[807]

Darunter fallen im Rahmen des gesetzlichen Schuldverhältnisses keine Leistungs-, sondern nur Nebenpflichten, wie etwa Schutz- und Rücksichtnahmepflichten, deren Inhalt sich letztlich aus der Spezifik des konkreten Schuldverhältnisses ergibt. Für die Gutachterhaftung war bereits in Kapitel 4 § 4 B. festgestellt worden, dass der Experte eine Schutzpflicht gegenüber dem Vermögen des Anspruchstellers unter anderem dann verletzt, wenn er ein falsches Gutachtenergebnis mitteilt oder sich andere Tatsachenfeststellungen im Gutachten als falsch herausstellen. Nicht hingegen können Handlungen des Gutachters als Pflichtverletzungen eingeordnet werden, die allein seine Leistungspflicht gegenüber dem Auftraggeber betreffen.[808]

---

806 Vgl. dazu Kapitel 4 § 3 B. II. 2. a. cc. bbb. sowie Kapitel 4 § 4 D. III. Keine Notwendigkeit das Wertsteigerungsrisiko darüber hinaus einzuschränken sehen u.a. *Gerlach* S. 108; *Kersting* S. 249; *Goepfert* S. 88. Anders *Raue*, in: FS Säcker S. 1111.

807 Vgl. Kapitel 4 § 1 B. sowie Kapitel 4 § 4 B.

808 *Grüneberg*, in: Palandt, § 241 Rn. 7.

Eine Pflichtverletzung liegt deshalb bei Kunstgutachten dann vor, wenn der Kunstexperte dem Anspruchsteller mittels der Expertise eine fehlerhafte Information vermittelt hat.[809] Die typische und folgenreichste Fehlinformation ist dabei eine fehlerhafte Bescheinigung der Echtheit des Werkes.[810] Die Echtheit ist immer dann fehlerhaft dargestellt, wenn die tatsächliche Urheberschaft nicht mit der vom Experten behaupteten übereinstimmt. Gleiches gilt für weiter gefasste Echtheitswertungen z.B. im Hinblick auf das Herkunftsland oder die kunsthistorische Einordnung.

Daneben kann sich der Experte aber nicht nur hinsichtlich der Zuschreibung irren, sondern ebenfalls falsche Angaben zu anderen wertbildenden Fakten machen. Voraussetzung ist allerdings, dass der Experte die entsprechenden Daten in seiner Expertise ausdrücklich aufführt und diese nicht mit haftungseinschränkenden Hinweisen versieht. Beispielsweise kann eine durch den Experten geschätzte Datierung falsch sein, was deutliche Auswirkungen auf den Wert des Werkes haben kann, wenn das Werk aus einer völlig anderen Schaffensphase des Künstlers stammt.[811] Erheblich können zudem fehlerhafte Angaben des Experten zur Echtheit von Provenienzangaben sein, sollte er diese selbstständig recherchiert und in die Expertise mit aufgenommen haben.[812] In aller Regel bestätigt der Kunstexperte allerdings nur die Echtheit des Werkes, indem er beispielsweise formuliert, dass das Werk aus der Hand des Künstlers A stammt.[813]

Schließlich kann der Kunstexperte durch sein Gutachten bestimmte Aufklärungspflichten verletzt haben, wenn er, offen oder versteckt, von der nach Treu und Glauben statthaften Arbeitsweise und der üblichen Verkehrssitte abweicht, indem er entscheidungserhebliche Umstände in der Expertise unerwähnt lässt und so dem Vertrauenden, stets vor dem Hintergrund der expliziert formulierten Echtheitswertung, einen fälschlichen Gesamteindruck über das untersuchte Kunstwerk vermittelt.[814] Ein Beispiel wäre die später noch erörterte Begrenzung des Prüfungsrahmens ohne Hinweise auf eine nicht-authentifizierbare Provenienz.[815]

---

809 Kapitel 4 § 4 B.

810 Vgl. Kapitel 2 § 1 A.

811 Dies gilt aufgrund des Charakters der Schätzung allerdings nur für besonders grobe Fehler bei der Datierung, vgl. *Simons* S. 48, 49.

812 So kann es beispielsweise starke Auswirkungen auf den Kaufpreis haben, wie häufig ein Werk den Eigentümer gewechselt hat oder ob es aus dem Besitz eines berühmten Sammlers stammt.

813 Vgl. Kapitel 2 § 3 A. I.

814 Kapitel 4 § 4 B. II.

815 Vgl. Kapitel 5 § 1 C. III. 3. b. cc. bbb.

II. Pflichtverletzungen wegen nachwirkender Pflichten nach Gutachtenerstellung

Neben den Pflichten bei der Begutachtung des Werkes ist weiterhin zu klären, ob einem Kunstexperten noch weitere, der Begutachtung nachgeschaltete Pflichten gegenüber den Adressaten seines Gutachtens obliegen. So ist daran zu denken, dass durch die Informationsvermittlung und die damit einhergehende Sonderverbindung für den Kunstexperten eine Pflicht entsteht, die neuen Erkenntnisse und Entwicklungen in der Wissenschaft und Forschung im Hinblick auf den entsprechenden Künstler zu verfolgen und bei neuen Hinweisen, die nachträglich gegen die Echtheit des Werkes sprechen, das Werk neu zu prüfen bzw. die Expertise gewissermaßen „zu widerrufen". Konkret geht es demnach um eine Beobachtungs-, Neuprüfungs- und Rückrufpflicht aufgrund des Bestehens der Sonderverbindung. Dahinter steht die Überlegung, dass der Kunstexperte im Rechtsverkehr eine vertrauenstaugliche Erklärung gesetzt hat, die fortwirkt und über einen langen Zeitraum hinweg Drittverträge beeinflussen kann. Aus diesem Grund könnte er dazu verpflichtet sein, seine Expertise bei neuen Erkenntnissen, die dazu geeignet sind seine Ergebnissen in Zweifel zu ziehen, zu korrigieren bzw. zu widerrufen, um Schäden zu vermeiden.

Obwohl der Kunstexperte mit einem solchen Rückruf tatsächlich Schäden vom Rechtsverkehr abwenden könnte und dies in aller Regel auch tun wird, so kann eine dahingehende Pflicht im Rahmen des gesetzlichen Schuldverhältnisses aus § 311 Abs. 3 S. 2 BGB nicht bestehen. Die Inanspruchnahme von Vertrauen bezieht sich stets nur auf das Echtheitsurteil zum Zeitpunkt der Begutachtung. Allein dieser Zeitpunkt ist für die Frage des Verschuldens erheblich. Weitergehende Beobachtungspflichten erwachsen durch die Sonderverbindung nicht. Auch der Rechtsverkehr muss sich darüber im Klaren sein, dass ein Gutachten stets nur eine Meinungsäußerung zum Zeitpunkt der Erstellung beinhaltet. Eine Überwachungs-, Neuprüfungs- und Rückrufpflicht ist von den verkehrsüblichen Anforderungen an den Kunstexperten daher nicht mehr umfasst.

III. Fragen der Darlegungs- und Beweislast

Prozessrechtlich hat der Anspruchsteller aufgrund der allgemeinen Darlegungs- und Beweislastregeln die jeweilige Pflichtverletzung darzulegen und ggf. zu beweisen. Zur Vorbereitung seines Sachvortrags im Prozess kann es hilfreich sein, dazu ein Privatgutachten einzuholen, welches geeignet ist, fachlich fundiert die fehlerhafte Expertise zu widerlegen.[816] Bereits dieser Nachweis kann allerdings problematisch sein. Nötig sind jeweils Tatsachen, die die bescheinigte Echtheit zweifelfrei widerlegen und einen sicheren Schluss auf die Fehlerhaftigkeit der Expertise erlauben. Bei stilkritischen Gutachten besteht insoweit das Problem, dass sie subjektive Erwägungen enthalten, also im Grunde eine – wenngleich fachlich und wissenschaftlich fundierte – Meinungsäußerung darstellen. Bei korrekter Sichtung der Tatsachengrundlage besteht also regelmäßig ein gewisser Beurteilungsspielraum des Kunstexperten, der nur in einem engen Rahmen, anhand der Regeln des Faches, widerlegt werden kann. Damit ist ein Gegengutachten zu einer stilkritischen Analyse zwar nicht per se für dessen Widerlegung ungeeignet, es muss allerdings die Unechtheit des Werkes zweifelsfrei darlegen. Für den Nachweis der Unechtheit sind daher insbesondere naturwissenschaftliche Gutachten oder anderweitige direkte Fälschungsnachweise geeignet, wie z.B. die Bestätigung der Verwendung von Farbzusammensetzungen oder anderen Materialien, die zur Zeit der Entstehung des Werks nicht verfügbar waren.[817]

C. Verschulden und Sorgfaltspflichtmaßstab

Da das Gesetz nur den subjektiv vorwerfbaren Verstoß gegen die Sorgfaltspflicht nach § 241 Abs. 2 BGB mit einer Schadensersatzpflicht sanktioniert, soll nachfolgend im Einzelnen geklärt werden, wie der Verschuldensmaßstab des § 276 Abs. 2 BGB, nach dem fahrlässig handelt, wer die im Verkehr erforderliche Sorgfalt außer Acht lässt, konkret auf die Fälle fehlerhafter Kunstexpertisen anzuwenden ist.[818]

Während den Anspruchsteller als Geschädigten die Darlegungs- und Beweislast für die tatsächlichen Voraussetzungen des Entstehens einer Sonderverbindung, der Pflichtverletzung und des Schadens trifft, gilt dies nicht für das Verschulden, denn insoweit geht das Gesetz bei Vorliegen der Pflichtverletzung implizit vom Verschulden des Antragsgegners aus. Die Beweis- und

---

816 Privatgutachten sind lediglich Teil des Sachvortrags (BGH NJW 1993, 2382). Das Gericht kann zwar von einer weiteren Beweiserhebung absehen, wenn es die Beweisfrage bereits durch das Privatgutachten geklärt sieht, widerspricht jedoch der Gegner mit greifbaren Gegenargumenten, wird das Gericht die Einholung eines Sachverständigengutachtens anordnen. Zu den Anforderungen an die Aufklärungspflicht des Gerichts u.a. BGH VersR 1981, 576; NJW 1982, 2874.

817 Vgl. dazu Kapitel 2 § 2 B.

818 Zur Beschränkung der Untersuchung auf die Fälle der Fahrlässigkeit und zu den Voraussetzungen dieses Haftungsmaßstabs vgl. die Ausführungen in Kapitel 4 § 4 C.

Darlegungslast dafür, dass die Pflichtverletzung nicht von ihm verschuldet war, obliegt gemäß § 280 Abs. 1 S. 2 BGB deshalb dem Gutachter.

I. Allgemeine Sorgfaltspflichtsanforderungen an die Expertisenerstellung

Wie bereits in Kapitel 2 § 3 A. V. dargelegt, hat der Kunstexperte einige für die Gutachtertätigkeit essenzielle berufsethische Standards bei seiner Arbeit zu beachten. Diesen darf er nicht zuwiderhandeln, wenn er sich bei seiner Tätigkeit sorgfaltspflichtkonform verhalten und einer Haftung entgehen möchte. Dabei gelten für den staatlich vereidigten Sachverständigen die rechtlichen Rahmenregelungen der MSVO sowie die dazu ergangenen Richtlinien der einzelnen Industrie und Handelskammern.[819] Obligatorisch ist danach die Schriftform, eine unabhängige, neutrale und persönliche Gutachtenerstellung sowie eine Begründung, soweit diese möglich ist.[820] Von dem Privatgutachter kann in Ermangelung einer anderweitigen vertraglichen Abrede ebenfalls Schriftform erwartet werden, allerdings keine Begründung.[821] In beiden Fällen dürfen sowohl der Auftraggeber als auch der geschädigte Dritte grundsätzlich erwarten, dass der Experte bei seiner Tätigkeit eigenhändig sowie objektiv und neutral handelt. So dürfen beispielsweise fachfremde Erwägungen nicht in das Expertisenergebnis einfließen. Sollte der Kunstexperte daher ein Gefälligkeitsgutachten anfertigen oder einen Ermessensspielraum bewusst zugunsten des Auftraggebers ausüben und beruht das Ergebnis der Echtheitswertung zumindest auch auf diesem Umstand, so hat er die Falschinformation regelmäßig zu vertreten.

II. Inhaltliche Sorgfaltspflichtsanforderungen an die Expertisenerstellung

Die meisten fehlerhaften Expertisen werden allerdings nicht auf Fehlern wegen Verstoßes gegen diese wesentlichen Grundsätze der Expertisenerstellung beruhen, sondern auf einer Art und Weise der Anfertigung, die hinsichtlich der Anwendung, Gewichtung und Recherche der einzelnen potenziellen Erkenntnisquellen der Zuschreibung[822] nicht den Regeln des Faches entspricht.

Grundsätzlich haben sowohl Privatexperten als auch vereidigte Sachverständige ihre Tätigkeit inhaltlich gewissenhaft, nach den entsprechenden Regeln der Kunst bzw. des Faches, also *lege artis*,[823] auszuüben. Der Sorgfaltspflichtmaßstab

---

819 Kapitel 2 § 3 A. V.

820 Kapitel 2 § 3 A. V. 1.

821 Vgl. Kapitel 2 § 3 A. V. 2.

822 Vgl. Kapitel 2 § 2.

823 *Müller-Chen*, in: Kunst & Recht S. 59 ff. Vgl. ebenso *Wolf* S. 163.

richtet sich dabei konkret nach dem, was objektiv in den entsprechenden Verkehrskreisen von der Arbeit eines Kunstexperten typischerweise erwartet werden kann.[824]

Grundsätzlich kann dabei sowohl von einem Privatgutachter als auch von einem staatlich vereidigten Gutachter erwartet werden, dass er nach dem *neuesten Stand der Wissenschaft* arbeitet und über das erforderliche Spezialwissen sowie die notwendigen Fähigkeiten für die Begutachtung verfügt oder sich diese aneignet.[825] Entscheidender Zeitpunkt ist dabei regelmäßig der der Erstellung des Gutachtens.[826] Maßstab für das Verschulden sind daher jene Fähigkeiten und Erkenntnisse, die dem Gutachter zum Zeitpunkt der Begutachtung zur Verfügung standen, da es sich bei der Expertise stets nur um eine Wertung auf der Grundlage des damaligen Erkenntnisstandes handeln kann. So muss der Gutachter alle wissenschaftlichen Erkenntnisse bis zum Zeitpunkt der Fertigstellung des Gutachtens berücksichtigen. Erkenntnisse, die später zugänglich sind, fallen nicht darunter. Wird z.B. nach der Begutachtung ein neues, bisher unbekanntes Werk des Künstlers aus derselben Schaffenszeit des begutachteten Bildes entdeckt, das zu einer anderen Einordnung im Rahmen der stilkritischen Analyse führen könnte, dann würde dies keinen Schuldvorwurf gegenüber dem Gutachter rechtfertigen. Denn diese neue wissenschaftliche Erkenntnis müsste bei der Nachprüfung der Gutachterarbeit außer Acht gelassen werden, da der maßgebliche Zeitpunkt für die Sorgfaltspflichtsbestimmung und Beurteilung nur der Zeitpunkt der Expertisenerstellung ist, da die Expertise stets nur ein vorläufiges Urteil und kein Dauerzeugnis ist.[827]

Auch ein sog. „späteres Verschulden" wegen eines fehlenden Hinweises auf neue Erkenntnisse kommt nicht in Betracht. Den Kunstexperten trifft im Rahmen der Sonderverbindung keine Beobachtungs-, Neuprüfungs- oder Rückrufpflicht beim zutage treten neuer Erkenntnisse.[828]

III. Die Anforderungen an die Sorgfalt bei Anwendung der verschiedenen Untersuchungsmethoden unterschiedlicher Erkenntnisquellen

Was den Umfang der Prüfungspflichten im Hinblick auf die einzelnen Erkenntnisquellen angeht, so steht dieser in direkter Abhängigkeit zu den im Einzelfall

824 Vgl. *Goepfert* S. 92.

825 *Goepfert* S. 92; *Huttenlauch*, in: KUR 04, 122. In diesem Sinne auch *Wolf* S. 163.

826 *Wolf* S. 163 mit Verweis auf OLG Hamm NJR-RR 1991, 731.

827 *Gerlach* S. 48.

828 Kapitel 5 § 1 B. II.

zugänglichen und erlangbaren Erkenntnissen im Rahmen der der jeweils obligatorisch vorzunehmenden Prüfungen. Je nachdem, welche Erkenntnisse bei der obligatorischen Prüfung zutage treten, kann in der Konsequenz ein verschärfter Prüfungsmaßstab anzulegen sein, der weitere Untersuchungen erforderlich macht.

Um dieses Interdependenzverhältnis zwischen Informationen und Prüfungspflichten greifbar zu machen, sollen daher im Folgenden zunächst die grundsätzlichen Anforderungen an die Sorgfaltspflichten für das fachgerechte Erstellen von Kunstgutachten speziell in Bezug auf die verschiedenen Untersuchungsmethoden näher untersucht werden. Dies wirft im Rahmen des hier behandelten Verschuldensmaßstabs dabei vor allem die Frage auf, welche Methoden der Experte bei der Authentifizierung nach der Verkehrsanschauung obligatorisch anzuwenden und in welchem Umfang er diese vorzunehmen hat. Denn wie bereits in Kapitel 2 näher dargestellt und herausgearbeitet wurde, unterscheiden sich die einzelnen Untersuchungsmethoden verschiedener Erkenntnisquellen stark in ihrem Aussagegehalt hinsichtlich der Echtheitswertung.[829]

Im Anschluss soll erörtert werden, was die Konsequenzen einer Missachtung dieser Pflichten sind und welche Auswirkungen die erlangten Erkenntnisse auf den weiteren Prüfungsumfang haben. Dabei ist auch zu klären, welche weiteren Hinweise im Hinblick auf gewonnene Erkenntnisse sowie getätigte bzw. nicht angewendete Untersuchungsmethoden zusammen mit dem Endergebnis in die Expertise aufgenommen werden müssen und welche Sorgfaltspflichten den Experten bei der Würdigung treffen, das heißt, inwieweit der Gutachter die einzelnen Ergebnisse in seine Wertung über die Authentizität zu integrieren hat.

Die nachfolgende inhaltliche Bestimmung der Sorgfaltspflichten behandelt diese Fragen dabei mit dem Ziel, Mindestanforderungen zu formulieren, mit denen aus Sicht der Verkehrskreise objektiv gerechnet werden kann, unter Beachtung des jeweiligen Vertragszwecks zwischen Auftraggeber und Gutachter und Berücksichtigung des Schutzes des Rechtsverkehrs, entsprechend dem Grundsatz von Treu und Glauben nach § 242 BGB.

Ausschlaggebendes Gewicht bei der Frage nach dem Verschulden kommt weiterhin nicht nur der Feststellung der Außerachtlassung der im Verkehr erforderlich Sorgfalt zu, sondern genauso dem Zusammenhang von vorwerfbarer Sorgfaltspflichtsverletzung und Falschinformation. Der Grund ist, dass nicht jede Sorgfaltspflichtsverletzung automatisch auch zu einer Fehlinformation führt. So kann z.B. die unterlassene Überprüfung einer Information zur Provenienz eine

829 Kapitel 2 § 2.

objektive Außerachtlassung der im Verkehr erforderlichen Sorgfalt darstellen, ohne ursächlich für die falsche Beurteilung der Echtheit gewesen zu sein, da die bei pflichtgemäßer Prüfung erlangte Information über die Provenienz am Ergebnis des Endurteils nichts geändert hätte. In der Folge ist nach der Feststellung eines Sorgfaltspflichtsverstoßes daher stets genau zu prüfen, ob diese auch ursächlich für das falsche Echtheitsurteil des Experten war.

1. Stilkritische Analyse

Die Durchführung einer umfassenden stilkritischen Analyse bildet das Fundament der Expertise und stellt die primäre Erkenntnisquelle für die Echtheitsbegutachtung dar.[830] Sie ist in jedem Authentifikationsprozess durchzuführen. Dabei muss der Experte das Werk im Original betrachten und darf es nicht allein anhand eines Fotos beurteilen.[831] Hintergrund ist, dass der Experte bei seiner Tätigkeit von einer nachgewiesenen und möglichst genau bestimmten Tatsachengrundlage auszugehen hat. Dazu gehört bei einem Gemälde die genaue Betrachtung des Farbauftrags im Detail. Grundsätzlich kann nicht ausgeschlossen werden, dass auf Fotografien Details weniger deutlich zutage treten als bei einer Betrachtung im Original. Expertisen ausschließlich anhand einer Fotografie sind daher zu fehlergeneigt, um sorgfaltspflichtskonform zu sein.[832] In stilkritischer Hinsicht muss der Experte das Werk indessen umfassend und erschöpfend unter Berücksichtigung aller erheblichen Gesichtspunkte untersuchen.[833] Es kann erwartet werden, dass dies auf der Grundlage des neuesten Standes der Wissenschaft erfolgt.[834] Dabei obliegt es dem Gutachter, die unterschiedlichen Vergleichsergebnisse zu anderen Werken des Künstlers gegeneinander abzuwägen und zu gewichten, um so schließlich zu einem Gesamtergebnis zu gelangen.[835] Wenn dem Gutachter eine umfassende Prüfung nicht möglich ist, so hat er darauf hinzuweisen. In der Sache muss das abschließende Expertenurteil, um ein Verschulden nach den Regeln des Faches ausschließen zu können, in einem Maße vertretbar sein, dass darauf kein Fahrlässigkeitsvorwurf gründen kann. Unvertretbar wäre eine stilkritische Analyse beispielsweise dann, wenn deutlich

830 So u.a. auch *von Brühl* S. 44, 138; *Gerlach* S. 48.

831 *Raue*, in: FS Säcker S. 1112; *von Brühl* S. 137; *Gerlach* S. 34 m.w.N. Hingegen bejaht *Huttenlauch*, in: KUR 204, 123 offenbar die Möglichkeit das Werk lediglich auf Fotos zu begutachten, soweit in der Expertise darauf hingewiesen wird. Ebenso *Wolf* S. 166.

832 In diesem Sinne auch *von Brühl*, S. 137 m.w.N.

833 *Von Brühl* S. 138; *Wolf* S. 90.

834 *Gerlach* S. 33; *Wolf* S. 163.

835 Im Sinne einer variablen Vorgehensweise auch *Wolf* S. 88; *von Brühl* S. 138.

erkennbare Umstände außer Acht gelassen wurden, die eine anderweitige Einordnung erforderlich gemacht hätten. Gleiches gilt für eine in der Sache unvertretbare Gewichtung der einzelnen stilkritischen Erwägungen.

Problematisch ist in diesem Zusammenhang die sehr gängige Praxis der Nichtbegründung der Expertisen. Zwar hat der Kunstexperte sein Echtheitsurteil im Prozess nachträglich zu begründen, um darzulegen, dass ihn kein Verschulden trifft. Offenkundig verbleibt ihm dabei aber der Vorteil, dass er nicht an bestimmte Erwägungen festgehalten werden kann, die er ansonsten im Rahmen einer ausführlichen Begründung in der Expertise schriftlich fixiert hätte.

Fraglich ist in diesem Zusammenhang, inwieweit der Kunstexperte hinsichtlich seiner stilkritischen Erwägungen mit Erfolg vortragen kann, dass die Zuschreibung „auf seinem Auge für den Künstler" beruhe, sie also ein Werturteil oder auch ein „Akt wertender Erkenntnis"[836] darstelle.[837] Denn nach einer breiten Auffassung im kunst- und rechtswissenschaftlichen Schrifttum ist das stilkritische Urteil in Gänze oder zumindest ab einem gewissen Punkt nicht mehr verbalisierbar und damit nur eingeschränkt überprüfbar.[838]

Dieser Auffassung ist zwar zuzugestehen, dass es bei der stilkritischen Einordnung eines Werkes tatsächlich im wesentlichen Maße auf ein intuitives Moment ankommt.[839] Gleichwohl wird der Kunstexperte zu seiner Entlastung genau vorzutragen haben, welche verbalisierbaren Erwägungen er angestellt hat, und sich zudem um die Verbalisierung bemühen müssen.[840] Wenngleich es für die abschließende Beurteilung und Einordnung letztlich wohl auf das Kennerauge ankommt, kann ihn dies insoweit nicht von der Pflicht zu einer vorgeschalteten kritischen Analyse entbinden. Insoweit hat der Kunstexperte im Prozess genau darzulegen, ab welchem Punkt sein Urteil auf Intuition oder seinem „Kennerauge" beruhte. Diese Darstellung muss schlüssig sein. Wurden z.B. grobe und deutliche Abweichungen

---

836 *Raue*, in: FS Säcker S. 1112.

837 Vgl. Kapitel 2 § 2 A.

838 Siehe dazu Kapitel 2 § 2 A. für w. N.; vgl. ebenso *von Brühl* S. 139 Fn. 479, die insoweit mit Hinweis auf *Huttenlauch*, KUR 2004, 123 konstatiert: „Die Grenzen der Verbalisierbarkeit ergeben sich schon aus dem intuitiven Charakter des Zuschreibungsprozesses. Der Experte beurteilt die Echtheit aus einem Bildgedächtnis, das er sich durch langjährige Beschäftigung mit dem Oeuvre des jeweiligen Künstlers erarbeitet hat und das ihm ein Echtheitsgespür gewährt, welches sich im Einzelnen häufig gar nicht mehr versprachlichen lässt." Zur eingeschränkten Nachprüfbarkeit vgl. auch *Raue*, in: FS Säcker S. 1112.

839 Vgl. dazu Kapitel 2 § 2 A. m.w.N.

840 In diesem Sinne auch *von Brühl* S. 139.

zum Duktus der übrigen Werke des Künstlers ignoriert, so kann sich der Experte zu seiner Entlastung nicht allgemein auf „sein Auge für den Künstler" berufen. Ebenso wird man bei Ergebnissen, die diametral den bisherigen Einordnungen eines ganz überwiegenden Teils der Fachwelt entgegenstehen, mindestens von einer Hinweispflicht auf die anderen Ansichten ausgehen können.

Soweit der Kunstexperte im Rahmen seines intuitiven Kennerschaftsurteils gewissenhaft und neutral geurteilt und etwaige Beurteilungsspielräume nicht bewusst zugunsten oder zu Ungunsten des Auftraggebers genutzt hat, wird das Ergebnis der stilkritischen Analyse damit eher selten in einem Maße fachlich unvertretbar sein, dass es für sich geeignet ist, eine Sorgfaltspflichtsverletzung zu begründen. Meist wird der Kunstexperte seine stilkritische Einordnung zu rechtfertigen wissen. Besonderes Gewicht kommt daher den anderen potenziellen Erkenntnisquellen zu, insbesondere der Frage, wie sie als objektive Erkenntnisquellen mit den Erwägungen der stilkritischen Analyse, in die insbesondere subjektive Wahrnehmungen und Wertungen einfließen, korrelieren.

2. Die naturwissenschaftlichen Untersuchungen

Neben der stilkritischen Analyse als zentraler Erkenntnisquelle der Zuschreibung stellt sich die Frage, inwieweit das Werk auch im Hinblick auf die Materialbeschaffenheit und Oberflächen- sowie Tiefenstruktur vom Kunstexperten selbst oder durch einen Dritten zu begutachten ist.[841] Dies gilt insbesondere vor dem Hintergrund, dass hierdurch Fälschungen auf naturwissenschaftlicher Basis enttarnt werden können.

Insofern ist zunächst festzustellen, dass der Experte Verfahren, die er nicht selbst durchzuführen in der Lage ist – wie in aller Regel die Untersuchung der Tiefenstruktur des Werkes sowie die Materialuntersuchungen – nicht ohne expliziten Gutachtenauftrag auf Kosten des Auftraggebers anfertigen lassen darf. Der Grund ist der zusätzliche Kostenaufwand, der mögliche Eingriff in die Werkssubstanz und das Transportrisiko, zumal der Aussagegehalt der Verfahren im Hinblick auf die Echtheit des Werkes gering ausfallen kann.[842] Die obligatorische Einholung eines umfassenden naturwissenschaftlichen Gutachtens wird deshalb fast einhellig verneint.[843]

841 Zur Charakteristik einzelner Analyseverfahren s. Kapitel 2 § 2 B.

842 Dies gilt insbesondere für die Materialuntersuchung, die in der Regel nur Auskunft darüber geben kann, dass ein Werk nicht in einem bestimmten Zeitraum geschaffen wurde, vgl. dazu Kapitel 2 § 2 B.

843 *Gerlach* S. 46 f. Ebenso im Ergebnis wohl *von Brühl* S. 45, 137 und *Wolf* S. 93. Vgl. ebenso LG Köln GRUR-RR 2012, 444 zu den Sorgfaltspflichten eines Auktionshauses.

Davon zu unterscheiden sind hingegen naturwissenschaftlichen Untersuchungen, die von dem Gutachter selbst durchgeführt werden können. Denn es kann erwartet werden, dass der Experte die Echtheit, soweit ihm dies im konkreten Fall möglich und zumutbar ist, umfassend mit den üblichen und leicht durchführbaren Untersuchungen selbst und ohne zusätzlichen Auftrag überprüft. In der Regel sind dies Oberflächenuntersuchungen wie die Streiflichtuntersuchung, die UV-Bestrahlung und die mikroskopische Betrachtung.[844] Sind solche Untersuchungen trotz Zumutbarkeit unterblieben und wäre der Experte bei ihrer Vornahme zu einem anderen Urteil gekommen, so läge ein Verschulden vor. Dieses gilt jedoch nicht, wenn auch bei Durchführung dieser Untersuchungen eine Fälschung nicht aufzudecken gewesen wäre und die Ergebnisse eine anderweitige Einordnung im Rahmen der stilkritischen Analyse nicht erforderlich gemacht hätten. Der obligatorische Prüfungsumfang im Hinblick auf die naturwissenschaftlichen Untersuchungen richtet sich daher im Ergebnis nach den individuellen Möglichkeiten des Kunstexperten, die umfassend auszuschöpfen sind.

Daneben können die Umstände des Einzelfalls aber auch eine weitergehende, kostenintensive naturwissenschaftliche Untersuchung indizieren. Anlass dafür kann zunächst die Beschaffenheit des Werkes selbst geben. Sollten sich beispielsweise an einzelnen Stellen der Werksubstanz Auffälligkeiten oder Unstimmigkeiten zeigen, die geeignet sind, die Zuschreibung infrage zu stellen oder sogar einen Fälschungsverdacht nahe legen, so erwächst daraus die Notwendigkeit einer weitergehenden naturwissenschaftlichen Untersuchung. Ebenso könnten sich nach einer eingehenden Oberflächenuntersuchung Fingerabdrücke auf dem Werk finden. Sollte es dann gesicherte Erkenntnisse über die Fingerabdruckform des Künstlers geben, beziehungsweise eventuell sogar eine derartige Signiertechnik bestehen, so ist es geboten, eine Daktyloskopie vorzunehmen.[845]

Die Notwendigkeit für weiterführende Prüfungen kann ferner durch die Interdependenz der naturwissenschaftlichen Untersuchungen mit den anderen Erkenntnisquellen begründet werden. Dies gilt zuvorderst für die bereits erörterte stilkritische Analyse. So ist denkbar, dass die stilkritische Analyse konkreten Anlass zu Zweifeln an der Echtheit gibt, wenn z.B. eine vom Duktus des Künstlers abweichende Pinselführung oder Farbauftrag an eine Fälschung denken lässt. Dann besteht ein begründeter Bedarf nach einer naturwissenschaftlichen

844 Soweit es die Streiflichtuntersuchung betrifft, ebenso *Gerlach* S. 47.
845 Vgl. dazu Kapitel 2 § 2 B. II.

Untersuchung als unterstützendes oder auch widerlegendes Zusatzgutachten.[846]

Ähnlich dieser Konstellation sind weitere Sachverhalte denkbar, bei denen etwa die Einholung einer Tiefenstrukturanalyse die sorgfaltspflichtskonforme stilkritische Analyse erst ermöglicht oder komplettiert. Dies wird beispielsweise dann der Fall sein, wenn ein bisher unbekanntes Werk eines alten Meisters entdeckt wird und der Gutachter weiß, dass der Künstler dem Farbauftrag seiner Werke stets eine bestimme Vorzeichnung zugrunde zu legen pflegte. Sodann besteht eine sehr hohe Wahrscheinlichkeit, dass eine mögliche Fälschung diese Vorzeichnung nicht aufweisen kann oder ihre Existenz eine direkte Zuschreibung ermöglicht.

Sollte die Einholung eines naturwissenschaftlichen Gutachtens aufgrund der Umstände des Einzelfalls geboten erscheinen, muss sich der Experte in der Folge zunächst um die Einwilligung des Auftraggebers zur weiteren Untersuchung bemühen, soweit diese nicht bereits vorliegt. Erteilt der Auftraggeber sein Einverständnis nicht, kann der Gutachter die Expertise entweder ganz verweigern oder in der Expertise einen entsprechenden Vorbehalt hinsichtlich der Validität der Zuschreibung formulieren. In jedem Fall müssen sich die Zweifel in Form einer eingeschränkten Zuschreibung manifestieren.[847] Ansonsten wäre die Zuschreibung in ihrem uneingeschränkten Aussageradius insoweit fehlerhaft, als dass sie einen Prüfungsumfang und damit ein Maß an Verlässlichkeit suggeriert, der tatsächlich nicht angelegt wurde. Ebenso können den Experten Hinweispflichten treffen, wenn diese im Einzelfall durch die Bedeutung der Zweifelsmomente angezeigt sind.

Unabhängig von der stilkritischen Analyse und der Beschaffenheit des Werkes selbst, kann sich eine Pflicht zur Heranziehung eines naturwissenschaftlichen Gutachtens aber auch aus dem allgemeinen Sachstand nach Prüfung der weiteren Erkenntnisquellen ergeben. Dies gilt insbesondere bei der Unvollständigkeit oder Nichtauthentifizierbarkeit der Provenienz. Auf diese Interdependenz zwischen Sachstand und Sorgfaltspflichtsmaßstab soll bei der folgenden Untersuchung der weiteren Erkenntnisquellen näher eingegangen werden.

---

846 *Von Brühl* S. 45. Ähnlich auch *Gerlach* S. 47, allerdings mit Unterschieden hinsichtlich der abgeleiteten Folgen. In diesem Sinne auch *Wolf*, S. 167, der allgemein feststellt, dass der Gutachter jedwedem Zweifel unter Zuhilfenahme angemessener Hilfsmittel nachzugehen hat.

847 *Wolf* S. 93; *von Brühl* S. 138 m.w.N.

3. Die Provenienzrecherche

Neben der stilkritischen Analyse und den naturwissenschaftlichen Untersuchungen kommt der bereits in Kapitel 2 näher behandelten Provenienzrecherche[848] eine besonders wichtige Rolle bei der Authentifizierung eines Werkes zu. In der Sache wird dabei anhand von Angaben und Belegen sowie weiteren Informationsquellen die Eigentümer/Besitzerhistorie des jeweiligen Werkes überprüft.[849] Wie wichtig sorgfältige Provenienzrecherchen sind, haben besonders deutlich die Ereignisse im Fälscherskandal Beltracchi gezeigt, wo entscheidende Fälschungshinweise durch eine unzureichende Recherche unentdeckt geblieben waren.[850]

Dabei muss der Aussagegehalt der Provenienz differenziert betrachtet werden. Die Angaben zur Provenienz sind aufgrund des Erfordernisses der Konnexität und Authentizität i.d.R. nur dazu geeignet, sich auf die Echtheitswahrscheinlichkeit auszuwirken, sprich, das Ergebnis der stilkritischen Analyse entweder zu stützen oder an diesem Zweifel hervorzurufen, nicht aber eine selbsttragende Echtheitswertung anzugeben.[851] Macht der Auftraggeber konkrete Angaben zur Provenienz, so sieht sich der Gutachter daher grundsätzlich einer entscheidungserheblichen, nicht aber einer entscheidungstragenden Tatsachenbehauptung gegenüber.[852]

Erweisen sich die Provenienzbelege vor dem Hintergrund einer positiven stilkritischen Analyse nach der obligatorischen Prüfung z.B. als authentisch, stützt dies das Ergebnis der stilkritischen Analyse. Stellen sich die Provenienzbelege dagegen als Fälschung heraus, erstreckt sich der Fälschungsverdacht auch auf das Werk und kann weitere naturwissenschaftliche Untersuchungen notwendig machen. Genauso sollte eine allein mündlich mitgeteilte Provenienz grundsätzlich Anlass für Zweifel geben, da die Eigentümer in der Regel auch durch Dokumente belegen können müssen, wie sie in den Besitz des Werkes gelangt sind. Ähnliches gilt für Fälle, in denen zwar Belege für die Provenienzangaben vorgelegt werden, diese jedoch nicht authentifizierbar sind.[853] Wegen dieser möglichen Auswirkungen auf den Sorgfaltsmaßstab und damit auch auf das Gutachtenergebnis darf der Kunstexperte die Provenienz weder von vornherein ignorieren noch sich blind auf die Angaben des Einlieferers verlassen.[854] Vielmehr trifft ihn eine Pflicht zur Prüfung, ob die Angaben des Einlieferers für die Begutachtung relevant und

848 S. dazu die ausführliche Beschreibung in Kapitel 2 § 2 C.

849 Vgl. dazu Kapitel 2 § 2 C.

850 Vgl. zu den Einzelheiten *Koldehoff/Timm*, u.a. S. 29 ff.

851 Vgl. Kapitel 2 § 2 C.

852 Vgl. Kapitel 2 § 2 C.

853 So wohl auch *Gerlach* S. 47.

854 Vgl. dazu BGH NJW 1998, 1059.

ob sie zutreffend sind.[855] Haftungsrechtlich ist dabei stets von besonderem Interesse, inwieweit die vom Auftraggeber vorgelegte und durch den Kunstexperten recherchierte Provenienz zu einer Verschärfung der Sorgfaltspflicht führen und so z.B. die Einholung eines umfassenden naturwissenschaftlichen Gutachtens erforderlich machen kann.

Im Schrifttum haben sich die Autoren bislang weniger im Detail als grundsätzlich zu dieser Frage geäußert.[856] Zur Erarbeitung einer differenzierten Struktur zum Umfang der Prüfungspflicht des Kunstexperten – insbesondere im Hinblick auf eine Wechselwirkung der Informationen aus den einzelnen potenziellen Erkenntnisquellen – soll im Folgenden die Bedeutung der Provenienzrecherche genauer untersucht und bestimmt werden, welche Sorgfaltspflichten unter haftungsrechtlichen Gesichtspunkten von einem Kunstexperten zu beachten sind. Insoweit soll zunächst der konkrete Umfang der obligatorischen Prüfungspflichten hinsichtlich der Provenienz dargestellt werden, um im zweiten Schritt erörtern zu können, welche Auswirkungen entweder die gewonnenen Ergebnisse oder die Nichtdurchführung der Standardprüfung auf den weiteren Gesamtprüfungsumfang des Kunstexperten haben.

a. Obligatorische Provenienzprüfungspflichten im Rahmen der eigenen Möglichkeiten

aa. Prüfung auf Fälschungshinweise im Rahmen der zumutbaren und sachlich gebotenen Mittel des Kunstexperten

Bei jeder Werkauthentifizierung ist es zunächst die obligatorische Pflicht des Kunstexperten, die vorhandenen Angaben und Belege zur Provenienz auf unmittelbare Fälschungshinweise zu überprüfen. Der Grund ist, dass sich aus einer Fälschung der Provenienzbelege ein nachhaltiger Fälschungsverdacht auch hinsichtlich des

855 a.a.O.

856 Vgl. *von Brühl* S. 137 f., nach deren zutreffender Ansicht der Experte die erforderliche Provenienzrecherche durchzuführen hat und alle ihm zumutbar erreichbaren Herkunftsinformationen über das Kunstwerk zusammentragen muss. Dabei soll die Zumutbarkeitsschwelle in der Regel hoch anzusetzen sein, da der Experte regelmäßig Zugriff auf das Archivmaterial hat. Ähnlich auch *Gerlach*, S. 32 f., 47 f., der sich, was den Sorgfaltsstandard angeht, zwar nicht ausdrücklich zur Rolle der Provenienz einlässt, gleichwohl im Rahmen des Fehlerbegriffes der Expertise auf § 2 DIV Bezug nimmt, also die umfassenden Pflichtenstandards für staatliche Sachverständige im Falle mangelnder vertraglicher Abreden heranziehen will. Vgl. ebenso *Wolf*, S. 92 f., 167 f., nach dem der Gutachter das Werk begleitende Material auf seine Originalität und inhaltliche Richtigkeit hin genauso zu überprüfen haben soll, wie das Kunstwerk selbst.

Werkes ergeben kann. Voraussetzung für einen derartigen Verdacht ist allerdings, dass die Belege nicht nur nicht authentifizierbar sind, sondern dass die Umstände auch tatsächlich auf eine Fälschung oder Manipulation der Belege schließen lassen. Eine Authentifizierung ist immer dann nicht möglich, wenn die Echtheit der Provenienzangaben oder der Belege nicht festgestellt werden kann. Im Gegensatz dazu liegt ein greifbarer Fälschungsverdacht in Bezug auf das Werk vor, wenn bei Prüfung der Belege oder Angaben konkret deren Unechtheit festgestellt werden kann *und* Hinweise auf einen Täuschungsvorsatz zutage treten.

Die obligatorische Prüfungspflicht auf Fälschungshinweise besteht demnach nicht, weil der Gutachter die Pflicht hat, das Echtheitsurteil auf die vorgelegte Provenienz zu stützen, sondern weil aus Sicht eines objektiven Erwartungshorizontes von dem Gutachter erwartet werden kann, dass er ebenfalls alles ihm Zumutbare unternimmt, um unmittelbare Fälschungshinweise zu entdecken und damit auch auf die Unechtheit des Werkes schließen zu können.[857]

So umfassend diese Pflicht ist, so flexibel müssen derweil die Anforderungen an den Umfang der persönlichen Prüfungspflicht gestaltet werden. Denn wie weit die Prüfungspflicht durch den Gutachter selbst reicht, bestimmt sich im Einzelfall danach, welche Informationen ihm konkret zur Verfügung stehen und welche Informationen für ihn in zumutbarer Weise zu erlangen sind.[858] So trifft ihn demnach zwar die Pflicht zur Überprüfung und Recherche der vorgelegten Belege und Angaben, allerdings beschränkt auf den Rahmen der ihm zur Verfügung stehenden und zumutbar zu erlangenden Mittel. Hintergrund für diese Einschränkung ist, dass – je nach Spezialisierungsgrad und Berufserfahrung – der Kunstexperte nicht immer in der Lage sein wird, Zugang zu den entsprechenden Archiven, sonstigen Quellen oder Datenbanken zu haben oder es ihm an dem nötigen Fachwissen fehlt, um die Provenienzrecherche in umfassender Weise selbst durchführen zu können.[859] Besagt die Provenienz beispielsweise,

---

857 Die gleiche Wertung wurde bereits bei den naturwissenschaftlichen Untersuchungen angelegt. Auch hier konnte erwartet werden, dass der Kunstexperte zumutbare Untersuchungen selbst vornimmt.

858 *Von Brühl*, S. 138 Fn. 474, weist in diesem Zusammenhang zu Recht darauf hin, dass insbesondere Kunstexperten mit Zuschreibungsautorität, die auf einen Künstler spezialisiert sind und oftmals Positionen in den auf den Künstler bezogenen Stiftungen, Museen oder Archiven innehaben, über besonders günstige Recherchemöglichkeiten verfügen.

859 So wird der Nachlass von Robert Motherwell von der Dedalus Stiftung verwaltet, vgl.: http://dedalusfoundation.org/index.php/site/; der von Richard Diebenkorn von der Diebenkorn Stiftung, vgl.: http://www.diebenkorn.org/index.html.

dass ein Werk Teil einer bestimmten Sammlung war, so befindet sich der Experte in aller Regel nicht im Besitz aller Unterlagen über den Bestand der jeweiligen Sammlung.[860] Gleiches gilt für die Überprüfung angeblicher Veräußerungen über Galerien oder durch Privatpersonen. Auch hier wird der Kunstexperte nicht immer die entsprechenden Informationen selbst zur Hand haben. Ebenso ist denkbar, dass der Experte mit den unterschiedlichen Recherchemethoden der Provenienzforschung nicht hinreichend vertraut ist und über keine eigenen Möglichkeiten zur umfassenden Recherche verfügt. Hinzu kommt, dass die einzelnen Kunstexperten unterschiedliche Gutachtenansätze verfolgen und auch unterschiedliche Berufshintergründe haben.

Demgegenüber sind die Anforderungen an die Zumutbarkeit jedoch streng, wenn das Gutachten von einem hoch spezialisierten Experten gefertigt wurde, der Expertisen allein für Werke eines Künstlers anfertigt und dabei oftmals umfassenden Zugang zu den relevanten Daten und Archiven und zum Nachlass des Künstlers hat.[861] In dem Fall hat der Experte die entsprechenden Informationen auch umfassend zur Recherche der Provenienz zu nutzen.

Daneben ist es dem Experten regelmäßig zuzumuten, sämtliche Informationsquellen zu bemühen, die öffentlich zugänglich sind oder deren Erlangung keinen oder nur einen Kostenaufwand im Bagatellbereich erfordern.

Dies gilt allerdings nicht, wenn die Quellen und Leistungen Dritter nur mit einem unverhältnismäßigen Zeit- und Arbeitsaufwand zu beschaffen sind und die insoweit entstehenden Kosten nicht bereits durch das Honorar abgedeckt sind.[862] Denn die Beauftragung einer kostenintensiven Recherche durch Dritte kann ohne Kostenabdeckung durch den Auftraggeber des Gutachters nicht erwartet werden.[863] Entsprechende Maßgaben gelten für Methoden, Leistungen und weitere Prüfungsoptionen, die erforderlich sind, um zum Nachweis

---

860 Im Fälscherskandal um Wolfgang Beltracchi wurden die Fälschungen in entscheidendem Maße erst durch den Experten Dr. Jentsch aufgedeckt, der als spezieller Kenner der Sammlung Flechtheim erkannte, dass die Provenienzangaben gefälscht waren, s. dazu *Koldehoff/Timm* S. 30 ff., 32.

861 Vgl. *von Brühl* S. 138 Fn. 474.

862 Insbesondere die neuen Medien bieten insoweit vielfältige Recherchemöglichkeiten. Ein Beispiel ist das Getty Research Portal, das jedermann unlimitierten Zugang zu fast 20.000 digitalisierten Büchern und Texten zur Kunstgeschichte sowie u.a. auch zu Auktionskatalogen bereitstellt. Vgl. portal.getty.edu/portal/landing.

863 Insoweit besteht Kongruenz zu den Anforderungen an die naturwissenschaftlichen Untersuchungen durch den Experten. Was die Folgen der nicht umfassenden Recherche angeht, vgl. nachfolgend die Ausführungen unter dd).

eingereichte Belege naturwissenschaftlich zu überprüfen. Zu denken ist hier z.B. an Untersuchungen des Papiers zur Überprüfung der Zeitangaben in vorgelegten alten Kaufverträgen. Die Pflicht zur Überprüfung wird aber ebenfalls nur dann bestehen, soweit der Kunstexperte diese selbst vornehmen oder kostenlos in Auftrag geben kann.

bb. Gegenrecherchepflicht unabhängig von den Angaben des Auftraggebers

Neben der Pflicht zur Überprüfung der vom Auftraggeber vorgelegten Provenienzangaben und -belege auf Fälschungsanzeichen trifft den Gutachter noch eine weitergehende Recherchepflicht, insbesondere wenn es sich bei dem zu begutachtenden Werk z.B. um ein neu entdecktes Werk oder zuvor angeblich verschollenes Werk eines Künstlers handelt.

Der Kunstexperte muss stets, in dem fachlich gebotenen und ihm zumutbaren Maße, nach weiteren glaubwürdigen Dokumenten, Informationen und Hinweisen suchen, die in den einschlägigen Archiven auf eine Existenz des Werkes hindeuten bzw. sie belegen.[864] Dazu gehören, neben der Nachfragepflicht beim Einlieferer, auch sachlich gebotene Recherchen unter Zuhilfenahme Dritter, durch die keine oder nur Bagatellkosten und kein unverhältnismäßiger Zeitaufwand entstehen. So ist es dem Gutachter zumutbar, entsprechende Stelle zu kontaktieren, die über Archivmaterial, Datenbanken oder Auktionskatalogsammlungen verfügen, wie z.B. den Getty Provenance Index,[865] Frick Art Reference Libary,[866] Art Loss Register[867] oder auch das Nazi-Era Provenance Internet Portal.[868]

Sind hingegen weitergehende Informationen zur Provenienz nur mit einem erheblichen Kostenaufwand zu erlangen, werden z.B. Reisen erforderlich oder sind weitergehende Ermittlungen und Untersuchungen nur durch entgeltliche Leistungen Dritter durchführbar, so kann ohne ausdrückliche Vereinbarung mit dem Auftraggeber des Gutachtens nicht auf eine diese Leistungen umfassende Prüfungspflicht geschlossen werden.

War die Prüfungsrichtung unter aa. also auf unmittelbare Fälschungsanzeichen der angegebenen Provenienzangaben gerichtet, so zielt sie im Rahmen der Gegenrecherchepflicht auf die Erlangung von Werkinformationen, die über die

---

864 So auch *von Brühl* S. 138 m.w.N.

865 www.getty.edu.

866 www.frick.org.

867 www.artloss.com.

868 www.nepip.org.

Angaben des Einlieferers hinausgehen, um so möglicherweise weitere Erkenntnisse über die Existenz des Werkes zu erlangen.

cc. Authentifizierungspflicht im Rahmen der zumutbaren und sachlich gebotenen Mittel des Kunstexperten

Macht der Einlieferer Angaben zur Provenienz, liefert er Belege in Form von Dokumenten und besteht zwischen diesen und dem Werk Konnexität, so muss der Experte neben der Suche nach Fälschungshinweisen weiterhin versuchen, die Provenienz – im Rahmen der ihm zur Verfügung stehenden Mittel und Wege und in dem ihm zumutbaren und sachlich gebotenen Maße – zu authentifizieren. Gleiches gilt für die Provenienzbelege, die er im Rahmen der Gegenrecherche erlangt hat.

Hintergrund dieser Authentifizierungspflicht ist, dass der Gutachter alles ihm Zumutbare tun muss, um ein möglichst akkurates Bild von der Herkunftsgeschichte des Werkes zu erlangen. Mängel in der Vollständigkeit und Schlüssigkeit der Herkunftsgeschichte können Auswirkungen auf die Echtheitswahrscheinlichkeit und damit auf den Sorgfaltspflichtmaßstab für das weitere, fachlich gebotene Vorgehen haben. Sind z.B. Dokumente zur Provenienz nicht authentifizierbar, kann die Einholung eines umfassenden naturwissenschaftlichen Gutachtens für das zu begutachtende Werk erforderlich werden.[869] Ging es also zuvor letztlich um das Auffinden von Fälschungshinweisen und die Recherche nach weiterführenden Hinweisen über die vorliegenden Angaben hinaus, liegt der Fokus bei der Authentifikation darauf, bereits vorliegende Tatsachen nachzuprüfen, die sich auf die Echtheitswahrscheinlichkeit, sowohl im Positiven als auch im Negativen, auswirken können. Diese Differenzierung beruht auf dem Gedanken, dass ein Provenienzbeleg, nur weil er keine Fälschungshinweise enthält, sich nicht umgekehrt sogleich positiv auf die Echtheitswahrscheinlichkeit des Werkes auswirkt.

Kosten- und arbeitsaufwändige Rechercheaufträge an Dritte können, ähnlich wie eine umfassende naturwissenschaftliche Analyse, bei einem Werkvertrag über die Expertisenerstellung vom Kunstexperten nicht erwartet werden. Der Grund ist, dass eine Lücke in den Provenienzangaben nicht zwangsläufig auch die Unechtheit des Werkes nach sich zieht, selbst wenn diese wahrscheinlicher wird. Ein weiterer Grund ist, dass die Provenienz in der Regel nicht in der Lage ist, eine eigenständige Echtheitsaussage über das Werk zu treffen,

---

869 Vgl. dazu weiter unten Kapitel 5 § 1 C. III. 3. b.

sondern sich nur auf die Echtheitswahrscheinlichkeit auswirkt.[870] Daher muss es dem Experten möglich sein, wenn er die Provenienzangaben selbst nicht weiter authentifizieren kann und die obligatorischen Prüfungen durchgeführt hat, seine Expertise an allein den ihm zugänglichen Erkenntnissen zu orientieren. Gleichwohl ist dies nur unter der Voraussetzung zulässig, dass hinsichtlich des Ergebnisses der stilkritischen Analyse keinerlei Zweifel bestehen oder in dem entsprechenden Vorgang keine Tatsachen zutage getreten sind, die – bei Betrachtung durch einen objektiven Dritten – Anlass zu Zweifeln gegeben hätten.

b. Die Konsequenzen der ermittelten und ermittelbaren Provenienz für die im Verkehr erforderliche Sorgfalt

Nach der vorstehenden Bestimmung der obligatorischen Prüfungspflichten im Hinblick auf die Provenienz stellen sich nunmehr zwei wesentliche Fragen für den weiteren Sorgfaltspflichtsmaßstab der Echtheitsprüfung.

So ist erstens fraglich, welche Auswirkungen die erlangten Ergebnisse zur Provenienz auf den weiteren Prüfungsumfang des Experten haben. Ergibt die Überprüfung von Belegen z.B. Fälschungshinweise, so muss geklärt werden, was dann vom Gutachter an eigenen weiteren Prüfungsmaßnahmen erwartet werden kann und was dies beispielsweise für die Darstellung des Gutachtenergebnisses bedeutet. Erstreckt sich der gutachterliche Prüfungsumfang dabei im Regelfall nicht auf Untersuchungen außerhalb des individuell zumutbaren Rahmens, so kann ein verschärfter Prüfungsmaßstab beispielsweise die Einholung eines umfassenden naturwissenschaftlichen Gutachtens oder eines kostenintensiven Drittrechercheauftrages erforderlich machen.

Zweitens ist fraglich, welche haftungsrechtlichen Konsequenzen es hat, wenn der Gutachter hinter dem Umfang der obligatorischen Prüfungspflichten mit der Folge zurückbleibt, dass er in der Expertise Erkenntnisse nicht berücksichtigt hat, über die er bei einer ihm möglichen und fachlich gebotenen Recherche hätte verfügen können.

Im Folgenden soll beiden Fragen in den typischen Konstellationen, die sich für den Experten bei der Prüfung der Provenienz ergeben, nachgegangen werden.

---

870 Der Umstand, dass ein renommierter Sammler Voreigentümer des Werkes war, mag auf dem Kunstmarkt bereits ein Gütesiegel sein. Für die Echtheitswertung des Experten, darf dieser Umstand aber nicht den gleichen Stellenwert haben.

aa. Die Auswirkungen von konkreten Fälschungshinweisen

Kann der Experte die vorgelegten Belege im Rahmen seiner obligatorischen Eigenprüfung als Fälschungen entlarven, so besteht ein greifbarer und nachhaltiger Verdacht, dass es sich auch bei dem Werk um eine Fälschung handelt, ohne dass dadurch jedoch die Unechtheit bereits erwiesen ist.[871] In der Folge greift ein verschärfter Sorgfaltspflichtsmaßstab. Ohne ein zusätzliches, umfassendes naturwissenschaftliches Gutachten und die vollständige Recherche der Provenienz, d.h. unter Heranziehung aller sachlich gebotenen Quellen und Untersuchungsmethoden, auch mittels Einsatz Dritter, darf der Kunstexperte das Werk nicht mehr dem Künstler zuschreiben. Diese erhöhten Anforderungen sind der geringeren Echtheitswahrscheinlichkeit infolge der gefälschten Provenienzbelege geschuldet. Sollte das naturwissenschaftliche Gutachten im weiteren Verlauf ergebnislos bleiben, muss der Kunstexperte die falschen Angaben und die gefälschten Nachweise zudem in der Expertise erwähnen, wenn er gleichwohl aufgrund der Stilkritik zu einem positiven Urteil hinsichtlich der Echtheit gelangen sollte.[872]

Kommt der Kunstexperte der Prüfungspflicht auf Fälschungshinweise der Provenienz hingegen nicht im gebotenen Umfang nach und erweist sich das Bild im Nachhinein tatsächlich als Fälschung, ist der Zusammenhang zwischen nicht nachgeprüften Provenienzangaben und dem abschließenden Echtheitsurteil in der Expertise zu prüfen. Dazu muss gefragt werden, ob dem Kunstexperten unter Anwendung der ihm zumutbaren und fachlich gebotenen Prüfungsmittel eine Aufdeckung der Provenienzbelegsfälschung gelungen wäre. Wäre dies der Fall, so hätte der Fälschungsverdacht hinsichtlich der Provenienzbelege auch einen Fälschungsverdacht in Bezug auf das Werk zur Folge gehabt, was zu dem oben bestimmten, verschärften Sorgfaltspflichtsmaßstab geführt hätte. Im Anschluss muss geklärt werden, ob es bei Anwendung des verschärften Sorgfaltsmaßstabes zu einer anderen Einschätzung der Echtheitsfrage gekommen wäre, mindestens jedoch, ob ein aufklärender Hinweis ins Gutachten hätte aufgenommen werden müssen, wovon regelmäßig auszugehen ist.

---

871 Es ist theoretisch nicht unmöglich, wenngleich sehr unwahrscheinlich, dass das Werk zwar echt, die Provenienz aber gefälscht wurde, um entweder den Wert des Werkes oder die Chancen der Authentifizierung zu erhöhen.

872 In diesem Sinne auch *von Brühl* S. 138, mit Verweis auf *Gerlach* S. 48, die allgemein formuliert, dass der Kunstexperte alle offengebliebenen Fragen, Zweifel und Vorbehalte offenlegen müsse, die eine zweifelsfreie Zuschreibung erschweren oder ihr entgegenstehen würden.

bb. Die Auswirkungen der Gegenrechercheergebnisse

Sinn und Zweck der Gegenrecherche ist es, abseits der vorliegenden Provenienzangaben, weitergehende Hinweise über die Eigentümer/Besitzerhistorie des Werks zu ermitteln sowie nähere Erkenntnisse darüber zu erlangen, inwieweit die Provenienzdarstellung des Auftraggebers zutrifft oder ob es sich bei dem bisher unbekannten Werk um eine Fälschung handeln könnte. Dabei können die gewonnenen Erkenntnisse die Provenienzangaben des Auftraggebers stützen, ergänzen oder diese widerlegen.

Sollte die Recherche zu Informationen führen, die im Widerspruch zu den Angaben und Belegen des Auftraggebers stehen oder gegen die Echtheit des Werkes selbst sprechen, so gelten für den Sorgfaltsmaßstab erhöhte Anforderungen, entsprechend den Fällen, in denen sich die Fälschungshinweise unmittelbar aus den vorgelegten Provenienzbelegen selbst ergeben. Konnten die Ergebnisse der Gegenrecherche hingegen die Angaben oder Belege des Auftraggebers stützen oder die positive Zuschreibungswertung ergänzen, so richtet sich der Sorgfaltspflichtsmaßstab im Übrigen nach dem im Folgenden unter cc. erörterten Umfang der möglichen Provenienzauthentifizierung

Nimmt der Kunstexperte die Gegenrecherche derweil nicht in dem ihm zumutbaren Maße und sachlich gebotenen Umfang vor, so handelt er sorgfaltspflichtswidrig. Hat der Experte damit die im Verkehr übliche und erforderliche Sorgfalt außer Acht gelassen, muss diese Pflichtverletzung außerdem noch ursächlich für das falsche Ergebnis in der Expertise gewesen sein. Dies ist dann der Fall, wenn der Experte bei der Gegenrecherche einen zu niedrigen Sorgfaltspflichtsmaßstab angelegt hat und deshalb zu einem falschen Urteil gekommen ist.[873]

cc. Die Auswirkungen des Authentifizierungsprozesses

Konnte bei einem Fälschungshinweis hinsichtlich der Provenienz auch auf einen Fälschungsverdacht hinsichtlich des Gesamtwerkes geschlossen werden, so geht es bei den Auswirkungen der Provenienzauthentifizierung um die Frage, ob das Werk unter der Prämisse einer zutreffenden stilkritischen Analyse eine derart sichere Herkunftsgeschichte hat, dass diese nicht in der Lage ist, retrospektiv Zweifel an deren Ergebnis zu begründen und damit nachträglich einen strengeren Sorgfaltspflichtsmaßstab nach sich zu ziehen.

---

873 Der andere Fall, nämlich dass der Kunstexperte eine Abschreibung vorgenommen hat und bei der Recherche Umstände übersehen hat, die für eine Echtheit sprechen, wird im Rahmen der Dritthaftung dagegen eher selten der Fall sein und ist eher relevant für die Ansprüche des Auftraggebers im zwei-Personen Verhältnis.

Nachfolgend soll daher anhand einer Übersicht typischer Ergebnisse der Provenienzauthentifizierung der Frage nachgegangen werden, welchen Einfluss diese Untersuchungsergebnisse auf die Sorgfaltsanforderungen des Gutachters haben, wenn dieser aufgrund seiner stilkritischen Analyse von der Echtheit ausgehen kann.

aaa. Die lückenlosen Provenienzangaben können belegt und durch den Experten vollständig authentifiziert werden

Kann der Einlieferer die Provenienz lückenlos belegen und erweisen sich die Belege nach der selbstständigen Prüfung des Experten als authentisch, so stützt das Rechercheergebnis die stilkritische Analyse und die Echtheitswertung.

Dies ist z.B. der Fall, wenn ein Sammler ein Werk zusammen mit der Rechnung der Künstlergalerie einliefert. Von der Galerie kann der Experte dann die Bestätigung erhalten, dass diese Rechnung tatsächlich ausgestellt und ein Werk mit diesem Titel tatsächlich im Auftrag des Künstlers hier verkauft wurde. Der Titel des Werkes und der Titel auf der Rechnung stimmen überein. Durch die stilkritische Analyse kommt der Experte zu dem Schluss, dass es sich bei dem ihm vorliegenden Werk um das in der Rechnung bezeichnete Original und nicht um eine Kopie oder Nachahmung handelt.

In der Folge bestehen keine Zweifel an der Herkunft und der Kunstexperte kann das Werk ohne Vorbehalt für echt erklären. Insbesondere hat sich der Sorgfaltsmaßstab nicht durch die Provenienz verschärft, so dass, zumindest aufgrund der Provenienz, kein naturwissenschaftliches Gutachten einzuholen und kein Hinweis in der Expertise erforderlich gewesen wäre. An diesem Erwartungsmaßstab des Rechtsverkehrs hat sich der Kunstexperte messen zu lassen, wenn er die Expertise mit positiver Zuschreibung und ohne Einschränkungen oder Hinweise in den Rechtsverkehr entlässt.

bbb. Nicht authentifizierbare Provenienzangaben

Neben der Ausgangskonstellation als idealtypischem Fall kommt es in der Praxis hingegen häufiger vor, dass die vorgelegten Belege, etwa wegen des Fehlens ausreichender weiterer Informationenquellen, nicht zu authentifizieren sind. Es kann also nicht festgestellt werden, ob eine Rechnung tatsächlich ausgestellt oder ein bestimmter Kaufvertrag auch wirklich von den bezeichneten Personen geschlossen wurde. Noch kritischer zu betrachten sind Konstellationen, in denen die Provenienz zusätzlich noch Lücken aufweist, also nach den Angaben des Auftraggebers und den sich anschließenden obligatorischen Recherchen des Kunstexperten für Teile der Provenienz gar keine Belege vorhanden sind und nur mündliche oder gar keine Angaben vorliegen.[874] Gleiches gilt für Angaben zu bisher völlig unbekannten Sammlungen, deren Existenz nicht verifiziert werden kann oder zu Werken, die bisher als verschollen galten. Fraglich ist nun, wie der Kunstexperte in diesen Fällen vorzugehen hat.

Nach der hier vertretenen Ansicht ist die gänzlich nicht authentifizierbare und dazu evtl. lückenhafte Provenienz geeignet, derart starke Echtheitszweifel zu begründen, dass in der Regel eine Zuschreibung nur unter erhöhten Anforderungen an die Sorgfaltspflicht erfolgen darf. Der Grund ist, dass sowohl die Lückenhaftigkeit als auch das Fehlen einer authentifizierbaren Provenienz gerade im Bereich der hoch bezahlten Kunst sehr selten sind. Normalerweise finden sich zur Provenienz in den entsprechenden Archiven oder Datensammlungen Komplementärdokumente, in denen das Werk ebenfalls aufgeführt oder erwähnt ist. Sind solche Bestätigungen nicht ermittelbar, so bestehen grundsätzlich Zweifel an der Echtheit des Werkes. Die Nichtauthentifizierbarkeit sowie die Lückenhaftigkeit der Provenienz haben in diesen fehlerträchtigen Entscheidungskonstellationen daher grundsätzlich eine Verschärfung des Sorgfaltspflichtsmaßstabes zur Folge. Vor dem Hintergrund der geschätzten Höhe, die die Zahl gefälschter Kunstwerke mittlerweile auf dem Kunstmarkt angenommen hat, sind erhöhte Sorgfaltspflichtsanforderungen dabei nicht nur gerechtfertigt, sondern auch geboten.

Um dieser im Verkehr erforderlichen Sorgfalt zu genügen, hat der Kunstexperte ein umfassendes naturwissenschaftliches Gutachten hinzuziehen. Holt er kein Gutachten ein, so verletzt er die im Verkehr erforderliche Sorgfalt, was immer dann ursächlich für die Pflichtverletzung nach § 241 Abs. 2 BGB ist, wenn durch die naturwissenschaftliche Analyse die Unechtheit des Werkes hätte aufgedeckt werden können.[875] Zusätzlich darf er das Werk nicht ohne

874 Z.B. behauptet der Auftraggeber schlicht, sein Vater habe das Werk vor 40 Jahren in einer Galerie gekauft. Rechnungen oder Ähnliches habe er allerdings nicht mehr. Gleiches gilt für Fälle, in denen das Werk angeblich durch mehrere (u.U. berühmte) Hände gegangen sein soll, aber nur einige Besitzwechsel belegt sind und diese Belege nicht authentifiziert werden können.

875 Dies wird regelmäßig der Fall sein und ist auch regelmäßig zu vermuten, da die Unechtheit oder Fälschung in der Praxis meist über das materialtechnische Gutachten enttarnt wird. Zweifel können sich nur ergeben, wenn bei der nachträglichen Untersuchung Methoden zum Einsatz kamen, die zum Zeitpunkt der Begutachtung noch nicht zum technischen Standard gehörten. Konnte die Unechtheit allein mittels einer solchen Methode festgestellt werden, so liegt keine Kausalität vor. Allerdings muss auch geprüft werden, ob die Unechtheit damals mittels Methoden feststellbar gewesen wäre, die statt der jeweiligen Neuerungen zum Einsatz gekommen wären. Dies ist dann im Einzelfall festzustellen.

vollständige Nachprüfung der Provenienz auf Fälschungshinweise und ohne Gegenrecherche zu den Angaben des Auftraggebers authentifizieren. Hierzu müssen ggf. auch Dritte unter Kosteneinsatz herangezogen werden. Beide Pflichten bestehen jedoch nur im sachlich gebotenen Maße. Untypische oder wenig erfolgsversprechende Recherchen müssen nicht angestrengt werden. Ein Verstoß gegen die Recherche- bzw. Prüfungspflicht ist dann ursächlich für die Pflichtverletzung, wenn durch die gebotene, aber versäumte Prüfung der Fälschungsverdacht hätte aufgedeckt werden können.

Allerdings muss der Gutachter die umfassende naturwissenschaftliche Untersuchung und Provenienzrecherche im Falle der Nichtauthentifizierbarkeit nicht vornehmen, wenn ihm dies aus eigenen Mitteln nicht zumutbar und z.B. der Auftraggeber nicht bereit ist, weiteren Untersuchungen unter zusätzlichem Kostenaufwand zuzustimmen. Ihm verbleibt dann die alternative Option, das Werk allein auf Grundlage der stilkritischen Analyse zu authentifizieren. In diesem Fall genügt der Kunstgutachter den Anforderungen der im Verkehr erforderlichen Sorgfalt allerdings nur dann, wenn er den angewandten Prüfungsumfang der Expertise explizit auf die stilkritische Analyse reduziert und so die vertrauenstaugliche Erklärung für den Rechtsverkehr inhaltlich begrenzt.[876] Zudem hat der Kunstexperte im letzten Fall die Nichtauthentifzierbarkeit der Provenienz durch eigene Mittel regelmäßig in der Expertise anzugeben. Ein Beispiel für eine solche Wendung könnte sein: „Nach dem Ergebnis der stilkritischen Analyse stammt das Werk vom Künstler X. Provenienzbelege sind nicht authentifizierbar."[877] Der Betrachter kann nämlich erwarten, dass er in einem solchen Fall über die stark verringerte Echtheitswahrscheinlichkeit aufgeklärt wird, um für sich selbst zu entscheiden, ob er dem stilkritischen Urteil des Experten ein derart hohes Gewicht zukommen lassen möchte, dass dieses die fehlende Provenienz und die damit verbundenen Rückschlüsse kompensiert.[878] Stellt der Experte den eingeschränkten Prüfungsrahmen

---

876 *Gerlach*, S. 47, hält im Falle einer lückenhaften Provenienz eine umfassende naturwissenschaftliche Analyse für geboten, meint aber, dass diese nicht zwangsläufig erfolgen müsse. Soweit dem Gutachter Zweifel bleiben, müsse er allerdings auf die Möglichkeit einer naturwissenschaftlichen Untersuchung hinweisen.

877 Wohl in diesem Sinne fordern *Gerlach, von Brühl* und *Schütte* eine Offenlegungspflicht für alle diese Umstände, welche eine zweifelsfreie Zuschreibung erschweren oder ihr entgegenstehen. Vgl. *von Brühl* S. 138 mit Verweis auf *Gerlach* S. 48; *Schütte*, in: Weltkunst 70, S. 2551.

878 Eine Formulierung könnte lauten: „Nach dem Ergebnis der stilkritischen Analyse stammt das Werk vom Künstler X. Provenienz ist nicht belegbar/Keine Angabe zur Provenienz."

in der Expertise hingegen nicht deutlich heraus, so ist er an dem Sorgfaltspflichtstandard zu messen, der die weitergehenden Prüfungspflichten umfasst. Danach hätte er ein naturwissenschaftliches Gutachten einholen und die Provenienzangaben erschöpfend nach Fälschungshinweisen untersuchen müssen.

Auch die Rechtsprechung tendiert in diese Richtung. So soll nach dem BGH ein Gutachter die Angabe der Quelle im Gutachten eindeutig vermerken, falls er Tatsachenmaterial verwendet, das er nicht oder nur teilweise selbst ermittelt oder nicht oder nur teilweise überprüft hat und wenn er – wie im vorliegend untersuchten Fall – weiß oder wissen muss, dass das Gutachten auch als Entscheidungshilfe für andere als den Auftraggeber dienen soll.[879] Auch das Landgericht Köln hat in einer Entscheidung betreffend die Zuschreibung durch ein Auktionshaus diese Wertung zugrunde gelegt und auf eine entsprechende Vorbehaltsmöglichkeit hingewiesen.[880]

ccc. Teilweise authentifizierbare Provenienzangaben

Weniger eindeutig lassen sich die Anforderungen an den Sorgfaltspflichtsmaßstab in den Fällen fassen, in denen die Provenienzangaben und -belege teilweise authentifiziert werden können, daneben aber Lücken oder nicht authentifizierbare Teile bestehen bleiben. In diesen Fällen muss typischerweise einzelfallbezogen entschieden werden.

Der Grund ist, dass die Bedeutung eines einzelnen Provenienzbeleges im Rahmen der gesamten Nachweiskette stark variieren kann. Dabei sind Provenienznachweise, die in direkter oder naher Verbindung zum Künstler, dessen Galeristen oder speziellen Museen stehen, von besonderem Gewicht. So ist beispielsweise denkbar, dass der Erstverkauf des Werkes durch eine bestimmte Galerie an einen bekannten Sammler authentifiziert werden kann, dies für die nach diesem Zeitpunkt folgende Provenienz aber nicht mehr möglich ist, weil ab diesem Zeitpunkt keine Belege mehr auffindbar sind. Der auf die jüngere Vergangenheit bezogene Teil der Provenienz, ist dabei in seiner Bedeutung tendenziell geringer einzuschätzen. Dahinter steht der Gedanke, dass die Fälscher keinen Vorteil dadurch erlangen dürfen, dass sie ein gefälschtes Werk mit einer sehr viel leichter authentifizierbaren, jüngeren Provenienz versehen.

Fraglich ist am Ende also stets, ob die Provenienz im Ergebnis derart große Zweifel an der Echtheit zu begründen vermag, dass eine Heraufsetzung des Sorgfaltspflichtsmaßstabes zum Schutze des Rechtsverkehrs geboten erscheint.

879 BGH NJW 1998, 1059.
880 LG Köln GRUR-RR 2012, 444.

In der Sache sind demnach regelmäßig die Bedeutung sowie die Zahl der authentifizierbaren Nachweise gegen Lücken der Provenienz und jene Belege ins Verhältnis zu setzen, bei denen eine Authentifikation nicht möglich ist. Zudem werden insbesondere in diesen Konstellationen die weiteren Umstände des Einzelfalls im Hinblick auf die übrigen Erkenntnisquellen erheblich, die im Folgenden unter 4. aufgeführt werden. Aufgrund der großen Zahl von Kunstfälschungen auf dem Markt wird bei Zweifeln und in strittigen Fällen jedoch regelmäßig eine Heraufsetzung der Sorgfaltspflichtsanforderungen vorzunehmen sein. Die Rechtsfolgen richten sich, je nach Ergebnis der Einzelfallabwägung, nach den vorstehenden Ausführungen unter aaa. oder bbb.

Als Beispiel einer Provenienz, bei der trotz Lückenhaftigkeit kein verschärfter Prüfungsmaßstab anzulegen wäre, ließe sich z.B. ein Werk Rembrandts denken, zu dem eine Vielzahl authentifizierbarer Provenienzbelege, z.B. vom Erstverkauf bis zum Beginn des zweiten Weltkrieges, vorliegen. Das Werk galt während des Krieges als verschollen, wurde dann wieder aufgefunden und es existieren für die Zeit bis zum Verkauf weitere authentifizierbare Provenienzbelege. Hier würde sich der übliche Prüfungsumfang nicht verschärfen und sich das weitere Vorgehen nach den Maßgaben der authentifizierbaren Provenienz richten, weshalb der Gutachter das Werk vorbehaltsfrei zuschreiben könnte. Der Grund ist, dass die Provenienz, nach Durchführung der zumutbaren Untersuchungen, das Echtheitsergebnis derart erheblich stützt und ergänzt, dass hieraus keine weiteren Pflichten zum Schutz der Vermögensinteressen des Dritten begründet werden können. Freilich gilt dieser normale Prüfungsumfang immer nur insoweit, als dass nicht weitere Erkenntnisse in Wechselwirkung mit der nur teilweisen Authentifizierbarkeit etwas anderes bedingen. Stets sind dabei alle Umstände des Einzelfalls zu beachten und in die Beurteilung miteinzubeziehen.

Demgegenüber wäre ein verschärfter Prüfungsmaßstab beispielsweise dann anzulegen, wenn der Einlieferer zusammen mit dem angeblichen Rembrandt nur eine einzige authentifizierbare Provenienz, z.B. aus dem Jahr 1995 vorlegen würde und trotz der obligatorischen Gegenrecherche keine weiteren Hinweise über die Existenz des Werkes zutage träten. Hier wären die Lückenhaftigkeit sowie der Umstand, dass die Provenienz lediglich ein junges Datum trägt, zu dem das Falsifikat bereits im Umlauf gewesen sein könnte, grundsätzlich dazu geeignet, nachhaltige Zweifel an der Echtheit begründen. Daher müsste der Experte hier den Anforderungen der verschärften Sorgfaltspflicht genügen und entweder alle sachlich gebotenen Untersuchungen, u.U. auch durch Zuhilfenahme Dritter, durchführen oder den Prüfungsrahmen ausdrücklich beschränken und deutlich auf die lückenhafte Provenienz hinweisen.

4. Weitere Erkenntnisquellen

Wie bereits in Kapitel 2 dargestellt, sind nicht nur allein die drei bezeichneten Untersuchungsmethoden und Erkenntnisquellen tauglich, die Echtheitswahrscheinlichkeit zu erhöhen oder den Sorgfaltspflichtsmaßstab zu verschärfen. Stets sind alle Umstände des Einzelfalls zu berücksichtigen und in einer Gesamtabwägung zu bestimmen, ob eine Heraufsetzung des Sorgfaltspflichtsmaßstabes geboten erscheint.

In der Sache gilt dabei für die weiteren Erkenntnisquellen der Zuschreibung,[881] wie z.B. Expertisen anderer Kunstexperten, Fotografien oder Abbildungen in der Fachliteratur, dass der Experte nur solche Umstände positiv bei der Gesamtentscheidung berücksichtigen darf, die belegt, authentisch und primär konnex sind. Andernfalls sind die entsprechenden Dokumente oder Sachverhalte lediglich geeignet, Zweifel an der Echtheit des Werkes zu begründen. Was die Anforderungen an die Sorgfaltspflicht betrifft, so gelten dabei im Wesentlichen die für die Provenienz entwickelten Maßgaben analog. Auch hier treffen den Kunstexperten die obligatorischen Prüfungspflichten auf Fälschungshinweise sowie die Gegenrecherche- und die Authentifizierungspflicht im Rahmen der eigenen und zumutbaren Möglichkeiten.

In der Vergangenheit ist es dabei oftmals vorgekommen, dass die Expertisen und Echtheitsbestätigungen anderer Kunstexperten oder von Angehörigen und Verwandten des Künstlers gefälscht wurden. Authentische Fremdexpertisen können ein Indiz dafür sein, dass das Werk zu dem angebenden Zeitpunkt bereits existiert hat, was unter Umständen eine wichtige Erkenntnis sein kann. Daher ist insbesondere bei solchen Expertisen besondere Sorgfalt an die Authentifizierung, die Fälschungsprüfung und die Recherche zu legen.[882]

Ein weiterer wesentlicher Faktor, der sich auf die Echtheitswahrscheinlichkeit auswirken kann und tauglich ist, den Sorgfaltspflichtsmaßstab zu verschärfen sowie die Abwägung bei einer teilweise authentifizierbaren Provenienzangabe zu beeinflussen, ist die Bekanntheit und Bedeutung des Werkes in der Fachwelt.[883]

---

881 S. Kapitel 2 § 2 D.

882 So konnte jüngst eine ganze Reihe von Fälschungen entlarvt werden. Z.B. war die Kopie eines Werkes von Picasso nur mit der gefälschten Echtheitsbestätigung von einer seiner Töchter, Paloma Picasso, versehen worden. Tatsächlich hatte aber auch die zweite Tochter, Maya Widmaier, das Werk authentifiziert; vgl. Meldung der AP/dapd/fln in der Internetausgabe der Zeitung Welt am 07.07.2012 und des Spiegels am 08.07.2012.

883 In diesem Sinne auch LG Köln GRUR-RR 2012, 444 für die Prüfungspflichten eines Auktionshauses bei der Behauptung einer sicheren Zuschreibung eines Werkes im Auktionshaus.

Taucht plötzlich ein Hauptwerk des Künstlers mit nur teilweise authentifizierbarer Provenienz auf und ist von diesem in der Fachwelt bisher nichts bekannt, obwohl vergleichbare Werke jeweils Teil der historischen Rezeption waren, so ist dieser Umstand in der Lage, erhebliche Zweifel an der Echtheit des Werkes zu begründen.[884]

5. Zusammenfassung

Wie die vorstehenden Ausführungen gezeigt haben, stehen die einzelnen Erkenntnisquellen für die Authentifizierung in einem komplexen Verhältnis der Interdependenz zueinander. Ausgehend von den Ergebnissen der obligatorischen Prüfung muss deshalb in jedem Einzelfall geprüft werden, welche Untersuchungen geboten sind und welcher Sorgfaltspflichtsmaßstab anzulegen ist. Ergebnisse der stilkritischen und naturwissenschaftlichen Analysen sowie der Provenienzrecherche und die weiteren Umstände des Einzelfalls sind dabei jeweils für sich geeignet, verschärfte Prüfungspflichten hinsichtlich der einen oder anderen Erkenntnisquelle zu begründen.

Als Ausgangspunkt bleibt dabei festzuhalten, dass der Kunstexperte grundsätzlich eine dem Stand der Wissenschaft entsprechende stilkritische Analyse vorzunehmen hat, einschließlich der ihm möglichen und zumutbar durchführbaren naturwissenschaftlichen Untersuchungen sowie der für ihn zumutbar durchzuführenden Provenienzprüfungen im Hinblick auf Fälschungshinweise, Authentifizierung und Gegenrecherche. Derweil kann die obligatorische Einholung eines umfassenden naturwissenschaftlichen Gutachtens oder eine erschöpfende Provenienzrecherche unter Kosteneinsatz und außerhalb der eigenen Möglichkeiten, ohne greifbare Zweifel an der Echtheit aufgrund der Stilkritik, der Provenienz selbst oder der weiteren Umstände des Einzelfalls, nicht erwartet werden.

Abweichend davon kann jedoch die Einholung eines naturwissenschaftlichen Gutachtens oder eine umfassende Recherche der Provenienz – auch durch Dritte unter Kostenaufwand – je nach Sachlage im Rahmen eines verschärften Sorgfaltspflichtstandards geboten sein. Dies ist insbesondere dann anzunehmen, wenn die Provenienz Lücken aufweist oder nicht authentifiziert werden kann. Im Falle einer möglichen Teilauthentifizierung ist jeweils eine Einzelfallbetrachtung vorzunehmen, wobei im Zweifelsfalle der Sorgfaltspflichtsmaßstab

884 Vgl. LG Köln GRUR-RR 2012, 444, wo für das Auktionshaus ebenfalls ein im Falle der Echtheit sehr hoher Marktpreis als Grund für die Einholung einer materialtechnischen Analyse herangezogen wird.

heraufzusetzen ist, insbesondere wenn das Werk in der Fachwelt bedeutsam ist und sich keine verifizierbaren Hinweise auf dessen Existenz und Rezeption finden lassen.

Dieser verschärften Sorgfaltspflicht, die nicht nur für das Rechtsverhältnis zwischen Auftraggeber und Gutachter gilt, sondern zugleich ausstrahlt auf das Rechtsverhältnis der Sonderverbindung nach § 311 Abs. 3 S. 2 BGB, kann sich der Kunstexperte nicht entledigen, es sei denn, er beschränkt den Prüfungsumfang für die finale Echtheitswertung in der Expertise explizit auf die stilkritische Untersuchung und kennzeichnet zudem die Provenienz als nicht oder teilweise nicht authentifizierbar.

D. Der Schaden

Besteht zwischen Anspruchsteller und Kunstexperten eine Sonderverbindung nach § 311 Abs. 3 BGB und kann dem Experten eine Pflichtverletzung sowie ein kausales Verschulden zum Vorwurf gemacht werden, so stellt sich die Frage nach der Schadensbestimmung und dem Schadensumfang.

I. Bestimmung des Schadens

Grundsätzlich richtet sich der zu ersetzende Schaden nach den §§ 249 ff. BGB. Der Anspruchsteller ist dabei so zu stellen, als ob die Pflichtverletzung ausgeblieben wäre. Angewendet auf die hier untersuchten Fallkonstellationen der Kunstexpertise ist dies für den Käufer und Anspruchsteller meist der Zustand vor dem Kauf des gefälschten Kunstwerkes. Da der Kunstexperte, als Verpflichteter des Anspruches, in Ermangelung einer Parteistellung im Kaufvertrag diesen regelmäßig nicht rückabwickeln kann, ist der Anspruch in der Regel auf Freistellung von den Ansprüchen des Verkäufers oder auf Ersatz des gezahlten Kaufpreises gerichtet.[885]

II. Die Begrenzung der Haftung durch den Schutzzweck der Norm

Sowohl nach dem Willen des Gesetzgebers und der Rechtsprechung des BGH als auch aus gesetzessystematischen Gründen muss die Haftung für den Experten ein kalkulierbares Risiko sein. Aus diesem Grund wurden in Kapitel 4 entsprechende Voraussetzungen entwickelt, bei deren Vorliegen der zu ersetzende Schaden der Höhe nach auf einen Höchstbetrag zu begrenzen ist, und zwar auf den Wert des vermeintlich echten Werkes zum Zeitpunkt der Erstellung des

885 Vgl. Kapitel 4 § 4 D. I.

Gutachtens.[886] Die Notwendigkeit der Begrenzung ergibt sich aus der Unberechenbarkeit der Wertentwicklung der begutachteten Kunstwerke und der daraus für sachbezogene Tatsachengutachten resultierenden Unmöglichkeit der Kalkulierbarkeit des konkreten Haftungsrisikos, was wiederum dem Gutachter erschwert, sich gegen seine Haftung zu versichern.[887] Dieser vom BGH herausgestellten Maßgabe zur Beschränkung der Dritthaftung ist jedoch nicht mit einer Beschränkung des Adressatenkreises des Gutachtens beizukommen, da die Folge hier ein gänzlicher und damit interessenwidriger Ausschluss der Dritthaftung wäre.[888] Tragende Erwägung ist dabei, dass bei sachbezogenen Tatsachengutachten, wie es die Kunstexpertisen sind, bereits gegenüber dem Erstkäufer das Risiko letztlich unkalkulierbar ist. So könnte der Auftraggeber des Gutachtens bis zum Erstverkauf lange warten und der Experte hätte das unbestimmbare Wertsteigerungsrisiko für diesen Zeitraum zu tragen. Andererseits wäre selbst bei einem abgesprochenen oder konkret vorhersehbaren Verkauf ein Liebhaberangebot denkbar, das den normalen Marktpreis bei Weitem übersteigt. Hierfür hätte der Experte ohne eine Haftungsbegrenzung dann aber einzustehen. Gleiches gilt für Fälle, in denen eine Investmentgesellschaft aus Spekulationsmotiven eine Sache erwirbt und in Erwartung einer erheblichen Wertsteigerung einen hohen Zuschlag auf den Marktpreis bezahlt.[889]

Die in Kapitel 4 definierten Voraussetzungen für eine Schadensbegrenzung sind für Kunstexpertisen regelmäßig erfüllt. Durch die ausschließliche Fokussierung auf die Echtheitsfrage handelt es sich bei den hier behandelten Kunstexpertisen in der Regel um sachbezogene Tatsachengutachten ohne eine konkrete Wertfeststellung, die eine Haftungsgrenze darstellen würde. Zudem ist die maximale Haftungssumme gewöhnlich nicht bereits durch entsprechende Formulierungen in der Expertise rechtswirksam festgesetzt worden. Solche Klauseln sind zulässig, soweit sie dem Recht der AGB nach den §§ 305 ff. BGB nicht zuwiderlaufen.[890] Allerdings stellt ihr Gebrauch im Rahmen von Kunstexpertisen den Ausnahmefall dar. Als letzte Voraussetzung muss auf dem Zielmarkt der

---

886 Zu den Einzelheiten der Begründung s. Kapitel 4 § 4 D. III.

887 Kapitel 4 § 3 B. II. 2.a. cc. sowie Kapitel 4 § 4 D. III.

888 Kapitel 4 § 3 B. II. 2.a. cc.

889 A.A. *Goepfert* S. 89, der die Haftung trotz des Wertsteigerungsrisikos bei überschaubarem Kreis der Anspruchsteller für zumutbar hält. Ebenso *Gerlach* S. 108 f. Vgl. auch *Canaris*, ZHR 163, 206; 237, der nur das Wertsteigerungsrisiko durch sog. Kettenkäufe als problematisch ansieht, dies aber als Argument zum Ausschluss der Haftung heranzieht.

890 Vgl. Kapitel 4 § 4 D. II.

Expertise ein erhebliches Wertsteigerungsrisiko bestehen, das der Gutachter durch die beiden o.g. Voraussetzungen zu tragen hat. Dies ist für den Kunstmarkt zu bejahen. In den letzten zwei Jahrzehnten sind Kunstwerke zu einem begehrten Investitionsobjekt geworden. Insbesondere Vermögensverwalter und Investmentgesellschaften werden mittlerweile im großen Maßstab auf dem Kunstmarkt aktiv. So hat sich das Gesamtvolumen der Transaktionen in den letzten zehn Jahren erheblich gesteigert. Die Preise auf dem Kunstmarkt haben sich dementsprechend entwickelt und tun es noch immer. Insbesondere kommt es häufig vor, dass die Schätzpreise bei Kunstauktionen weit überboten werden. So wurde z.B. das Werk „The Tragic Conversion of Salvador Dalí (After John Martin)“, am 26. Juni 2012 bei Sotheby's zu einem Preis von 5,2 Mio. Pfund versteigert, bei einem Schätzpreis von 2,2 bis 2,8 Mio. Pfund.[891] Eine ähnliche Steigerung erfuhr z.B. das Werk „Olympics“ von Andy Warhol & Jean Michel Basquiat am 28. Juni 2012 bei Phillips de Pury & Co, das bei einem Schätzpreis von 2 bis 3 Mio., für 6,8 Mio. Pfund einen Käufer fand.[892]

In der Folge ist bei Vorliegen der Voraussetzungen die Haftungssumme daher grundsätzlich auf den Wert des vermeintlich echten Werkes zum Zeitpunkt der Echtheitsbegutachtung zu begrenzen. Dies gilt für alle Fallvarianten der Kunstexpertise, bei denen die o.g. Voraussetzungen vorliegen und eine Sonderverbindung entstanden ist. Sollte ein Verkauf zeitnah auf die Begutachtung folgen, so kann vermutet werden, dass der Erlös dem Wert des Werkes entspricht. Für das Gegenteil trägt indes der Experte die Darlegungs- und Beweislast. Diese Haftungsbegrenzung ist in der Sache auch interessengerecht. Die Struktur der Haftung aus der Sonderverbindung nach § 311 Abs. 3 S. 2 BGB hätte ansonsten zur Folge, dass der Kunstgutachter durch das von ihm zu tragende Wertsteigerungsrisiko einem Gesamthaftungsrisiko ausgesetzt ist, das für ihn nicht mehr kalkulierbar und versicherbar ist.[893] Diesem Umstand kann am effektivsten durch die Bestimmung einer begrenzten Haftungssumme beigekommen werden.[894] Dass die Haftung gegenüber dem Auftraggeber indes weiter reicht und sich dort per

891 *Daniel Schuster*, in: Artinvestor No. 05/12 S. 79 mit weiteren Beispielen.

892 Ebenda.

893 So auch *Raue*, in: FS Säcker S. 1111. A.A. *Goepfert* S. 88; *Gerlach* S. 108, 119. In diesem Zusammenhang ist darauf hinzuweisen, dass diverse Stiftungen ihre Tätigkeit im Hinblick auf Expertisenausgaben auch aufgrund des Haftungsrisikos eingestellt haben. So hat z.B. die die Andy Warhol Foundation ihr authentifcation board Anfang 2012 aufgelöst. Gleiches gilt für die Keith Haring Foundation und die Roy Lichtensetin Foundation.

894 Kapitel 4 § 4 D. III.

Gesetz auch auf das Wertsteigerungsrisiko erstreckt,[895] steht dem nicht entgegen und ist ebenfalls interessengerecht, da sich der Kunstexperte hier gegenüber seinem Auftraggeber mit rechtsgeschäftlichem Bindungswillen vertraglich verpflichtet hat. Die Begrenzung auf den Wert des vermeintlich echten Werkes zum Zeitpunkt der Begutachtung ist zudem insofern geboten, als dass ein durch die Wertsteigerung des Werkes bedingtes, unkalkulierbares Risiko faktisch nicht mit dem Expertenhonorar abgegolten werden kann.[896]

E. Haftungsausschluss und Verjährung

Für mögliche Haftungsausschlüsse gelten die in Kapitel 4 entwickelten Maßgaben. Prinzipiell gilt dabei der Grundsatz der Eigenständigkeit und Gleichrangigkeit der Dritthaftung.[897]

Die Verjährung des Anspruches nach § 280 Abs. 1 i.V.m. §§ 311 Abs. 3 S. 2, 241 Abs. 2 BGB richtet sich nach §§ 195 ff. BGB.[898] Eine Angleichung der Verjährungsfristen – und damit in der Regel Verkürzung auf die Fristen des Bezugsvertrages – ist aufgrund der systematischen Eigenständigkeit des Anspruches sowie der Unterschiedlichkeit von Pflichtverletzungen und Schuldnern nicht geboten.[899]

Die regelmäßige Verjährungsfrist beträgt nach § 195 BGB drei Jahre und beginnt gemäß § 199 Abs. 1 BGB mit Ende des Jahres, in dem der Anspruch entstanden ist und der Anspruchsteller hiervon Kenntnis erlangt. Bei den hier behandelten Fällen der Dritthaftung für Kunstexpertisen entsteht der Schadensersatzanspruch regelmäßig mit Abschluss des Kaufvertrages über das jeweilige

---

895 Hält der Experte das Werk für unecht oder kommt er zu einer falschen Zuschreibung, bei welcher der behauptete Wert hinter dem tatsächlichen zurückbleibt, so kann der Auftraggeber in einem späteren Schadensfall z.B. durch Verkauf oder Schenkung ebenfalls Schadensersatz verlangen, wobei der Kunstexperte das Risiko der Wertsteigerung des Werkes trüge. Hier handelt es sich allerdings in aller Regel um einen Anspruch aus Vertragsrecht.

896 Anders ist dies hingegen dann, wenn z.B. in einem Wertgutachten die maximale Haftungssumme nominell festgelegt ist. Das Risiko bis zu dieser Summe zu haften, ist kalkulier- und versicherbar und damit auch mit dem Expertenhonorar abzugelten. Letztlich wird hier dieser Wertung entsprochen und die Haftung auf den unbezeichneten, vermeintlichen Wert des Werkes zum Zeitpunkt der Begutachtung beschränkt.

897 Kapitel 4 § 4 E.

898 Kapitel 4 § 4 F.

899 Vgl. *Kersting* S. 469, der davon zu Recht die Fälle ausnimmt, in denen der Anspruchssteller das Erfüllungsinteresse ersetzt verlangt.

Werk, unter Zugrundelegung der Expertisenwertung. Kenntnis vom Anspruch erlangt der Käufer mit dem Wissen um die mangelnde Echtheit des Werkes.

Unabhängig von der Kenntnis des Gläubigers gilt nach § 199 Abs. 3 Nr. 1 BGB bei bereits entstandenen Schäden die Verjährungshöchstfrist von 10 Jahren. Die 30 jährige Verjährungshöchstfrist nach § 199 Abs. 3 Nr. 2 BGB beginnt bereits mit dem Inverkehrbringen der Expertise.[900]

§ 2. Kunstexpertisen im Zusammenhang mit Werkverzeichnissen

Wie bereits in Kapitel 2 näher ausgeführt, ist es in der Kunstwissenschaft üblich, dass das Oeuvre bekannter und bedeutender Künstler möglichst umfassend in einem sog. Werkverzeichnis erfasst und systematisch dargestellt wird. Für die Dritthaftung sind dabei zwei praxisrelevante Varianten der Echtheitskommunikation von besonderem Interesse, die nachfolgend näher behandelt werden sollen.

Bei der ersten Variante wird das Werk ohne, in der zweiten Variante mit einer separaten schriftlichen Aufnahme- bzw. Echtheitsbestätigung in den Catalogue raisonné aufgenommen und dort als Arbeit des Künstlers geführt.[901]

Im Folgenden soll anhand typischer Fallkonstellationen untersucht werden, wie diese zwei Grundvarianten unter Anwendung der entwickelten Auslegungskriterien rechtlich zu qualifizieren sind, insbesondere, ob eine Eignung zur Begründung einer Sonderverbindung besteht und ob bei einem fehlerhaften Eintrag im Werkverzeichnis bzw. einer fehlerhaften Aufnahmebestätigung ein Schadensersatzanspruch in Betracht kommen kann.

A. Bestehen einer Sonderverbindung

I. Die Verzeichnung im gedruckten oder elektronisch geführten Werkverzeichnis

In *Beispiel 1* wendet sich der Eigentümer des Bildes an den Werkverzeichner mit der Bitte um Aufnahme des Werkes in den Catalogue raisonné. Der Werkverzeichner prüft die Echtheit mit positivem Ergebnis, gibt jedoch keine schriftli-

900 Kapitel 4 § 4 F.

901 Vgl. Kapitel 2 § 3 B. I. und II. Ebenso kommt es vor, dass sich der Verzeichner weigert, das Werk in den Catalogue raisonné aufzunehmen. Da hier jedoch der Auftraggeber gegen den Verzeichner vorgeht, liegt keine Dritthaftungskonstellation vor. Zu den Streitigkeiten um die (Nicht-) Aufnahme vgl. *von Brühl* S. 61 ff.

che Aufnahmebestätigung an den Eigentümer heraus, sondern nimmt das Werk lediglich in das gedruckte oder elektronische Werkverzeichnis auf. In der Folge verweist der Eigentümer den Interessenten im Rahmen der Veräußerung auf die tatsächliche Eintragung im Catalogue raisonné, woraufhin dieser sich zum Kauf entscheidet. Später stellt sich heraus, dass das Werk eine Fälschung ist und daher gar nicht in den Catalogue raisonné hätte aufgenommen werden dürfen.

Alternativ zu diesem Sachverhalt ist auch eine auftragslose Aufnahme in das Werkverzeichnis denkbar und in der Praxis sogar der häufigste Fall. Im *Beispiel 2* nimmt der Verzeichner das Werk daher im Rahmen seiner wissenschaftlichen Tätigkeit aus eigener Initiative in das Werkverzeichnis auf. Einige Zeit später legen die Kaufvertragsparteien die im Catalogue raisonné veröffentlichte Echtheitswertung im Hinblick auf das Werk ihrem Rechtsgeschäft zugrunde. Im Nachhinein erweist sich auch hier das vom Käufer erworbene Werk als Fälschung.

1. Inanspruchnahme von Vertrauen

Beiden Fallbeispielen ist gemeinsam, dass die kontrahierenden Parteien ihre Informationen allein aus dem öffentlich zugänglichen Werkverzeichnis beziehen und daher bei ihrer Vertragsgestaltung von einem echten Werk ausgehen. Dass die Aufnahme in *Beispiel 2* ohne einen zielgerichteten Auftrag erfolgte, während ein solcher in *Beispiel 1* bestand, ändert dabei zunächst nichts. In beiden Fällen steht die Frage im Mittelpunkt, ob der Umstand der Verzeichnung und späteren Veröffentlichung eine taugliche Inanspruchnahme von Vertrauen seitens des Verzeichners darstellt. Da dem Werkverzeichnis auf dem Kunstmarkt eine herausragende Bedeutung zukommt[902] und es sich, ähnlich einem Prospekt bei der Prospekthaftung, an die gesamte Öffentlichkeit richtet, liegt dabei zunächst die Überlegung nahe, dass der Verzeichner gegenüber jedem, der die Information aus dem Werkverzeichnis erhält, Vertrauen für sich in Anspruch nimmt.

Im Ergebnis genügt die Veröffentlichung der Aufnahme gegenüber der Allgemeinheit jedoch nicht, sowohl gegenüber den Vertragspartnern des Eigentümers als auch gegenüber jedermann eine Sonderverbindung zu begründen.

Die Inanspruchnahme von Vertrauen scheitert dabei allerdings nicht bereits am mangelnden Setzen einer vertrauenstauglichen Erklärung im Rechtsverkehr, die dazu geeignet ist, bei Dritten eine positive Erwartungshaltung in Bezug auf dessen Echtheit zu begründen. Diese Voraussetzung wird durch die Aufnahme und Veröffentlichung im Werkverzeichnis zunächst erfüllt. Denn Aufnahme in

902 Kapitel 2 § 3 B.

das Werkverzeichnis erfolgt nämlich regelmäßig nur dann, wenn der Verzeichner von der Echtheit des jeweiligen Werkes überzeugt ist und diese überprüft hat. Die Eigenprüfung stellt nach der üblichen Praxis im Rechtsverkehr dabei den Regelfall dar und entspricht der typischen Arbeitsweise des Verzeichners.[903] Interessant sind in diesem Zusammenhang insbesondere die Einleitungen der Autoren oder Herausgeber in einigen Werkverzeichnissen. So heißt es paradigmatisch in der Einleitung zum Werkverzeichnis vom Kurt Schwitters: „Die Authentizität der im Catalogue raisonné verzeichneten Werke *zu garantieren* ist vordringliche Aufgabe eines solchen Unternehmens". Zudem gibt es in Werkverzeichnissen oft konkrete Hinweise auf Werke, die nur in die Anlage zum Werkverzeichnis aufgenommen wurden, da ihre Authentizität fraglich ist. Dazu heißt es weiter: „Diese Werke wurden (...) entweder nicht in das Werkverzeichnis aufgenommen oder stehen im Anhang als Werke fraglichen Ursprungs zur Diskussion."[904] Damit impliziert die Aufnahme in den Catalogue raisonné eine positive Echtheitswertung seitens des Verzeichners im Hinblick auf das konkrete Werk, die durch die Veröffentlichung dem Rechtsverkehr und damit der Allgemeinheit zugänglich gemacht wurde. Diese Erklärung steht nicht in Abhängigkeit von einem Aufnahmeantrag des Eigentümers, sondern wird von dem Kunstexperten durch die Veröffentlichung selbst im Rechtsverkehr gesetzt.

Allerdings mangelt es für eine Inanspruchnahme von Vertrauen an einer objektiven Bestimmtheit der Erklärung, ein fremdes Rechtsgeschäft zu beeinflussen. Allein aus der Veröffentlichung kann nämlich regelmäßig noch nicht auf die nötige Gerichtetheit der vertrauenstauglichen Erklärung geschlossen werden.

Primärer und zurechenbarer Zweck eines Werkverzeichnisses ist es, ein wissenschaftliches Verzeichnis über das Gesamtwerk des jeweiligen Künstlers zu schaffen. Die Aufnahme und konkrete Verzeichnung hat damit in erster Linie das wissenschaftliche Anliegen, ein möglichst vollständiges Bild des künstlerischen Oeuvres, sei es in seiner Gesamtheit oder unter speziellen Aspekten, zu schaffen. Die Informationen aus dem Werkverzeichnis sollen der gesamten Öffentlichkeit zur Verfügung stehen, also Wissenschaftlern, interessierten Laien, Sammlern und sonstigen Personen. Demgegenüber ist es nicht der typische Zweck des Werkverzeichnisses – in Abgrenzung zu einer eigenständigen verkehrsfähigen Expertise – für zwei kontrahierende Parteien eine verlässliche Vertragsgrundlage bereitzustellen oder deren Verträge zu beeinflussen.

Diese Einordnung wird zusätzlich durch den Umstand bestärkt, dass die blo-

903 Vgl. Kapitel 2 § 3 B. III.

904 *Orchard/Schulz*, Kurt Schwitters, Catalogue raisonné, Band 1, Einleitung.

ße Aufnahme und Veröffentlichung, im Vergleich zur Expertise, nur begrenzt tauglich ist, das konkrete Werk im Rechtsverkehr als Original zu kennzeichnen. Anders als bei einer schriftlichen selbstständigen Expertise, die dem jeweiligen Werk beim Verkauf beiliegt, trifft eine Verzeichnung im Catalogue raisonné noch keine Aussage darüber, ob das aufgenommene Werk auch das dem Käufer vorliegende ist.

Steht somit regelmäßig eine wissenschaftliche Motivation hinter einem Werkverzeichnis, so ist dessen Veröffentlichung unter Berücksichtigung der Wissenschaftsfreiheit in Art. 5 Abs. 3 GG zu bewerten. Vor diesem Hintergrund muss es gewährleistet sein, dass die Werkverzeichner ihre Ergebnisse veröffentlichen zu können, ohne reflexartig einer Haftung ausgesetzt zu sein. Andernfalls bestünde die Gefahr, dass jeder Herausgeber oder Autor eines Buches für die Aussagen darin gegenüber jedem Leser haftet, was ebenso wenig Sinn und Zweck der Vertrauenshaftung in § 311 Abs. 3 S. 2 BGB ist, wie die Haftung des Verzeichners aufgrund von Angaben im Catalogue raisonné.

2. Fazit und Interessengerechtigkeit des Ergebnisses

Zusammenfassend ist festzustellen, dass die Aufnahme und Aufführung eines Kunstwerks im Werkverzeichnis eines Künstlers zwar als eine vertrauenstaugliche Erklärung über die Echtheit interpretiert werden kann, diese jedoch nicht bestimmt ist, Drittgeschäfte zu beeinflussen, so dass in beiden Beispielsfällen die Begründung einer Sonderverbindung ausscheidet und damit ein Schadensersatzanspruch gegen den Verzeichner nicht in Betracht kommt.

II. Die schriftliche Aufnahmebestätigung

Im Gegensatz zur Nutzung einer nur gegenüber der Allgemeinheit gegenüber kommunizierten Information, hat die zweite Fallvariante Kunstverkäufe unter Vorlage einer schriftlichen Aufnahmebestätigung in das Werkverzeichnis zum Gegenstand. In *Beispiel 3* wendet sich daher der Eigentümer des Werkes zunächst mit der Bitte an den Verzeichner, das Werk in den Catalogue raisonné aufzunehmen. Der Verzeichner nimmt dann eine positiv ausfallende Echtheitsprüfung vor und übergibt dem Auftraggeber im Anschluss eine separate schriftliche Aufnahmebestätigung. Typischerweise enthält diese Wendungen wie: „Ich beabsichtige das Werk in den Catalogue raisonné aufzunehmen“ oder: „Ich habe das Werk in den Catalogue raisonné aufgenommen.“[905] Alternativ kann der Werkverzeichner aber natürlich auch die Echtheit direkt bestätigen oder beide

---

905 Vgl. *Raue*, in: FS Säcker S. 1108.

Wendungen kombinieren. Noch bevor das Werk nun tatsächlich in das Werkverzeichnis aufgenommen wird, veräußert der Eigentümer das Werk unter Vorlage des Schreibens an einen Dritten. Dies kann entweder durch den Eigentümer selbst erfolgen oder unter Zwischenschaltung eines Auktionshauses oder eines Kunsthändlers. Nach einer gewissen Zeit wird das Werk jedoch als Fälschung enttarnt, so dass sich die Aufnahme in das Werkverzeichnis und die schriftliche Aufnahme- bzw. Echtheitsbestätigung ebenfalls als fehlerhaft erweisen. Fraglich ist nun, inwieweit zwischen dem Vertrauenden und dem Verzeichner eine Sonderverbindung begründet wurde.

1. Inanspruchnahme von Vertrauen

a. Setzen einer vertrauenstauglichen Erklärung im Rechtsverkehr

Mit seiner schriftlichen Aussage „Ich beabsichtige, das Werk in den Catalogue raisonné aufzunehmen" setzt der Verzeichner, in Ermangelung anderer Hinweise oder Erklärungen, zunächst eine vertrauenstaugliche Erklärung, die dazu geeignet ist, bei Dritten eine positive Erwartungshaltung in Bezug auf die Echtheit des Werkes zu begründen. Dies gilt natürlich erst recht, wenn der Verzeichner die Echtheit direkt bestätigt oder eine Echtheitsbestätigung mit einer Aufnahmezusage kombiniert.[906] Die Aufnahmezusage oder -bestätigung ist analog der Aussage „Das Werk stammt von dem Künstler A" zu interpretieren, da ein Werkverzeichner, der die Echtheitsprüfung selbst vornimmt, nur Werke in das Verzeichnis aufnimmt, die er für echt befindet. Die Eigenprüfung dürfte dabei den Regelfall darstellen und der typischen Arbeitsweise des Verzeichners entsprechen.[907] Dabei spielt es auch keine Rolle, ob der Verzeichner eine Einzelperson ist oder ob eine Institution in der Verantwortung steht. Im letzten Fall wird die vertrauenstaugliche Erklärung durch die Institution gesetzt, die sich grundsätzlich Pflichtverletzungen und Verschulden ihrer Erfüllungsgehilfen zurechnen lassen muss (§ 278 BGB). Dies ist interessengerecht, da dem Eigentümer über die inneren Abläufe in der Institution meist nichts bekannt ist und die Authentifizierung auch durch mehrere Personen gemeinsam erfolgen kann.[908]

---

906 Im ersten Fall liegt im Grunde eine Expertise des Verzeichners vor, die allerdings durch seine Funktion als Verzeichner wohl auch konkludent eine Aufnahmezusage beinhaltet.

907 Vgl. Kapitel 2 § 3 B. III.

908 Anders liegt der Fall dann, wenn der Verzeichner keine Eigenexpertise vornimmt, denn nicht jeder Werkverzeichner ist zugleich auch Echtheitsbegutachter. Aus Gründen der Wissenschaftsfreiheit muss es ihm möglich bleiben, ein Werkverzeichnis

b. Personelle Bestimmtheit der Erklärung zur Drittbeeinflussung/Gerichtetheit

Weiterhin sind sowohl die vorbehaltlose Aufnahmezusage als auch die Aufnahmebestätigung im Regelfall dazu bestimmt, im Rechtsverkehr gegenüber Dritten verwendet zu werden und Drittgeschäfte zu beeinflussen. In Abgrenzung zu einer bloßen Aufführung im gedruckten oder elektronisch geführten Werkverzeichnis kann aus Sicht eines objektiven Betrachters nämlich davon ausgegangen werden, dass der Verzeichner die schriftliche Bestätigung mit der Zweckbestimmung herausgibt, dass der Auftraggeber sie gegenüber Dritten im Rechtsverkehr verwenden kann und auf diesem Wege die Echtheit des Werkes nachzuweisen vermag.

Dies ergibt sich im Wesentlichen aus zwei Gründen. Zum einen ist es für den Verkauf eines noch nicht in das Werkverzeichnis aufgenommenen Bildes zumeist erforderlich, dass der Käufer in glaubhafter Weise über die Einschätzung des Verzeichners zur Echtheit des Werkes informiert wird. Der Verkäufer soll also gerade durch das Schreiben in die Lage versetzt werden, die Echtheit des Werkes im Rechtsverkehr auch in dem Zeitraum zwischen Aufnahmeentscheidung und Verzeichnung gegenüber einem Dritten nachweisen zu können, worin sich bereits deutlich ein anderer Zweck als die bloße wissenschaftliche Verzeichnung eines Werkes offenbart.

Der andere, noch wichtigere Grund ist hingegen die konkrete Kennzeichnungsfunktion der Aufnahmebestätigung im Rechtsverkehr. Unter Kennzeichnungsfunktion ist zu verstehen, dass das Bestätigungsschreiben die Echtheit gerade in Verbindung mit dem konkreten Werk bestätigt. Denn selbst wenn sich das Werk im Verzeichnis wiederfände, wäre im Einzelfall noch nicht geklärt, ob es sich bei dem konkret zum Verkauf angebotenen Kunstwerk auch tatsächlich um das ins Werkverzeichnis aufgenommene Werk handelt oder um eine bloße

auch mit ausschließlich verzeichnendem Charakter zu führen und diese Möglichkeit nicht von der Authentifikationstätigkeit in Abhängigkeit zu setzen. Veranlasst der Verzeichner eine Fremdprüfung, so muss dies für den Dritten allerdings ersichtlich gewesen sein, wenn eine Haftung entsprechend den Wertungen der Eigenprüfung ausscheiden soll. Das heißt, der Verzeichner muss auf den Umstand der ständigen Fremdprüfungspraxis entweder im Werkverzeichnis selbst oder aber speziell in der Expertise hingewiesen haben. Ist dies der Fall, so liegt in der Aufnahmezusage keine ihm zurechenbare Echtheitsbestätigung. Ebenfalls ist die Haftung ausgeschlossen, wenn sich im Werkverzeichnis oder der Aufnahmebestätigung Erklärungen finden, die die Tauglichkeit der Erklärung zur Begründung von Vertrauen aufheben. Hier gelten die gleichen Maßstäbe wie bei der eigenständigen Expertise. Ein Haftungsausschluss, der nicht erkennbar ist, berührt die Vertrauenstauglichkeit indes nicht.

Kopie. Die schriftliche Erklärung hat mithin den weitergehenden Zweck, das Werk nicht nur abstrakt, sondern zugleich in seiner konkreten Verkörperung im Rechtsverkehr als Original zu bestätigen. Die Erklärung kann deshalb auch nicht durch die tatsächliche Aufnahme in das Verzeichnis ersetzt werden, weshalb die tatsächliche Verzeichnung und Veröffentlichung vor der Nutzung der schriftlichen Erklärung gegenüber Dritten, keine Auswirkungen auf die Bestimmtheit der schriftlichen Erklärung hat, Drittgeschäfte zu beeinflussen. Denn selbst wenn die Parteien in diesem Fall in der Lage wären, sich im Werkverzeichnis selbst über das Echtheitsurteil des Verzeichners zu informieren, so wäre damit noch keine Aussage über die Originalität des konkret zum Verkauf stehenden Werkes getroffen. Die schriftliche Bestätigung ist hingegen eher geeignet diesen Umstand glaubhaft zu machen und bezweckt damit zusätzlich die Identifikation des konkreten Werkes als Original, was sie in Funktion und Wirkung mit einer selbstständigen Expertise vergleichbar macht.

Natürlich kann auch lediglich die alleinige Information des Auftraggebers Zweck der schriftlichen Bestätigung sein und diese nicht mit der Intention verfasst worden sein, die Echtheit des Werkes im Rechtsverkehr zu bestätigen. Aufgrund der bereits angeführten Kennzeichnungsfunktion und Verkehrspraxis, stellt jedoch die alleinige Information des Auftraggebers als Verwendungszweck nicht den Regelfall dar, so dass sich aus dem Sachverhalt konkrete Hinweise für eine solche Einordnung ergeben müssen.

c. Subjektive Voraussetzungen der Inanspruchnahme

In Fällen wie im *Beispiel 3* ist für den Experten subjektiv erkennbar, dass seine Aufnahmebestätigung bzw. -zusage eine vertrauenstaugliche und verkehrsfähige Erklärung darstellt, die aus dem Blickwinkel eines objektiven Dritten dazu bestimmt ist, einer Veräußerung als Entscheidungsgrundlage zu dienen. Dies gilt insbesondere unter dem Aspekt, dass ein Werkverzeichner i.d.R. um sein Renommee als Experte und die Wirkung seiner Expertise auf dem Kunstmarkt weiß.

d. Korrelation zwischen schriftlicher Echtheitsbescheinigung und veröffentlichten Angaben im Werkverzeichnis

Im Gegensatz zur eigenständigen Expertise besteht bei der Aufnahmebestätigung in Bezug auf das Vorliegen des Tatbestandsmerkmals der Inanspruchnahme von Vertrauen allerdings eine Einschränkung, die sich aus der Besonderheit ergibt, dass es früher oder später zu einer Veröffentlichung der Aufnahme sowie weiterer Angaben im Catalogue raisonné kommt.

Zwar sind die dortigen Angaben für sich allein nicht dazu bestimmt, Drittgeschäfte zu beeinflussen, wohl aber können sie in der Lage sein, die Inanspruchnahme von Vertrauen durch eine schriftliche Aufnahmebestätigung auszuschließen. Der Grund ist, dass die Aufnahmebestätigung ausdrücklich auf den ebenfalls im Rechtsverkehr gesetzten und öffentlich zugänglichen Catalogue raisonné Bezug nimmt und sich Werkverzeichnis und Aufnahmebestätigung damit regelmäßig ergänzen, beziehungsweise in einem Wechselwirkungsverhältnis stehen. Dem Vertrauenden ist infolge dieser deutlich erkennbaren Verbindung zuzumuten, die tatsächliche Aufnahme in den Catalogue raisonné zu überprüfen, bzw. die dort veröffentlichten Angaben einzusehen. Stellt sich daher nach der Aufnahme heraus, dass das Werk doch nicht von dem angenommenen Künstler stammt und wird dieses Ergebnis später durch die Entfernung im Verzeichnis veröffentlicht, dann entfällt, aufgrund der sich widersprechenden Angaben, auch die Vertrauenstauglichkeit der Aufnahmebestätigung. Insoweit kann nämlich aus dem Gesamtbild des Vorgangs gefolgert werden, dass die relevante Letzteinschätzung des Verzeichners nicht die mit der Aufnahmezusage konkludent erklärte Echtheit des Werkes ist, sondern dessen Unechtheit, was sich in dem Umstand der Löschung bzw. Streichung aus dem Catalogue raisonné manifestiert hat.

2. Inanspruchnahme von Vertrauen in besonderem Maße und erhebliche Beeinflussung eines Drittvertrages

Wie bereits ausgeführt, ist es weiterhin erforderlich, dass der Verzeichner in der Öffentlichkeit als besonders sachkundiger Experte mit vielfältiger Berufserfahrung aufgetreten ist, damit auch eine Vertrauensinanspruchnahme in besonderem Maße vorliegt.[909] Dies wird bei einem Verzeichner regelmäßig der Fall sein.

Zudem muss die Aufnahmebestätigung maßgeblich das Zustandekommen des Kaufvertrags beeinflusst haben. Dies wird vermutet, wenn der Anspruchsteller von der Inanspruchnahmehandlung Kenntnis hatte und sich die Aufnahme mit der damit einhergehenden Echtheitswertung objektiv in den *essentialia negotii* des Vertrages wiederfindet,[910] wovon im *Beispiel 3* ebenfalls ausgegangen werden kann.

3. Fazit und Interessengerechtigkeit des Ergebnisses

Im Ergebnis ist festzuhalten, dass die schriftliche Aufnahmebestätigung rechtlich entsprechend einer selbstständigen Expertise behandelt werden kann. Denn

---

909 Kapitel 4 § 3 C. I.
910 Kapitel 4 § 3 D. III.

genauso wie bei der selbstständigen Expertise, wird durch die Nutzung der Aufnahmebestätigung gegenüber dem Erstkäufer regelmäßig eine Sonderverbindung nach § 311 Abs. 3 S. 2 BGB zwischen dem Käufer und dem Verzeichner begründet, soweit keine konkreten Anzeichen darauf schließen lassen, dass die Aufnahmebestätigung ausschließlich der Information des Auftraggebers dienen sollte oder sich aus dem veröffentlichten Werkverzeichnis etwas anderes ergibt.

Dies gilt auch für Fälle, in denen ein Auktionshaus als Kommissionär tätig und ein Werk unter Hinweis auf die Aufnahmebestätigung im Auftrag des Eigentümers veräußert wird.

Bei etwaigen Konstellationen im Zusammenhang mit Folgeverkäufen ist es für die Entstehung einer Sonderverbindung ein maßgebliches Kriterium, welche Bedeutung dem Werkverzeichnis zukommt und ob den Verzeichner Zuschreibungsautorität auszeichnet. In aller Regel wird diese Voraussetzung bei Verzeichnern gegeben sein, wenn sie die maßgeblichen Experten sind und deshalb faktisch die Echtheit gegenüber dem Gesamtmarkt bestätigen können.

Dieser analog zur Expertise gezogene personelle Haftungsrahmen führt auch nicht zu einem unbilligen Haftungsrisiko des Verzeichners. Zum einen ist in der Rechtsfolge die Haftungssumme, wie bereits bei der Expertise, auf den aktuellen Wert des vermeintlich echten Werkes bei der Begutachtung zu beschränken, damit die Haftung kalkulier- und versicherbar bleibt, und zum anderen ist es dem Verzeichner weiterhin jederzeit möglich und zumutbar, die Dritthaftung durch entsprechende Formulierungen in der Aufnahmebestätigung oder im Werkverzeichnis auszuschließen.

Der Haftungsumfang ist zudem interessengerecht, da der Verzeichner – im hier untersuchten Fall der schriftlichen Aufnahmebestätigung – gegenüber dem Markt letztlich als Gutachter bzw. Experte tätig wird und ohne wissenschaftliche Notwendigkeit seine vertrauenstaugliche Expertenmeinung über die Echtheit des Werkes gezielt in den Rechtsverkehr leitet, wohl wissend, dass diese bei einem Verkauf, genau wie eine Expertise, zusammen mit dem Bild übergeben wird und für die Kaufentscheidung von zentraler Bedeutung ist.

B. Pflichtverletzung und Verschulden

Ähnlich wie bei der eigenständigen Expertise, besteht auch bei einer schriftlichen Aufnahmebestätigung in das Werkverzeichnis eine Pflichtverletzung, wenn der Verzeichner die Aufnahme in den Catalogue raisonné zugesagt oder bestätigt hat, obwohl es sich bei dem Werk um eine Fälschung handelt. Ist der Aufnahmezusage regelmäßig eine Echtheitswertung inhärent, so liegt die Pflichtverletzung damit auch hier in der fehlerhaften Information des Vertrauenden. Insoweit herrscht weitestgehend Übereinstimmung zu der für die Expertise erarbeiteten Auslegung.

Gleiches gilt für den Vorwurf des Verschuldens. Der Verzeichner hat die fehlerhafte Information des Vertrauenden dann zu vertreten, wenn er zumindest fahrlässig gehandelt hat, wenn er also die im Verkehr erforderliche Sorgfalt außer Acht gelassen hat. Inhaltlich können insoweit im Wesentlichen die Maßgaben zu den Anforderungen an die verkehrsübliche Sorgfalt bei der Erstellung von Kunstexpertisen aus Kapitel 5 § 1 C. übertragen werden. Allerdings ergeben sich Besonderheiten unter anderem für die Darlegungs- und Beweislast beim Verschulden, wenn das Werk zusammen mit Provenienzangaben ins Werkverzeichnis aufgenommen und veröffentlicht wird.

I. Grundsätzliche Anforderungen an eine sorgfältige Authentifizierung im Rahmen der Aufnahmeentscheidung

Den Verzeichner treffen hinsichtlich der Authentifizierung des Werkes bei der Aufnahmeentscheidung grundsätzlich die gleichen Anforderungen wie den Ersteller einer eigenständigen Expertise. Er muss gewissenhaft und sorgfältig vorgehen. Eine Begründungspflicht besteht nicht, da es sich bei dem Verzeichner nicht um einen staatlich vereidigten Sachverständigen handelt.[911] In den Fällen der stilkritischen Fremdprüfung durch einen anderen Experten hat sich der Verzeichner Pflichtverletzungen und Verschulden des beauftragten Experten gemäß § 278 BGB zurechnen zu lassen, soweit er nicht haftungsausschließend auf die Fremdprüfung hinweist. Für die Prüfung der Provenienzangaben durch Dritte gilt nichts anderes. Auch hier hat sich der Verzeichner Pflichtverletzungen der von ihm beauftragten Hilfspersonen nach § 278 BGB zurechnen zu lassen, wenn er sie bei der Arbeit hinzuzieht und insoweit keine Haftungsvorbehalte formuliert. Diese Wertung ist interessengerecht, da der Eigentümer mangels Vertragsverhältnis keine eigenen vertraglichen Ansprüche gegen die Hilfspersonen hat und ansonsten auf das Deliktsrecht verwiesen werden müsste.

Weiterhin muss, wie bei der eigenständigen Expertise, auch bei der Aufnahmeentscheidung auf die mannigfaltigen Erkenntnisquellen für die Klärung der Echtheit zurückgegriffen werden, soweit der Verzeichner den Prüfungsrahmen im Catalogue raisonné nicht speziell regelt. Wie bereits bei der Frage nach der Begründung der Sonderverbindung erläutert, sind die Hinweise im Catalogue raisonné zwar für sich allein nicht dazu bestimmt, ein Drittgeschäft zu beeinflussen, wohl aber können sie sich auf den konkreten Vertrauenstatbestand auswirken. Enthält der Catalogue daher Ausführungen zum methodischen Vorgehen,

---

911 Vgl. Kapitel 2 § 3 A. V. 2. zur Begründungspflicht von Privatgutachtern.

so können diese für den vertrauensrechtlich relevanten Prüfungsumfang im Rahmen der Authentifizierung beachtlich sein. In der Regel wird es jedoch an solchen Hinweisen zur konkreten Arbeitsweise im Werkverzeichnis fehlen. Da die Arbeitsweise der Experten in Bezug auf die bekannten Erkenntnisquellen weitgehend übereinstimmen dürfte, kann ansonsten auf die Ausführungen zur Expertise zurückgegriffen werden.[912] Somit ist inhaltlich abermals die stilkritische Analyse obligatorischer Bestandteil der Prüfung.[913] Naturwissenschaftliche Untersuchungen können, wie bei der eigenständigen Expertise, regelmäßig nur im Rahmen der eigenen Möglichkeiten des Experten erwartet werden.[914] Weiterhin muss die Provenienz bei der Prüfung beachtet werden. Neben der obligatorischen Recherchepflicht hinsichtlich weiterer Provenienzhinweise im Rahmen der eigenen Möglichkeiten gilt ebenfalls die Nachprüfungspflicht auf Fälschungshinweise und Authentizität in Bezug auf vom Auftraggeber gemachte Angaben und vorgelegte Belege. Bei Nichtberücksichtigung der Provenienz – weil die Nachweise nicht umfassend authentifizierbar sind – muss der Prüfungsrahmen ausdrücklich auf die Stilkritik begrenzt werden. Ansonsten gelten die für die einzelnen Fallgruppen entwickelten Sorgfaltsanforderungen und Ergebnisse hier entsprechend.[915] Schließlich hat der Verzeichner – wie bereits der Ersteller einer eigenständigen Expertise – auch alle weiteren Erkenntnisquellen bei der Echtheitsprüfung zu beachten.[916] Insoweit gelten für die Sorgfaltspflicht die bereits ausgeführten Anforderungen und Maßgaben.

Wie bereits für die selbstständige Expertise gezeigt wurde, stehen dabei alle potenziellen Erkenntnisquellen für die Echtheitsprüfung hinsichtlich des Sorgfaltspflichtsmaßstabes – und damit ebenso des Prüfungsumfangs – in einem Interdependenzverhältnis. So kommt es in Bezug auf den Sorgfaltspflichtmaßstab im Rahmen einer Gesamtschau des jeweiligen Einzelfalls darauf an, ob eine Verschärfung der Anforderungen geboten erscheint.

---

912 Vgl. Kapitel 5 § 1 C. III.

913 Vgl. Kapitel 5 § 1 C. III. 1.

914 Vgl. Kapitel 5 § 1 C. III. 2. Selbstverständlich kann der Verzeichner, genauso wie der Kunstexperte, aber auch strengere Mindestanforderungen bestimmen, soweit diese schlüssig sind und beitragen können, Rückschlüsse auf die Echtheit oder Originalität des Werkes liefern zu können. So kann er beispielsweise die materialtechnische Analyse obligatorisch zur Aufnahmevoraussetzung erklären.

915 Vgl. die Fallgruppen zur Provenienzrecherche bei den eigenständigen Kunstexpertisen in Kapitel 5 § 1 C. III. 3.

916 Vgl. die Ausführungen in Kapitel 5 § 1 C. III. 4.

II. Korrelation zwischen Angabenveröffentlichung im Werkverzeichnis und Echtheitsprüfung unter dem Aspekt der Darlegungs- und Beweislast

Ähnlich wie bei der Inanspruchnahme von Vertrauen und dem Pflichtenmaßstab ergeben sich auch im Hinblick auf die gutachterliche Darlegungs- und Beweislast Besonderheiten bezüglich der im Verkehr erforderlichen Sorgfalt aufgrund der veröffentlichten Angaben im Werkverzeichnis.

Nach der Beweislastregelung in § 280 Abs. 1 S. 2 BGB obliegt es im Prozess grundsätzlich dem Verzeichner darzulegen, dass ihn kein Verschulden im Sinne des § 276 BGB hinsichtlich der fehlerhaften Zuschreibung trifft. Da allerdings sowohl Kunstexpertisen als auch Aufnahmebestätigungen meist nicht mit denen ihr Urteil tragenden Gründen versehen werden, ist es abseits der Einlassungen des Gutachters nur schwer nachprüfbar, von welchen Erkenntnissen dieser bei der damaligen Entscheidung ausgegangen ist, insbesondere welche Provenienzangaben ihm vorlagen und wie weit seine Recherche tatsächlich ging. Im Prozess besteht für den Verzeichner damit oftmals der Vorteil, dass er nicht an bestimmte Erwägungen festgehalten werden kann.[917]

Allerdings ergeben sich insoweit Einschränkungen, wenn sich im Werkverzeichnis nähere Angaben zur Provenienz finden, da diese im Streitfall konkrete Anhaltspunkte dafür bieten können, von welchen Informationen der Verzeichner zum Zeitpunkt der Aufnahmebestätigung ausgegangen ist.

Wegen der Pflicht des Verzeichners zur Authentifizierung der Provenienzangaben und -belege kann erwartet werden, dass Angaben zur Provenienz nur dann in das Werkverzeichnis aufgenommen werden, wenn sie belegt und die Belege authentisch sind.[918] Weiterhin ist bei veröffentlichten Provenienzangaben, aufgrund der Pflicht des Kunstexperten zur Gegenrecherche für Nachweise zur Werkexistenz, davon auszugehen, dass diese dem Verzeichner bereits bei der Echtheitsbegutachtung bzw. bei der Aufnahmeentscheidung bekannt gewesen sind.

In der Folge hat sich der Verzeichner, im Rahmen seiner Darlegungs- und Beweislast, sowohl hinsichtlich der Einzelheiten seiner Gesamtprüfung als auch im Hinblick auf die veröffentlichten Angaben im Werkverzeichnis, zu äußern und sich – je nach Einzelfall und Sachverhalt – entsprechend zu entlasten. Den Verzeichner trifft daher im Ergebnis hinsichtlich der ermittelten Provenienzgrundlage und deren Auswirkungen auf den allgemeinen Prüfungsumfang[919]

---

917 Kapitel 5 § 1 C. III. 1.

918 Vgl. Kapitel 5 § 1 C. III. 3. a.

919 Vgl. Kapitel 5 § 1 C. III. 3.

eine gesteigerte Substantiierungslast im Vergleich zum Ersteller einer gewöhnlichen Expertise. Sollte eine im Werkverzeichnis veröffentlichte Provenienz beispielsweise als Fälschung identifiziert worden sein, so kann sich der Verzeichner aufgrund der Veröffentlichung nicht einfach darauf berufen, dass ihm diese Feststellung damals nicht mit seinen eigenen Mitteln möglich gewesen sei, denn er hat sie sie schließlich ohne Hinweis auf eine ungeklärte Authentizität ins Werkverzeichnis aufgenommen. Er müsste also zudem glaubhaft und schlüssig darlegen, warum er die Angabe ohne Authentifizierung veröffentlicht hat bzw. veröffentlichen durfte.

C. Schaden, Haftungsausschluss und Verjährung

Hinsichtlich des Schadens, des Haftungsausschlusses sowie der Frage der Verjährung sind Expertisen im Zusammenhang mit der Aufnahmeentscheidung in das Werkverzeichnis entsprechend der eigenständigen Kunstexpertisen zu behandeln. Auch hier ist der nach §§ 249 ff. BGB zu berechnende Schaden typischerweise auf den vermeintlichen Wert des Werkes im Zeitpunkt der Begutachtung zu begrenzen, um die Dritthaftung kalkulier- und versicherbar zu gestalten.[920] Für einen Haftungsausschluss wegen inhaltsgleicher Ansprüche gelten die in Kapitel 4 entwickelten Maßgaben.[921]

Die Verjährung richtet sich ebenfalls nach der Regelfrist gemäß §§ 195, 199 BGB, wobei auch hier die bereits bestimmten Verjährungshöchstfristen nach § 199 Abs. 3 BGB gelten.[922]

D. Fazit

In der Gesamtbetrachtung bleibt für die Dritthaftung im Zusammenhang mit dem Catalogue raisonné festzuhalten, dass den Verzeichner vor dem Hintergrund der Wissenschaftsfreiheit und der mangelnden Drittgerichtetheit seiner Erklärungen keine Haftungsrisiken nach § 311 Abs. 3 S. 2 BGB treffen, soweit er sich bei seiner Tätigkeit auf die reine Veröffentlichung des Catalogue raisonné beschränkt.

Gibt der Verzeichner hingegen schriftliche Aufnahmebestätigungen an den Auftraggeber heraus, die geeignet und bestimmt sind, z.B. bei einem Verkauf die Echtheit des konkreten Werkes zu bestätigen und finden sich keine Hinweise auf

920 Kapitel 4 § 4 D. III.

921 Kapitel 4 § 4 E.

922 Kapitel 4 § 4 F.

eine Beschränkung der Weiterverwendung durch den Auftraggeber, so ist eine Haftung des Verzeichners ähnlich der des Experten möglich, soweit sich nicht aus den Veröffentlichungen im Werkverzeichnis entsprechende Besonderheiten ergeben.

Kapitel 6. Ergebnisse

I.

Zur Rechtslage der Dritthaftung für Gutachten im Allgemeinen können folgende Ergebnisse konstatiert werden:

1.

Weder der Wille des historischen Gesetzgebers noch gesetzessystematische Gründe sprechen gegen die Anwendung des § 311 Abs. 3 S. 2 BGB auf die Fälle der Dritthaftung von Experten.[923] Im Gegenteil ergibt sich aus der Teleologie der Norm, dass die Expertenhaftung dem Grunde nach unter § 311 Abs. 3 S. 2 BGB zu fassen ist.[924]

Die Konstruktion des VSD wird durch die Integration der Gutachterhaftung in § 311 Abs. 3 S. 2 BGB nicht überflüssig, sondern bleibt primärer Lösungsansatz für die Fallgestaltungen, die ursprünglich zu seiner Entwicklung geführt haben, nämlich solche, bei denen die „Wohl- und- Wehe Formel" greift.

2.

Für die Inanspruchnahme von Vertrauen im Rahmen der Gutachterhaftung muss der Experte im Rechtsverkehr eine vertrauenstaugliche Erklärung setzen, die aus dem Blickwinkel eines objektiven Betrachterhorizontes sowohl in personeller als auch in zeitlicher Hinsicht dazu bestimmt ist, das Geschäft des Anspruchstellers zu beeinflussen.[925]

Die personelle Gerichtetheit bestimmt sich zunächst objektiv nach dem Zweck des Gutachtens sowie dessen typischer personeller Verwendungsreichweite,[926] wird in der Folge aber unter den Vorbehalt eines konstanten Gesamthaftungsrisikos gestellt, das anhand der aus Gutachtersicht konkret zu antizipierenden Nutzung zu bestimmen ist.[927] Sollte der Kreis der potenziellen Anspruchsteller dem

923 Kapitel 3 § 5 B.
924 Kapitel 3 § 5 C.
925 Kapitel 4 § 3 B. II. 1. und 2.
926 Kapitel 4 § 3 B. II. 2. a. aa. und bb.
927 Kapitel 4 § 3 B. II 2. a. cc.

Umfang nach unbestimmt sein, wie z.B. bei Folgeverkäufen bzw. Kaufketten, so können nur solche Personen Anspruchsteller sein, durch deren Hinzutreten sich das für den Gutachter zu antizipierende Gesamthaftungsrisiko bei Gutachtenerstellung nicht erhöht. In Ermangelung anderer Anzeichen hat der Gutachter in der Regel zumindest mit einer Erstnutzung zu rechnen.

Die Beantwortung der Frage nach der zeitlichen Bestimmtheit muss derweil dem Einzelfall überlassen bleiben.[928] Jedes Gutachten überschreitet in der Regel irgendwann einen Punkt, an dem sich nach allgemeiner Ansicht die objektive Entscheidungsgrundlage derart geändert hat, dass es keine gültige Aussage mehr über seinen Gegenstand zu treffen in der Lage ist. Ein Gutachten ist nämlich stets nur die Beurteilung einer Sachfrage im Prüfungszeitpunkt und keine sich selbst erneuernde Dauerbescheinigung einer Tatsache. Daher muss, je nach Gutachtenart und Prüfungsgegenstand, im Einzelfall geprüft werden, ob nach der allgemeinen Verkehrsanschauung und dem wissenschaftlichen Erkenntnisstand die Aussage im Hinblick auf den Gutachtengegenstand überhaupt noch Aussagekraft besitzt.[929] Dies hängt entscheidend von der Natur der geprüften Sachfrage und den individuellen Umständen des Einzelfalls ab.

In subjektiver Hinsicht muss der Gutachter bei Setzung der vertrauenstauglichen Erklärung zunächst Handlungsbewusstsein ein gehabt haben. Zudem muss ihm klar gewesen sein oder es hätte ihm aufgrund der verkehrsüblichen Verwendung des Gutachtens klar gewesen sein müssen, dass er objektiv eine vertrauenstaugliche Erklärung im Rechtsverkehr gesetzt hat und diese nach objektivem Verständnis geeignet und dazu bestimmt war, ein Drittgeschäft zu beeinflussen.[930]

3.

Vertrauen im besonderen Maße wird dann in Anspruch genommen, wenn der Gutachter für die Richtigkeit seiner Expertise eine zusätzliche Gewähr bietet, was dann der Fall ist, wenn er objektiv den Anschein vermittelt, dass er bei seiner Arbeit mit besonderer fachgerechter Ernsthaftigkeit, Gewissenhaftigkeit, Objektivität, Neutralität und Sachkunde gearbeitet hat, so dass eine weitere Verifikation der Expertisenangaben aus Sicht des Vertrauenden verzichtbar ist.[931] Subjektiv muss der Gutachter damit gerechnet haben oder hätte damit rechnen müssen, dass sein Verhalten diesen Anschein erweckt.

---

928 Kapitel 4 § 3 B. II. 2. b.

929 a.a.O.

930 Kapitel 4 § 3 B. II. 3.

931 Kapitel 4 § 3 C.

4.

Eine erhebliche Beeinflussung liegt immer dann vor, wenn durch das Gutachten die *essentialia negotii* des Drittgeschäftes beeinflusst wurden oder sich die wirtschaftliche Bewertung des Vertrages aus Sicht eines objektiven Dritten verändert und der Anspruchsteller auf das Gutachten vertraut hat.[932] Beides wird vermutet, wenn der Anspruchsteller von der Inanspruchnahmehandlung Kenntnis hatte und sich das Gutachtenergebnis objektiv in den *essentialia negotii* des Vertrages wiederfindet.[933]

5.

Der Experte verletzt eine Schutzpflicht nach § 241 Abs. 2 BGB gegenüber dem Anspruchsteller, wenn er ein falsches Gutachtenergebnis mitteilt oder sich Tatsachenfeststellungen im Gutachten als falsch herausstellen.[934] Daneben kann aber auch die unzureichende Information für den Vertrauenden eine Pflichtverletzung darstellen. Dies ist dann der Fall, wenn der Gutachter entscheidungserhebliche Umstände in der Expertise unerwähnt lässt und so dem Vertrauenden, stets vor dem Hintergrund eines konkreten Ergebnisses, einen für die absehbare Sachentscheidung unzureichenden Gesamteindruck über den Gutachtengegenstand vermittelt.[935]

Nicht hingegen können Handlungen des Gutachters als Pflichtverletzungen eingeordnet werden, die allein seine Leistungspflicht gegenüber dem Auftraggeber betreffen und nicht direkt zu einer Fehlerhaftigkeit oder Unzulänglichkeit des Gutachtens führen. Ein Verschulden liegt dann vor, wenn der Gutachter zumindest die im Verkehr erforderliche Sorgfalt bei der Gutachtenerstellung außer Acht gelassen hat.[936]

6.

Der zu ersetzende Schaden richtet sich nach §§ 249 ff. BGB. Im Falle von sachbezogenen Tatsachengutachten, wie der Echtheitsbewertung von Kunstwerken, kann der Maximalwert der Schadensumme auf den Wert der Sache bei Gutachtenerstellung zu begrenzen sein, sofern keine maximale Haftungssumme existiert.[937] Dazu muss der Markt für den Gutachtengegenstand eine hohe Volatilität

---

932 Kapitel 4 § 3 D. I. und II.
933 Kapitel 4 § 3 D. III.
934 Kapitel 4 § 4 B. II.
935 Kapitel 4 § 4 B. II.
936 Kapitel 4 § 4 C.
937 Kapitel 4 § 4 D. III.

aufweisen und damit ein erhebliches Wertsteigerungspotenzial bestehen, das geeignet ist, ein unkalkulierbares Risiko für den Gutachter zu begründen.

7.

Der Anspruch aus § 280 Abs. 1 i.V.m. §§ 311 Abs. 3 S. 2, 241 Abs. 2 BGB ist grundsätzlich eigenständig. Auf einen Haftungsausschluss im beeinflussten Vertrag kann sich der Gutachter daher in der Regel nicht berufen.[938] Ebenso liegt ein Haftungsausschluss aufgrund inhaltsgleicher Ansprüche gegen den Vertragspartner fern, soweit er nicht im Einzelfall gerechtfertigt ist und die objektive Interessenlage einen Ausschluss der Haftung aus Billigkeitsgründen erforderlich macht.

Für die Verjährung des Anspruches gelten die Regeln über die allgemeine Verjährungsfrist nach §§ 195 ff. BGB. Als gemeinsamer Anknüpfungspunkt für Drittansprüche auf Grundlage des § 311 Abs. 3 S. 2 BGB ist für den Beginn der Verjährungshöchstfrist nach § 199 Abs. 3 Nr. 2 BGB auf den Zeitpunkt des Inverkehrbringens des fehlerhaften Gutachtens abzustellen.[939]

II.

Hinsichtlich der Haftung für fehlerhafte Kunstexpertisen und Aufnahmeentscheidungen in das Werkverzeichnis können die Arbeitsergebnisse wie folgt zusammengefasst werden:

1.

Zwischen Erstkäufer und Gutachter wird in der Regel eine Sonderverbindung nach § 311 Abs. 3 BGB begründet, da Kunstexpertisen nach der verkehrsüblichen Verwendung i.d.R. im Rechtsverkehr zu Verkaufszwecken verwendet werden.[940] Für die Entstehung der Sonderverbindung ist unerheblich, ob der Erstverkauf unmittelbar zwischen dem Auftraggeber des Gutachtens und dem Käufer erfolgt oder über ein Auktionshaus bzw. einen Kunsthändler im Wege des Kommissionsmodells.[941] Eine andere Beurteilung kann sich allerdings insbesondere aus einschränkenden Hinweisen auf den Verwendungszweck in der Expertise selbst ergeben. Bei der Verwendung des Gutachtens im Rahmen anderer Rechtsgeschäfte des Auftraggebers hängt die Frage, ob eine Sonderverbindung

938 Kapitel 4 § 4 E.
939 Kapitel 4 § 4 F.
940 Kapitel 5 § 1 A. I.
941 Kapitel 5 § 1 A. II.

zwischen Gutachter und Geschädigten nach § 311 Abs. 3 S. 2 BGB begründet wird wesentlich von dem Umfang der Zuschreibungsautorität und dem Auftreten des Gutachters auf dem Kunstmarkt ab.

Auch eine Haftung gegenüber Personen in einer Kaufkette ist denkbar, insbesondere wenn der Gutachter sich durch eine marktbeherrschende Zuschreibungsautorität auszeichnet und es durch den Folgeverkauf nur zu einer Schadensverschiebung und nicht zu einer Schadenskumulierung kommt.[942]

Der liquidierbare Schaden ist im Rahmen von § 249 BGB in der Regel bereits gegenüber dem Erstkäufer auf den Wert des vermeintlich echten Werkes bei Gutachtenerstellung zu begrenzen, da ansonsten das Gesamthaftungsrisiko für den Experten unkalkulierbar und unversicherbar wäre.[943]

Was die Schadenshöhe angeht, so trägt bei einer zeitnahen Veräußerung der Gutachter die Darlegungs-und Beweislast für den Umstand, dass der erzielte Marktpreis nicht dem Wert des vermeintlich echten Werkes bei Gutachtenerstellung entspricht.

2.

Kunstgutachter haben bei der Gutachtenerstellung die im Verkehr erforderliche Sorgfalt zu beachten. Die wichtigste Erkenntnisquelle der Begutachtung ist die stilkritische Analyse. Hinzu kommen weitere Erkenntnisquellen, wie die naturwissenschaftlichen Untersuchungen, die Provenienzrecherche oder sonstige historische Belege.[944] Die Erkenntnisquellen stehen in einem komplexen Verhältnis der Interdependenz zueinander. Ausgehend von den Ergebnissen der obligatorischen Prüfung muss deshalb in jedem Einzelfall geprüft werden, welche Untersuchungen geboten sind und welcher Sorgfaltspflichtsmaßstab anzulegen ist. Ergebnisse der stilkritischen und naturwissenschaftlichen Analysen sowie der Provenienzrecherche und Untersuchung der übrigen Erkenntnisquellen sind dabei jeweils für sich geeignet, verschärfte Prüfungs- und Sorgfaltspflichten zu begründen.[945]

Eine besondere Rolle spielt dabei die Provenienz des Werkes. In diesem Zusammenhang treffen den Gutachter obligatorische Prüfungspflichten auf Fälschungshinweise, die Pflicht zur Gegenrecherche sowie die Pflicht, die Provenienzbelege zu authentifizieren.[946] Die Ergebnisse – insbesondere wenn sich ein Fälschungsverdacht ergibt, weil die Provenienz Lücken hat oder Belege

942 Kapitel 5 § 1 A. III.
943 Kapitel 5 § 1 D. II.
944 Kapitel 2 § 2 sowie Kapitel 5 § 1 C. III.
945 Kapitel 5 § 1 C. III.
946 Kapitel 5 § 1 C. III. 3. a.

nicht zu authentifizieren sind – können den jeweiligen Sorgfaltspflichtsmaßstab nachträglich verschärfen, so dass der Kunstexperte das Werk nicht mehr ohne die Einholung eines umfassenden naturwissenschaftlichen Gutachtens oder eine umfassende Recherche der Provenienz zuschreiben darf, wenn er nicht sorgfaltspflichtwidrig handeln will.[947] Alternativ kann der Kunstexperte die Zuschreibung aber auch ausdrücklich auf stilkritische Erwägungen begrenzen, wenn er dies in der Expertise offenlegt und auf die Nichtauthentifizierbarkeit der Provenienz bzw. deren Lückenhaftigkeit hinweist.

3.

Im Falle einer Aufnahme in das Werkverzeichnis kann eine Haftung nur dann begründet werden, wenn der Verzeichner die Aufnahmeabsicht schriftlich zugesagt hat.[948] Die bloße Aufnahme in das Verzeichnis genügt vor dem Hintergrund der Wissenschaftsfreiheit nicht, eine Sonderverbindung nach § 311 Abs. 3 BGB entstehen zu lassen.[949] Im Falle einer schriftlichen Aufnahmebestätigung gelten in der Regel die gleichen Maßgaben wie bei der Kunstexpertise.

Angaben im Werkverzeichnis können allerdings Folgen für die Inanspruchnahme von Vertrauen sowie die Darlegungs-und Beweislast im Zusammenhang mit der schriftlichen Aufnahmebestätigung haben.[950] So ist die Entfernung eines Werks aus dem Catalogue raisonné dazu geeignet, die Inanspruchnahme von Vertrauen in Bezug auf die Aufnahmebestätigung auszuschließen, während die veröffentlichten Provenienzangaben Auswirkungen auf die Einlassungsmöglichkeiten im Rahmen der Darlegungs- und Beweislast haben können.

III.

Was die weitere Entwicklung der Dritthaftung angeht, sollte die Rechtsprechung die vom Gesetzgeber geschaffene Anspruchsgrundlage des § 280 Abs. 1 i.V.m. § 311 Abs. 3, 241 Abs. 2 BGB auch für die Gutachterdritthaftung öffnen und sich insoweit von den aus gesetzessystematisch unbefriedigenden Willensfiktionen im Rahmen des VSD lösen.

In der Literatur wurden hierfür eine Vielzahl praxistauglicher Lösungsvorschläge entwickelt, die dem rechtlichen und wirtschaftlichen Interessengeflecht gerecht werden können.

---

947 Kapitel 5 § 1 C. III. 3. b.
948 Kapitel 5 § 2 A. II.
949 Kapitel 5 § 2 A. I.
950 Kapitel 5 § 2 B. II.

Literaturverzeichnis

Adolff, Johannes: Die zivilrechtliche Verantwortlichkeit deutscher Anwälte bei der Abgabe von Third Party Legal Opinions, München 1997.

Almeroth, Thomas: Kunst- und Antiquitätenfälschungen – Eine strafrechtliche, kriminologische und kriminalistische Studie über Techniken der Kunstfälscher und ihre Absatzpraktiken, Frankfurt 1986.

Altenburger, Peter: Die zivilrechtliche Haftung des Architekten für Vermögensschäden Dritter aufgrund unrichtig erteilter Auskünfte und Gutachten, Münster 1996.

Althöfer, Heinz: Kennerschaft und Wissenschaft, in: Fälschung und Forschung – Ausstellung Folkwang Essen – Museum Folkwang Essen, Staatliche Museen Preußischer Kulturbesitz (Hrsg.), Essen 1976, S. 157 ff.

AnwaltKommentar BGB, Schuldrecht Band 2, Hrsg. Gerhard Ring, Bonn 2005 (zitiert: *Bearbeiter*, in: AnwK-BGB, § Rn.).

Assmann, Heinz-Dieter: Grundfälle zum Vertrag mit Schutzwirkung für Dritte, in: JuS 1986, 885 ff.

Bamberger, Heinz Georg/Roth, Herbert: Beck'scher Online-Kommentar BGB, Stand: 01.08.2012, Edition: 24 (zitiert: *Bearbeiter*, in: Bamberger/Roth, § und Rn.).

Bar, Christian von: Unentgeltliche Investitionsempfehlungen im Wandel der Wirtschaftsverfassungen Deutschlands und Englands, in: Rabels Zeitschrift für ausländisches und internationales Privatrecht, RabelsZ 44. Jahrgang, Heft 3 1980, S. 455–486.

Bar, Christian von: Verkehrspflichten: Richterliche Gefahrsteuerungsgebote im deutschen Deliktsrecht, Köln 1980.

Bäschlin, Nathalie: Paul Klee und die „wissenschaftliche Behandlung eines Technischen". Standort der kunsttechnologischen Forschung. In: Bild und Wissenschaft – der Umgang mit dem künstlerischen Erbe von Hodler bis Jawlensky. Postprints der Fachtagung vom 14. Februar 2003 an der Hochschule der Künste Bern, Locarno 2003.

Bayer, Walter: Vertraglicher Drittschutz, in: JuS 1996, 473 ff.

Ballerstedt, Kurt: Zur Haftung für culpa in contrahendo bei Geschäftsabschluss durch Stellvertreter, in: AcP 151, 501 ff.

Baumgärtel, Gottfried / Laumen, Hans-Willi / Prütting, Hanns: Handbuch der Beweislast, (zitiert: *Bearbeiter*, in: Baumgärtel/Laumen/Prütting, Titel, Auflage, Jahr, § und Rn.).

Beltinger, Karoline / Fischer, Matthias: Ferdinand Hodler – Weitere Schritte auf unbekanntem Terrain, in: Reihe Bild und Wissenschaft – Forschungsbeiträge zu Leben und Werk Alexej von Jawlenskys Band 1. Postprints der Fachtagung von 14. Februar 2003 an der Hochschule der Künste Bern, S. 12 ff.

Bischoff, Heinz: Die Haftung gegenüber Dritten für Auskünfte, Zeugnisse und Gutachten, Tübingen 1973.

Bloch, Peter: Fälschung und Forschung im Überblick, in: Fälschung und Forschung – Ausstellung Folkwang Essen – Museum Folkwang Essen, Staatliche Museen Preußischer Kulturbesitz (Hrsg.), Essen 1976, S. 7 ff.

Bohrer, Michael: Die Haftung des Dispositionsgaranten – Ein Beitrag zur Lehre von der negativen Vertrauenshaftung, Ebelsbach 1980.

Bosch, Ulrich: Expertenhaftung gegenüber Dritten – Überlegungen aus der Sicht der Bankpraxis, in: ZHR 163 S. 274 ff.

Brors, Christiane: Vertrauen oder Vertrag – Gibt es eine Haftung für Wertgutachten nach § 311 Abs. 3 BGB? In: ZGS 2005, 142 ff.

Brühl, Friederike Gräfin von: Marktmacht von Kunstexperten als Rechtsproblem. Der Anspruch auf Erteilung einer Expertise und die Aufnahme in ein Werkverzeichnis, Hamburg 2008 (zitiert: *von Brühl*).

Brühl, Friederike Gräfin von: Der Begriff der Echtheit von Kunstwerken im Zivil- und Strafrecht, in: Odendahl, Kerstin/ Weben, Peter Johannes (Hrsg.): Kulturgutschutz, – Kunstrecht – Kulturrecht – Festschrift für Kurt Siehr zum 75 Geburtstag, Baden-Baden 2010. (zitiert: *von Brühl*, in: FS Siehr).

Büttner, Benjamin: Umfang und Grenzen der Dritthaftung von Experten, Tübingen 2006.

Canaris, Claus-Wilhelm: Die Reichweite der Expertenhaftung gegenüber Dritten, in: ZHR 163 (1999), 206 ff.

Canaris, Claus-Wilhelm: Die Vertrauenshaftung im deutschen Privatrecht, München 1971, S. 539 (zitiert: *Canaris*, Vertrauenshaftung).

Canaris, Claus-Wilhelm: Die Schadensersatzpflicht der Kreditinstitute für eine unrichtige Finanzierungsbestätigung als Fall der Vertrauenshaftung, in:

Festschrift für Herbert Schimansky, Köln 1999 S. 43 ff (zitiert: *Canaris*, in: FS Schimanski).

Canaris, Claus-Wilhelm: Schutzgesetze – Verkehrspflichten – Schutzpflichten, in: Festschrift für Karl Larenz zum 80. Geburtstag, München 1983, S. 27 ff. (zitiert: *Canaris*, in: FS Larenz).

Canaris, Claus-Wilhelm: Systemdenken und Systembegriff in der Jurisprudenz, Berlin 1969 (zitiert: *Canaris*, Systemdenken).

Canaris, Claus-Wilhelm: Die Haftung des Sachverständigen zwischen Schutzwirkung für Dritte und Dritthaftung aus culpa in contrahendo, in: JZ 1998, 603 ff.

Canaris, Claus-Wilhelm: Die Reform des Rechts der Leistungsstörungen, in: JZ 2001, 499 ff.

Canaris, Claus-Wilhelm: Schutzwirkung zu Gunsten Dritter bei „Gegenläufigkeit" der Interessen, in: JZ 1995, 441 ff.

Dahm, Henning: Vorvertraglicher Drittschutz, in: JZ 1992, 1167 ff.

Ebke, Werner: Abschlussprüfer, Bestätigungsvermerk und Drittschutz, in: JZ 1998, 991 ff.

Eckebrecht, Marc: Vertrag mit Schutzwirkung für Dritte – Die Auswirkungen der Reform, in: MDR 2002, 425 ff.

Eichler, Jochen: Vertragliche Dritthaftung. Eine Auseinandersetzung mit der Frage der Dritthaftung von sogenannten Experten und anderen Auskunftspersonen im Rahmen des § 311 Abs. 3 BGB, Berlin 2007.

Elbing, Klaus / Schulze, Marcel: Kunstrecht, München 2012 (zitiert: *Bearbeiter*, in: Elbing/Schulze).

Elmenhorst, Lucas / Decker, Pascal: Sorgfaltsstandards für Auktionshäuser bei der Echtheitsprüfung von Kunstwerken für Versteigerungen, in: GRUR-RR 2012 S. 417.

Endicott Barnett, Vivian: Methode und Strategie bei der Vorbereitung des Werkverzeichnis von Kandinsky. In: Bild und Wissenschaft – der Umgang mit dem künstlerischen Erbe von Hodler bis Jawlensky. Postprints der Fachtagung vom 14. Februar 2003 an der Hochschule der Künste Bern, Locarno 2003.

Erman, Bürgerliches Gesetzbuch, Handkommentar, Band I und II, 13. Auflage. Köln, 2011 (zitiert: *Bearbeiter*, in: Erman, Band, § und Rn.).

Faust, Florian: Der Schutz vor reinen Vermögensschäden – illustriert am Beispiel der Expertenhaftung in: AcP 210, 555 ff.

Flume, Werner: Allgemeiner Teil des Bürgerlichen Rechts, Band 2: Das Rechtsgeschäft, 4. Auflage Berlin 1992.

Friedländer, Max J.: Von Kunst und Kennerschaft, Frankfurt am Main 1955 (zitiert: *Friedländer*, Kunst und Kennerschaft).

Friedländer, Max J.: Echt und Unecht. Berlin 1929 (zitiert: *Friedländer*, Echt und Unecht).

Finn, Markus: Zur Haftung des Sachverständigen für fehlerhafte Wertgutachten gegenüber Dritten: Besprechung von BGH NJW 2004, 3035, in: NJW 2004, 3752 ff.

Fischer, Thomas: Strafgesetzbuch und Nebengesetze, 59 Auflage, München 2012.

Gellmann, Nico: Die Haftung von Experten gegenüber Geschäftspartnern ihres Auftraggebers für die fehlerhafte Erstellung von Gutachten. Eine Fallgruppe des § 311 Abs. 3 S. 2 ? Hamburg 2006.

Gerlach, Tilo: Die Haftung für fehlerhafte Kunstexpertisen, Baden-Baden 1998.

Gernhuber, Joachim: Drittwirkungen im Schuldverhältnis kraft Leistungsnähe: Zur Lehre von den Verträgen mit Schutzwirkung für Dritte, in: Festschrift für Arthur Nikisch (1958) S. 249 ff; (zitiert: *Gernhuber*, in: FS Nikisch).

Gernhuber, Joachim: Gläubiger, Schuldner und Dritte, in: JZ 1962, 553 ff.

Gernhuber, Joachim: Das Schuldverhältnis – Begründung und Änderung, Pflichten und Strukturen, Drittwirkungen, Handbuch des Schuldrechts Band 8, Tübingen 1989 (zitiert: *Gernhuber*, Das Schuldverhältnis).

Gieske, Paul: Recht am Unternehmen und Schutz des Unternehmens – Alte und neue deutsche Rechtsprechung, in: GRUR 1950, 298 ff.

Glaus, Bruno: Die Haftung von Experten und Werkverzeichner nach schweizerischem Recht, in: KUR 2004, S. 112 ff.

Goepfert, Alexander: Haftungsprobleme im Kunst- und Auktionshandel, Berlin 1991.

Grunewald, Barbara: Die Haftung des Experten für seine Expertise gegenüber Dritten, in AcP 187, 285 ff.

Grunewald, Barbara: Die Haftung des Abschlussprüfers gegenüber Dritten: Besprechung des Urteils des BGH ZIP 1998, 826, in: ZGR 1999, 583 ff.

Härth, Gabriele: Original und Fälschung Rechtsproblem für bildende Künstler, Wien 2012.

Hennrichs, Joachim: Haftungsrechtliche Aspekte des Ratings, in Festschrift für Walter *Hadding zum 70. Geburtstag,* S. 875 ff., Berlin 2004 (zitiert: *Hennrichs,* in: FS Hadding).

Henze, Wolfgang: Das Ernst Ludwig Kirchner Archiv in Wichtrach/Bern und die Abklärung der Echtheitsfragen zu Kirchner, in: Alexej von Jawlensky-Archiv (Hrsg.), Bild und Wissenschaft – Der Umgang mit dem künstlerischen Erbe von Hodler bis Jawlensky. Postprints der Fachtagung vom 14. Februar 2003 an der Hochschule der Künste Bern. Locarno 2003.

Herchenröder, Christian: Die neuen Kunstmärkte. Analyse Bilanz Ausblick, Düsseldorf 1990.

Hirte, Heribert: Berufshaftung: Ein Beitrag zur Entwicklung eines einheitlichen Haftungsmodells für Dienstleistungen, München, 1996.

Hoberg, Annegret / Jansen, Isabell: Franz Marc Werkverzeichnis, Bd. I Gemälde, Franz Marc Stiftung, (Hrsg.) 2003 (zitiert: *Hober/Jansen*, Franz Marc Werkverzeichnis).

Honsell, Heinrich: Die Haftung für Gutachten und Auskunft unter besonderer Berücksichtigung von Drittinteressen, in: Festschrift für Dieter Medicus zum 70. Geburtstag, 1999, S. 211 ff. (zitiert: *Honsell,* in: FS Medicus).

Honsell, Heinrich: Ersatz reiner Vermögensschäden in Rechtsgeschichte und Rechtsvergleichung, in: Festschrift für Werner Lorenz zum 80. Geburtstag, 2001 S. 483 ff. (zitiert: *Honsell,* in: FS Lorenz).

Hopt, Klaus J.: Nichtvertragliche Haftung außerhalb von Schadens- und Bereicherungsausgleich – Zur Theorie und Dogmatik des Berufsrecht und der Berufshaftung, in: AcP 183, 608 ff.

Hoyningen-Huene, Gerrick von: Zur Rechtsstellung und Haftung des Kunstsachverständigen, in: Festschrift für Erik Jayme, München 2004, S. 1461 ff.

Huber, Konrad: Verkehrspflichten zum Schutz fremden Vermögens, in: Festschrift für Ernst von Caemmerer zum 70. Geburtstag, Tübingen 1978, S. 359 ff. (zitiert: *Huber*, in FS Caemmerer).

Huber, Peter / Faust, Florian: Schuldrechtsmodernisierung – Einführung in das neue Recht, München 2002 (zitiert: *Huber/Faust*, Schuldrechtsmodernisierung).

Huttenlauch, Anna Blume: Haftung des Kunstexperten für seine Expertise, in: KUR 2004, 118 ff.

Hübner, Heinz: Zurechnung statt Fiktion einer Willenserklärung, in: Festschrift für Hans Carl Nipperdey zum 70. Geburtstag. München und Berlin 1965, Bd. I, S. 373 ff.

Jauernig, Bürgerliches Gesetzbuch: BGB, Kommentar, 13. Aufl., München 2009 (zitiert: *Bearbeiter*, in: Jauernig § und Rn.).

Jawlensky Bianconi, Angelica: Das Werkverzeichnis Alexej von Jawlensky – Erfahrungen und Ausblick, in: Reihe Bild und Wissenschaft – Forschungsbeiträge zu Leben und Werk Alexej von Jawlensky Band 1. Postprints der Fachtagung von 14. Februar 2003 an der Hochschule der Künste Bern, S. 69.

Jayme, Erik: Original und Fälschung – Beiträge des Rechts zu den Bildwissenschaften, in: Reichelt, Gerte (Hrsg.), Original und Fälschung im Spannungsfeld von Persönlichkeitsschutz, Urheber-, Marken- und Wettbewerbsrecht, Wien 2007 S. 23 ff. (zitiert: *Jayme*, in: *Reichelt).*

Jost, Fritz: Auskunfts- und Beratungshaftung, Baden-Baden 1991.

Juris Praxis Kommentar BGB, Hrsg: Maximilian Herberger, Michael Martinek, Helmut Rüßmann, Stephan Weth. Die genaue Auflage, der Band und das Erscheinungsjahr sind im jeweiligen Zitat angegeben. (Zitiert: *Bearbeiter*, in: JurisPK-BGB, Band, Auflage, Jahr, § und Rn.).

Karampatzos, Antonios: Vom Vertrag mit Schutzwirkung für Dritte zu deliktischen berufsbezogenen Vertrauenshaftung: Zugleich ein Beitrag zum Ersatz fahrlässig verursachter reiner Vermögensschäden, Baden-Baden 2005.

Katz, Hans-Peter: Sachmängel beim Kauf von Kunstgegenständen und Antiquitäten, Zürich, 1973.

Kersting, Christian: Die Dritthaftung für Informationen im Bürgerlichen Recht, München 2006.

Koch, Jens: § 311 Abs. 3 BGB als Grundlage einer vertrauensrechtlichen Auskunftshaftung, in: AcP 204, 59 ff. (zitiert: *Koch*, AcP 204, S. 59 ff.).

Koch, Jens: Haftungsbeschränkungen bei der Abgabe von Third Party Legal Opinions, in: WM 2005, 1208 ff. (zitiert: *Koch*, WM 2005, 1208 ff.).

Koldehoff, Stefan / Timm, Tobias: Falsche Bilder Echtes Geld – der Fälschungscoup des Jahrhunderts – und wer alles daran verdiente, Berlin 2012.

Köndgen, Johannes: Selbstbindung ohne Vertrag – Zur Haftung aus geschäftsbezogenen Handeln, Tübingen 1981.

Kilian, Matthias: Der Begutachtungsvertrag nach der Schuldrechtsreform, in: NZV 2004, 489, 494.

Kramer, Ernst: Juristische Methodenlehre, 3. Auflage, Bern 2010.

Krebs, Peter: Sonderverbindung und außerdeliktische Schutzpflichten, München 2000.

Lammel, Siegbert: Zur Auskunftshaftung, in: AcP 179, 337 ff.

Lang, Volker: Einmal mehr: Berufsrecht, Berufspflichten und Berufshaftung. Gedanken zu Inhalt und Dogmatik eines Berufsrechtes am Beispiel der bankrechtlichen Informationspflichten, in: AcP 201, S. 251 ff.

Larenz, Karl: Anmerkung zu BGH 25. 4. 1956 – VI ZR 34/55: Lieferungsvertrag zugunsten Bediensteter des Bestellers, in: NJW 1956, 1193 f.

Larenz, Karl: Lehrbuch des Schuldrechts, Band 1, Allgemeiner Teil, 14. Auflage, München 1987, (zitiert: *Larenz,* Schuldrecht AT).

Larenz, Karl/Canaris, Claus-Wilhelm: Methodenlehre der Rechtswissenschaft, 3. Auflage, 1995 (zitiert: *Larenz/Canaris,* Methodenlehre).

Larenz, Karl/Wolf, Manfred: Allgemeiner Teil des Bürgerlichen Gesetzbuches, 9. Auflage, München 2004 (zitiert: *Larenz/Wolf,* AT).

Littbarski, Sigurd: Die Berufshaftung – eine unerschöpfliche Quelle richterlicher Rechtsfortbildung, in: NJW 1984, 1667 ff.

Loges, Rainer: Die Begründung neuer Erklärungspflichten und der Gedanke des Vertrauensschutzes, Berlin 1991.

Lorenz, Werner: Das Problem der Haftung für primäre Vermögensschäden bei der Erteilung einer unrichtigen Auskunft, in: Festschrift für Karl Larenz zum 70. Geburtstag, München 1973, S. 575 ff. (zitiert: *Lorenz,* in: FS Larenz).

Löffler, Joachim: Künstlersignatur und Kunstfälschung, in: NJW 1993, 1421 ff.

Mairinger, Franz: Strahlenuntersuchung an Kunstwerken, Leipzig 2003 (zitiert: *Mairinger*, Strahlenuntersuchung).

Masch, Christian L.: Die Dritthaftung von Banken bei fehlerhaften Eigenauskünften, Berlin 2005.

Medicus, Dieter: Die „Identität des Schadens" als Argument für den Ersatz von Drittschäden, in: Festschrift für Peter Schlechtriem zum 70. Geburtstag, Tübingen 2003, S. 613 ff. (zitiert: *Medicus,* in: FS Schlechtriem).

Mertens, Hans-Joachim: Deliktsrecht und Sonderprivatrecht – Zur Rechtsfortbildung des deliktischen Schutzes von Vermögensinteressen, in: AcP 178, 227 ff.

Müller-Katzenburg, Astrid: Erste Erfahrungen des Kunsthandels mit der Schuldrechtsreform, in: NJW 2006, 553 ff.

Müller-Chen, Markus: Ausgewählte juristische Fragen der Bewertung von Kunstwerken, in: Mosimann, Peter (Hrsg.) ; Schönenberger, Beat (Hrsg.): Kunst &

Recht: Referate zur gleichnamigen Veranstaltung der Juristischen Fakultät der Universität Basel vom 18. Juni 2010, Bern 2011.

Münchener Kommentar zum Bürgerlichen Gesetzbuch, Hrsg.: Kurt Rebmann, Franz Jürgen Säcker und Roland Rixecker, München. Die genaue Auflage, der Band und das Erscheinungsjahr sind im jeweiligen Zitat angegeben. (Zitiert: *Bearbeiter*, in: MünchKomm, Band, Auflage, Jahr, § und Rn.).

Müssig, Peter: Falsche Auskunftserteilung und Haftung, in: NJW 1989, 1697 ff.

Müller, Fredy: Auskunftshaftung nach deutschem und englischem Recht: Eine rechtsvergleichende Untersuchung der dogmatischen Grundlagen der Haftung gegenüber Dritten für fahrlässig verursachte primäre Vermögensschäden, Berlin 1995 (zitiert: *Müller,* Auskunftshaftung).

Neuner, Jörg: Der Schutz und die Haftung Dritter nach vertraglichen Grundsätzen, in: JZ 1999, 126 ff.

Nißl, Günter: Die Haftung des Experten für Vermögensschäden Dritter bedingt durch unrichtige Gutachten – im deutschen, englischen und amerikanischen Recht, München 1971.

Nordemann, Wilhelm: Kunstfälschung und kein Rechtsschutz? in: GRUR 1996, 737 ff.

Odersky, Walter: Die Berufshaftung – ein zumutbares Berufsrisiko ? Zum Dialog zwischen Rechtsprechung und Rechtswissenschaft, in: NJW 1989, 1 ff.

Olbrich, Harald: Lexikon der Kunst, 7 Bände, Leipzig 1987–1994 (zitiert: *Olbrich*, Lexikon der Kunst, Stichwort).

Orchard, Karin/Schulz, Isabel: Kurt Schwitters, Catalogue raisonné 1905–1948, Sprengel Museum Hannover (Hrsg.), 3 Bände; Ostfildern 2000/2003/2006.

Palandt, Otto: Bürgerliches Gesetzbuch, 72. Auflage 2013, München (zitiert: *Bearbeiter*, in: Palandt, § und Rn.).

Papadimitropoulos, Antonios V. : Schuldverhältnisse mit Schutzwirkung zu Gunsten Dritter. Ein Erklärungsmodell für die Entstehung von Schutzpflichten gegenüber Dritten, Berlin 2007.

Papst, Robert: Die Fortentwicklung des Vertrages mit Schutzwirkung zugunsten Dritter vom « Lastschriftfall » bis hin zum « Dachstuhlfall » – keine Durchbrechung, sondern ein Ausdruck des Relativitätsgrundsatzes, Aachen 1999.

Plötner, Michael: Die Rechtsfigur des Vertrags mit Schutzwirkung für Dritte und die sogenannte Expertenhaftung, Berlin 2003.

Philippsen, Gunther: Zur Dritthaftung des privat beauftragten Gutachters für fahrlässig versursachte Vermögensschäden, Karlsruhe 1998.

Picker, Eduard: Gutachterhaftung – außervertragliche Einstandspflichten als innergesetzliche Rechtsfortbildung, in: Festschrift für Dieter Medicus zum 70. Geburtstag, Köln 1999, S. 397 ff. (zitiert: *Picker,* in: FS Medicus).

Picker, Eduard: Vertragliche und deliktische Schadenshaftung, in: JZ 1987, S. 1041 ff.

Picker, Eduard: Positive Forderungsverletzung und culpa in contrahendo – Zur Problematik der Haftung „zwischen" Vertrag und Delikt, in: AcP 183, 369 ff.

Picker, Günther: Fälscher, Diebe, Betrüger, München 1994 (zitiert: *Picker*, Fälscher, Diebe und Betrüger).

Picker, Günther: Praxis des Kunstrechts, München 1990 (zitiert: *Picker, Praxis).*

Pinger, Winfried / Behme Caspar: Der Vertrag mit Schutzwirkung für Dritte als Rechtsgrundlage der Gutachterhaftung gegenüber Dritten, in: JuS 2008, 675 ff.

Quiring, Tabea: Die Dritthaftung von Sachverständigen – Nach der Schuldrechtsreform und nach der Neuregelung des § 839 a BGB, Passau 2005.

Raue, Peter: Das gefälschte Kunstwerk – Überlegungen aus aktuellem Anlass, in: Festschrift für Franz Jürgen Säcker zum 70. Geburtstag, München 2011, S. 1103 ff. (zitiert: *Raue,* in: FS Säcker).

Rehbinder, Manfred: Urheberrecht, 16. Auflage, München 2010.

Rieble, Volker: Die Kodifikation der culpa in contrahendo, in: Dauner-Lieb/ Konzen/K.Schmidt (Hrsg.), Das neue Schuldrecht in der Praxis – Akzente – Brennpunkte – Ausblick, Köln 2003.

Riederer, Josef: Echt und falsch: Schätze der Vergangenheit im Museumslabor, Berlin/ Heidelberg 1994 (zitiert: *Riederer*, Echt und falsch).

Riederer, Josef: Die Erkennung von Fälschungen mit naturwissenschaftlichen Methoden, in: Fälschung und Forschung – Ausstellung Folkwang Essen – Museum Folkwang Essen, Staatliche Museen Preußischer Kulturbesitz (Hrsg.), Essen 1976. S. 187 ff. (zitiert: *Riederer*, Fälschung und Forschung).

Rohe, Mathias/Winter, Matthias: Der praktische Fall – Bürgerliches Recht: Vertrag mit Schutzwirkung für Dritte, in: JuS 2003, 872 ff.

Schack, Haimo: Kunst und Recht: Bildende Kunst, Architektur, Design und Fotografie im deutschen und internationalen Recht, 1. Aufl., Köln 2004; 2. Aufl. Tübingen 2009 (zitiert: Schack, Kunst und Recht).

Schäfer, Hans-Bernd: Haftung für fehlerhafte Wertgutachten aus wirtschaftswissenschaftlicher Perspektive, in: AcP 202, 808 ff.

Schneider, Hannes: Reichweite der Expertenhaftung gegenüber Dritten: Die Sicht des Experten, in: ZHR 163, 246 ff.

Schumacher, Jörg/Lada, Valeska: Culpa in contrahendo und Sachverständigenhaftung nach neuem Schuldrecht, in: ZGS 2002, 450 ff.

Schuster, Daniel: Spielgeld in: Artinvestor 05/12 S. 78.

Schütte, Reiner: Kunstgutachten – Grenzen des Sachverstandes, in: Weltkunst 70, 2000, S. 2546 ff.

Schulze, Reiner: Grundprobleme der Dritthaftung bei Verletzung von Auskunfts- und Beratungspflichten in der neueren Rechtsprechung, in: JuS 1983, 81 ff.

Schwab, Martin: Grundfälle zu culpa in contrahendo, Sachwalterhaftung und Vertrag mit Schutzwirkung für Dritte nach neuem Schuldrecht, in: JuS 2002, 872 ff.

Schwarze, Roland: Subsidiarität des vertraglichen Drittschutzes?, in: AcP 203, S. 348 ff.

Siehr, Kurt: Zum Irrtum beim Kauf von Kunstwerken, in: Festschrift für Hans Hanisch Köln 1994. S. 247 ff. (zitiert: *Siehr*, in: FS Hanisch).

Simons, Simone: Fachliche Autorität im Kunsthandel und ihre haftungsrechtliche Bedeutung, Konstanz 1999.

Sprenger, Carsten: Internationale Expertenhaftung. Die Dritthaftung von Experten im internationalen Privat- und Zivilverfahrensrecht, Hamburg 2008.

Staudinger, Julius von: Kommentar zum Bürgerlichen Gesetzbuch mit Einführungsgesetz und Nebengesetzen. Genaues Erscheinungsjahr des jeweiligen Bandes ist im jeweiligen Zitat angegeben. (Zitiert: *Bearbeiter*, in: Staudinger, Bearbeitungsjahr, § und Rn.).

Stoll, Hans: Haftungsverlagerung durch beweisrechtliche Mittel, in: AcP 176 (1976), 145 ff.

Strauch, Dieter: Rechtsgrundlagen der Haftung für Rat, Auskunft und Gutachten, in: JuS 1992, 897 ff.

Sutschet, Holger: Schutzansprüche und Schutzpflichten Dritter im Lichte des § 311 Abs. 3 BGB, in: Festschrift für Horst Ehmann zum 70. Geburtstag, 2005. S. 95 ff. (zitiert: *Sutschet,* in: FS Ehmann).

Urban, Werner: „Vertrag“ mit Schutzwirkung zugunsten Dritter und Dritttschadensliquidation, Frankfurt am Main, 1989.

van Eickels, Yvonne: Die Drittschutzwirkung von Verträgen, München 2004.

Wandtke, Artur-Axel / Bullinger, Winfried: Praxiskommentar zum Urheberrecht, 3. Auflage, München 2009 (zitiert: *Bearbeiter*, in: Wandtke/Bullinger).

Weber, Martin: Die Haftung des Abschlussprüfers gegenüber Dritten, in: NZG 1999, 1 ff.

Wertenbruch, Johannes: Gewährleistung beim Kauf von Kunstgegenständen nach neuem Schuldrecht, in: NJW 2004, 1977 ff.

Westermann, Harm Peter: Vertragliche Dritthaftung im neuen Schuldrecht, in: Festschrift für Heinrich Honsell zum 60. Geburtstag, Zürich 2002, S. 137 ff. (zitiert: *Westermann,* in: FS Honsell).

Wiederkehr Sladeczek, Eva: Der Catalogue raisonné Paul Klee. Vom handschriftlichen Oeuvre-Katalog zum elektronischen Werkverzeichnis. In: Bild und Wissenschaft – der Umgang mit dem künstlerischen Erbe von Hodler bis Jawlensky. Postprints der Fachtagung vom 14. Februar 2003 an der Hochschule der Künste Bern. Locarno 2003.

Wiegand, Annette: Die „Sachwalterhaftung" als richterliche Rechtsfortbildung, Berlin 1991.

Wolf, Andreas: Die Expertise: Inhalt, Form und Rechtswirkungen von Kunstgutachten, Bonn 2001.

Würtenberger, Thomas: Der Kampf gegen das Kunstfälschertum in der deutschen und schweizerischen Strafrechtpflege, Wiesbaden 1951 (zitiert: *Würtenberger,* Kampf gegen das Kunstfälschertum).

Würtenberger, Thomas: Das Kunstfälschertum. Entstehung und Bekämpfung eines Verbrechens vom Anfang des 15. bis zum Ende des 18. Jahrhunderts, Weimar, 1940 (zitiert: *Würtenberger,* Kunstfälschertum).

Zenner, Andreas: Der Vertrag mit Schutzwirkung zu Gunsten Dritter – Ein Institut im Lichter seiner Rechtsgrundlage, in: NJW 2009, 1030 ff.

Zippelius, Reinhold: Juristische Methodenlehre, 10. Auflage, München 2006.

Zoff, Otto: Die Briefe des P.P.Rubens, übersetzt und eingeleitet von Otto Zoff, Wien 1918.

Zöller, Zivilprozessordnung, 29. Auflage, 2012 (zitiert: *Bearbeiter*, in: Zöller § und Rn.).

Zugehör, Horst: Berufliche „Dritthaftung" – insbesondere der Rechtsanwälte, Steuerberater, Wirtschaftsprüfer und Notare – in der deutschen Rechtsprechung, in: NJW 2000, 1601 ff.

Veröffentlichungen des Instituts für deutsches und europäisches Wirtschafts-, Wettbewerbs- und Regulierungsrecht der Freien Universität Berlin

Herausgegeben von Franz Jürgen Säcker

Band 1 Franz Jürgen Säcker (Hrsg.): Deutsch-russisches Energie- und Bergrecht im Vergleich. Ergebnisse einer Arbeitstagung vom 31. März / 1. April 2006. 2007.

Band 2 Franz Jürgen Säcker / Walther Busse von Colbe (Hrsg.): Wettbewerbsfördernde Anreizregulierung. Zum Anreizregulierungsbericht der Bundesnetzagentur vom 30. Juni 2006. 2007.

Band 3 Dirk Zschenderlein: Die Gleichbehandlung der Aktionäre bei der Auskunftserteilung in der Aktiengesellschaft. Zum Problem der Zulässigkeit der Weitergabe von Informationen an einzelne Aktionäre und Dritte. 2007.

Band 4 Simone Kirchhain: Die Anwendung der Vertikal-GVO auf innerstaatliche Wettbewerbsbeschränkungen nach der 7. GWB-Novelle. 2007.

Band 5 Franz Jürgen Säcker: Der Independent System Operator. Ein neues institutionelles Design für Netzbetreiber? 2007.

Band 6 Stefanie Otto: Allgemeininteressen im neuen UWG. § 1 S. 2 UWG und die wettbewerbsfunktionale Auslegung. 2007.

Band 7 Jochen Eichler: Vertragliche Dritthaftung. Eine Auseinandersetzung mit der Frage der Dritthaftung von sogenannten Experten und anderen Auskunftspersonen im Rahmen des § 311 Abs. 3 BGB. 2007.

Band 8 Markela Stamati: Die Anforderungen der operationellen Entflechtung nach den Beschleunigungsrichtlinien der Europäischen Kommission. Umsetzung in Deutschland und Griechenland. 2008.

Band 9 Franz Jürgen Säcker: The Concept of the Relevant Product Market. Between Demand-Side Substitutability and Supply-Side -Substitutability in Competition Law. 2008.

Band 10 Renate Rabensdorf: Die Durchgriffshaftung im deutschen und russischen Recht der Kapitalgesellschaften. Eine rechtsvergleichende Untersuchung. 2009.

Band 11 Franz Jürgen Säcker: Der beschleunigte Ausbau der Höchstspannungsnetze als Rechtsproblem. Erläutert am Beispiel der 380-kV-Höchstspannungsleitung Lauchstädt – Redwitz – Grafenrheinfeld mit Querung des Rennsteigs im Naturpark Thüringer Wald. 2009.

Band 12 Helen Mahne: Eigentum an Versorgungsleitungen. 2009.

Band 13 Franz Jürgen Säcker (Hrsg.): Russisches Energierecht - Gesetzessammlung. 2009.

Band 14 Franz Jürgen Säcker / Maik Wolf: Integrierte Energieversorgung in geschlossenen Verteilernetzen. Zum Gestaltungsspielraum des Gesetzgebers zur Neuregelung des § 110 EnWG im Lichte des Dritten EG-Energiepakets. 2009.

Band 15 Franz Jürgen Säcker (Hrsg.): Das Dritte Energiepaket für den Gasbereich. Deutsch-Englische Textausgabe mit einer Einführung. 2009.

Band 16 Franz Jürgen Säcker (Hrsg.): Das Dritte Energiepaket für den Elektrizitätsbereich. Deutsch-Englische Textausgabe mit einer Einführung. 2009.

Band 17 Thomas Dörmer: Die Unternehmenspacht. Rechtsstellung der Vertragsparteien unter besonderer Berücksichtigung der Pflicht des Unternehmenspächters zur ordnungsgemäßen Unternehmensführung sowie der Rechtslage bei Vertragsbeendigung. 2010.

Band 18 Klaas Bosch: Die Kontrolldichte der gerichtlichen Überprüfung von Marktregulierungsentscheidungen der Bundesnetzagentur nach dem Telekommunikationsgesetz. 2010.

Band 19 Geng-Sook Leem: Einheitliche Corporate Governance-Grundsätze für die Europäische Aktiengesellschaft (SE). Eine rechtsvergleichende Untersuchung anhand der Ausgestaltung der SE im deutschen und britischen Recht. 2010.

Band 20 Wiebke Gebhardt: Gentechnik und Koexistenz nach der Gesetzesnovelle von 2008: Zivilrechtliche Haftung im Vergleich Deutschland und USA. 2010.

Band 21 Cathrin Isenberg: Die Geruchsmarke als Gemeinschaftsmarke. Schutzfähigkeit und Einsatzmöglichkeiten. 2010.

Band 22 Franz Jürgen Säcker / Jochen Mohr / Maik Wolf: Konzessionsverträge im System des europäischen und deutschen Wettbewerbsrechts. 2011.

Band 23 Judith Antonia Loeck: Die unzumutbare Belästigung nach der UWG Novelle 2008 und dem Gesetz zur Bekämpfung unerlaubter Telefonwerbung und zur Verbesserung des Verbraucherschutzes bei besonderen Betriebsformen. 2011.

Band 24 Jörg Jaecks: Konzernverrechnungsklauseln und verwandte einseitige Verrechnungsbefugnisse im Mehrpersonenverhältnis. 2011.

Band 25 Franz Jürgen Säcker: Marktabgrenzung, Marktbeherrschung, Markttransparenz und Machtmissbrauch auf den Großhandelsmärkten für Elektrizität. 2011.

Band 26 Susanne Wende: Die einheitliche Auslegung von Beihilfen- und Vergaberecht als Teilgebiete des europäischen Wettbewerbsrechts. 2011.

Band 27 Leonie Kempel: Die Anwendung von Art. 102 AEUV auf geistiges Eigentum und Sacheigentum. Die Voraussetzungen des Kontrahierungszwangs nach Art. 102 AEUV und der Essential-Facility-Doktrin unter besonderer Berücksichtigung der Unterschiede zwischen geistigem Eigentum und Sacheigentum. 2011.

Band 28 Christoph Schuldt: Werbejingles – schützenswerte Kompositionen!? Die urheberrechtliche und markenrechtliche Schutzfähigkeit von Werbejingles vor unbefugter Nachahmung. 2012.

Band 29 Lydia Scholz: Die Rechtfertigung von diskriminierenden umweltpolitischen Steuerungsinstrumenten. Eine Untersuchung der Reichweite der Warenverkehrsfreiheit und ihrer Begrenzung durch den Umweltschutz als Vertragsziel am Beispiel der deutschen Energiefördergesetze EEG und KWKModG. 2012.

Band 30 Franz Jürgen Säcker: Investitionen in Kraftwerke zur Sicherung einer zuverlässigen Elektrizitätsversorgung nach der Energiewende. Rechtliche und ökonomische Rahmenbedingungen. 2012.

Band 31 Florian Leib: Kartellrechtliche Durchsetzungsstrategien in der Europäischen Union, den USA und Deutschland. Eine rechtsvergleichende Darstellung. 2012.

Band 32 Holger Hoch: Marktverschlusseffekte und Effizienzen vertikaler Zusammenschlüsse. Kartellrechtliche Beurteilung nach europäischem und deutschem Recht. 2012.

Band 33 Sebastian Kemper: Gasnetzzugang in Deutschland und in Spanien. 2012.

Band 34 Elena Timofeeva: Unbundling in der russischen Elektrizitätswirtschaft im Vergleich zum deutschen und europäischen Energierecht. 2012.

Band 35 Gisela Drozella / Harald Krebs: Marktbeherrschung im Bereich Stromerzeugung / Stromgroßhandel. Eine kritische Analyse der neueren Sicht des Bundeskartellamts. 2013.

Band 36 Christian Rehm: Die Einzel- und Gesamtverantwortung der Vorstandsmitglieder der Aktiengesellschaft. Die Verantwortung für die Leitung und Geschäftsführung im mehrköpfigen Vorstand in der unabhängigen und der herrschenden AG. 2013.

Band 37 Ann-Christin Richter: Mengen- und umsatzbezogene Rabatte marktbeherrschender Unternehmen in den Grenzen des Art. 102 AEUV. 2013.

Band 38 Nikolaos Pitsos: Die erhebliche Behinderung des wirksamen Wettbewerbs (SIEC-Test) im Fusionskontrollrecht. Zugleich ein Beitrag zur Problematik der oligopolistischen Marktbeherrschung unter Vergleich mit dem amerikanischen SLC-Test. 2013.

Band 39 Mirko Heinemann: Das Markenzeichen als Anknüpfungspunkt des Markenimages. 2013.

Band 40 Sylvia Lorenz: Der Immaterialgüterschutz virtueller Ladengeschäfte. Ein Vorschlag für die rechtliche Erfassung virtueller Güter. 2014.

Band 41 Anke Reimers: Wettbewerbsrechtliche und regulatorische Analyse der Kapazitätenvergabe an Grenzkuppelstellen im Elektrizitätsbinnenmarkt. 2014.

Band 42 Franz Jürgen Säcker / Carsten König / Lydia Scholz: Der regulierungsrechtliche Rahmen für ein Offshore-Stromnetz in der Nordsee. 2014.

Band 43 David Preisendanz: Der Humor in der vergleichenden Werbung. 2014.

Band 44 Martin Gerig: Vollendung des EU-Energiebinnenmarktes vs. nationale Marktabschottungen. Europarechtskonformität mitgliedstaatlicher Fördermaßnahmen und Kapazitätsmärkte am Beispiel Deutschlands. 2014.

Band 45 Jan Patrick Ehinger: Dritthaftung für Kunstexpertisen und Aufnahmebestätigungen in den Catalogue raisonné. Ein Beitrag zur Expertenhaftung. 2014.

www.peterlang.com

www.ingramcontent.com/pod-product-compliance
Ingram Content Group UK Ltd.
Pitfield, Milton Keynes, MK11 3LW, UK
UKHW041825290926
8980IPUK00002B/66

9 783631 65422